U0897191

本丛书由澳门基金会策划并资助出版

澳门研究丛书  MACAU STUDIES

澳门人文社会科学研究文选

(2012~2014)

（下卷）

Selected Works of Social Sciences
and Humanities of Macau
(2012-2014)

《澳门人文社会科学研究文选（2012~2014）》编委会／编

社会科学文献出版社
SOCIAL SCIENCES ACADEMIC PRESS (CHINA)

澳門基金會
FUNDAÇÃO MACAU

目　录 

上　卷

政 治 编

行 政 编

基本法编

法律编

中 卷

经济编

社会编

文化艺术编

历史编

下　卷

教育编

文学编

语言翻译编

综合编

教 育 编

澳门持续教育的现状、发展和挑战

黄素君*

一　引言

自回归以来，既无天然资源，也非金融中心的澳门，在其“龙头产业”——博彩旅游业经历“非典”危机及金融风暴的跌宕后，开始正面前所未有的困局，深刻反思高度依赖式的单一产业结构，为深受空间及资源局限的自身积极构想未来发展之路。

2010年底，时任总理温家宝率中央代表团访问澳门，为澳门未来的发展指出了明确的发展方向——成为“世界旅游休闲中心”。为达成目标，温家宝提出应该做好的三件事：第一，提高旅游休闲各项工作的质量；第二，澳门社会各项事业要均衡发展，当中尤须特别重视的是文化和教育；第三，澳门要注意社会和谐。① 为了使澳门发展成为“世界旅游休闲中心”，中央政府优先提供了土地资源的支援，在2009年6月24日温家宝主持召开的国务院常务会议上，通过了《横琴总体发展规划》，决定把横琴岛纳入珠海经济特区范围，确定了横琴发展的战略意义、功能定位、产业发展等指导原则，并建议国务院提请全国人大常委会审议授权澳门特区政府对横琴岛澳门大学新校区实施管辖。② 2009年6月27日，十一届全国人大常委会第九次

---

* 黄素君，英国诺丁汉大学教育学博士，澳门大学教育学院副教授。

① 《温总回答三社会人士提问》，《澳门日报》2010年11月15日，B05版。

② 《国务院通过横琴总体发展规划促粤港澳紧密合作》，《中国新闻社》2009年6月25日，港澳新闻版。

会议通过《关于授权澳门特别行政区对设在横琴岛的澳门大学新校区实施管辖的决定》。[①] 此外，2009 年底，国务院批复澳门特区政府，同意澳门特区填海造地 361.65 公顷，以建设澳门新城区。此批复必将对特区解决土地资源不足、加快宜居城市建设、提升广大市民生活质量、促进未来的协调和可持续发展，产生极为强大的推动力。[②]

现阶段的澳门虽有中央的土地资源支援的基础优势，但借此并不足以完全实现世界旅游休闲中心的宏观目标。要突破和超越自身的局限，不仅需要多方力量的配合，还需要对澳门特区进行本地化（localised）的检视，同时为人才培养制定长远的发展目标和策略。细查温家宝提出澳门应做好的三件事，不难发现其中第二项就是关于人才和教育的议题，也正如温家宝所言："澳门强大，也要必须先强教育。"[③] 本文正是依循教育发展的思路来进行探究。澳门自 2007 ~2008 学年起，推行合共 15 年的免费教育，即包括幼稚园至高中教育，在正规教育的发展上已颇具规模和覆盖面。近年，特区政府亦大力推行持续教育，2011 年度更首次推出"持续进修发展计划"，为每个年满 15 岁的澳门居民提供 5000 澳门元的进修资助，以鼓励居民使用进修资助参加本地及外地的高等教育课程、持续教育课程及证照考试，[④] 以提升澳门居民的整体素养。本文正是在该政策背景下，探讨澳门持续教育[⑤]的现况、发展和挑战。

终身教育概念的广泛应用和讨论始于 1972 年的"法尔报告书"（Faure Report）。[⑥] 该报告书是由联合国教科文组织下属的国际教育发展委员会出版

---

① 《横琴澳大新校区澳门管辖》，《华侨报》2009 年 6 月 28 日，第 11 版。授权澳门特别行政区政府以租赁方式取得横琴岛澳门大学新校区的土地使用权，租赁期限自该校区启用之日起至 2049 年 12 月 19 日止，租赁期限届满，经全国人民代表大会常务委员会决定，可以续期。

② 《行政长官何厚铧代表特区政府感谢国务院批复同意澳门特区填海造地》，澳门特别行政区政府新闻局网站，http://www.gcs.gov.mo/showNews.php? PageLang = C&DataUcn = 41427&Member = 0。

③ 《温总回答三社会人士提问》，《澳门日报》2010 年 11 月 15 日，B05 版。

④ 《持续进修发展计划》（第 16/2011 号行政法规）的相关规定。

⑤ 基本上，"持续教育"（continuous education）的概念已被"终身教育"的概念取代或涵盖，而且持续教育都以终身教育为主论述。因澳门采用的名称是"持续教育"，而本文是以澳门的政策为背景，所以沿用此概念。

⑥ Edgar Faure et al., *Learning to be: The World of Education Today and Tomorrow*, Paris: UNESCO, 1972.

的，全称为《学会生存：世界教育的今天和未来》（*Learning to be*：*The World of Education Today and Tomorrow*）。报告特别强调终身教育（lifelong education）与学习社会（learning society）这两个理念，它们现已成为终身学习和持续教育发展的基础和论据。1996年，由21世纪国际教育委员会向联合国教科文组织提交的题为《教育：财富蕴藏其中》（*Learning*：*The Treasure Within*）的报告，又被称为德洛尔（Delors）报告，该报告对终身教育的概念有了更明确的论述：终身教育是生命的事业，是已扩展至社会各方面的种种连续性教育。该报告还强调，当世界渐渐地成为全球社区（global community），终身学习不仅是社会的核心，更是人类在21世纪生存的关键。报告基于终身学习的观点，提出学习型社会的四大支柱，即：①学会与人相处（learning to live together）；②学会追求知识（learning to know）；③学会做事（learning to do）；④学会发展（learning to be）。这四大支柱被视为教育的基础。同时，报告分别阐述了基础教育、中等教育及高等教育的角色：如果普及基础教育是一种绝对的必需，那么，中等教育则是年轻人在各自的学习道路上和在社会的发展过程中不可或缺的要素，而高等教育机构则应多样化，以充分发挥它们作为知识中心、专业培训场所、终身学习的关口乃至国际合作的伙伴的功能和使命。[①]

在联合国发展的基础上，欧盟委员会（European Commission）对终身教育的发展起了积极的推动作用，例如1994年欧盟委员会公布的有关竞争力与就业的白皮书（European Commission's white paper on growth, competitiveness and employment ，CEC，1993），焦点集中在终身教育与人的技能和竞争力上。[②] 另外，欧盟在2000年的里斯本高峰会议（Lisbon Summit）后发表了《终身学习备忘》（*A Memorandum on Lifelong Learning*）报告，报告中指出只有通过终身学习的战略目标（strategy goal），欧洲才能成为世界上最具竞争力与活力的知识基础经济（knowledge-based economy）体系，并使其经济持

① International Commission on Education for the Twenty-first Century, Jacques Delors, *Learning*：*The Treasure Within*：*Report to UNESCO of the International Commission on Education for the Twenty-first Century*, Paris：Unesco Publishing, 1996.

② John Field, "Lifelong Learning and Cultural Change：A European Perspective," paper presented at Conference on Lifelong Learning and New Learning Culture, Taiwan：Chung－Cheng University, Chia－Yi, 2004.

续发展，以及提供更多更好的工作机会并拥有更完善的社会统合机制。[①] 该报告更提出了6个关键的讯息，包括：①人人具备新基本技能；②更多的人力资源投资；③教学与学习的革新；④评鉴学习；⑤学习辅导与咨商的再思考；⑥将学习紧密地带进家中。[②] 最重要的是，这份报告更新了40多年前的“法尔报告书”，而6个关键讯息则成为欧洲及其他地区有关终身学习发展的指导和组织原则。

在上述的组织原则前提下，联合国教科文组织定期举行了各式各样的具有实践价值的终身学习推广活动，包括组织研究会、工作坊及出版研究报告等。2001年在印度尼西亚举办的研讨会——“通过社会学习中心推动基础教育和终身学习的性别平等”（Basic Education and Lifelong Learning for Gender Equality through CLCs），为终身学习提供了较为具体的操作方法，并且倡导基础教育与终身教育一体化。[③] 此次研讨会的报告以“参与式为定位”，提出了21项终身学习的特质、愿景、方法和挑战，主轴是基础教育必须与终身学习联结起来，包括：①教育是每个人的基本权利；②终身学习所涉及的时间是由出生至死亡；③学习是经验的累积，也是生活的核心；④教育是永不完结的过程，也是持续的改善过程；⑤教育为男女装备他/她们在社会发挥其功能的技术；⑥终身教育是对整个人的教育，可以改善他们的生活质量；⑦对学习者赋权；⑧采用正规和非正规的教育方式；⑨因材施教；⑩推进自我实现、自我成就和自信；⑪终身学习是一个全方位的学习；⑫每一个人都可以因应其时间、地点和处境而学习；⑬终身学习是没有边境的有生产力的学习；⑭终身学习是一个统合相容的学习；⑮终身教育使人学会学习、做事、生存和与人相处；⑯灵活——不具结构；⑰在现实中实现自身的目标；⑱终身学习是迈向一个知识社群、学习型社会和知识经济时代的必备条件；⑲为所有人创设机会；⑳重视社会化或社群互动；㉑终身学习之

① Commission of the European Communities, *A Memorandum on Lifelong Learning*, Brussels: European Communities, 2000.

② Commission of the European Communities, *A Memorandum on Lifelong Learning*, Brussels: European Communities, 2000.

③ UNESCO, *Final Report (of the) Technical Workshop on Basic Education and Lifelong Learning for Gender Equality through CLCs, Jayagiri - Bandung Indonesia, 28 - 31 March 2001*, Bangkok: UNESCO/PROAP, 2001.

所以可能，是因为知识不是霸道的，它体现出对差异的尊重和具有谦逊的态度。[①]

此报告承沿 1972 年出版的《学会生存：世界教育的今天和未来》和 1996 年的《教育：财富蕴藏其中》的理念，并在 2000 年出版的《终身学习备忘》的原则下，具体地勾勒出终身学习发展的路向和远景，创造性地将“终身”的意涵与基础教育有机地结合，超越了以往成人教育“补救”的功能（remedial function），例如对扫盲和基本技术的训练的论述，以及从“持续”、“永恒”和“延伸”（extended）的角度去丰富终身教育的含义。

事实上，在推展终身教育方面，积极参与的国际组织和团体还有很多，例如联合国教科文组织辖下的终身学习研究所（Institute for Lifelong Learning，UIL），就协调、推动和组织了历届成人教育国际大会（International Conference on Adult Education，简称 CONFINTEA）。[②] 此外，国际经济合作与发展组织（Organization for Economic Cooperation and Development，OECD）[③]、国际劳动组织（International Labour Organization）[④] 等机构亦是终身学习的推动力量。

二 澳门持续教育的发展

持续教育的发展与其他教育领域的发展既密不可分也互为因果。澳门教育发展以 1991 年公布的《澳门教育制度》为教育的母法，并以此法订定教育制度的范围和发展的路向。

（一）回归前的成人教育发展

在 1991 年的教育法，即《澳门教育制度》中并没有采用“持续教育”一词，而是采用“成人教育”，其第 14 条指出，成人教育的对象是“年龄

① UNESCO, *Final Report (of the) Technical Workshop on Basic Education and Lifelong Learning for Gender Equality through CLCs, Jayagiri - Bandung Indonesia, 28 - 31 March 2001*, Bangkok: UNESCO/PROAP, 2001.

② The UNESCO Institute for Lifelong Learning, http://uil.unesco.org/.

③ Organisation for Economic Cooperation and Development, Wikipedia: The Free Encyclopedia, http://en.wikipedia.org/wiki/Organisation_for_Economic_Co-operation_and_Development.

④ International Labour Organization, http://www.ilo.org/global/lang-en/index.htm.

超过接受各种不同程度正规教育的人士"，"目的在于使他们增长知识及发展潜能，在一个持续教育的前提下，对学校教育进行补充或弥补不足"，而目标主要是扫盲、提供第二个学习机会和促进公民教育。[①]

就当时而言，成人教育具备了"修补"正规教育之不足的功能，即"在一个持续教育的前提下，对学校教育进行补充或弥补不足"，以及"对没有接受或未完成正规教育的人士提供教育机会"，而基本的目的在于"扫除文盲和半文盲"。从这个目标的设置而论，它反映当时社会教育普遍处于比较低的水准，这也与之前说过的基础教育不普及的事实相互呼应。

至于成人教育范畴的工作，主要是通过当时的教育暨青年司（1999年以后改为教育暨青年局）辖下的"延续教育处"（Divisão de Extensão Educativa）和"成人教育中心"（Centro de Educação Permanente）。[②] 延续教育工作涵，包括组织再教育、校外课程教育及制定持续教育范围的成人教育总纲、成人培训轮廓等建立及监管制度方面的工作。[③] 而具体执行者则是延续教育处辖下的设立于社区的成人教育中心，其负责的具体推广工作包括：①文化及公民性质的活动；②鼓励自学；③与企业和劳动市场结合的培训工作；④关注成人的学习规律等。[④] 这些不仅描述了当前教育的状况和成人教育的发展，更重要的是顺应了政治过渡期间的急切目标，如培养良好的"公民"。

如前所述，成人教育乃澳门教育的一个组成部分，因此其相关的法规《成人教育之组织及发展》，即第32/95/M法令号，亦于1995年公布，旨在更具体地说明澳门成人教育的目的和范围。[⑤] 该法令的第一章第一条明确地指出当时成人教育的两个主要论述："回归教育及延续教育方面成人教育之组织及发展之总框架。"[⑥] 第二条进一步说明了法令服务的对象，包括："已超过接受正规教育之正常年龄"和"有意增进其知识"的人士，[⑦] 该法令主

① 《澳门教育制度》（第11/91/M号法律）第14条相关规定。

② 《订定教育暨青年司现组织架构》（第81/92/M号法令）的相关规定。

③ 《订定教育暨青年司现组织架构》（第81/92/M号法令）第14条的相关规定。

④ 区锦明、郭洁梅、李英姿：《澳门教育青年局的成人教育中心之推行及发展》，梁文慧编《二十一世纪中港澳台成人教育的新议题》，澳门大学校外课程及特别计划中心，2001，第261～284页。

⑤ 《成人教育之组织及发展》（第32/95/M号法令）的相关规定。

⑥ 《成人教育之组织及发展》（第32/95/M号法令）的相关规定。

⑦ 《成人教育之组织及发展》（第32/95/M号法令）的相关规定。

要是从社会、文化及经济发展，特别是提升劳动效率和生产力角度去理解公民的参与。虽然文中并没有提出终身学习的概念，但鼓励个人“自我完善”，以积极的态度学习，均为终身学习的必要条件。当然，该法令更多的篇幅是确立“回归教育”（recurrent education）系统，以达至其目的。[①]

简单而言，这时期的成人教育具有两个功能、四个特征。主要功能在于响应当时的社会需要，提高人力资源的学历水平。这种“补充”和“补救”式的成人教育的论述较为明显。四项特征包括：①成人教育除了能够补救过去正规教育的不足外，也具备“再教育”的功能，以更新成人的知识和技能；②特区政府在促进成人教育的发展方面，是以“伙伴”式的参与，与民间机构合作；③成人教育与职业培训有密切的联系，以期提高社会人力资源的生产水平；④基于当时政治的考量、官言推广，特别是葡语的推广，也是成人教育的重点工作。

（二）回归后持续教育的施政方针

回归以后，持续教育的发展从行政层面可见一斑。

2000 年的施政报告在提及教育问题时首次出现了“终身教育”的概念，提出“促进成人高等教育的发展与推广终身教育的观念”，[②] 并且在非高等教育方面重点发展“回归教育以及持续和社会教育”，“亦鼓励及促使私人机构发挥主导作用”。[③]《2001 年财政年度施政方针（摘要）》指出：“为适应社会发展的需要，教育将进一步朝向多元化和终身化的教育体系发展。我们将增加持续教育和成人高等教育课程；建立完善的回归教育体系；致力扫除文盲……”[④] 2002 年的施政报告以“开发终身教育资源”为标题，对终身教育有比较详尽和具体的论述：①提出终身教育与学校教育的有机结合，即重视正规与非正规教育之间的衔接；②进行未来澳门终身教育的规划；③建立系统的培训，尤其在语言、信息和沟通等方面；④培养艺术、体育情

---

① 目的有三：①确保在适龄时未能接受正规教育及辍学之人士，以及为知识之提高或为在职业中之晋升有意接受教育之人士，有接受第二次教育之机会；②提高成人之教育水平，此乃由于目前成人之教育水平比其他年龄组别人士之教育水平低；③以系统方式扫除文盲。

② 澳门特别行政区政府：《2000 年财政年度施政方针（社会文化范畴）》，2000，第 4 页。

③ 澳门特别行政区政府：《2000 年财政年度施政方针（社会文化范畴）》，2000，第 7 页。

④ 澳门特别行政区政府：《2001 年财政年度施政方针（摘要）》，2000，第 4 页。

操以及知法、守法、爱国爱澳的情怀，以提高市民整体生活质量及公民素质。[①]

2004年的施政报告在终身教育的发展中引入阅读作为发展的基础。[②] 从2005年开始，终身教育在各施政领域都有提及，特别是在医护界。[③] 在教育的范畴内，则提出了“丰富终身学习资源，促进终身教育发展”的口号，[④] 促进社区与学校合作，提高澳门居民的“公民素质和持续学习的能力”，并且继续实施“终身学习奖励计划”和推广阅读。[⑤]

2006年新修订的教育法，即《非高等教育制度纲要法》对持续教育和终身教育提出了具体的发展方向，主要是突破和超越了学校教育，采取学校、家庭与社会参与的大教育观，[⑥] 响应了基础教育、持续教育与社区教育的一体发展。在第三章的“非高等教育的组织”里，该法将教育区分为两类，即“正规教育”和“持续教育”，而持续教育则细分为“家庭教育”、“回归教育”、“社区教育”和“职业培训”，[⑦] 为其后的施政提供了法理的依据并指明了发展方向。

2007年的施政方针将终身教育定位为澳门未来的最有可能实现的目标之一，指出要“配合社会经济的发展，整合社区教育资源，倡导终身学习，鼓励居民持续提升自身素质”，以体现“以优质教育创造优质生活”的理念，以提升生活质量；[⑧] 鼓励学校、社区密切合作，深化终身学习的理念和网络，开展学习型组织的培训。[⑨]

从2008年起，为实现“以优质教育创造优质生活”的愿景，澳门除了继续推行“持续教育资助计划”，还进一步发挥电视媒体在持续教育领域的

---

① 澳门特别行政区政府：《2002年财政年度施政方针（社会文化范畴）》，2001，第165页。

② 澳门特别行政区政府：《2004年财政年度施政方针（社会文化范畴）》，2003，第4078页。

③ 澳门特别行政区政府：《2005年财政年度施政方针（社会文化范畴）》，2004，第4058页。

④ 澳门特别行政区政府：《2005年财政年度施政方针（社会文化范畴）》，2004，第4071～4072页。

⑤ 澳门特别行政区政府：《2005年财政年度施政方针（社会文化范畴）》，2004，第4071～4072页。

⑥ 黄素君、吴娟、孙旭花：《澳门校本课程改革的〈双城故事〉：〈遥控〉VS〈浸入〉式的U－S伙伴协作两种校本支援路径》，《课程研究》（香港特刊）2010年8月，第1～28页；黄素君：《从教育公平的视阈检视澳门免费教育的现状和发展》，郝雨凡、吴志良主编《澳门经济社会发展报告（2010～2011）》，社会科学文献出版社，2011，第224～238页。

⑦ 《非高等教育制度纲要法》（第9/2006号法律）的相关规定。

⑧ 澳门特别行政区政府：《2007年财政年度施政方针（社会文化范畴）》，2006，第4072页。

⑨ 澳门特别行政区政府：《2007年财政年度施政方针（社会文化范畴）》，2006，第4076页。

作用，促进终身学习风尚，[①] 以及全民阅读概念在社会内的推广。此外，终身教育的倡导和发展在不同界别都有提及，包括旅游业、文化领域等。[②]

由于博彩旅游业的蓬勃发展，对人才的培养及需求也反映在 2009 年的施政方针上，该方针特别提出“为配合专业界别的人力需求，并提倡终身学习，也继续支持本澳高等院校拓展成人教育、语言课程、专业技能培训和职业培训。而由两所公立院校合办的旅游博彩技术培训中心将继续提供多元化的培训课程，进一步为业界培育足够的前线及管理人员”。[③] 至于在终身教育方面，一方面要完善持续教育资助的相关法例，另一方面要调整回归教育津贴及支援学校开办多样的回归教育，并且鼓励培训单位与企业合作。[④]

在过去终身教育发展的基础上，2011 年的施政增加了一项新的工作，特区政府动用 5 亿元作为实施“持续进修发展计划”的启动经费，以定额资助的方式有效支援年满 15 岁的澳门特别行政区居民持续进修；同时也促进回归教育、社区教育和家庭教育的发展；实施“学习型社区先导计划”，[⑤] 并且引入构建学习型社区的概念，通过与民间组织的合作，开展社区教育。

从上述历年的施政重点中可以总结出终身教育几个不同的发展阶段：①引入终身教育概念，涵盖成人教育的发展；②尝试建立终身教育的体系，并开发终身教育的可能资源；③建立终身教育的系统和开发相关的资源；④扩大终身教育的内涵和范围，使终身教育由教育系统走向整个社会的各专业范畴，将终身教育定为整个特区的发展目标；⑤有意识地将终身教育与正规教育有机结合；⑥特区以资助方式推动持续教育发展。至于终身教育的重点发展领域，可以归纳为以下几点：①回归教育；②公民教育的推广，特别是守法这一环；③职业培训及深化专业发展；④信息科技；⑤阅读推广；⑥社区教育。[⑥]

---

① 澳门特别行政区政府：《2008 年财政年度施政方针（社会文化范畴）》，2007，第 4067、4071～4072 页。

② 澳门特别行政区政府：《2008 年财政年度施政方针（社会文化范畴）》，2007，第 4087、4094、4096 页。

③ 澳门特别行政区政府：《2009 年财政年度施政方针（社会文化范畴）》，2008，第 4068 页。

④ 澳门特别行政区政府：《2009 年财政年度施政方针（社会文化范畴）》，2008，第 4075 页。

⑤ 澳门特别行政区政府：《2011 年财政年度施政方针（社会文化范畴）》，2010，第 233 页。

⑥ 区锦明、郭洁梅、李英姿：《澳门教育青年局的成人教育中心之推行及发展》，梁文慧编《二十一世纪中港澳台成人教育的新议题》，澳门大学校外课程及特别计划中心，2001，第 261～284 页。

（三）持续教育的政策

澳门回归以后，特区政府在持续教育方面推出了一个重要的政策，就是“终身学习奖励计划”，目的是“提升市民的学习兴趣，使学习变成生活的一部分，让更多市民成为真正的终身学习者”。澳门特区居民只要参与“教育暨青年局联同加盟本计划的公共机构、教育机构、公益性团体及社区组织”的课程就可以申请奖励。奖励分为“热爱学习者”、“积极学习者”、“终身学习者”和“终身学习楷模”等，前两项主要是集中在阅读兴趣和习惯的形成和培养，后两项则对终身学习者加以表扬和鼓励市民朝这一方向发展。为了达到上述的目标，参加者除可获得上述奖项外，教育暨青年局出版之《终身学习》杂志亦会刊登“积极学习者”、“终身学习者”及“终身学习楷模”奖项得奖者的学习历程，作为表彰。①

2011 年，澳门公布了“持续进修发展计划”。这个计划通过金钱资助的方式，旨在“鼓励澳门特别行政区居民借持续进修增长知识，以提升个人素养和技能，从而促进整体进步与发展”，资助范围为 2011 年至 2013 年年满 15 岁的澳门特别行政区居民。受益人可报读该法规审批的“高等教育课程、持续教育课程或证照考试”以及“设于澳门特别行政区以外并获所在地主管当局认可的高等教育机构或公立机构”。②

根据教育暨青年局网页的资料，从 2011 年 7 月至 11 月，共有 135 家本地机构申请开办的 3765 个持续教育课程、高等教育课程及证照考试通过评审后被纳入该计划，它们总共提供超过 88000 个学习名额。③ 另外，已有超过 22000 名本澳居民报读本地项目。从参与居民的年龄层分布来看，21～30 岁的报名者人数最多，有 9009 人；其次是 15～20 岁，有 4666 人；60 岁或以上的长者也有 1533 人。居民报读的持续教育课程的类别主要有语言、金融财务、信息科技、卫生保健、驾驶实习及博雅等。外地项目方面收到近 1200 个申请，获批准的约有 1000 个，其中以高等教育课程的申请最多，占

---

① 有关资料请参阅澳门特别行政区政府教育暨青年局网站，http：//www. dsej. gov. mo/～webdsej/ www_ ppac/detail. htm。

② 《持续进修发展计划》（第 16/2011 号行政法规）。

③ 有关资料请参阅澳门特别行政区政府教育暨青年局网站，http：//portal. dsej. gov. mo/webdsejspace/ addon/msg/Msg_ link_ page. jsp？ msg_ id =21314。

90%，报读地点主要集中于内地及台湾。[①]

如前所述，计划的资助项目包括高等教育课程、持续教育课程或证照考试。高等教育的课程泛指一般的本科以及研究生的课程，而持续教育的课程是指由持续教育机构所提供的课程，其中包括了补习机构的课程。

三 持续教育的实践

正如前文所述，一个国家或地区的正规教育发展的速度和成熟度，很大程度决定了持续教育发展的起点和内涵。由于澳门的整体教育改革启动较晚，各教育模块的发展也相应迟缓，其中包括正规教育的发展。下文将从三个方面探讨澳门持续教育的实践及其误区。

（一）澳门的发展与国际社会论述

相较于世界其他地区，澳门的持续教育/终身教育起步较晚。联合国教科文组织早在20世纪的70年代就已提出终身教育的观念，澳门在21世纪才立意推广和实践。诚然，由于历史原因，尤应归咎于回归前葡萄牙在教育及社会事务的介入管治。而1991年的教育制度出台，为终身教育发展提供了立足点。尤其回归以来，澳门特区政府加快终身教育的发展速度并加大力度，尝试弥补过去先天滞后的劣势，而今澳门持续教育及终身教育的观念和论述已与国际社会提倡的“多元和灵活的学习时间和渠道”以及建构“学习型社会”相互呼应和衔接了。

（二）持续教育的定位和发展

持续教育的发展除了要依从一些先进的发展理念外，还需要结合本土发展的基础和社会发展的愿景。前面指出，成人教育是持续教育的体现之一，它通过回归教育等方式，以达“修补”的功能。这一点在当时无疑具有现实意义。澳门的义务教育于1995年起逐步推行，在2007~2008年度更开展了15年的基础教育，而在回归的历年施政中仍着眼于制定“深

① 有关资料请参阅澳门特别行政区政府教育暨青年局网站，http://portal.dsej.gov.mo/webdsejspace/addon/msg/Msg_link_page.jsp?msg_id=21314。

化”和持续的工作方针。无可否认，回归教育有其重要意义，但经年成为持续教育发展的重点，是否反映正规教育出现了问题呢？简言之，持续教育应视为教育在一个阶段上的“持续”发展，因此，有必要全面地检视澳门的“持续”的起步点为何。另外，持续教育也应与终身教育以及社会未来的发展有机结合。面对“世界旅游休闲中心”的定位，持续教育应承担什么任务呢？举例而言，倘若多语言推广是创建“世界旅游休闲中心”的一个策略，那么应该有更具体的语言政策，纵向发展的主轴为正规学校教育和高等教育，而横向的则以社区教育和持续教育作为支持，这样或可以具体地体现为：①正规与非正规教育在终身教育的前提下有机地联结和衔接；②应在有方针、有系统的多元开放的持续教育中，找出重点发展的项目。

（三）持续教育发展的误区

从历年的施政方针来分析，澳门的持续教育发展都是依循国际大背景下的论述。当然，在策略的部署上，例如在响应本土的需要和促进本土的发展问题上仍须推进，再如在如何满足个人成长与社会发展需要的议题上仍需要加大统合力度。现阶段的课程设置多元化，但未成系统，虽利于个人选择，但并未充分体现社会需求的重点。在2011年推行的“持续进修发展计划”中能够容易看出特区政府陷入了持续教育发展的误区。特区在终身教育的发展上遵循三个大方向：①重点放在回归教育及相关制度的建立；②加强职业培训、公民教育、语言、资讯和博雅教育等；③通过阅读建构一个学习型的社会。在“持续进修发展计划”推行之前，特区政府采取了积极鼓励的态度。虽然这个计划的推行提供了金钱的资助，但它模糊了原来持续教育稳定发展的定位。市民对于特区政府的资助大多不会拒绝，但政策是否恰当和有效是施政者需要考虑的问题。受益人是年满15周岁的特区居民，适用范围是官方公布的课程和证照考试名单，当中高等教育的本科课程和持续教育机构的课程也在此列。问题出自哪里呢？首先，接受高等教育虽然属持续进修的基本范畴，但以升大学为取向的，应以高等教育政策去审视，通过不同教育层次的区分分别进行管理。其次，有很大部分15～20岁的年轻人直接将资助用于私人补习，这到底是不是发放资助的原意？倘若基础教育开展得不理想，应从基础教育部分去检

讨，而不是拆东墙补西墙地“巧妙挪移”。再次，该计划也间接促成了某些消费品的销售。在检视一些报读课程时，我们不难发现一些信息科技教育课程实为某些品牌的应用程式教程（即 Apps），这里更多地揭露出课程中隐藏着的消费主义的讯息。最后，整个计划在实践上已变成澳门居民的另一个纾困措施，其实施效果与原来持续教育发展初衷已相去甚远了。

四　结语

本文前面指出，澳门社会未来的发展以建设“世界旅游休闲中心”为目标。回顾过去澳门社会以及教育的发展，其确实存在结构上的缺憾，在回归以后，特区政府对教育加大投入力度，尝试以时间和金钱去改善现状，这一点应予以肯定。在持续教育的发展道路上，特区政府采取了国际先进的教育观念，将持续教育和终身教育定位为个人和社会发展的愿景，并以多元的方式推动。在特区财政宽裕的前提下，各施政领域开始以资助的方式去解决问题，这一点也同时出现在持续教育发展的范畴上。先撇除持续教育开设的课程是否合乎有效提升居民的职业或专业的素养不论，单单对特区政府依赖的心态便足以削弱居民自身的竞争力，以及澳门在亚太地区以至全球的竞争力。通过对澳门持续教育的检视，特区政府有必要关心两个议题：①要改变固有/过往的施政模式，即以金钱为解难的单一方案；②持续教育需要适宜的多元形式，但须根植于其核心内涵及重点脉络。

（原载郝雨凡、吴志良主编《澳门经济社会发展报告（2011～2012）》，北京：社会科学文献出版社，2012 年 4 月。）

澳门非高等教育的现状及其特点

宋明娟*

一　前言

澳门“非高等教育”是指大学教育和高等专科教育以外的各种类型的教育，[①] 可分为正规教育和持续教育。正规教育分为幼儿教育、小学教育和中学教育，当中幼儿教育三年，小学教育六年，中学教育分为初中教育和高中教育各三年，高中教育可开设职业技术教育。此外，正规教育还包括一般及融合的特殊教育。持续教育则包括小学与中学的回归教育、家庭教育、社区教育及职业培训，以及其他教育活动。[②]

澳门非高等教育的现况有其背景脉络。多年以来，澳门教育有多元并存、办学自主、多语教学等特色，[③] 而自1999年回归前后迄今，特区政府通过历次改革，已陆续投注资源，并通过制定法规，逐步调整教育的体制与内容，以使教育更能切合实际需求，并提升教育的质量。目前指引澳门非高等教育

* 宋明娟，澳门大学教育学院助理教授。

① 《非高等教育制度纲要法》（第9/2006号法律）第2条。

② 澳门特别行政区政府教育暨青年局：《教育数字概览：2010/2011教育数字、2009/2010教育概要》，2011，第51页。

③ 参见黄素君《从教育公平的视阈检视澳门免费教育的现状和发展》，郝雨凡、吴志良主编《澳门经济社会发展报告（2010～2011）》，社会科学文献出版社，2011；《澳门教育发展》，郝雨凡、吴志良主编《澳门经济社会发展报告（2008～2009）》，社会科学文献出版社，2009。

建设最重要的法律依据，是2006年经立法会通过的《非高等教育制度纲要法》（第9/2006号法律），其大幅修订了1991年的《澳门教育制度》（第11/91/M号法律），[①] 扩大了教育服务的内涵，除了重视学校系统，亦关注家庭与社会的配合，推进持续教育，并且调整学制，更进一步确立对幼儿教育与高中教育的定位，使教育系统与国际趋势接轨。[②] 而此后相应的教育改革接踵而至，例如针对课程编制而言，课程框架与基本学力要求的制定已逐步展开。

以下首先通过教育数字统计的形式呈现教育现况，并采用国际比较的方法加以探讨。其次，则着眼于政策行动层次的举例描述与分析。政策从初始之拟议到实施的过程，可分为三个层次，即初步的政策谈论（policy talk）层次、形成法律规约的政策行动（policy action）层次，以及付诸实践的政策实施（policy implementation）层次。[③] 就政策谈论而言，它是指任何个人、专业组织、学术团体或民意机构代表等，皆可针对教育问题与其解决方案发表意见。而政策行动层次，是将关于政策的谈论转化为行政部门的行动方案，并使方案经过立法的程序而成为可资推动的法规。至于政策实施层次，则是将政策行动转化为有计划的学校改革。本文主要着眼于政策行动层次的分析，以2011年11月15日正式发布的政策文件《非高等教育发展十年规划（2011～2020年）》，以及《正规教育课程框架》之咨询稿、修订稿及重点解说文件，做现况之描述与解释，继而分析澳门非高等教育之问题与特点。

二　从教育数字探讨澳门非高等教育现况

在此部分，笔者将从学校数与学生数、教育参与指标，以及能代表教育投入与教育产出的几个指标，来探讨澳门非高等教育现况。

首先，从学校数与学生数来看澳门非高等教育概况。在2010～2011学年，澳门提供幼儿教育、小学教育及中学教育的学校共有78所（含特殊教

① 《非高等教育制度纲要法》（第9/2006号法律）；《澳门教育制度》（第11/91/M号法律）之规定。

② 黄素君：《从教育公平的视阈检视澳门免费教育的现状和发展》，郝雨凡、吴志良主编《澳门经济社会发展报告（2010～2011）》，社会科学文献出版社，2011。

③ David Tyack, Larry Cuban, *Tinkering toward Utopia: A Century of Public School Reform*, Cambridge, MA.: Harvard University Press, 1995.

育、职业教育及回归教育），包括公立学校11所，私立学校67所；学生人数共有75525人，其中接受正规教育的学生人数为72364人，接受回归教育学生人数为3161人，教师总人数为5268人。[①] 就正规教育而言，其学校数目共有75所，包括64所免费教育学校系统的学校与11所非免费教育学校系统的学校，私立学校约占总数的85%。各种学校类型中，中小幼“一条龙”式的学校较其他种类为多，共有29所。[②] 正规教育的学校种类及数量如表1所示。

表1　正规教育的学校种类及数量

单位：所

类别	幼稚园	小学	中学	幼小学校	中小学校	中小幼学校	特教学校	合计
免费教育——公立	2	—	3	5	—	—	1	11
免费教育——私立	1	3	2	14	6	24	3	53
非免费教育——私立	3	—	—	—	3	5	—	11
合计	6	3	5	19	9	29	4	75

说明：①在高中教育阶段开设职业技术教育课程的学校有8所，其中公立学校有2所，免费教育学校系统的私立学校有6所。②提供融合教育的学校共有34所，其中公立学校有8所，免费教育学校系统的私立学校有22所，非免费教育学校系统的私立学校有4所。

资料来源：澳门特别行政区政府教育暨青年局：《教育数字概览：2010/2011教育数字、2009/2010教育概要》，2011，第15页。

其次，从净入学率来看教育参与的情形。净入学率是指各教育阶段的适龄学生人数占该教育阶段相应学龄居住人口的比例。国际经济合作与发展组织（Organization for Economic Cooperation and Development，OECD）公布OECD的国际比较资料指出，2009年OECD国家的入学率平均数在初中阶段为96.1%，高中阶段为54.1%，[③] 相对而言，澳门地区中学教育阶段的净入学率分布在48.6%与74.4%之间，高中阶段则约为50%，数值偏低（见表2）。

再次，从教育财政指标、教育环境指标看教育投入情形。据澳门特别行政区的统计资料，2007年、2008年与2009年的公共教育开支占特区政府总公共开支的百分比分别为16.2%、14%与13%，2009年非高等教育公共开支占政府总

---

① 澳门特别行政区政府教育暨青年局：《2010/2011学年非高等教育概况》，2010，第7页。

② 澳门特别行政区政府教育暨青年局：《教育数字概览：2010/2011教育数字、2009/2010教育概要》，2011，第2、15页。

③ OECD, *Education at a Glance 2011: OECD Indicators*, Paris: OECD Publishing, 2011, p. 305.

公共开支的百分比为 8.2%，公共教育开支用于每个学生的金额为澳门币 35794 元。[①] 若从国际比较的资料来看，OECD 国家平均有 12.9% 的公共开支用作教育经费，澳门地区的教育投入比例较高，而从 OECD 的资料中，我们也可以看出，个别国家的此项数值差异颇大，少者低于 10%，多者高于 20%。[②]

表 2　澳门净入学率

单位：%

指标名称	教育阶段	2008～2009 学年	2009～2010 学年	2010～2011 学年
净入学率	幼儿	90.7	91.1	89.5
	小学	88.2	89.3	89.0
	中学	73.3	73.5	74.4
	初中	68.9	69.5	69.6
	高中	48.6	49.4	51.1

资料来源：澳门特别行政区政府教育暨青年局：《教育数字概览：2010/2011 教育数字、2009/2010 教育概要》，2011，第 27 页。

在教育环境方面，表 3 呈现了近年平均每班学生数、师生比、班师比、教师平均每周授课数，以及具有师范培训背景的教师比例等情况。其中2010～2011 学年，平均每班学生人数在幼儿教育阶段约为 26 人，小学阶段约为 29 人，中学阶段约为 34 人；师生比在幼儿教育阶段为 1∶16.7，小学与中学阶段为 1∶14.8；班师比为幼儿教育 1∶1.5，小学 1∶1.9，中学1∶2.3。另外，在具备师范培训背景的教师比例上，2010～2011 学年幼儿教育阶段为 92.1%，小学阶段为 85.8%，中学阶段为 72.1%，[③] 可见相对而言，中学教育阶段具有师范培训背景的教师比例偏低。而 OECD 国际比较的资料显示，2009 年 OECD 国家的小学班级人数约为 21 人，初中阶段约 24 人，[④] 相较而言，澳门地区的小学与初中班级学生数仍偏多。而就师生比方面，2009 年 OECD

① 澳门特别行政区政府教育暨青年局：《教育数字概览：2010/2011 教育数字、2009/2010 教育概要》，2011，第 26 页。

② OECD, *Education at a Glance 2011: OECD Indicators*, Paris: OECD Publishing, 2011, p. 248.

③ 澳门特别行政区政府教育暨青年局：《教育数字概览：2010/2011 教育数字、2009/2010 教育概要》，2011，第 28 页。

④ OECD, *Education at a Glance 2011: OECD Indicators*, Paris: OECD Publishing, 2011, pp. 392－394.

国家的平均数在幼儿教育阶段为1:14.3，小学阶段为1:16.0，中学阶段为1:13.5，[①] 可见澳门的幼儿与中学阶段师生比与之相较，仍有一小段落差。

表3　澳门非高等教育环境指标

指标名称	教育阶段	2008～2009学年	2009～2010学年	2010～2011学年
平均每班学生人数	幼儿	25.0	24.9	25.7
	小学	31.0	29.7	28.9
	中学	35.3	34.5	33.9
师生比	幼儿	1:17.6	1:17.2	1:16.7
	小学	1:17.3	1:16.1	1:14.8
	中学	1:17.1	1:16.2	1:14.8
班师比	幼儿	1:1.4	1:1.5	1:1.5
	小学	1:1.8	1:1.8	1:1.9
	中学	1:2.1	1:2.1	1:2.3
教师平均每周授课节数	幼儿	26.0	24.9	24.4
	小学	19.6	19.2	18.6
	中学	18.5	18.3	17.4
具有师范培训背景的教师比例(%)	幼儿	95.3	94.6	92.1
	小学	86.1	84.7	85.8
	中学	70.8	71.2	72.1

资料来源：澳门特别行政区政府教育暨青年局：《教育数字概览：2010/2011教育数字、2009/2010教育概要》，2011，第28页。

最后，以几个教育效益指标来探讨澳门非高等教育的教育产出情况。表4为2008～2009学年和2009～2010学年学生升级率、留级率、离校率、辍学率，以及教育完成率和高中毕业生升学率的数据。[②] 从中可见澳门学生的留级率在中学教育阶段偏高，尤其是初中阶段的留级率为13.8%、13.9%，最为明显。此外，以OECD公布的OECD国家高中平均毕业率为82%的国际资料来看，澳门的高中教育完成率不足80%，其数值偏低。[③]

① OECD, *Education at a Glance 2011*: *OECD Indicators*, Paris: OECD Publishing, 2011, p. 403.

② 澳门特别行政区政府教育暨青年局：《教育数字概览：2010/2011教育数字、2009/2010教育概要》，2011，第29～30页。

③ OECD, *Education at a Glance 2011*: *OECD Indicators*, Paris: OECD Publishing, 2011, p. 44.

表 4　澳门非高等教育效益指标

单位：%

指标名称	教育阶段	2008～2009 学年	2009～2010 学年
升级率	幼儿	96.8	97.5
	小学	92.7	93.0
	中学	84.7	84.7
	初中	81.3	80.9
	高中	88.6	88.9
留级率	幼儿	0.7	0.4
	小学	5.2	5.2
	中学	10.5	10.1
	初中	13.9	13.8
	高中	6.6	5.9
离校率	幼儿	2.5	2.1
	小学	2.2	1.9
	中学	4.8	5.2
	初中	4.8	5.3
	高中	4.8	5.2
辍学率	义务教育阶段	0.28	0.22
教育完成率	幼儿	93.3	94.6
	小学	86.0	85.7
	中学	65.9	63.8
	初中	72.7	72.9
	高中	77.0	78.1
高中毕业生升学率		90.6	91.4

资料来源：澳门特别行政区政府教育暨青年局：《教育数字概览：2010/2011 教育数字、2009/2010 教育概要》，2011，第 29～30 页。

再以学生参与 OECD 策划的“学生能力国际评估计划”（PISA）之表现来看教育效益。学生能力国际评估计划旨在评估将要完成基础教育的 15 岁学生在参与社会之知识和技能方面的掌握情形。2003 年、2006 年及 2009 年澳门学生参加 PISA 的国际比较情况如表 5 所示。澳门 15 岁学生的数学能力与科学能力，整体而言处于 OECD 国家平均分以上的水平，而阅读能力方面则显得相对稍弱。

表5　澳门15岁学生参与PISA的国际比较情形

指标名称	PISA 2003		PISA 2006		PISA 2009	
	澳门平均分	OECD平均分	澳门平均分	OECD平均分	澳门平均分	OECD平均分
数学能力	527	500	525	498	525	496
科学能力	525	500	511	500	511	501
阅读能力	498	494	492	492	487	493

资料来源：澳门特别行政区政府教育暨青年局：《教育数字概览：2010/2011教育数字、2009/2010教育概要》，2011，第30页。

三　从两项教育政策文件探讨非高等教育的改革方向

（一）澳门《非高等教育发展十年规划（2011～2020年）》

澳门特区政府成立以来，重视发展教育，近年投入了更多的资源，实施15年免费教育，更提出“教育兴澳”方针。而为了更大限度地提升非高等教育政策的有效性，考虑将来发展的需要，并结合现况，澳门特区政府提出了《非高等教育发展十年规划（2011～2020年）》（以下简称《十年规划》），① 并于2011年1～3月公开，后于11月中旬订定，内容大项有“愿景与基本政策方向”、“发展目标”以及“重要措施”，兹概要说明如后。②

《十年规划》的愿景与基本政策方向中提到，未来10年的教育愿景方针是优先发展、提高品质、育人为本、促进公平，在15年免费教育的基础上推进特殊教育、职业技术教育，并加速中学小班制的实施、建立高素质的师资队伍，以及发挥持续教育和终身学习的作用。而未来教育发展的基本政策方向为：①在特区政府预算中优先保障教育投入；②提高教育质量，以符合时代需要为核心任务；③实现非高等教育各组成部分（即各级各类教育）的协调发展；④促进教育公平，保障居民的受教育权利；⑤发展多元的学校系统，让学习者拥有多样的选择。

① 《2012年财政年度施政报告附录五：非高等教育发展十年规划（2011～2020年）》，2011，第122页。

② 《2012年财政年度施政报告附录五：非高等教育发展十年规划（2011～2020年）》，2011，第122～133页。

教育发展目标则分为“各级各类教育的发展”，以及“学生发展”两大部分。前者在幼儿教育方面，为促进课程与教学革新，注重以游戏为基础的学习活动，注重避免幼儿教育小学化，并完善保障幼儿教育素质的评量指标，帮助幼教机构提升素质。在小学、初中教育方面，强调降低小学和初中的留级率，并加强小学和初中课程与教学的联系，促进评核方式的多元化，提升学生的学习效果。在高中教育方面，注重提高入学率、推动小班制，以及推动建立多元化的高中教育体系，以为居民提供较多的教育选择空间。在职业技术教育方面，则因应产业的多元化，重视优化课程、增加就读人数，并推动企业参与。在特殊教育方面，则注重推进资优教育、完善个别化的教育服务、支援家长和教师，以及增加资源的投入。在持续教育方面，则提及建立回归教育标准评核机制、优化市民持续进修的条件，发展社区教育和家庭教育，以促进形成学习型的社会。至于在“学生发展”的目标方面，则特别关注语文能力（如熟练掌握外语、说流利的普通话）、身心健康素质、品德与公民修养、创新思维、国际视野，以及艺术素养等。

《十年规划》文件中的重要措施共有11项，分别是保障经费投入、完善免费教育和义务教育、加强教学人员队伍建设、优化学校系统、改进对教育的领导和学校内部管理、强化教育品质保障、改革课程与教学、促进德育发展、加强身心素质培养、积极发展持续教育，以及扩大教育开放和区域合作。兹就其内涵择要说明。

在保障经费投入方面，除了将非高等教育开支纳入特区政府每年财政预算的优先编列外，还将提高非高等教育的开支占特区政府公共总开支的比例、增加教育发展基金的规模、提高教育津贴、发挥教育福利金的作用，以提供公平的受教育机会，并加强对教育经费使用的管理及监督。而学校经费方面，则指出不牟利的本地私立学校每年用于教学人员薪酬和公积金的支出，应达到学校固定及长期收入的70%或以上，并将逐步增加不同职级教学人员薪酬的差幅，以及为所有教学人员设立公积金。

在完善免费教育和义务教育方面，预定2012年完成义务教育法规修订，而2015年的幼儿、小学和中学教育阶段的班师比，分别达到1∶1.6、1∶1.9和1∶2.4，2020年则分别达到1∶1.7、1∶2.0和1∶2.5。此外，还须强化有关降低学生辍学和离校率的机制，发挥小班制的作用，以照顾不同需求的学生，改善学生学习效果、降低留级率，并加强家、校合作。

在加强教学人员队伍建设方面，则以弘扬尊师重道观念为基础，积极落实学校教学人员制度，尤其是职级和晋升制度方面的法规，并发放专业发展津贴、减少每周授课节数。在提高教师专业化水平方面，则鼓励高中优秀毕业生修读教育课程、与高等教育机构合作，加强对教学人员与学校中高层管理人员的培训，期于2020年时，从事幼儿、小学和中学教育的教师拥有师范培训背景的比例能分别达到97%、95%和90%。此外还应注重提高普通话和外语教学的水平。

在优化学校系统方面，特区政府的城市规划（尤其是新填海区）必须为学校发展预留土地；在2014～2015年须完成特殊教育法规、学校通则、职业技术教育法规的修订，并完善学校专职人员制度，支持学校环境和设施的优化，以及学校与企业和其他社会组织的合作。

在改进对教育的领导和学校的内部管理方面，特区政府保障所有学校的教学自主和私立学校的行政和财务自主，并依法规范学校的办学行为，计划在2015年完成私立学校会计制度的修订。此外，相关法规的修订，将清晰地确定私立学校牟利与否的标准。在学校方面则须依法设立校董会，完善内部治理结构，并注重民主监督和社会参与。

在强化教育质量保障方面，预定2015年完成学生评核方式的制定及学校督导制度的修订，并持续对学校进行系统的综合评鉴和专项评鉴，进一步发挥“学生能力国际评估计划”的作用，设立有关学生评核的领导与协调机构，以鼓励学校实施多元评核，提高教学质量。

在改革课程与教学方面，特区政府将于2012年完成正规教育的课程框架制定，2015年完成正规教育各教育阶段和各学科的基本学力要求与课程指引之研制，并分阶段全面实施。此外亦通过教育发展基金的作用，支持学校实施课程与教学改革。

有关学生身心健康部分，在促进德育发展方面，将致力于建立政府、学校、家庭和社会相互协调和支援的德育工作机制，完善“校园危机事故支援小组”的功能，提升学生品德和公民教师的专业能力。在加强身心素质培养方面，特区政府将引导学校发展各类有助于学生健康的计划，鼓励学生善用闲暇时间强身健体，建立良好生活习惯，并增加对驻校辅导人员的协助。

在积极发展持续教育方面，特区政府将于2012年完成《持续教育通则》的制定，2013年完成回归教育津贴制度的制定，建立“回归教育标准

评核”机制，检视持续教育进修发展计划的实施情况，并整合社会学习资源，促进社区教育及家庭教育的发展，建构学习型社区。

最后，在扩大教育开放和区域合作方面，则包括有序落实《粤澳合作框架协议》中有关教育的各项措施，加强粤澳之间的教育联系；深化与广东省和内地其他区域、香港和台湾的教育交流与合作，加强与联合国教科文组织（UNESCO）的密切联系，以及与葡语系国家和地区的交流，以开放的视野推动非高等教育的发展。

（二）《正规教育课程框架》

由《正规教育课程框架》的咨询意见与修订稿①，以及重点解说文件②可见，《正规教育课程框架》旨在对教育上分立、分散与不足的现况做整合与兼顾的调整，其要点如下：

首先，是正规教育的整体与个别一并考虑。澳门现行有关正规教育的三个课程法规（第 38/94/M 号法令、第 39/94/M 号法令和第 46/97/M 号法令）分别于 1994 年和 1997 年颁布和实施，而 2012 年即将定案的《正规教育课程框架》③ 行政法规，则将三者整合，整体规划各教育阶段的课程，同时也突显幼儿教育阶段、小学教育阶段、初中教育阶段和高中教育阶段的特点，例如幼儿教育阶段强调启蒙作用、保育与教育的结合、课程内容的综合性，以及以游戏为基础的学习活动方式；小学教育强调奠基的教育特点，重视学生潜能和个性的发展；初中阶段强调提高身心素质，培养批判思考、沟通与协作，以及独立学习能力；高中教育阶段加强课程的选择性，强调生涯教育和公民教育。

其次，是延长学日，而同时减少每周课时。每所学校年度教育活动日数的下限，拟由 180 学日延长至 195 学日（小学教育六年级、初中教育三年级和高中教育三年级可不受此学日数目的限制），而同时减少各教育阶段的每周上课时间。此调整对学生而言，使其能有足够的时间消化当天所学的内容，并更有时间参与余暇活动，发展潜能和兴趣；对教师而言，使其可实时

① 澳门特别行政区政府教育暨青年局：《正规教育课程框架》（征询意见稿）、《正规教育课程框架》（修订稿），2011。

② 澳门特别行政区政府教育暨青年局：《正规教育课程框架重点解说》，2011。

③ 第 15/2014 号行政法规《本地学制正规教育课程框架》已于 2014 年公布并实施。——编者注

对学生提供必要的辅导，并进行课后反思、备课和参与教研活动，提升教与学的效能。

再次，是兼顾课程的全面性与均衡性，提供多元的选择。在课程的全面性与均衡性方面，重视基础科目、品德与公民教育、体育和艺术教育，确保这些内容在各教育阶段有必要的课时，并重视科学素养和人文素养的整体提升，避免高中过早的文理分组。而在提供多元的课程方面，则加强中学教育阶段的选修课程，并将余暇活动纳入正规教育课程计划，重视发展学生的潜能、兴趣、爱好和专长。

最后，是既对学校加以规范又赋予其弹性。《正规教育课程框架》既给予学校必要的引导和规范，确立必修科目及制定各教育阶段的总课时和各科目的总课时；同时又给学校留有弹性空间，即在遵循课程框架相关规定的前提下，各校可自主安排每个年级的课时、具体科目的设置及选修课程。

四　澳门非高等教育的特点分析

从上述的教育数字呈现，以及对两项教育政策文件的概要介绍与描述，我们可以归纳分析出澳门非高等教育的几项特点，并指出其未来相关的发展方向。

（一）现况当中陈显的诸多问题

澳门非高等教育现况中的问题多端，兹针对几个显著的问题进行分析，唯当中的问题，透过政策文件的提出，将或有改善的空间。

其一，有关高留级率问题。高留级率一直是澳门教育的特点，现况是有学校将留级作为维持教学质量之依据，以“留级”代表“严格”,① 但实际上留级造成对学生学习结果甚而是能力的否定，尤其多次的留级对一名学生而言，无异于限制其身心发展。《十年规划》里改善学生学习效果，以多元评量作为评核依据，进而降低留级率的方针，是相当值得重视的。此规划有赖于教育评量方式的成功转型，借此可扭转部分教育界人士把留级当作为学

① 林发钦：《规划十年教育，造福百年社会——关于非高等教育发展十年规划（2011～2020年）咨询稿的若干意见》，《澳门日报》2011年3月23日，F02版；2011年3月30日，F02版；2011年4月6日，E06版。

习“把关”之手段的观念。

其二，有关现职教师整体专业资格水平的问题。教师是否具有专业的师资培训经历，是判断教师素质的重要依据。目前任教澳门非高等教育阶段的教师具有师范培训背景者的比例并不理想。《十年规划》提到2020年幼儿教育、小学教育和中学教育教师接受师范培训的比例应分别达到97%、95%和90%（表3所述2010~2011学年的数据是92.1%、85.8%、72.1%），与现况相较，有相当程度的提升，这有赖于特区政府的推动，以及师资培育机构的投入。

其三，有关教师薪资待遇的问题。为缩小目前公私立学校教师的薪资待遇差距，《十年规划》在保障教育经费方面，订有确保不牟利的本地学制私立学校每年用于教学人员薪酬和公积金的比例，并且预计以法规来落实职级和晋升制度，增加不同职级教学人员薪酬的差幅，若此方案得以落实，应能进一步保障教师薪资待遇，并促进教师的专业成长意愿。

其四，有关学日和学时安排的问题。目前学校每周的学时多，学生的学习时间紧凑，而一般学校在学期的考试周以前，还安排有复习周，更压缩一般上课的学时。《正规教育课程框架》设想的出发点，是以学日之增加，舒缓目前集中紧缩的学日，期望教师及时辅导学生解决学习问题，不至于使问题累积延宕至假期处理；减少每周课时，则可留予学生较为充分的习业时间。

其五，有关教育阶段之定位与联系的问题。目前教育阶段的定位，实务上有其缺失，就幼儿教育小学化的情形而言，某些幼稚园要求学生从幼儿班起即学习写字，未能符合幼儿的身心发展需求，而小学及中学则有笔试的测验考试领导教学的现象。《十年规划》明文指出各级各类教育的发展目标，《正规教育课程框架》中明订幼儿、小学、初中与高中教育的课程须分别达到《非高等教育制度纲要法》中所订定的各级教育目标，注重各阶段教育定位之不同而又能相联系的原则。唯以上所述，皆自非高等教育的范畴内而言，有关非高等教育与高等教育之间的联系，则缺乏讨论。然而，诸如非高等教育与高等教育之间如何协调与衔接的问题，实应纳入整个教育系统的整体规划当中，[①] 如此教育改革才能朝着更为周全的方向迈进。

---

① 林发钦：《规划十年教育，造福百年社会——关于非高等教育发展十年规划（2011~2020年）咨询稿的若干意见》，《澳门日报》2011年3月23日，F02版；2011年3月30日，F02版；2011年4月6日，E06版。

（二）相关的改革措施陆续展开

2006年制定《非高等教育制度纲要法》、2011年底发布《十年规划》，当中提出相关教育法规制定时日，可见非高等教育相关的改革措施正持续进行且环环相扣，可谓目前澳门非高等教育正处于改革变动时期，未来有许多革新的展望。然而对于教育工作者而言，同时亦存在改革过程中所需要面对的不确定性与未知数。

（三）特区政府的决策角色更为突显

澳门私立学校占绝大多数，且各有其传统，此情况造就多元并存的特色，却也使得各个办学机构之间缺少教育的共同基准，不利于教育机构之间的横向与纵向联系，而随着特区政府对非高等教育改革政策的推动，未来可期的是，凡是本地的不牟利学校，均将受到更多法制化的规范与指引，这对于把握教育的基本要求而言，自有其助益，此情况也显示特区政府在非高等教育中的决策角色更为突显，各级学校面临改变的挑战将逐步显现。而教育改革的变化，不仅应反映在操作方式的层次上，更根本的是它将带来观念的变革。学校如何在既有的文化底蕴之上，面对教育文化之推陈出新，发展调适与因应作为，将是学校教育改革成功与否的关键。

五　结语

本文通过对教育数字以及两项教育政策文件内容要项的描述，梳理澳门非高等教育的现况与特点，探讨现况中陈显的问题，包括留级率、教师专业资格水平、教师薪资待遇、学日和学时安排、教育阶段之定位与联系等。本文还指出，特区政府的决策角色愈趋明显，而改革的施为不断取得进展，可见当下正是非高等教育迈向理想状态的转折期。然而，政策理想的提出，更需要良好的监督机制，以及评鉴的配套措施，以确保政策的落实不至于与预期水平产生落差，并且能从实践中调整可行方向，找到兼具理想与实际的做法。

（原载郝雨凡、吴志良主编《澳门经济社会发展报告（2011～2012）》，北京：社会科学文献出版社，2012年4月。）

澳门高等教育财政制度改革刍议

陈志峰*

20 世纪 80 年代，美国纽约州立大学校长约翰斯通（D. Bruce Johnstone）在《高等教育的成本分担：英国、联邦德国、法国、瑞典和美国的学生财政资助》一书中提出“教育成本分担理论”（sharing the costs of high education），① 引领了世界高等教育财政制度的改革浪潮。约翰斯通指出，高等教育一方面具有正外部性，对社会产生较大的正面助益，具有一定公共品的特征，另一方面对受教育者来说是一种重要的投资，给其自身带来较大的私人收益，具有一定的私人产品的特征。约翰斯通遂把高等教育视为准公共品，建议由不同获益者共同承担教育经费，政府、受教育者（学生及其家长）、社会三者应当共同分摊高等教育成本。

根据教育成本分担理论，政府基于高等教育的公共性，成为高教经费的重要来源，这一观点毋庸置疑。不过，受教者同样因为私人收益而需要承担一部分的高教经费，高校自身同样有自筹部分经费的责任，另外社会分享高教体系培养人才的成果，促进发展，也理应承担一部分的高教开支。

基于教育成本分担理论，世界各国近年进行了不同程度的高教财政制度改革，尤其是公立高教体制财政制度改革。美国高等教育财政主要由联邦政府、州政府和地方政府进行三级复合管理，联邦政府设教育部对全国高校进

* 陈志峰，澳门理工学院副教授。

① D. Bruce Johnstone, *Sharing the Costs of Higher Education: Student Financial Assistance in the United Kingdom, the Federal Republic of Germany, France, Sweden, and the United States*, New York: College Entrance Examination Board, 1986.

行宏观调控和经费资助，主要体现在学生的奖、助、贷学金和研究项目经费的挹注；州政府则对高校提供经费资助，并依法拨款和监管。美国自20世纪80年代以来，高教经费虽然仍以政府（联邦、州等）投入为主，但政府财政责任逐渐减少。政府投入占高教经费约四成半，而学生学杂费约占一成半，其他收入（包括销售与服务收入、捐赠、发行彩票、留学生学费等）占四成左右。① 英国高等教育经费主要来源是基金拨款，政府成立独立的高等教育基金委员会向国内高校进行拨款，研究型高等院校同时可以获得政府研究经费的挹注，其他经费则透过学费及社会集资分摊。基金委员会拨款占高校经费三成二，研究委员会拨款占高校经费约一成六，加上少部分其他费用资助，政府向高教投入约五成经费，其余经费则透过学费（约二成）、留学生学费（约一成），以及捐赠和其他收入（约二成）筹集。②

如果把视线放在海峡两岸，台湾是较早落实高等教育财政分担的地区。在1996年，以台湾大学为首的5所高校率先进行试点，改革沿用已久的大学预算制度，引入“校务基金预算制度”，并在1999年全面铺开。公立大学在这个制度下，经费来源除了行政当局拨补外，还包括高校透过学杂费、推广教育、建教合作、场地设备管理、捐赠、孳息获得的收入及其他收入。访谈屏东科技大学时任行政副校长得悉，台湾地区公立高等院校自实行校务基金预算制度以来，来自行政当局的拨款已从旧制时代的七成，减至如今的四成至五成，其余经费必须自筹。③ 至于内地，20世纪90年代初出台的《中国教育改革和发展纲要》便明确提出将学费、校办产业、高新科技企业、社会服务、社会捐资助学、金融信贷手段作为国家财政性教育经费以外教育经费筹措的主要措施。但20多年过去了，内地高等教育经费仍然以政府财政拨款为主，体现在“基本预算+项目支出预算”模式上。在内地高等教育经费中，财政性经费超过五成，学杂费收入近四成，其余如民办学校举办者的投入、社会捐赠经费和其他创收仅约占一成而已。④

---

① 黄凤羽、彭媛：《发达国家高等教育财政投入机制研究》，《理论与现代化》2010年第4期。

② 张红峰：《英国高等教育基金委员会拨款机制研究》，《澳门高等教育经费政府拨款机制研究》，2013，未刊稿。

③ 陈志峰：《台湾地区高等教育拨款机制简介及其对澳门的启示》，《澳门高等教育经费政府拨款机制研究》，2013，未刊稿。

④ 徐国兴：《中国内地高等教育经费拨款研究》，《澳门高等教育经费政府拨款机制研究》，2013，未刊稿。

至于澳门，共有四所公立高等院校。除了澳门保安部队高等学校预算归并保安事务局年度预算内以外，澳门大学、澳门理工学院和旅游学院的经费主要来自特区政府的投入，其中澳大和理工学院七成以上经费来自特区政府的财政投入，而旅游学院之特区政府投入则占六成半，三所公立高校其余经费以学费收入为主，服务性收入和捐赠等占额极少。因此，公立高等院校的经费仍然以特区政府挹注为主。正如上文所述，在世界各国根据教育成本分担理论改革高教财政制度的大背景下，澳门这个弹丸之地，在相关制度改革上到底应如何应对，才能跟上世界高等教育改革的步伐，实现有效的高教成本分担，是本文尝试解答的问题。

一　澳门高等教育财政制度现况和困境

（一）澳门高等教育沿革

1. 早期的澳门高等教育

16世纪葡萄牙人入居澳门，开展贸易。天主教耶稣会来华传教，并在澳门创立圣保禄公学，其后仿照葡萄牙科英布拉大学模式改建，在1594年更名为圣保禄学院，成为中国第一所西式高等院校。基于传教的需要，耶稣会又在1727年设立圣若瑟修院。在1762年，两所天主教的高等院校均因葡萄牙本土政治原因而遭查封，自此澳门高等教育进入沉寂期。

20世纪初，格致书院（岭南大学前身）因避义和团之祸而迁澳，却于四年后迁回广州。抗日战争期间，国内一些高校曾迁澳续办，却因澳葡政府不予承认而只能开设一些实用课程。及至1949年以后，内地一些高校来澳办学，如粤海文商学院、华侨大学、华南大学、中山教育学院等，但最终因缺乏生源而无以为继。

2. 回归前的澳门高等教育

澳门教育现代化比邻近地区延缓，直至1991年澳门才制定《澳门教育制度》（第11/91/M号法律），并颁布了《澳门高等教育法例》（第11/91/M号法令）。在此之前，香港商人曾在20世纪80年代初创办英制的私立东亚大学，并以香港及东南亚华侨子弟为招生对象，本地居民鲜有入读。

1991 年，澳葡政府把 1988 年收购的私立东亚大学改组成公立的澳门大学和澳门理工学院。1992 年，原东亚大学的公开学院与葡萄牙国立公开大学合并，成为亚洲（澳门）国际公开大学，加上在 1988 年由保安部队成立的澳门保安部队高等学校和管理学院、1992 年成立的联合国大学国际软件技术研究所、1995 年成立的旅游学院和澳门欧洲研究学会、1996 年成立的澳门高等校际学院，促成了澳门回归前高教发展一片蓬勃的景象。可是，由于当时政府财政捉襟见肘，澳门高等教育发展显得相当无力。

3. 回归后的澳门高等教育

回归以来，2000 年成立澳门科技大学和中西创新学院，同年管理学院由特区政府升格为澳门高等教育机构，2001 年镜湖护理学院获特区政府批准开办四年制学士学位课程，2009 年澳门高等校际学院升格为澳门圣若瑟大学，2011 年亚洲（澳门）国际公开大学易名为澳门城市大学。

回归后可谓澳门高等教育的高速发展期。现在，澳门共有 10 所高等院校及 2 所研究所，其中公立高等院校有四，分别是：澳门大学、澳门理工学院、旅游学院、澳门保安部队高等学校；私立高等院校有六：澳门科技大学、澳门城市大学、圣若瑟大学、澳门管理学院、澳门镜湖护理学院及中西创新学院；而两所私立的研究所为联合国大学国际软件技术研究所及澳门欧洲研究学会。

澳门回归以来，特区政府把“教育兴澳”和“人才培育”作为施政重点，积极回应前国家主席胡锦涛“要加大对教育的投入，全面提高澳门的教育水准”的期望。历年来对澳门教育的投入虽有波动但总体上呈增长的趋势，若从实质投入的资源来看，可以清晰看出特区政府在教育范畴的公共开支每年持续增长，由 2000 年的 18 亿元增加至 2011 年的 79 亿多元，10 多年间，公共教育支出足足增加了 3 倍多，足见特区政府对教育之重视。①

除了持续加大高教投入外，特区政府为配合中央的规划，锐意把澳门大学打造成世界一流大学。2006 年，特区政府透过立法手段，让澳大在学术上享有更独立、自主和灵活的空间和制度，为在横琴扩校奠定了基础。及至 2009 年，全国人大常委会通过在横琴岛兴建澳大新校园的议案，在横琴岛 5

① 澳门特别行政区政府教育暨青年局：《教育数字概览》，http：//portal. dsej. gov. mo/webdsejspace/internet/Inter_ main_ pase. jsp?id＝8514。

平方千米的“粤澳横琴合作项目园区”中划出1.09平方千米作为澳大用地，实行在“一国两制”下“粤澳合作”的新试点。有关澳大的扩校计划仅硬件建设的造价已超过100亿澳门元，可见特区政府对于发展澳门高等教育、提升高教整体质量不遗余力。

可以预测的是，随着澳大在横琴扩校，澳门高教格局将产生巨大的转变，迎来高速发展的势头。这对于澳门高教来说，既是机遇，也是挑战。但值得注意的是，澳门在赌权开放和“自由行”政策的带动下，形成了一波经济的起飞，特区政府库房充盈。在财力、人力、物力充裕的大前提下，澳门高等教育在回归以来取得了一定的发展。从发展规模而言，谢安邦认为澳门高等教育已由精英教育阶段迈进普及化阶段,① 其间经历了跳跃式和压缩式的发展，但教育管理和教育质量未能跟上发展速度。而澳门财政制度的落后，更是窒碍了高教发展的空间。

（二）澳门高等教育财政制度现况

1. 政府对公立院校的拨款制度

澳门公立高教体系由澳门大学、澳门理工学院、旅游学院和澳门保安部队高等学校组成。澳门保安部队高等学校情形比较特殊，主要承担澳门治安体系的人才培养和专业培训等工作，属保安司管辖范畴，其开支全由特区政府承担，每年由保安事务局编列预算，按公共财政制度年度预算流程拨款。

至于其余3所高等院校，根据2012～2013学年数据，澳门大学总收入69.3%来自政府拨款，学费收入则占12%。② 澳门理工学院总收入80%来自政府拨款，学费收入则占12.8%。③ 旅游学院总收入有40.7%来自政府拨款，另有15.7%来自旅游发展基金，而学费收入占21.5%。④ 澳门公立院校的经费投入以政府拨款为主，学费收入和其他收入为辅，而从比例来说，经费大部分由政府承担。

公立院校根据公共财政制度的规定，每年必须进行预算规划。此种预算属增量性的预算方式，以往年预算作为规划的基础。公立院校完成内部预算

---

① 谢安邦：《大众化理论视野下澳门高等教育发展的研究》，《中国高教研究》2010年第3期。

② 有关资料请参阅澳门大学网站，http://www.umac.mo/。

③ 有关资料请参阅澳门理工学院网站，http://www.ipm.edu.mo/zh/index.php。

④ 有关资料请参阅旅游学院网站，http://www.ift.edu.mo/TW/IFT/Home/Index/43。

规划后，则将其上呈监督实体社会文化司进行审批。在得到监督实体的批准后，公立院校常费预算便会送交经济财政司辖下的财政局统一处理。而特区政府汇总所有部门的财政预算后，便送交立法会审批，公立院校的预算亦不例外。待立法会批准特区政府整体的财政预算后，财政局便会按月向公立院校进行拨款，经费作为院校运作的财政支撑。

2. 政府对私立院校的拨款制度

澳门的私立高等院校取得公共经费的方式不尽相同。镜湖慈善会辖下的镜湖护理学院是一所私立高等院校，主要培育澳门的护理专业人才。由于澳门社会对于护理人员求才若渴，加上相关专业的人才资源紧缺，特区政府在财政政策上给予镜湖护理学院大力支持。镜湖护理学院院长表示，近年特区政府给予的经费资助占学院总经费的近七成，这无疑与公立高等院校的经费结构无异。镜湖护理学院还可从澳门基金会及澳门科技发展基金争取研究经费。

澳门科技大学及澳门城市大学在取得公共经费上的情况较一致，作为私立高等院校，两所大学主要透过特区政府给予澳门学生的学费差额补贴获得经费。根据调研，澳门科技大学近年均从社会文化司编列预算，作为澳门本地学生学费的差额补贴，并基本以澳门本地学生人数作为标准。但毕竟每年的澳门生总量不尽相同，科大反映社会文化司只一次性拨出4000万澳门元作为学生学费的补贴，不能理解为根据本地学生人数计算学费差额。由于澳门城市大学在2011年正式升格，故未能沿用科大的经费取得方式，但在社会文化司的协调下，2012年澳门城市大学透过澳门基金会获得一定数额的资助，其性质基本与科大的澳门生学费差额补贴相同，相信在2013年度，澳门城市大学能够比照科大透过社会文化司获得澳门生学费差额补贴。

就澳门科技大学而言，透过澳门基金会也能获得一定的经费资助。2002～2011年澳门基金会资助的资料显示，10年间，澳门科技大学从澳门基金会取得的经费超过7亿澳门元，其中2009年获1亿1000多万澳门元、2010年获7500多万澳门元、2011年获2亿3000多万澳门元，主要用于校舍硬件建设、研究计划及一些活动。

澳门科技大学及澳门城市大学亦可从澳门基金会及澳门科技发展基金争取研究经费。

圣若瑟大学没有获得特区政府给予的澳门生学费差额补贴，该校校长指出，圣若瑟大学透过从澳门基金会及澳门科技发展基金获得一些研究项目的

资助，但数额较少，学费收入则占其常费的九成以上。

澳门管理学院及中西创新学院也没有从特区政府获得经常性的拨款，师生可以争取科研和活动经费，但数额一般较少。

（三）澳门高等教育财政制度的困境

1. 公立院校体系年度预算制的困境

澳门公立院校因现行的财政制度给校务发展带来较大的局限。在特区政府行政架构中，公立院校属于第三类自治机构，必须遵从澳门公共财政制度。可是，从性质来区分，公立院校属教育机构而非行政单位，公立院校的财政制度应该遵循教育发展的特性。例如入读高等院校的学生，一般培养期为4年，对于教育的财政预算，必须以学生4年学习生涯为基础进行规划；再者，高校的研究项目不可能一年完成，动辄耗时经年，相关预算很难以年度为单位做出规划；加上院校采用学年制，与公共财政制度的财政年度制度不同，导致高等院校在预算规划上的困难。院校作为教育机构，随时都会有属于不同层次的学术交流和研究项目，倘若这些项目不在上一年的预算规划之内，则难以顺利开展。

除此以外，按照现行的公共财政制度，作为公立高等院校，其年度预算必须送交立法会审查，可是，高等院校毕竟不是行政单位，教育有其自身的规律性，理应由具有教育专业背景的委员会进行审查，以更好发挥监督作用。可以预期的是，在现行的预算审核模式下，公立高等院校的预算基本按照增量原则审核，只要预算不出现跳跃式的增幅，基本上都能通过，或适当地按比例删减即可获通过，但这未能充分发挥公共资源投入的最优效率。

在现行的公共财政制度规管下，公立院校预算支出基本不留结余，而监察实体非常关注预算的执行率问题。故此，院校可能会在支出经费方面，以执行预算、消化预算作为经费使用的决策基础，不能将成本效益因素放在最重要的位置考量，尤其是到了财政年度即将结束时，这种情况会更加突显，经费使用缺乏效率，甚至会有浪费公帑之嫌。

在现行制度中，公立院校主要的经费来源是特区政府的拨款和学费收入，公立院校未能充分调动社会的积极性，投入资源共同支撑澳门高等教育发展。院校在现有的预算制度下，缺乏动力去争取社会捐献，主要原因是争取到的捐献只能用于年度预算开支中，本来年度预算已有经费拨备，额外争取的资源只会造成年度结余，而根据现行澳门的相关条例，结余须缴回政府库房。额外的资源会造成预算的执行率不达标，院校往往会受到监督实体的问责。因此，现行的财政管理制度根本不利于公立高校争取社会的捐献，以开拓经费的来源，因此难以增加不同的持分者以对澳门教育的资源进行分担。换言之，社会享受了高等教育培育人才的效益，却无须承担高教经费，这种情况有违教育成本分担理论中经费由不同获益群体分摊的原则。

2. 私立院校体系投入不一的困局

相对公立院校而言，特区政府对私立院校的经费投入没有明确的准则，例如镜湖护理学院由政府支付大部分办学经费，属于“公费私办”的模式；澳门科技大学透过澳门基金会获得软、硬件建设上的资助，同时本地学生可获特区政府的学费补贴；澳门城市大学比照科大模式，也获得对本地学生的学费补助；至于圣若瑟大学、澳门管理学院及中西创新学院，除了一些科研项目可获资助外，便没有获得政府经常性的经费投入，其办学必须自筹经费。

倘若按照教育成本分担理论，私立大学同样为澳门培育人才，其教育成本理应由政府、受教育者（学生及其家长）、社会三方共同分担，如此才能体现高等教育的准公共性特质。可是，特区政府没有明确的私立高校经费投入政策，导致私校各有不同的经费拨款模式，不利于教育成本的分担，更有违背教育公平之虞。

综观澳门高等院校体系，公立和私立院校均遭遇不同的办学困境。就公立院校而言，因为其要依照本澳的公共行政法律制度，所以法理上是行政单位而非教育机构，导致财政规划未能顺应教育发展规律。加上公共财政体系不利于院校开源，无助于向社会争取经费，院校只好完全依赖政府投入，未曾多加考虑成本效益的因素。此外，缺乏激发公立院校进行推广教育、建构产学研体系和对社区开放院校资源的机制，未能使教育资源效益最大化，某种程度上造成对资源的浪费。

就私立院校而言，由于特区政府没有一套完整的资源投入机制，各院校必须按其实际情况自筹经费，包括自订收取学费的额度，以筹集足够的经费。在这一前提下，特区政府无法利用资源投入形成宏观调控私校发展的机制，也未能对私校发挥其影响力和导引力，造成监督上的困难，无助于澳门高等教育健康发展。

由此可见，澳门公立和私立高等院校各自形成经费上的困境，长此下去，公立、私立院校便会出现两极化的情况，不利于澳门高等教育的可持续发展。

二　澳门高等教育财政制度改革之路径

（一）认清澳门实际情况，按部就班进行改革

由于近年世界经济不景气，市场效益主导了高等教育改革，各国政府也纷纷削减公共教育资源投入，并进一步实行教育成本分担，尽量争取社会资源分摊教育经费，以减轻其公共财政的沉重压力。相反，澳门近年受益于赌权开放政策，经济飞速发展，博彩税收可观，公共财政充裕，是发展文教事业的大好时机。可是由于过往澳葡政府对公共教育采取“无为而治”的放任态度，澳门教育现代化进程缓慢，直至20世纪90年代初才订定适用全澳的教育法律，相关的高等教育法令亦于同期颁布。

从澳门大学和澳门理工学院在1991年脱胎于私立东亚大学起计算，公立高等院校出现至今不足25年。前10年是公、私立高等院校创校高峰期，但社会办学资源相当匮乏，院校艰苦经营，勉强支撑，高教总体发展规划欠缺，导致回归前后整体发展迟缓。回归以来，由于高教法律未及修订，澳门依然沿袭澳葡政府旧制，公立院校被视为行政单位而非教育机构，必须完全遵从澳门公共行政制度，财政上使用年度预算，欠缺弹性；而特区政府对私立院校的资源投放和管理则没有积极的主导措施，继续澳葡时代“无为而治”的政策，错失了利用资源投入宏观调控澳门私立高等教育发展的良机。

如今澳门回归将近15年，修订澳门高等教育法律的工作终于排上议事日程，实在是改革的良机。可是，改革不宜将过去的制度迅速推翻，应循序渐进，按部就班地进行分阶段的改革。就财政制度而言，基于澳门公立院校的法律定位，急进式的改革并不容易，要令公立高等院校脱离公共行政体系，不再遵从公共财政制度和公共采购制度，脱离年度预算体系谈何容易，改革一步到位是不切实际的。比较稳妥的方法是订定短、中、长期方案。短期而言，在现有制度不变的情况下，进行改革试点，如参照台湾地区的校务基金制度，把公校额外筹集的资源汇入基金，以另一套财政制

度加以管理，并局部对公校放权，让院校能够自主管理基金资源，累积足够经验，作为后续改革的铺垫。长远而言，特区政府宜启动公立院校定位的政策研究，重新审视公立高等院校的法律属性，并应参考国际惯例，进一步彰显公立高等院校作为教育机构的特质，继而凝聚社会广泛共识，为公立院校脱离行政体系制定相应的时间表，按部就班地实现公立院校财政制度的改革。相反，对于私立院校而言，改革较易实施。在短期内，特区政府宜建立公开透明的机制，给予就读私校的澳门生学费补助，借此分担私校的教育成本。长远而言，特区政府宜透过竞争性的经费拨款，引导私校进一步完善管理和优化教学，例如通过院校评鉴或课程评鉴给予院校额外的拨款，给予达至优化班师比例等教育指标的院校以额外的经费，对杰出或对社会有贡献的科研项目给予额外的资源投放等。通过这些措施，一方面可以实现特区政府对私立高等教育体系的宏观调控，优化其发展，另一方面特区政府可以借助资源投放而介入监管，形成健全的资源投入和监察机制，避免公帑被不合理利用，并提高资源投放的效率。

（二）借镜台湾校务基金制度，厚积高教财政制度改革经验

正如上文所分析，在现今澳门法律体制中，公立院校的财政制度改革不易，现阶段未具一步到位的条件。因此，可以透过试点方式，借镜台湾公立高校设置校务基金的制度，在保留原有的财政制度，保障日常运作基本开支的前提下，使高等院校有权将募款、创收和孳息等额外收益汇入校务基金，作为公立高等院校拓展校务、改革教学、突破科研的经费。借此，一方面可以增加高校利用经费的弹性，激发其筹募经费和争创收入的动力，透过社会服务和院校声誉去争取更多额外的经费，使各方合理分担公立高教成本；另一方面可以透过有别于公共财政制度的理财模式，累积经验，不断完善相关制度，逐步提高资源的利用效率，在条件成熟时全面铺开，彻底改革公立高校财务制度，与国际接轨。

台湾地区 1999 年以前沿用的大学预算制度基本与现行澳门制度相若。但为应对“高等教育发展的趋势，提升教育品质，增进教育绩效”而制定之“校务基金预算制度”，意味着台湾地区的高等教育校院财务自主跨出一大步。1996 年，以台湾大学为首的 5 所高等校院，依“国立大学校院校务基金收支保管及运用办法”试行校务基金制度，1999 年，此制度正式全面

实施。在新制度下，台湾地区的公立院校可以把推广教育收入、建教合作收入、场地设备管理收入、捐赠收入、孳息收入和其他收入汇入基金，作为高等院校的运营经费。而且法律允许将上述收入用作投资，以尽量使资源价值最大化，以利公校创收，以及达至高教成本分担的目标，有序落实大学财务自主和改善公立大学经费使用的效果。

毕竟台湾地区过往的社会文化和公共财政制度与澳门类似，当地十多年来的改革和实践经验，可为澳门公立院校创设校务基金制度提供借镜。具体改革方案是可保留现行的年度预算制度，高校透过年度预算从特区政府获得经费，用以支付日常运作开支。这笔经费的利用，完全根据现有的公共财政制度的规定，保持现行模式不变。至于拟设的校务基金，主要是汇总公立院校争取到的额外经费，例如向大型企业集团和慈善家筹募得来的经费；鼓励院校教学人员服务社会，推动产学研结合以筹措资源；向社会开放场地设备，增加租金和管理的收入；利用基金的滚存做稳健和专业的投资，累增资源，用以加强公立院校财务的弹性和自主性，并利用相关基金进行教学改革，增聘以项目为本（project based）的教研人员，购置大型科研设备，开展实验性的科研项目，向教学人员提供休教进修的资助，创设研究基金供教研人员申请经费等。

公立院校透过设置校务基金作为财政制度改革的试点，必须配备一套完整的财政制度，这套制度应该加强内外监察，以增强公平性、透明性和独立性。内部的监察制度可以直接由校长领导的内部审计单位履行相关的职责，透过建立完善的制度进行自我审查，加强校务基金的管理，提升资源的使用效率。而外部的监察则可聘请独立的核数师，直接对公立院校校董会或监督实体负责，并可向社会公布基金年度报告，让校务基金制度建立在阳光之下。借此，可建立完善的制度，为下一步推动整体高教财政改革厚积经验，做好铺垫，以利于改革顺利开展。

（三）持续深化制度改革，建立完善的澳门高教财政制度

对公立和私立院校进行试点改革的同时，特区政府必须推动合理的澳门高教财政制度的建立。按照教育成本分担理论，高等教育是一项准公共物品，不仅使受教者个人获益，更惠及社会。社会得益于人均素质的提高，从而有利于走可持续发展的道路。故此，无论是公立还是私立院校，高教成本

都必须由政府、受教育者（学生及其家长）、社会三方共同分担，只不过是分担的比例不尽相同而已。就公立高等院校而言，主要的经费理应来自政府，其次亦透过学费的收入分担教育成本，但不应妨碍公立院校向社会争取更多经费的投入；至于私立高等院校，主要的经费由办学实体自筹，包括学费收益和社会筹措，同时特区政府向其在读澳门学生提供学费津贴，承担一部分的教学成本。

长远而言，特区政府宜就高等教育建立一套完善的拨款机制。对公立院校而言，应透过厘清其定位，借助于创设校务基金累积的财务管理经验，全面铺开原有的高教财政制度的改革，使高等院校与公共行政体系脱钩，引入以校务基金作为试点而制定的财政制度。政府拨款方面，应弃用年度财政预算制度，引入“常费公式拨款＋竞争性项目拨款”方案，经费直接拨入公立院校校务基金，参照试点模式由院校自主使用。所谓“常费公式拨款”，是一套在国际上已经取得成功经验和行之有效的拨款方式。公立院校凭借其本地学生人数，透过多种参数和加权方式计算拨款金额，用以支付院校日常运作经费，包括基本人事经费和教育公用费。所谓“竞争性项目拨款”，是指院校透过达至某些既定的标准，争取到由特区政府提供的额外经费拨款，既定的标准包括通过院校评鉴和课程评鉴计划、优化教学指标计划、创新科研计划、教学卓越计划、服务澳门社区计划等。高校达至标准后，可在常费公式拨款的基础上，获得特区政府额外投入的资源。这套复合型的拨款机制，在保障公立院校基本运作经费后，引入竞争性的资源投注方式，有利于激活院校的办学动力。除此以外，透过竞争性项目拨款，特区政府可以善用额外拨款来进行整体高教发展的宏观调控，引导公立高等院校迈向健康良性的可持续发展。

至于私立高等院校，特区政府宜制定“本地生学费补助＋竞争性项目拨款”方案。所谓“本地生学费补助”是指特区政府对就读私立院校的本澳生发放学费津贴，资助学生攻读大学。这种津贴模式，实际上是特区政府对私立高等院校教育成本的一种经费分担方法，作为私校为本澳地区培育人才的一种经费补助。而所谓“竞争性项目拨款”，与上述公立院校的拨款标准相同，即公立和私立院校均可透过达标和竞争争取额外的经费，特区政府利用竞争性经费的既定标准，引导公立和私立院校的发展。换言之，竞争性项目拨款不分公、私，只要高等院校能够达到特区政府既定的目标，就可以获得额外的经费的挹注。这项政策有助于澳门高等教育体系的可持续发展。

三　余论

基于历史因素，澳门教育现代化起步较晚，与基础教育相比，高等教育发展更显迟缓。回归16年来，澳门高教仍沿用1991年颁布的《澳门高等教育制度》，这明显滞后于蓬勃的经济发展和急速的社会变化。老旧的制度不能满足当今澳门社会对高素质和具竞争力的人才需求，求变是澳门高教发展的必由之路。

不过，回归10多年来，澳门所走过的是一条平稳过渡的道路，对于过往澳葡时代的法律和制度，特区政府并非以颠覆和破坏的手段去改革，反而以较温和的延续和传承的方法去改变和优化。在这一大前提下，澳门高教亦宜循序渐进，按部就班地进行革新。

依照约翰斯通的"教育成本分担理论"来分析澳门原有的高等教育财政制度，可以发现，对于公立院校体系而言，原有制度把高校视为行政实体，要求其遵行公共财政制度，造成公立院校财务管理上的种种困难，同时又不利于高校争取社会资源，使社会共同分摊高教的成本；对私立院校体系而言，原有制度没有统一而完善的拨款机制，让政府分担高教成本，更无助于特区政府利用资源的投放来宏观调控澳门高教的整体发展。

笔者认为，澳门高教财政制度亟待改革，但宜以循序渐进、按部就班的方式进行。就短期而言，在公立院校沿用现行财政制度的同时，可比照台湾地区成功的经验，设立校务基金，鼓励公立院校积极募款和创收，把额外筹措的经费汇入基金，并制定一套结合内外监察的财政管理制度，累积经验，作为下一波改革的铺垫；至于私立院校，特区政府拟对所有就读本澳私立院校的澳门生发放学费补贴，以分担私校高教成本。就长远而言，公立院校应改革其行政定位，放弃依循公共财政制度，透过上一阶段设立校务基金所累积的财务管理经验，逐步建立扩展至高校全盘的财政制度。特区政府宜建立以本地生人数作为基准的公式拨款机制，对公立院校进行常费拨款。特区政府宜透过竞争性经费引领公立和私立院校达至既定的指标，引导澳门高等教育迈向可持续发展的道路。

（原载李向玉主编《澳门理工学报》（人文社会科学版）总第55期，澳门：澳门理工学院，2014年7月。）

小学语文科诗歌教材的比较研究

——以中国内地与澳门版教科书为例

向天屏*

一　综述

（一）研究动机

澳门教育暨青年局虽然于1999年订定澳门小学课程大纲，但在澳门教科书市场有限、出版业尚未发展成熟、政府尊重学校教学自主权等多重因素的影响下，特区政府并没有颁订完整的教科书“编、审、用”的制度，澳门也没有出版社出版符合澳门课程纲要、具有澳门特色的中小学教科书。①

就小学中国语文科而言，澳门绝大多数的学校采用香港出版的教科书。然而香港出版的教科书是依据香港的官方课程文件来编辑的，② 选文也反映香港人的生活经验。③ 考虑到澳门市场的需求，某些香港教科书出版商会参

---

* 向天屏，教育学博士，澳门大学教育学院助理教授。

① 单文经、黄逸恒：《澳门教科书政策及其影响》，“中华民国”课程与教学学会主编《教科书制度与影响》，五南图书出版股份有限公司，2007，第173~189页。

② 《中国语文课程指引》（小一到小六）（2004）目录，香港特别行政区政府教育局网站，http：//www. edb. gov. hk/index. aspx? nodeID =4278&langno =2；《小学中国语文建议学习重点（试用）》，香港特别行政区政府教育局网站，http：//www. edb. gov. hk/attachment/tc/curriculum - development/kla/chi - edu/plglo. pdf，2008。

③ 参见张嵘《香港和中国内地小学中国语文科教材比较研究：以课文为中心》，香港大学硕士学位论文，2009。

考澳门的课程纲要，另外再编辑澳门版的教科书。目前澳门许多公立、私立学校以这些“香港制造”的澳门版教科书作为中文教学的主要教材。

综观两岸四地对语文教科书的分析，都是以内地、台湾或香港的教科书为研究对象，有关澳门版小学语文教科书的研究付之阙如。[①] 在此情况下，澳门教师在编辑与选用教材时，就缺乏可供参考的相关研究报告。更重要的是，澳门采取教科书自由发行制，为了确保教科书的水平，除了要遵循市场机制，出版商更需要以相关学术研究报告作为教科书编辑与自我评鉴的参考。[②]

在儿童文学的各种体裁中，诗歌具备情趣美、意象美、具象美，兼顾音乐性、图画性、娱乐性与知识性，能吸引儿童阅读、朗诵，并且激发儿童想象、创作的潜能，自古以来就是重要的启蒙教材。[③] 由于现今大部分的小学语文教师教学都依赖教科书，教科书“理想上”应该收录何种诗歌、“实际上”能够收录何种诗歌，以及教科书该如何引导诗歌教学等议题，成为学界关注的焦点。[④] 学者们发现香港《现代中国语文》教科书收录的现代诗能反映儿童日常生活经验，呈现优美的词语；[⑤] 然而，和同时期内地的教材相比，《现代中国语文》教科书收录的古诗较少，相同年级教科书的诗歌深度也不如内地教科书。[⑥] 张永德更认为香港出版的教科书偏重语文知识的教学，轻忽对文学作品的鉴赏。[⑦] 对于同样来自香港的澳门版语文教科书，其

---

① 参见胡瑾瑜《两岸三地国中国文古典诗词曲教材研究》，台湾师范大学硕士学位论文，2009；张崇仁《国小国语教科书儿童诗歌研究》，台北教育大学硕士学位论文，2006；许育健《国语教科书内容设计之研究》，台湾师范大学博士学位论文，2011。

② 周淑卿：《论中小学教科书评鉴机制建立的必要性》，“中华民国”课程与教学学会主编《教科书之选择与评鉴》，高雄复文图书出版社，2003，第55～78页；单文经、黄逸恒：《澳门教科书政策及其影响》，“中华民国”课程与教学学会主编《教科书制度与影响》，五南图书出版股份有限公司，2007，第173～189页。

③ 王泉根主编《儿童文学教程》，首都师范大学出版社，2008；张永德：《香港小学文学教学研究》，广东教育出版社，2006；张嵘：《香港和中国内地小学中国语文科教材比较研究：以课文为中心》，香港大学硕士学位论文，2009。

④ 赵镜中：《儿童文学在教材编制上的问题及文学教学实务》，唐秀玲等编《语文和文学教学——从理论到实践》，香港教育学院，2004，第59～67页。

⑤ 张嵘：《香港和中国内地小学中国语文科教材比较研究：以课文为中心》，香港大学硕士学位论文，2009。

⑥ 张嵘：《香港和中国内地小学中国语文科教材比较研究：以课文为中心》，香港大学硕士学位论文，2009；董蓓菲：《大陆、香港、台湾小学语文科教科书的比较》，邓仕樑主编《香港语文教学反思：〈中国语文通讯〉选辑》，香港中文大学出版社，2001，第253～265页。

⑦ 张永德：《香港小学文学教学研究》，广东教育出版社，2006。

选录诗歌的类型与诗歌教学侧重的方向，亦值得我们深入探究。

在两岸四地已经出版的教科书比较研究中，尚未有学者分析香港教育出版社出版的《快乐学语文》与《快乐学语文》（澳门版）[①] 教科书。而后者正是澳门许多小学选用的教科书，长期以来对澳门师生的教与学具有相当的影响力，故笔者挑选此版本作为分析的文本。

另外，中国内地的语文科课程纲要是澳门特区政府制定语文科基本学力要求的重要参照指标，许多学校也聘请来自内地的优秀语文教师至澳门任教，甚至担任语文科组长。故笔者挑选内地很多学校采用的《义务教育课程标准实验教科书·语文》与《快乐学语文》（澳门版）做对比，[②] 了解两种版本教科书在“诗歌课文选用”与“诗歌教学引导”上的特性，寄望研究结果能为澳门本地与来自内地的教师提供更多对话的空间。虽然内地、香港与台湾都有学者分析过《义务教育课程标准实验教科书·语文》，但是由于研究类目不同，所以仍有继续探究的价值。

（二）研究问题

本研究探讨的具体议题包括：

①两种版本教科书诗歌课文的数量与诗歌课文占所有课文的百分比。

②两种版本教科书诗歌课文的类型及其百分比。

③两种版本教科书中，古代诗歌课文之作者及其朝代。

④两种版本教科书中，儿歌课文、现代诗课文呈现的主题。

⑤两种版本教科书诗歌课文前后的教学活动中，各类型教学目标出现的次数与百分比。

（三）研究对象

1. 内地人教版教科书

本研究所称的内地人教版教科书，是指人民教育出版社课程教材研究所、小学语文课程教材研究开发中心于 2001 年到 2006 年出版的《义务教育课程标准实验教科书·语文》。此套教科书共有 12 册（每学年两册），

---

① 尹世霖等编《快乐学语文》（澳门版）（一上到六下），教育出版社，2006。

② 课程教材研究所、小学语文课程教材研究开发中心主编《义务教育课程标准实验教科书·语文》，人民教育出版社，2004。

编辑的主要参考依据是中国《全日制义务教育语文课程标准（实验稿）》。[①]

2. 澳门版教科书

本文以下所称的澳门版教科书，是指香港教育出版社尹世霖等人编写，于2006年出版的《快乐学语文》（澳门版）教科书。此套教科书共有24册（每学期两册），编辑的主要参考依据是《澳门小学中文科课程大纲》[②] 与香港、内地、台湾的小学中国语文课程宗旨及学习目标。

（四）研究范围与限制

由于人教版与澳门版教科书的设计理念不相同，本研究以“课”（一课由诗歌以及数个教学活动所组成）作为分析的单位。两种版本教科书中，非以“课文形式”出现的诗歌与教学活动，不是本研究分析的范围。因此，本研究并不能代表人教版、澳门版中综合活动与教师手册的诗歌教学内涵。

（五）文献探讨

1. 诗歌的定义与分类

古今中外，学者们对诗歌的定义与分类并不相同。[③] 基本上，诗歌必须具有情趣、意象与音乐性的语言这三种特质。[④] 从儿童文学的观点出发，笔者采取较广义的定义，即诗歌是“以简练、精确、优美的语言来表达思想或感情，具有潜在的节奏或押韵的文学作品”。[⑤]

从儿童文学的角度来看，可以将小学语文教科书中的诗歌分为三大类型：儿歌、诗歌与韵文。[⑥] 儿歌包含传统民谣、童谣与现代创作的儿歌，内

---

① 中华人民共和国教育部：《全日制义务教育语文课程标准（实验稿）》，北京师范大学出版社，2002。

② 《澳门小学中文科课程大纲》，课程发展资讯网，http://www.dsej.gov.mo/crdc/course/primary_r.htm，1999。

③ 参见张永德《香港小学文学教学研究》，广东教育出版社，2006；郑雅静《国小国语教科书文体研究》，台湾嘉义大学硕士学位论文，2003。

④ 张永德：《香港小学文学教学研究》，广东教育出版社，2006。

⑤ 〔美〕Carol Lynch - Brown、Carl M. Tomlinson：《儿童文学理论与应用》，林文韵、施沛妤译，心理出版社，2009，第58页。

⑥ 〔美〕Carol Lynch - Brown、Carl M. Tomlinson：《儿童文学理论与应用》，林文韵、施沛妤译，心理出版社，2009，第58页。

容浅显，贴近儿童生活经验，旨在叙述事物，具有实用价值。有些儿歌是有押韵的歌词。诗歌分为古代诗歌与现代诗歌两大类，能写景、叙事或抒情，意涵较深，艺术性较高，有些诗歌还可以吟唱。① 一般而言，古代诗歌依据创作的形式与历史发展，又可细分为古体诗（包含四言、五言、七言与乐府歌行）、近体诗（包含绝句与律诗）、词和曲。② 至于现代创作的儿歌与现代诗歌则依分析者关注的焦点不同而有不同的分类。③ 韵文则是“以明显节拍或韵律写出精简想法或故事的一种语言形式”，④ 又可分为古代韵文与现代韵文。

为了比较不同版本教科书在选材上的差异，同时分析选材与诗歌教学引导的关系，本研究依诗歌内容呈现的主题，将现代创作的儿歌与现代诗歌区分为知识性、教育性、游戏性与联想性四大类。⑤

2. 小学诗歌教学的目标

为了能欣赏诗歌的情趣、意象与音乐性的语言，教师必须引导学生学习字词、语法、修辞、篇章、标点符号等语文知识，并且培养学生阅读、理解、感受、朗诵、聆听、独立思考、口语交流、想象创作与评价作品等语文能力。⑥

作为学校教育的正式课程，中国语文科具有传承国家认同、培养世界公

---

① 参见林守为编著《儿童文学》，五南图书出版股份有限公司，1988；陈妍君：《两岸国小三年级国语教科书之比较研究——以康轩版与人教版为例》，台北市立大学硕士学位论文，2008。

② 参见郑雅静《国小国语教科书文体研究》，台湾嘉义大学硕士学位论文，2003。

③ 参见王泉根主编《儿童文学教程》，首都师范大学出版社，2008；郑雅静《国小国语教科书文体研究》，台湾嘉义大学硕士学位论文，2003。

④ 参见王泉根主编《儿童文学教程》，首都师范大学出版社，2008；林守为编著《儿童文学》，五南图书出版股份有限公司，1988；郑雅静《国小国语教科书文体研究》，台湾嘉义大学硕士学位论文，2003。

⑤ 王泉根主编《儿童文学教程》，首都师范大学出版社，2008；郑雅静：《国小国语教科书文体研究》，台湾嘉义大学硕士学位论文，2003。

⑥ 司徒秀薇：《语文？文学？小学教师对中国语文课程改革的疑虑》，唐秀玲等编《语文和文学教学——从理论到实践》，香港教育学院，2004，第245～263页；《中国语文课程指引（小一到小六）2004目录》，香港特别行政区政府教育局网站，http：//www.edb.gov.hk/index.aspx？nodeID=4278&langno=2；《小学中国语文建议学习重点（试用）》，香港特别行政区政府教育局网站，http：//www.edb.gov.hk/attachment/tc/curriculum-development/kla/chi-edu/pri_chi_lang_lo_web_version.pdf，2008；张永德：《香港小学文学教学研究》，广东教育出版社，2006。

民的重要使命。教科书编辑常借由不同题材的诗歌，达成传承中华文化、唤醒学生爱国意识、型塑公民价值观的目的。①

随着教育心理学与教学理论的发展，学习策略的教学成为小学语文课程纲要的重要内涵。两岸四地的课程纲要都鼓励教师将“阅读、聆听、说话与写作的方法”与“自我学习的技巧”融入诗歌教学中,② 引导学生独立学习诗歌并且丰富学习成果。③

于是，教授语文知识、培养语文能力、教授学习策略、爱国教育以及公民与常识教育就成为小学诗歌教学的重要目标，而且彼此之间互有关联。④ 若从文学欣赏的角度而言，在诗歌教学的多种目标中，以引导学生“体会作者的情感，感受诗歌的音韵美、意象美、结构美，分析诗歌表情达意的精妙之处，与展开想像、创作”较重要。因为只有具备这些能力，学

---

① 中华人民共和国教育部：《全日制义务教育语文课程标准（实验稿）》，北京师范大学出版社，2002；王衍等：《国语文教学理论与应用·绪论》，洪叶文化事业有限公司，2008，第1~26页；王雅玲：《小学一、二年级语文教材课文主题意识之分析研究——以台湾康轩版〈国语〉、中国大陆人教版〈语文〉为比较样本》，台湾新竹教育大学硕士学位论文，2006；《小学中国语文基本学力要求：第一语文（教学语文）（初稿）》，澳门特别行政区政府教育暨青年局网站，http：//www. dsej. gov. mo/crdc/edu/prim_ chi1. pdf，2011。

② “阅读、聆听、说话与写作的方法”指的是认知学习策略，是程序性的知识。例如，学生需要知道一位诗人创作一首诗的认知历程（作者从何处得来灵感，以及立意、起草、修改的反复历程），这种知识能提升学生的阅读理解与创作的能力；“自我学习的技巧”指的是自我调整策略，包括自我教导、自我询问、自我监控、自我检核、自我增强、寻求协助（人或物）等方法，它能帮助学生监督自己的学习历程、调整学习状态并且维持学习动机。

③ 中华人民共和国教育部：《全日制义务教育语文课程标准（实验稿）》，北京师范大学出版社，2002；向天屏：《国小五年级儿童自我调整写作历程的教与学》，台湾师范大学博士学位论文，2006；《中国语文课程指引》（小一到小六）（2004）目录，香港特别行政区政府教育局网站，http：//www. edb. gov. hk/ind ex. aspx？ nodeID = 4278&langno = 2，2004；《小学中国语文建议学习重点（试用）》，香港特别行政区政府教育局网站，http：//www. edb. gov. hk/attachment/tc/curriculum - development/kla/chi - edu/pri_ chi_ lang_ lo_ web _ version. pdf，2008；《国民中小学九年一贯课程纲要语文学习领域（国语文）》，国民教育社群网站，http：//teach. ej e. edu. tw/9CC/index_ new. php，2008；《澳门小学中文科课程大纲》，课程发展资讯网，http：//www. dsej. gov. mo/crdc/course/primary _ r. htm，1999。

④ 王衍等：《国语文教学理论与应用·绪论》，洪叶文化事业有限公司，2008，第1~26页；司徒秀薇：《语文？文学？小学教师对中国语文课程改革的疑虑》，唐秀玲等编《语文和文学教学——从理论到实践》，香港教育学院，2004，第245~263页。

生才能“拥有诗人的眼光”，品味诗歌的精髓。①

值得注意的是，内地的《全日制义务教育语文课程标准（实验稿）》重视“涵养人文素养”，旨在从“文学教学”的角度切入，培养学生语文实践与欣赏的能力。② 而香港的课纲则在兼顾“课程与教学理论”、“教育心理学理论”与“文学教学”的立场下，考量教育目标分类的完整性，寄望借由语文学习培养学生听说读写、思维、审美、自学等多种能力。③ 这显示中国内地、香港的课程纲要反映出不同的小学语文教学取向。④

3. 两岸四地小学诗歌选材与教学的比较

学者们发现，就古诗而言，内地的教科书选录古典诗歌的数量最多，甚至还收录词与现代古诗；两岸四地的古诗教材都以唐诗为主，七言绝句居多。就儿童诗而言，内地教科书选录的童诗数量较少，而以名家作品为主，且偏重自然景物与爱国题材；台湾、香港出版的教科书则多以儿童生活经验为题材。⑤

在诗歌教学方面，张慈麟曾比较内地、台湾教科书的课文编排，发现内地教科书只呈现诗作，而台湾教科书除诗作还加上注释、题解、语译、赏析、诗人生平与创作背景等项目。⑥ 除此之外，目前还没有分析小学教科书诗歌教学引导的实证研究。

---

① 王良和：《新诗教学——一些设计理念》，唐秀玲等编《语文和文学教学——从理论到实践》，香港教育学院，2004，第116～127页；中华人民共和国教育部：《全日制义务教育语文课程标准（实验稿）》，北京师范大学出版社，2002；《澳门小学中文科课程大纲》，课程发展资讯网，http://www.dsej.gov.mo/crdc/course/primary_r.htm，1999；张永德：《香港小学文学教学研究》，广东教育出版社，2006。

② 中华人民共和国教育部：《全日制义务教育语文课程标准（实验稿）》，北京师范大学出版社，2002；张永德：《香港小学文学教学研究》，广东教育出版社，2006。

③ 《小学中国语文建议学习重点（试用）》，香港特别行政区政府教育局网站，http://www.edb.gov.hk/attachment/tc/curriculum-development/kla/chi-edu/pri_chi_lang_lo_web_version.pdf，2008；郑圆铃：《Bloom认知领域教育目标在国语文教学与评量的应用》，心理出版社，2004。

④ 司徒秀薇：《语文？文学？小学教师对中国语文课程改革的疑虑》，唐秀玲等编《语文和文学教学——从理论到实践》，香港教育学院，2004，第245～263页。

⑤ 王淑玫：《海峡两岸童诗教材比较研究——以国小国语文教科书为例》，台南大学硕士学位论文，2007；张慈麟：《两岸国语教科书古典诗歌选录之研究》，台北教育大学硕士学位论文，2010；张嵘：《香港和内地小学中国语文科教材比较研究：以课文为中心》，香港大学硕士学位论文，2009；董蓓菲：《大陆、香港、台湾小学语文科教科书的比较》，邓仕樑主编《香港语文教学反思：〈中国语文通讯〉选辑》，香港中文大学出版社，2001，第253～265页。

⑥ 张慈麟：《两岸国语教科书古典诗歌选录之研究》，台北教育大学硕士学位论文，2010。

二　研究方法

研究者采用内容分析法，以“课”为单位，分析人教版与澳门版教科书中的“诗歌课文”与“诗歌教学活动”。

（一）研究流程

研究者反复阅读文献与教科书，先整理出分析类目，再挑选两位分析员（教育学院小学教育组学生，已修毕“儿童文学”与“小学中文课程与教科书”课程，且学习成绩优异），与研究者一起测试分类的原则，练习过程中又多次修改分析类目。

在确定分析类目与分类原则后，研究者以随机抽样的方式，从两个版本教科书中，每年级各挑出两课诗歌课文，共计 24 篇诗歌课文，由研究者与两位分析员分别依据分类原则与类目进行分析，确认研究的信度。

本研究采取以下公式计算评分者同意度与信度，并得出 0.96 的信度值。

1. 求相互同意值 *Pi*

Pi = 分类一致的项目数 /（分类一致的项目数 + 分类不一致的项目数）

相互同意值 Pi

评定员	研究者	分析员 A
分析员 A	0.92	—
分析员 B	0.91	0.87

2. 求平均相互同意值 *P*

$P=\Sigma_{i=1}^{n}Pi/N$　N：相互比较的次数

$$P=(0.92+0.91+0.87)\div 3=0.9$$

3. 求信度 *R*

$R=nP/\{1+[(n-1)P]\}$　n：评定员人数

$$R = (3 \times 0.9) \div (1 + 2 \times 0.9) = 0.96$$①

在确认信度后，研究者与两位分析员讨论分类不一致的项目，达成共识后，再次确定分类原则，之后就由两位分析员重新分析所有的诗歌课文与教学活动。分析过程中若遇到困难，还会再与研究者讨论。

（二）分类原则

1. 诗歌课文的定义

本研究中，“完整的一课”是由课文（一首诗或数首诗）以及数个教学活动（包括精读和略读课文）所组成的。因此，练习活动中出现的诗歌、单元综合活动以及人教版一年级入学教育、汉语拼音、识字活动与高年级选读课文（不含教学活动）中出现的诗歌，都不是本研究分析的范畴。

2. 诗歌类型的分类原则

韵文与古代诗歌的分类有既定的原则，在此不再赘述。儿歌与现代诗歌依“呈现的主题”可区分为四类：

其一，知识性诗歌：旨在帮助儿童认识自然景物（季节变化、生物特征与成长）、科学知识（辨识方向）、数学知识（数数）、语文知识（标点符号、部首、造字、字典的功能与使用）与社会文化（姓氏），多为咏物诗、写景诗。

其二，教育性诗歌：旨在引导儿童学习待人处事之道，培养良好的生活态度，歌颂亲子情、师生情，探讨亲子互动方式，达成在生活中、家庭、学校受到教育等目的，多为叙事诗。

其三，游戏性诗歌：此类诗歌无目的性，展现天然童稚的趣味。

其四，联想性诗歌：旨在透过联想（对大自然、符号、感情的联想）、想象，将感官的感受、体验或脑海中的想法描写出来。②

同时，依循以下标准归类：所有的诗歌创作都需要联想或想象，但是若

① 欧用生：《内容分析法》，黄光雄、简茂发主编《教育研究法》，师大书苑有限公司，1991，第229～254页；－Jack Fraenkel, Norman Wallen, Helen Hyun, *How to Design and Evaluate Research in Education* (4th edition), Boston MA.：Mc－Graw Hill College Division, 1999。

② 王泉根主编《儿童文学教程》，首都师范大学出版社，2008；郑雅静：《国小国语教科书文体研究》，台湾嘉义大学硕士学位论文，2003。

一首诗具有明显的知识性或教育性，就不归类为联想性诗歌；游戏性的诗趣味性较高，联想性的诗抒情性较高。

3. 诗歌教学活动的分类原则

其一，诗歌教学活动包含课前说明、课文讲解、课文后的课堂活动与课后延伸活动。图片、对话也是分析的范围。

其二，课前说明、图片与对话以“具有完整语意的句子”作为分析的单位。

其三，课文讲解与各种练习活动以“小题项”作为分析的单位。

其四，计算每单位内教导“听、说、读、写语文能力”、“语文陈述性知识”、“学习策略”（知识陈述、学习引导）、“爱国教育”、“常识教育”的次数。

三 研究发现与讨论

（一）诗歌课文的数量与百分比

从表 1 可知，人教版的课文总数量比澳门版多，但是澳门版一、二、三、四、六年级的诗歌课文所占百分比高于人教版。若以“课”为单位计算，澳门版的诗歌课文数与诗歌课文所占百分比总体上都高于人教版。另外，人教版与澳门版的诗歌课文数，以低年级最多，中年级次之，高年级最少（见表 1）。

表 1 诗歌课文的数量与所占百分比

年级	课文总篇数		诗歌课文篇数		诗歌课文所占百分比(%)		“课”内诗歌篇数*	
	人教版	澳门版	人教版	澳门版	人教版	澳门版	人教版	澳门版
一	54	46	16	28	29.630	60.870	18	28
二	66	43	11	15	16.667	34.884	15	19
三	64	42	6	8	9.375	19.048	10	10
四	64	40	5	8	7.813	20.000	11	10
五	56	39	5	3	8.929	7.692	10	4
六	49	36	2	9	4.082	25.000	2	9
总计	353	246	45	71	12.748	28.862	66	80

*有的“课”内收录两篇或两篇以上的诗歌。

从表2可知，澳门版一、二、四、六年级的诗歌课文百分比高于澳门课纲中建议的诗歌课文百分比，三、五年级诗歌课文的百分比则低于澳门课纲的建议。①

表2　澳门课纲中建议的诗歌课文百分比与澳门版诗歌课文百分比的对照

单位：%

年级	一	二	三	四	五	六
澳门课纲	30.000	25.000	20.000	15.000	10.000	10.000
澳门版	60.870	34.884	19.048	20.000	7.692	25.000

（二）课文选录的诗歌类型

从表3可以看出，人教版偏好选用近体诗（35首，占53.030%）与现代诗（25首，占37.879%）作为诗歌课文。澳门版则偏好以现代诗（34首，占42.500%）与现代创作儿歌（23首，占28.750%）作为诗歌课文。

表3　诗歌课文类型比较

<table>
<tr><th rowspan="2">类别</th><th rowspan="2" colspan="4">诗类细分</th><th colspan="2">人教版</th><th colspan="2">澳门版</th></tr>
<tr><th>次数</th><th>百分比(%)</th><th>次数</th><th>百分比(%)</th></tr>
<tr><td rowspan="2">儿歌</td><td colspan="4">童谣</td><td>0</td><td>0.000</td><td>0</td><td>0.000</td></tr>
<tr><td colspan="4">现代创作儿歌</td><td>0</td><td>0.000</td><td>23</td><td>28.750</td></tr>
<tr><td rowspan="9">诗歌</td><td rowspan="8">古代诗</td><td colspan="3">古体诗</td><td>0</td><td>0.000</td><td>3</td><td>3.750</td></tr>
<tr><td rowspan="4">近体诗</td><td rowspan="2">律诗</td><td>五言</td><td>0</td><td>0.000</td><td>1</td><td>1.250</td></tr>
<tr><td>七言</td><td>1</td><td>1.515</td><td>0</td><td>0.000</td></tr>
<tr><td rowspan="2">绝句</td><td>五言</td><td>4</td><td>6.061</td><td>3</td><td>3.750</td></tr>
<tr><td>七言</td><td>30</td><td>45.455</td><td>12</td><td>15.000</td></tr>
<tr><td colspan="3">词</td><td>4</td><td>6.061</td><td>0</td><td>0.000</td></tr>
<tr><td colspan="3">曲</td><td>0</td><td>0.000</td><td>0</td><td>0.000</td></tr>
<tr><td colspan="3"></td><td></td><td></td><td></td><td></td></tr>
<tr><td colspan="4">现代诗</td><td>25</td><td>37.879</td><td>34</td><td>42.500</td></tr>
<tr><td rowspan="2">韵文</td><td colspan="4">古代韵文</td><td>0</td><td>0.000</td><td>3</td><td>3.750</td></tr>
<tr><td colspan="4">现代韵文</td><td>2</td><td>3.030</td><td>1</td><td>1.250</td></tr>
<tr><td colspan="5">总计</td><td>66</td><td>100</td><td>80</td><td>100</td></tr>
</table>

① 《澳门小学中文科课程大纲》，课程发展资讯网，http://www.dsej.gov.mo/crdc/course/primary_r.htm，1999。

就儿歌而言，人教版没有以儿歌作为诗歌课文，而澳门版则有28.750%的儿歌。就古代诗而言，人教版与澳门版收录最多的是绝句，其中又以七言绝句最多。人教版没有选用古体诗、五言律诗作为诗歌课文；澳门版则未选用七言律诗、词。两个版本都没有选用曲作为小学诗歌课文。就韵文而言，澳门版收录三段摘自《三字经》的古代韵文，人教版则没有选用古代韵文。

（三）古代诗歌课文的作者与朝代/时代

从表4可知，就古代诗而言，人教版选用了唐代、宋代、清代与近代作者写的诗，澳门版则选用了唐代、宋代与明代作者写的诗。两个版本都偏好唐诗，其次为宋诗。

就作者而言，人教版较多地收录李白（浪漫派）（6首，占15.385%）、王维（田园派）（3首，占7.692%）、苏轼（3首，占7.692%）、杨万里（3首，占7.692%）、贺知章（浪漫派）（2首，占5.128%）、白居易（社会写实派）（2首，占5.128%）写的诗；澳门版则较多地收录杜甫（社会写实派）（3首，占15.789%）、苏轼（3首，占15.789%）与杨万里（2首，占10.526%）写的诗。人教版最常选用李白写的诗，澳门版则最常选用杜甫与苏轼写的诗。人教版还收录一首近代毛泽东写的七言律诗《长征》。

表4　诗歌课文作者朝代/时代比较

作者朝代/时代	人教版		澳门版	
	次数	百分比(%)	次数	百分比(%)
唐	22	56.410	10	52.632
宋	13	33.333	6	31.579
明	0	0.000	3	15.789
清	3	7.692	0	0.000
近代	1	2.564	0	0.000
总计	39	100	19	100

人教版与澳门版的诗歌课文都收录了浪漫派、田园派、社会写实派与唯美派（杜牧）诗人的作品。然而人教版收录浪漫派（8首，占20.513%）、田园派（4首，占10.256%）诗作的比例较高，澳门版则收录较多的社会

写实派诗作（4 首，占 21.053%）。

表 5 中的 3 首七言绝句，是人教版与澳门版共有的课文。然而，这 3 首诗在人教版出现的年级都比澳门版低。

表 5　人教版与澳门版共有古代诗歌课文出现册别比较

七言绝句	小池	望庐山瀑布	饮湖上初晴后雨
作者	杨万里	李白	苏轼
人教版册别	一下	二下	三上
澳门版册别	二下	四下	四下

（四）儿歌与现代诗呈现的主题

1. 儿歌

澳门版共选录 23 首现代创作儿歌，分布在一上、一下与二上。其中绝大多数是知识性儿歌（20 首，占 86.957%），其次是教育性儿歌（3 首，占 13.043%）。知识性儿歌中，以部首与造字题材出现次数最多（13 首，占 56.522%），描写自然景物次之（5 首，占 21.739%），数数与介绍中国姓氏的题材则各出现 1 次。教育性儿歌中，教导小朋友说话要有礼貌的日常生活题材出现 1 次，引导小朋友认识学校、适应学校生活的题材则出现 2 次。

由上可知，澳门版的儿歌内容，以向小朋友介绍字形、造字原则、自然景物、中国姓氏为主，引导小朋友数数，并且致力于达到生活教育与学校教育的目的。人教版将儿歌用来教导学生拼读汉语拼音与识字，这些内容虽然不是本研究分析的范围，但是对照之下可以发现，识字是人教版和澳门版儿歌教学的重要目标。

2. 现代诗

从表 6 可知，人教版的现代诗，以教育性主题的诗最多（56%），其次是知识性主题的诗（24%）与联想性主题的诗（20%）。教育性主题的诗中，以宣扬爱国教育的最多（24%）。知识性主题的诗则以介绍自然景物、科学知识为主（20%）。

澳门版以教育性主题的诗最多（52.941%），联想性主题的诗次之

(29.412%)，知识性（11.764%）与游戏性主题的诗（5.882%）则较少。教育性主题的诗中，又以教导生活态度（包括识字的重要性、分享的意义、惜物的观念、说话的态度及处事之道，占17.647%）与描述亲子互动的诗（17.647%）较多。

表6　现代诗主题比较

主题		人教版			澳门版		
		次数	百分比(%)	百分比(%)	次数	百分比(%)	百分比(%)
知识性	自然景物	4	16.000	24.000	1	2.941	11.764
	科学知识	1	4.000		1	2.941	
	数学知识	1	4.000		0	0.000	
	语文知识	0	0.000		2	5.882	
	中国文化	0	0.000		0	0.000	
教育性	生活教育	3	12.000	56.000	6	17.647	52.941
	亲子家庭	2	8.000		6	17.647	
	学校生活	1	4.000		2	5.882	
	爱国教育	6	24.000		3	8.824	
	世界观	2	8.000		1	2.941	
游戏性		0	0.000	0.000	2	5.882	5.882
联想性		5	20.000	20.000	10	29.412	29.412
总计		25	100	100	34	100	100

从诗歌呈现的主题可以看出，人教版与澳门版的现代诗课文多数具有社会教育与传达知识的功能，教科书中游戏性与联想性等文学作品出现的次数有限。就联想性主题而言，澳门版联想性诗出现的次数与百分比都高于人教版。就爱国教育主题而言，人教版在一年级上学期就收录了《我多想去看看》（描述儿童对观看天安门广场升旗仪式的渴望与期待），澳门版则是到二年级上学期才收录《家》（描写由澳门、香港与内地组成的大中华）。就世界观主题而言，人教版在三年级下学期的教科书中就收录了《太阳是大家的》一诗，澳门版则是在四年级上学期才选用《地球万岁》一诗。两诗主旨相似，强调与其他民族共享资源，鼓励学生关心其他民族的儿童。就知识性主题——自然科学知识而言，人教版与澳门版都收录了《要是你在野外迷了路》这首诗。此首诗出现在人教版二年级下学期的教科书中，澳门版则将它收录在四年级上学期的教科书中。

（五）各类诗歌教学目标出现次数与百分比

研究者分析诗歌课文前后出现的教学指导与活动，发现人教版与澳门版最常出现的是培养语文能力的活动，其次是教导语文知识的活动（见表7）。

进一步分析表7，可发现人教版教学活动中达成教导语文知识、爱国教育、常识与公民教育这三项目标的比例高于澳门版，而澳门版教学活动中达成培养语文能力与教导学习策略这两项目标的比例高于人教版。

表7　各类诗歌教学目标出现次数与百分比

教学目标	人教版		澳门版	
	次数	百分比（%）	次数	百分比（%）
培养语文能力	231	73.333	825	79.327
教导语文知识（知识陈述）	67	21.270	160	15.385
教导学习策略（知识陈述/引导）	8	2.540	31	2.981
爱国教育	3	0.952	9	0.865
常识与公民教育	6	1.905	15	1.442
总　计	315	100	1040	100

澳门版的诗歌课文数是人教版的1.58倍（见表1），然而澳门版诗歌教学活动意欲达成的目标数却远高于人教版，是人教版的3.30倍（见表7）。这是因为人教版的诗歌教学活动设计较精简，要求师生完成的活动较少，且中、低年级倾向以一项教学活动培养一种能力（例如朗读课文）。而澳门版的诗歌教学活动多，形式较多元，且偏好以一项活动达成多种目标、培养多种能力（例如澳门版六下第一册第25页：观赏短片，把重点写下来，针对帝王到泰山封禅真的可以令国家兴盛太平吗、为什么等问题，与小组讨论，准备汇报）。

以下针对各类教学目标做进一步的分析。

1. 培养语文能力

就语文能力而言，人教版的教学着重培养背诵（18.182%），有感情地朗读（16.450%），认读字、词、短语（15.152%）与写字词（12.554%）的能力。澳门版则强调说话（以表达个人意见为主，小组讨论为辅）（27.879%）、分析（18.303%）与理解（12.727%）能力的培养（见表8）。

表 8　各种语文能力出现次数与百分比

教学目标	需要学生展现的能力	人教版		澳门版	
		次数	百分比(%)	次数	百分比(%)
培养语文能力	写字词	29	12.554	23	2.788
	拼读汉语拼音	1	0.433	0	0.000
	认读(单字、词、短语)	35	15.152	47	5.697
	朗读	38	16.450	40	4.848
	默读	0	0.000	5	0.606
	吟唱	2	0.866	12	1.455
	记忆背诵	42	18.182	1	0.121
	默写	9	3.896	0	0.000
	理解	13	5.628	105	12.727
	应用	6	2.597	49	5.939
	分析	3	1.299	151	18.303
	感受、体会	13	5.628	18	2.182
	获得启示	1	0.433	2	0.242
	联想/想象	7	3.030	34	4.121
	评价(评鉴)	1	0.433	31	3.758
	创作	8	3.463	25	3.030
	聆听	0	0.000	52	6.303
	说话	23	9.957	230	27.879
总　计		231	100	825	100

就理解能力的培养而言，澳门版要求学生理解字词意义（23 次，占 2.788%）、理解句子（32 次，占 3.879%）、理解段落的意义（4 次，占 0.485%）、理解全诗大意（28 次，占 3.394%）与理解视像信息（18 次，占 2.182%）；人教版则要求学生理解句子（12 次，占 5.195%）与理解全诗大意（1 次，占 0.433%）。

就分析能力的培养而言，澳门版要求学生辨识字形（30 次，占 3.636%）、辨识词性（7 次，占 0.848%）、分析主旨（10 次，占 1.212%），并且重视综合分析能力（104 次，占 12.606%）；人教版则只规划 3 次需要学生综合分析的活动（1.299%）。

从表 8 可以看出，与澳门版相较，人教版引导学生感受、体会的教学活动比例较高（5.628%），只是统计的结果显示，这并不是人教版诗歌教学指导的重心。

与人教版相较，澳门版较重视理解、应用、分析、联想与想象、评价（根据标准做价值判断）、聆听、表达个人意见与小组互动沟通等高层次能力的培养。此外，澳门版融入视听媒体进行诗歌教学，人教版则无。

从表8可以看出，创作能力的培养并不是两个版本诗歌教学的重点。然而，与人教版相较，澳门版设计的创作活动较多元：就文体而言，兼顾写话、写卡片、改写成短文、改写成故事、改写成戏剧、创作故事与写诗等；就表现形式而言，兼顾文字、平面图像、立体折纸与肢体表演等（见表9）。

表9　语文能力创作活动比较

需要学生展现的能力	分类	人教版	澳门版
		次数	次数
创作	写话	0	7
	写卡片	0	1
	写短文	1	1
	改写成故事	1	1
	改写成短剧	0	1
	创作故事	1	1
	写诗	2	3
	图画	3	6
	表演	0	3
	立体折纸并写心意	0	1
总　计		8	25

2. 教导语文知识

就语文知识而言，人教版最常呈现的是字词的知识（字形为主，词语的解释为辅），至于介绍作者、说明诗歌创作背景与呈现原诗的次数则很少。澳门版最常呈现的也是字词的知识（字形为主，词语的解释为辅），但是除字词外，语法、修辞、篇章、文体、六书、标点符号、作者、诗歌的创作背景与影响力、古诗的白话文解释、使用字典的知识与名言警句，都在教学引导、图片或对话中出现（见表10）。

表10　语文知识类型比较

语文知识类型	人教版		澳门版	
	次数	百分比(%)	次数	百分比(%)
字词	63	94.030	84	52.500
语法	0	0.000	3	1.875
修辞	0	0.000	7	4.375

续表

语文知识类型	人教版		澳门版	
	次数	百分比(%)	次数	百分比(%)
篇章	0	0.000	1	0.625
文体	0	0.000	9	5.625
六书	0	0.000	17	10.625
标点符号	0	0.000	4	2.500
作者	1	1.493	9	5.625
诗歌的写作背景	2	2.985	5	3.125
诗歌的影响力	0	0.000	1	0.625
原诗的呈现	1	1.493	0	0.000
呈现古诗的白话文解释	0	0.000	18	11.250
使用字典的知识	0	0.000	1	0.625
名言警句	0	0.000	1	0.625
总　计	67	100	160	100

3. 教导学习策略

就学习策略而言，人教版只教导寻求协助策略以及阅读、朗读技巧。澳门版最重视阅读、朗读技巧的教学，也兼顾寻求协助、自我提问、自我评量策略的教学，以及说话与写作技巧的教学（见表11）。

表11　学习策略类型比较

学习策略类型	人教版		澳门版	
	次数	百分比(%)	次数	百分比(%)
自我教导	0	0.000	0	0.000
自我监督	0	0.000	0	0.000
自我提问	0	0.000	2	6.452
自我评量	0	0.000	1	3.226
自我奖励	0	0.000	0	0.000
寻求协助	6	75.000	4	12.903
聆听技巧	0	0.000	0	0.000
说话技巧	0	0.000	1	3.226
阅读、朗读技巧	2	25.000	19	61.290
写作技巧	0	0.000	4	12.903
总　计	8	100	31	100

就寻求协助策略而言，人教版鼓励学生搜集与课文有关的诗歌、故事与伟人资料；澳门版除了引导学生查工具书、搜集资料，也鼓励学生询问他人的意见。就朗读策略而言，人教版虽然鼓励学生有感情地朗读，但是并没有引导学生如何有感情地朗读；澳门版则建议学生借由停顿、运用标点符号、变化声调、变化语气、联想、想象以及配合肢体动作等方法表现情感，提高朗读的效果。

4. 爱国教育

就爱国教育而言，人教版在诗歌教学的同时也引入首都、国旗、香港回归等国族知识，并鼓励学生借由朗读表达出对祖国的热爱。澳门版则偏好引导学生思考国旗的特征、对升旗仪式的感受、哪些事物可以代表中华民族、中华儿女可以为民族做出哪些贡献、你爱澳门吗、你爱祖国吗，以及如何展现爱澳门、爱祖国的行为等问题，并鼓励学生说出自己的想法。相形之下，澳门版爱国教育的教学引导方式较能培养学生分析、评价与批判思考的能力。

5. 常识与公民教育

就常识与公民教育而言，人教版在诗歌教学的同时也介绍为人民牺牲的解放军战士、红军长征历史、七巧节与自然科学的知识，并探讨爱护动物的观念。澳门版则配合诗歌课文主题，探讨礼仪（打招呼，常说请、谢谢与对不起）、候鸟特性、野外求生技能、爱护地球、清明节、写字姿势等问题，并且让儿童数数（见表 12）。

表 12　常识与公民教育类型比较

常识分类	人教版		澳门版	
	次数	百分比(%)	次数	百分比(%)
历史	1	16.667	0	0.000
伟人介绍	2	33.333	0	0.000
节日介绍	1	16.667	1	6.667
爱护地球	0	0.000	1	6.667
爱护动物	1	16.667	0	0.000
动物特性	0	0.000	2	13.333
自然科学	1	16.667	2	13.333
个人礼仪	0	0.000	7	46.667
写字姿势	0	0.000	1	6.667
数学(数数)	0	0.000	1	6.667
总　计	6	100	15	100

（六）综合讨论

澳门版与人教版、香港、台湾的小学教科书收录的古代诗以唐诗、七言绝句为主，反映出诗是唐朝文学的代表，可选用的佳作多，而绝句的句式短、格律较严谨，适合儿童朗读与背诵。[①] 澳门版与香港、台湾的教科书收录较多的儿童诗歌，而且多与儿童的家庭、学生生活与生活教育有关。[②]

经典性与儿童能否理解、体会，是选择文学教材的两个标准。[③] 比较两个版本后，研究者发现人教版选用较多近体诗，将现代诗改写的比例较低（36%）；澳门版选用较多现代诗与儿歌，改写的比例较高（47.06%），显示在选择诗歌课文时，人教版偏好选用经典的诗歌，而澳门版则重视儿童的感受力。

本研究发现人教版收录的现代诗以爱国教育主题为最多，与王淑玫的研究发现相似。[④] 若再对照人教版偏好选用浪漫派诗人与田园派诗人的古代诗作品，可以看出人教版选用诗歌教材是依循《全日制义务教育语文课程标准（实验稿）》的指示："培养爱国主义感情……提高文化品位和审美情趣。"[⑤] 4首人教版与澳门版共有的诗（3首七言绝句，1首现代诗），在人教版出现的年级都比澳门版低。这可能与人教版每册教科书内含的课文数比较多有关，也与《全日制义务教育语文课程标准（实验稿）》要求学生必须在四年级结业以前至少背诵100篇优秀诗文有关。[⑥]

---

① 胡瑾瑜：《两岸三地国中国文古典诗词曲教材研究》，台湾师范大学硕士学位论文，2009；张慈麟：《两岸国语教科书古典诗歌选录之研究》，台北教育大学硕士学位论文，2010；张嵘：《香港和内地小学中国语文科教材比较研究：以课文为中心》，香港大学硕士学位论文，2009。

② 参见王淑玫《海峡两岸童诗教材比较研究——以国小国语文教科书为例》，台南大学硕士学位论文，2007；张慈麟《两岸国语教科书古典诗歌选录之研究》，台北教育大学硕士学位论文，2010；张嵘《香港和内地小学中国语文科教材比较研究：以课文为中心》，香港大学硕士学位论文，2009。

③ 张永德：《香港小学文学教学研究》，广东教育出版社，2006。

④ 王淑玫：《海峡两岸童诗教材比较研究——以国小国语文教科书为例》，台南大学硕士学位论文，2007。

⑤ 中华人民共和国教育部：《全日制义务教育语文课程标准（实验稿）》，北京师范大学出版社，2002，第4页。

⑥ 参见中华人民共和国教育部《全日制义务教育语文课程标准（实验稿）》，北京师范大学出版社，2002。

因为选择经典的诗歌作为课文，人教版的诗歌教学鼓励学生朗读、背诵，从中培养语感。[①] 虽然语感教学应以情意触发与美学鉴赏为核心，[②] 诗歌教学应该重视感受、体会、想象与创作能力的培养，[③] 但是研究发现，人教版与澳门版里能培养这些能力的教学活动比例偏低。这可能是因为教学时间有限，而且小学生需要先巩固基本能力。对此，我们需要审慎思考利用诗歌培养基本能力的必要性。[④]

值得一提的是，张永德指出先前出版的香港语文教科书教导古诗文时偏重语文知识的教学，[⑤] 而研究者分析的澳门版虽然源自香港，但是在教导诗歌时重在培养语文能力，而且比人教版更重视高层次能力的培养与学习策略的引导。

四　结论与建议

研究发现，若以课为单位计算，澳门版的诗歌课文数与诗歌课文百分比总体上都高于人教版。两种版本的诗歌课文数，都以低年级最多，中年级次之，高年级最少。澳门版一、二、四、六年级的诗歌课文百分比高于澳门课纲的要求，三、五年级诗歌课文的百分比则稍低于澳门课纲的建议。[⑥]

就诗歌课文而言，人教版选用较多唐、宋名家创作的近体诗，以及具有教育性、知识性与联想性的现代诗；澳门版则选用较多具有教育性、联想性的现代诗以及具有知识性的现代创作儿歌。两种版本共有的诗，在人教版出现的年级都比澳门版低。就诗歌教学而言，人教版与澳门版最重视培养语文能力，其次是教导语文知识。人教版着重培养背诵，有感情地朗读，认读

① 中华人民共和国教育部：《全日制义务教育语文课程标准（实验稿）》，北京师范大学出版社，2002。

② 王家珍：《国民小学语感教学之探究》，台湾东华大学博士学位论文，2011。

③ 王良和：《新诗教学——一些设计理念》，唐秀玲等编《语文和文学教学——从理论到实践》，香港教育学院，2004，第116～127页；张永德：《香港小学文学教学研究》，广东教育出版社，2006。

④ 赵镜中：《儿童文学在教材编制上的问题及文学教学实务》，唐秀玲等编《语文和文学教学——从理论到实践》，香港教育学院，2004，第59～67页。

⑤ 张永德：《香港小学文学教学研究》，广东教育出版社，2006。

⑥《澳门小学中文科课程大纲》，课程发展资讯网，http：//www. dsej. gov. mo/crdc/course/primary _ r. htm，1999。

字、词、短语与写字词的能力；澳门版则强调说话、分析与理解能力的培养。人教版最常呈现的是字词的知识，而澳门版教导的语文知识类型、学习策略类型与常识教育内容，比人教版多元。

人教版选用较多爱国教育主题的现代诗（从一年级上学期就收录爱国教育主题的诗，六年级仅有的两首现代诗也都是爱国教育主题），以及一首具有爱国教育意味的近代创作的七言律诗——《长征》，以爱国教育为目标的教学活动比例也稍高于澳门版。

澳门版融入视听媒体进行诗歌教学，并且鼓励学生表达自己的想法。人教版的诗歌教学活动设计较精简，要求师生完成的活动较少，且中、低年级倾向以一项教学活动培养一种能力。而澳门版的诗歌教学活动较多，形式多元，且偏好以一项活动达成多种目标、培养多种能力。

后续的研究者可以针对单元练习、综合活动、教师手册（教学指引）做更进一步的分析，或是从文学欣赏的角度比较不同版本教科书诗歌课文的美学价值。研究发现，人教版与澳门版在诗歌课文选用与教学引导上各有所长，且教科书的内容深受该地区课程纲要的影响。教师只有增进审美的素养与诗歌教学的技能，教学时才能发挥教科书的优势，超越教科书的限制。笔者建议学校协助语文教师掌握不同版本教科书诗歌教学的特色，取长补短，发展学校本位的诗歌教学活动。而教科书编辑者则需要思考是否提高联想性与游戏性诗歌的比重，以及如何借由诗歌教学，提升儿童感受、体会、想象与创作诗歌的能力。

（原载吴志良、郝雨凡主编《澳门研究》总第66期，澳门：澳门基金会，2012年9月。）

澳门中学教师之教学关注

谢金枝*

教育是储备人力资源及培育人才最重要的途径。教育工作的执行与成效端赖具有教育专业素养及热忱的教师的投入。然而，要让教师能够专注于教育工作，以学生的学习过程与结果为主要的关注点，需要适当的配套措施，例如，教师的福利制度、专业发展与培训的支持、教育资源与学校环境条件的提升。根据富勒（Fuller）的教学关注理论，教师因为教学年资的长短不一，在教学工作上会有三种关注：新进教师较关心自我生存问题，属于自我关注；几年后转而关心教学环境与任务，是教学工作关注阶段；随后则以学生学习为主要的关注焦点。① 关注的高低程度，代表教师现阶段对教学相关议题解决的期望心理，通常自我关注得到适当的解决后才会过渡到教学环境关注，再有了适当的解决后，接着才到学生学习影响关注。这意味着，如果要让教师关注学生的学习，需要先了解并且解决教师的自我关注及教学环境关注，并针对教师的学生学习影响关注提供持续支持的策略。

目前，澳门的非高等教育以私立学校为主体，学制、办学及升学制度多元，教学语言、教科书、教师来源、学生来源也较为多元化，加上地小人

* 谢金枝，教育学博士，澳门大学教育学院助理教授。

① Frances F. Fuller, Jane S. Parsons, James E. Watkins, *Concerns of Teachers: Research and Reconceptualization*, Austin: Texas University, Research and Development Center for Teacher Education, 1974; Jane S. Parsons, Frances F. Fuller, "Concerns of Teachers: Recent Research on Two Assessment Instruments," paper presented at the Annual Meeting of the American Educational Research Association, Chicago, Illinois, 1974; Archie A. George, *Measuring Self, Task, and Impact Concerns: A Manual for Use of the Teacher Concerns Questionnaire*, Austin: Texas University, 1978.

少、人力资源有限，澳门的教师面临较多的挑战，是须持续关注的一个行业群体。① 虽然澳门教育暨青年局曾针对澳门中、小、幼教师的压力及对专业培训的意见进行调查，② 也委托北京师范大学进行澳门教师专业发展的调查研究，但尚未对中学教师的教学关注进行探究。③ 因此，有必要了解澳门中学教师的教学关注情形，包括现况、不同背景及情境因素的差异，并根据研究结果，提出结论与建议，为澳门的有关政府部门、学校或教师提供参考。

一　文献概览

（一）教学关注理论的重要概念

“教学关注”是指教师对教学工作相关问题的关心程度，也是一种试着改善与解决教学工作中所遇到的问题，以达成目标的一种心理状态。④ 教学关注包括：自我关注（concern about self），关注与学生、其他成人的关系、生存及教师角色的适切性；教学工作关注（concern about the task of teaching），关心教学环境及教学任务的完成；学生学习影响关注（concern about the impact on pupils），关心教师及环境对学生学习的影响。⑤ 教师会随着教学经验的累积，逐渐解决前一阶段的关注，进而过渡到下一个关注阶段，但社会及学校环境的变迁可能会使得教师无法成功解决教学工作关注，

---

① 郭晓明：《澳门课程变革的背景与可能路径》，《行政》2004 年总第 66 期；张子明：《澳门教育的特徵：自由和多样化》，《行政》1993 年总第 22 期；杨子秋：《探析澳门特区非高等教育的未来发展》，《行政》2006 年总第 72 期。

② 参见澳门特别行政区政府教育暨青年局《教师对延续培训及专门培训的意见调查报告》，1999；《教师工作压力调查》，2001，第 1 ~ 50 页。

③ 参见北京师范大学教师教育研究中心课题组《澳门教学人员专业发展状况之研究结题报告书》，澳门特别行政区政府教育暨青年局委托课题，2006，第 1 ~ 31 页。

④ 参见谢金枝《国民小学教师教学关注之研究》，台北市立师范学院国民教育研究所硕士学位论文，1995。

⑤ Frances F. Fuller, Jane S. Parsons, James E. Watkins, *Concerns of Teachers: Research and Reconceptualization*, Austin: Texas University, Research and Development Center for Teacher Education, 1974; Jane S. Parsons, Frances F. Fuller, "Concerns of Teachers: Recent Research on Two Assessment Instruments," paper presented at the Annual Meeting of the American Educational Research Association, Chicago, Illinois, 1974.

所以并非每个人都会达到学生学习影响关注阶段。① 此外，教学关注的发展有可能因教师个人特性及教学环境的影响出现偏离。②

（二）教学关注理论的后续研究与发展

教学关注理论在20世纪70年代由富勒提出，之后的三四十年间，持续有许多研究者对此理论进行验证、扩展与实务应用。若以研究焦点而言，有针对理论进行验证的研究，例如，教学关注阶段是否随教学年资增加而有所改变；③ 也有一些实证研究，分析教学关注除了自我关注、教学工作关注及学生学习影响关注之外，是否还有其他的因素；④ 也有针对教学关注评估工具的填答方式、题数及信效度进行改良与发展的；⑤ 还有的探讨影响教学关注的因素，例如个人背景因素、学校、社会环境及课程改变等，⑥ 其中有的

---

① Archie A. George, *Measuring Self, Task, and Impact Concerns: A Manual for Use of the Teacher Concerns Questionnaire*, Austin: Texas University, 1978.

② Gene E. Hall, *A Stage of Concern Approach to Teacher Preparation*, Austin: Texas University, Research and Development Center for Teacher Education, 1985；黄秀凤：《幼稚园教师教学关注之研究》，台湾师范大学家政教育研究所硕士学位论文，1991。

③ 黄国荣：《国民中学启智班教师教学关注与教学基本能力之研究》，复文图书出版社，1992；Ronald D. Adams et al.，"A Developmental Study of Teacher Concerns across Time," paper presented at the Annual Meeting of the American Educational Research Association, Boston, MA, 1980。

④ 林慧瑜：《国小教师生涯发展阶段与教师关注之研究》，中国文化大学中山学术研究所博士学位论文，1994；谢金枝：《国民小学教师教学关注之研究》，台北市立师范学院国民教育研究所硕士学位论文，1995。

⑤ Frank M. Buhendwa, "Stages of Concerns in Preservice Teacher Development: Instrument Reliability and Validity in a Small Private Liberal Art College," paper prepared for presentation at the Conference of the National Center on Postsecondary Learning, Teaching and Assessment, Pennsylvania State University, PA, 1996; Paul G. Shotsberger and Ann R. Crawford, "An Analysis of the Validity and Reliability of the Concern based Adoption Model for Teacher Concerns in Education Reform," paper presented at the Annual Meeting of the American Educational Research Association, New York, 1996; Jane S. Parsons, Frances F. Fuller, "Concerns of Teachers: Recent Research on Two Assessment Instruments," paper presented at the Annual Meeting of the American Educational Research Association, Chicago, Illinois, 1974.

⑥ 黄秀凤：《幼稚园教师教学关注之研究》，台湾师范大学家政教育研究所硕士学位论文，1991；Diana J. LaRocco, Perri Murdica, "Understanding Teachers' Concerns about Implementing Response to Intervention (RTI): Practical Implications for Educational Leaders," paper presented at the 40th Annual Northeast Educational Research Association Conference, Rocky Hill, CT, 2009; Yuliang Liu, Carol Huang, "Concerns of Teachers about Technology Integration in the USA," *European Journal of Teacher Education*, Vol. 28, No. 1, 2005, pp. 35－47; Sharla L. （转下页注）

研究发现，女教师比男教师的关注度高，有的则未发现性别差异。另一种研究取向，是将教学关注理论应用于职前及在职教师培训的课程设计，对象包括职前教师、初任教师、资深教师、教育行政人员及其他非教育专业人员。①

（三）澳门教师教学关注的相关研究

研究者搜集的资料显示，澳门尚未有直接针对教师教学关注进行的研究，但有一些相关的研究报告及文献。首先，澳门教育暨青年司（澳门教育暨青年局的前身）曾于1999年针对“教师对延续培训及专门培训”的意见进行调查，发现接近70%的教师认为培训的重要原则应该是“结合学术与教学知识、理论及实践等元素”，认为培训应以“各专门学科教学法的培训”为范围，先重“教学指导”，再重“教学科技”。对于培训的形式，教师认为较合适的是“示范式”，希望从观摩别人怎么教，直接接收及应用有关经验。教师也认为较合适的培训时间是暑假或是周一至周五的傍晚，每周培训时间为2~4小时。

其次，教育暨青年局于2001年针对澳门所有中、小、幼教师进行教师工作压力调查。结果发现，50%的教师感到普通程度的工作压力，其压力主要来自于学校，其中工作负荷过重占35%，学生学业及操行问题则各占17%，学校对教师要求过高则占10%。至于减轻工作压力的方法则是“减少教师教学的工作量”、“为教师提供多些文娱康乐活动”及“减少教师非教学的工作量”等。

2006年，教育暨青年局委托北京师范大学进行“澳门教学人员专业发展状况之研究”，以中、小、幼教师共895位为调查分析对象。研究发现澳门教师每日平均工作量约9.47小时，工作负荷重，其中教师忙于作业批改及上课的时间最多，用于专业发展的时间较少。在专业发展需求上，教师比较希望参加学位与课程进修。值得注意的是，研究结果显示，澳门学校组织文化处于中等水平，民主开放的校长文化与合作的教师文化需要进一步建

（接上页注⑥）Snider, Vera T. Gershner, *Beginning the Change Process: Teacher Stages of Concern and Levels of Internet Use in Curriculum Design and Delivery in One Middle and High School Setting*, Denton: Texas Woman's University, 1999。

① Katherine P. McFarland, *Promoting Reflective Practices in Pre-service Teacher Education: An Activity on Stages of Concern*, Shippensburg, PA.: Shippensburg University, 1998.

立。此外，研究亦发现教师的性别差异，其中女教师的爱生精神和专业理念程度、每日总工作量、总体压力、学生问题压力、情绪枯竭及身体衰竭程度都比男教师高，但教育研究能力、专业知识、专业自主学习、专业能力方面的“通用能力”比男教师稍弱。研究也提到，澳门教师认为可以缓解工作压力的做法主要有减少教师非教学和教学工作量，缩减每班学生人数及增加教师的薪资与福利。

由上述的相关研究可以发现，澳门教师在实际教学工作中所关心的问题，包含了富勒理论中的“自我关注”，例如，教师提到教学工作负荷重，建议培训的时间能安排在教学工作结束之后，希望能“增加教师的薪资与福利”。“教学工作关注”则表现在教师关心各专门学科教学法的培训。此外，“学生学业及操行问题”成为教师工作压力来源之一，也显示教师对学生学习影响的关注。至于当前解决澳门教师教学关注中相关问题的策略与做法，可从澳门教育暨青年局所推动的各项政策中进行了解。例如，制定《非高等教育私立学校教学人员制度框架》，明确规范教学人员的任教资格、教师职级、晋升制度、课时，并规定公积金等，为教师工作提供保障与支持，并对非高等教育持续加大教育投入，调升教学人员津贴，调整教学人员年资奖金、落实小班教学及优化班师比和师生比，并且透过教育发展基金向学校投放资源，资助学校发展计划，持续推进教师专业发展机制，办理各科骨干教师培训、校本培训资助计划、教学设计奖励计划及休教进修和脱产培训计划，等等。①

二　研究方法

（一）研究对象

本研究的对象是2008～2009学年的澳门正规教育中免费教育学校系统的中文完全中学（同时开设初中及高中部，以中文为教学语言）的32所学校中

① 《非高等教育发展十年规划（2011～2020年）》，澳门特别行政区政府教育暨青年局网站，http：//www. dsej. gov. mo/～webdsej/www/dsejnews/eduplan/cn2012_policy_tenyear. pdf? timeis =Tue%20Nov%2029%2019：59：24%20GMT+08：00%202016&&，第121～134页。

的1887位教师。[①] 本研究依下列原则进行抽样：教师人数40人以下的学校（6校中抽3校），每校抽12位；人数40～49人的（5校，抽4校），每校抽14位；人数50～69人的（12校中抽11校），每校抽17位；人数70～99的（6校皆抽），每校抽取22位；人数在100人以上的（2校全抽），每校抽27位。问卷共发出465份，回收430份，回收率92.5%。回收之有效问卷的属性如表1所示。

表1　可用样本属性

变项	类别	次数	百分比(%)
性别	①男	177	41.84
	②女	246	58.16
年龄	①30岁及以下	207	48.94
	②31～40岁	170	40.19
	③41岁及以上	46	10.87
学位	①硕士学位或以上	67	15.62
	②学士学位	351	81.82
	③其他	11	2.56
师资培训情况	①有师资培训	297	69.88
	②无师资培训	73	17.18
	③正修读PGCE	48	11.29
	④其他	7	1.65
教学年资	①1～2年	57	13.26
	②3～4年	97	22.56
	③5～9年	135	31.40
	④10～14年	97	22.56
	⑤15年及以上	44	10.23
教学年级	①初中	143	33.41
	②高中	110	25.70
	③跨级任教	175	40.89

① 澳门特别行政区政府教育暨青年局：《教育数字概览：2009/2010教育数字、2008/2009教育概要》，2011，第1～50页，http://portal.dsej.gov.mo/webdsejspace/internet/category/learner/Inter_main_page.jsp?id=8524。

续表

变项	类别	次数	百分比(%)
职务	①班主任	238	56.13
	②科组长	32	7.54
	③科任教师	148	34.90
	④其他	6	1.43
学校类型	①社团	270	65.85
	②教会	140	34.15

注：回收问卷为430份，但统计时，因遗失值（missing data）的影响，总数可能有变异；其中的百分比是以背景变项类别次数总数为分母所求得之百分比。

（二）研究工具

研究以“澳门中学教师对教学相关问题的关心程度调查问卷”为资料来源。问卷内容主要参考富勒的教学关注理论及后续教学关注研究所使用的工具，包括教师关注检核表和教师关注问卷，及研究者过去以台北市的小学教师为对象的“‘国小’教师教学关注问卷”。[①] 本研究把在职教师曾提及的关注事项纳入问卷内容，形成问卷初稿，再请三位澳门中学教师试填并给予意见，调整了调查问卷的标题及一些格式问题，最后形成正式问卷。

正式问卷包括填答者的背景资料（性别、教学年资、师资培训情况、学位、年龄）、情境资料（教学年级、教学科目、担任职务）及39个叙述关注的题项。1～13题是属于自我关注；14～26题是关于教学工作关注；27～39题是关于学生学习影响关注，另再加1题开放题。作答方式采用五点量表法，量表包括“非常关心”、“很关心”、“中度关心”、“有点关心”及“不关心”五个选项，得分分别为5、4、3、2、1。

（三）资料处理与分析

回收的问卷中，若基本资料中未填答项目在两项以下，未答项按遗失值处理，若超过两项未答则视为废卷。本次问卷题项亦采用同样的标准，缺答题项在两项以下，未答项按遗失值处理，若超过两项未答则视为废卷。本次回收的问卷并未出现废卷。

① 谢金枝：《国民小学教师教学关注之研究》，台北市立师范学院国民教育研究所硕士学位论文，1995。

问卷资料建档后，本研究通过描述性统计呈现问卷每一题项的平均数及标准差，了解澳门中学教学关注的现况；通过 SAS 中 GLM 程序中的独立样本 MANOVA 了解不同背景及情境因素的中学教学关注差异情形。统计考验之显著水准订为 $\alpha = .05$。如果多变量变异数分析的结果达显著，则看单因子变异数分析是否显著。如果达显著则进行 Duncan 事后比较。

为了因应实际分析的需求，本研究对背景与情境因素的分类进行了微幅调整。“教学年级”原分为初中及高中，后另增一类为跨级任教；“师资培训”的“其他”选项省略未列入分析；“学位”则分析“硕士学位”和“学士学位”；“担任职务”项中把科组长和科任教师合并，分析“班主任”与“科任”教师差异。教学科目因采用开放填答，任教科目超过 10 种，每类人数偏少，不适合分析。另外，研究者增加一项“任教学校类型”选项，将学校的创立者分为社团与教会做统计，分析这两类学校的教师教学关注差异。

三　研究结果与讨论

（一）澳门中学教师教学关注现况分析

1. 教师最关注的题项

表 2 是澳门中学教师教学关注问卷各题项平均数、标准差摘要表。由表 2 可以发现，“8. 教师的福利”（M = 4.104）、“13. 我是否了解我所任教的科目内容与概念”（M = 4.10）、“36. 我是否能提升学生的素质，包括学业及人品”（M = 4.02）、“10. 我的教师工作时间是否过长”（M = 4.00）、“12. 我是否有足够的教育专业知能”（M = 3.99）的平均数都在 4 左右，是教师“很关注”的题项。其中有四项是属于自我关注，一项属于学生学习影响关注，而“8. 教师的福利”则排在关注首位。

表 2　澳门中学教师教学关注问卷各题项平均数、标准差摘要

题项	平均数	标准差
1. 我的教学是否受到学生喜爱	3.84	0.83
2. 我是否能在学校人员巡堂时有好的表现	3.31	0.96
3. 我任教学校校长对我个人的评价	3.37	0.95

续表

题项	平均数	标准差
4. 我的教学工作是否得到同事的支持	3.56	0.93
5. 我的教学工作是否得到家长的支持	3.43	0.96
6. 我的教学理念能否实现	3.74	0.83
7. 我是否有进修与发展的机会	3.58	0.98
8. 教师的福利	**4.104**	**0.96**
9. 社会对教师地位的评价	3.90	0.99
10. 我的教师工作时间是否过长	**4.00**	**0.90**
11. 我是否能适切扮演教师的角色	3.92	0.84
12. 我是否有足够的教育专业知能	**3.99**	**0.83**
13. 我是否了解我所任教的科目内容与概念	**4.10**	**0.83**
14. 我任教学校的教育方针	3.60	0.88
15. 我任教学校校长的领导方式	3.54	0.98
16. 我任教学校对教师的要求与规定	3.68	0.81
17. 我任教学校是否赋予教师教学充分的自主性	3.87	0.86
18. 我任教学校可提供的教学资源与设备	3.76	0.84
19. 我任教班级的学生人数	3.54	1.02
20. 我兼教科目的多少	3.83	1.05
21. 我是否跨不同年级任教	3.70	1.12
22. 我任教学校是否分派给我过多的行政事务	3.67	1.04
23. 我是否能配合教学进度进行教学	3.80	0.86
24. 我的教学是否能达成教学目标	3.98	0.81
25. 我上课时是否能掌控学生的常规	3.93	0.82
26. 我是否能有效地评估学生的学习成果	3.88	0.78
27. 我是否能了解学生社会与情绪方面的需求	3.66	0.85
28. 我的教学是否顾及学生的个别差异	3.72	0.80
29. 我是否能引发所任教班级学生的学习动力	3.86	0.81
30. 我任教班级学生的价值观与态度	3.90	0.77
31. 我任教班级学生是否学到他们应该学的	3.97	0.75
32. 我任教班级学生对学习是否有成就感	3.73	0.83
33. 我任教班级学生是否能达到他们能力应有的成就水准	3.81	0.79
34. 我任教班级学生是否能将所学应用于生活中	3.72	0.84
35. 我是否能协助学生升学与未来规划，使其朝适切方向发展	3.69	0.87
36. 我是否能提升学生的素质，包括学业及人品	**4.02**	**0.81**
37. 我是否能诊断与处理所任教班级学生的学习及行为问题	3.83	0.83
38. 我任教班级学生的同侪关系是否良好	3.73	0.88
39. 家庭与社会环境对学生的负面影响	3.78	0.86

注：字体加粗处为平均数最高的五个关注题项。

2. 教学关注层面

表3是澳门中学教师教学关注各层面差异性之ANOVA分析摘要。由表3可发现，三个关注面向的平均数都高于3.7，显示教师对此三方面都有相当程度的关注。但此三项经统计考验后未达显著，亦即自我关注（M=3.76）、教学工作关注（M=3.75）、学生学习影响关注（M=3.80）三者间没有显著差异，没有关注高低差异。

表3 澳门中学教师教学关注各层面差异性之ANOVA分析摘要

面向	M	SD	变异来源	df	SS	MS	F
自我	3.76	.56	组间	2	0.62	0.31	2.36
教学	3.75	.59	组内	429	339.92	0.79	—
学习	3.80	.62	总和	431	340.54	—	—

（二）不同背景、情境因素之澳门中学教师教学关注差异之分析

从表4可以发现，女教师的自我关注、教学工作关注及学生学习影响关注都比男教师高；已受师资培训之教师，其学生学习影响关注显著高于正在修读PGCE课程的教师。教学年资及年龄部分虽然在多变项变异数分析上达显著差异（$\Lambda=0.94$，$p<.05$；$\Lambda=0.94$，$p<.001$），但各单变项间的差异未达显著。其他无论是学校类别、教学年级、学位及担任职务都未出现显著差异。

表4 不同背景、情境因素之澳门中学教师教学关注差异分析结果摘要

变项	类别	Λ	自我关注			教学任务关注			学习影响关注		
			M	SD	F	M	SD	F	M	SD	F
学校类型	①社团	0.99	3.75	.55	0.16	3.76	.54	0.11	3.78	.62	0.87
	②教会		3.77	.58		3.73	.68		3.84	.57	
性别	①男	0.95***	3.67	.56	9.72**	3.62	.61	21.12***	3.71	.59	8.86**
	②女		3.84	.54		3.87	.53		3.89	.60	
教学年资	①1~2年	0.94*	3.81	.49	0.54	3.71	.62	1.25	3.86	.61	1.09
	②3~4年		3.70	.53		3.70	.60		3.73	.63	
	③5~9年		3.79	.59		3.81	.53		3.77	.64	
	④10~14年		3.76	.51		3.81	.58		3.82	.57	
	⑤15年以上		3.71	.69		3.63	.72		3.94	.62	

续表

变项	类别	Λ	自我关注			教学任务关注			学习影响关注		
			M	SD	F	M	SD	F	M	SD	F
年级	①初中	0.98	3.76	.53	0.04	3.77	.57	0.11	3.75	.65	0.76
	②高中		3.75	.61		3.76	.60		3.80	.64	
	③初、高中皆有		3.77	.55		3.74	.60		3.84	.57	
师资培训	①有师资培训	0.96*	3.79	.54	1.78	3.78	.59	1.54	3.85	.59	3.69*
	②无师资培训		3.67	.61		3.64	.60		3.72	.62	①>③
	③正修读 PGCE		3.69	.61		3.79	.61		3.63	.72	
学位	硕士学位	0.99	3.81	.54	0.53	3.83	.61	1.06	3.88	.57	1.23
	学士学位		3.76	.56		3.75	.58		3.79	.62	
年龄	①30 岁以下	0.94***	3.81	.55	2.13	3.73	.57	2.01	3.77	.58	0.83
	②31～40 岁		3.71	.54		3.80	.60		3.80	.66	
	③40 岁以上		3.67	.67		3.61	.66		3.90	.61	
职务	①班主任	0.99	3.78	.57	0.30	3.79	.57	1.90	3.82	.61	0.42
	②科组长与科任教师		3.75	.55		3.71	.61		3.78	.63	

注：* p<.05　** p<.01　*** p<.001。

（三）综合讨论

1. 教师的福利关注

研究发现，澳门中学教师最关注的五个问题依次为“教师的福利”、“我是否了解我所任教的科目内容与概念”、“我是否能提升学生的素质，包括学业及人品”、“我的教师工作时间是否过长”及“我是否有足够的教育专业知能”。而教师的福利居首位，显示教师认为福利制度仍有待进一步提升。

教师对福利的高度关注可能与澳门的教育情境有关。澳门的非高等教育以私立学校为主，虽然多数学校已被纳入免费教育网，接受教育暨青年局的资助，但学校仍有人事主导权，可以决定教师的任用与解职，且学校通常是一年一聘，没有类似于公务员的福利制度，加上工时长、负担重，教师常感受到学校工作的压力。①

① 北京师范大学教师教育研究中心课题组：《澳门教学人员专业发展状况之研究结题报告书》，澳门特别行政区政府教育暨青年局委托课题，2006；澳门特别行政区政府教育暨青年局：《教师工作压力调查》，2001。

因此，教师们提出建议，希望学校与政府能够增加教师的薪资与福利,[①] 显见教师确实相当关心教师福利的议题与本研究的结果一致。但如何协助教师解决教师福利问题？研究者认为可以采取司徒英豪所提到的“经济性手段”（包括提供金钱的援助、发放津贴、提供优惠）及非经济手段（使员工对工作产生安全感，让员工在工作上取得成就、认可、承担责任、建立互信）的福利措施，双管齐下，建立一套合宜的教师福利系统，给予教师一种生活保障，增加教师教学工作的安全感及提升教师的自我能力，进而丰富学生学习成果。[②] 虽然特区政府已“投注更多的教育资金，提高教学人员的津贴，制定私立学校教学人员制度框架法规，明确规范教学人员的任教资格、教师职级、晋升制度、课时，并规定公积金等，为教师工作提供保障与支援”,[③] 但教师福利是一个需要长期关注且须予以制度化的议题，仍需要持续改善，并有赖于合乎时宜的整体教师工作福利政策的制定。

2. 教师对自我、教学工作及学生学习影响的关注程度

本研究发现，整体澳门中学教师的自我、教学及学生学习影响关注都是在中度关注以上（平均数在 3.75 以上），而且三个面向受到同样程度的关注。这显示教师对三个面向都很关心，处于一种试着改善与解决问题，以达成目标的心理状态。[④] 本研究结果与 1999 年及 2001 年澳门教育暨青年局，以及 2006 年北京师范大学的研究结果相呼应,[⑤] 教师希望学校与政府能够减少教师非教学工作量，降低教师教学工作量，缩减每班学生人数及增加教师的薪资与福利，为教师多提供些文娱康乐活动，并在安排培训活动时结合学术与教学知识、理论及实践等元素，以各专门学科教学法的培训为范围，

---

① 北京师范大学教师教育研究中心课题组：《澳门教学人员专业发展状况之研究结题报告书》，澳门特别行政区政府教育暨青年局委托课题，2006。

② 司徒英豪：《试论澳门公务员福利制度及其改革建议》，《澳门研究》2003 年总第 19 期。

③ 《非高等教育私立学校教学人员制度框架》获立法会通过，有关资料请参阅澳门特别行政区政府教育暨青年局网站，http：//www. dsej. gov. mo/ ~ webdsej/www/func_ viewnews_ layout1_ page. php？board_ name = cnews&pageis = 0&start_ msg_ date = 1998 - 06 - 01&end_ msg_ date = 2012 - 07 - 09&howcount = 13&pt = http：//&ip = 192. 168. 96. 10&mode = c&board_ name = cnews&&msg_ id = 5251，2012。

④ 谢金枝：《国民小学教师教学关注之研究》，台北市立师范学院国民教育研究所硕士学位论文，1995。

⑤ 澳门特别行政区政府教育暨青年局：《教师对延续培训及专门培训的意见调查报告》，1999；《教师工作压力调查》，2001。

注重教学指导与教学科技，以示范式为主要的培训形式，利用暑假或工作日的傍晚安排培训活动，显示出教师对自我、教学工作及学生学习影响的关注以及期待问题解决的心理状态。

3. 教学关注与教学年资

富勒的关注理论认为教学关注会随着教学经验（年资）而改变。初任教师的自我关注最高，几年后自我关注解决而过渡到教学工作关注，有了更多教学经验之后，学生学习影响关注会随之提升。但本研究并未发现教师的关注随着教学年资或年龄而有差异。此研究结果与其他研究的结果类似，例如亚当斯、哈钦森及马崔（Adams，Hutchinson & Martray）发现教学工作及学生学习影响关注并未随年资增长而有差异；[①] 黄国荣也有类似的发现。[②] 之所以如此，可能因为富勒的理论是以美国的教师为样本进行的研究，而亚洲华人教师因为所处社会环境脉络及文化不同而与之存在差异。[③] 尤其澳门多数的教师并不属于公务员体系，缺乏稳定的保障，没有完善的退休制度，相对来说，教师可能维持比较高的自我关注。

4. 教学关注与性别、师资培训

研究发现，女教师的自我关注、教学工作关注及学生学习影响关注都比男教师高。此研究结果与黄国荣、林慧瑜及谢金枝的研究发现一致。[④] 而澳门本地的相关研究也发现性别差异：女教师的爱生精神和专业理念程度、每日总工作量、总体压力、学生问题压力、情绪枯竭都比男教师高。[⑤]由此看来，女教师可能基于本身的特质及家庭角色等因素，

---

① Ronald D. Adams，S. Hutchinson，C. Martray，“A Developmental Study of Teacher Concerns across Time，” paper presented at the Annual Meeting of the American Educational Research Association，Boston，MA，1980.

② 黄国荣：《国民中学启智班教师教学关注与教学基本能力之研究》，复文图书出版社，1992。

③ Mok Yan Fung，“Teacher Concerns and Teacher Life Stages，” *Research in Education*，Vol. 73，2005，pp. 53 - 72.

④ 黄国荣：《国民中学启智班教师教学关注与教学基本能力之研究》，复文图书出版社，1992；林慧瑜：《国小教师生涯发展阶段与教师关注之研究》，台北中国文化大学中山学术研究所博士学位论文，1994；谢金枝：《国民小学教师教学关注之研究》，台北市立师范学院国民教育研究所硕士学位论文，1995。

⑤ 北京师范大学教师教育研究中心课题组：《澳门教学人员专业发展状况之研究结题报告书》，澳门特别行政区政府教育暨青年局委托课题，2006。

三个面向的关注都比男教师高，显示女教师可能需要与男教师不同的支持与对待关注的策略，在提供培训课程或其他支持性活动时，需要考虑教师的性别差异。

另外，已受师资培训教师的学生学习影响关注高于正在修读 PGCE 课程的教师。这有可能是因为已有师资培训经历的教师不需要利用夜晚的时间参加培训课程，全心投注在学生学习的时间较长，而正在修读 PGCE 课程的教师每周有三至四天晚上必须到高等教育机构修课，加上作业及考试的准备，自我关注度较高，可能在学生学习影响上投入的时间受限，而呈现学生学习影响关注较低的情况。

5. 教学关注与其他背景、情境变项

研究发现，澳门中学教师教学关注并未因为学位、教学年资、年龄等背景变项及学校类别、教学年级与担任职务等情境变项而有不同。这可能是因为本次调查研究的澳门中学教师几乎都是属于免费教育网中的私立学校（只有一所公立学校），学校的教育资源类似，教学以学科为主，加上教师、学生、家长都有选校的自由，[①] 并未形成明显的学区特色。因此，教师的关注没有明显受情境因素影响。至于个人背景因素，除了性别和师资培训对教学关注的影响有差异外，其他包括教学年资、年龄、学位都未显示差异，则跟过去的研究结果类似。例如：黄国荣的研究显示年资及年龄对教学关注的影响皆无差异，[②] 黄秀凤也发现年龄对其的影响没有差异。[③] 事实上，教学年资愈长，年龄也愈大，基本上这两者是类似的变项，所以如果其中一个没有出现显著差异，另一个也有可能没有差异。至于没有明显差异的原因，有可能是教师同样具有相当高的教学关注（平均 3.75 以上），不论哪一个年龄层或教学年资的教师都一样很关注教学的相关议题。此外，学位类别虽然亦没有出现显著差异，但从平均数来看，似乎有硕士学位教师比学士学位教师呈现较高关注的趋势。

---

① 郭晓明：《澳门课程变革的背景与可能路径》，《行政》2004 年总第 66 期；张子明：《澳门教育的特征：自由和多样化》，《行政》1993 年总第 22 期；杨子秋：《探析澳门特区非高等教育的未来发展》，《行政》2006 年总第 72 期。

② 黄国荣：《国民中学启智班教师教学关注与教学基本能力之研究》，复文图书出版社，1992。

③ 黄秀凤：《幼稚园教师教学关注之研究》，台湾师范大学家政教育研究所硕士学位论文，1991。

四　结论与建议

（一）结论

就澳门中学教师的教学关注现况而言，“教师福利”是澳门中学教师关注的焦点，显示教师福利政策仍待完善；此外，澳门中学教师普遍具有较高的自我关注、教学工作关注及学生学习影响关注，需要配套措施协助解决。

就教师背景、情境因素与教学关注的关系而言，首先，澳门中学女教师三个关注层面都比男教师高，此性别差异应受到重视。其次，正在修读PGCE课程的中学教师的学生学习影响关注比已完成师资培训的教师低，需要探究原因，予以协助。最后，因为澳门学校条件类似，教师教学关注既不因教学年资、年龄及学位等背景因素不同而有所差异，也不因学校类型、教学年级、担任职务等情境因素各异而有不同，若制定相关教育政策，可以整体考量学校环境。

（二）建议

1. 对教育主管部门的建议

教育主管部门应在过去的改革基础上，持续推动各项教师福利政策，为教师工作提供保障与支援，让教师对教学工作产生安全感，安心从事教育服务工作，确保教育水平；持续与学校沟通和互动，透过资助计划，改善学校的环境、设备及条件，包括降低教师非教学和教学工作量，缩减每班学生人数，以解决教师的教学关注；透过与师资培育机构的合作，开设有助于解决教师教学关注的课程；透过对校本培训的资助，鼓励学校安排合乎教学关注需求的培训活动。

2. 对师资培育机构的建议

师资培训机构在开设在职培训课程时需要考量性别因素，针对男、女教师的需求设计课程；针对整体教师的关注设计在职培训课程，提供教师解决关注问题的知识、技能。

3. 对学校领导阶层的建议

学校应与政府决策层级合作，订定适当的学校教师福利制度，让教师安

心教学；改善学校教学环境与条件，酌减教师工作量，以解决教师的教学环境关注；考虑教师的性别差异及教师需求，设计与开办校本培训活动；对正在进修师资课程的教师，酌情弹性安排课务，使其有较充裕的时间安排教学与进修。

4. 对教师个人的建议

教师应把握各种机会，探讨关注策略，以解决关注中的问题；正修读师资培育课程的教师，应觉察进修对学生学习关注的影响，寻求两者间较佳的平衡点。

（原载吴志良、郝雨凡主编《澳门研究》总第 66 期，澳门：澳门基金会，2012 年 9 月。）

澳门特殊体育教育现况调查研究

郭忠耀[*]

澳门目前特殊教育未如西方发达国家般蓬勃发展，但就每年在特殊班及特殊学校接受教育的学生人数逐年递增而言，可以说是取得了一定的成果。然而，遗憾的是仍有不少人认为残障者每逢上体育课就坐在课室中。且现今澳门特殊教育资源相当有限，有关学生的体育学习与活动并未获得应有的重视与得到真正全面性发展。

鉴于推动特殊体育教育对残疾学生的重要性，而澳门对这方面的重视程度及研究仍相当不足，笔者以此为研究主题，希望通过研究了解目前澳门特殊体育教育的具体情况，如师资力量、场地和器材的配备、学校体育的内容和方法、课外体育活动的开展状况等；通过对特殊体育教育现状进行分析研究，发现问题，为特殊体育教育的发展提出一些具体的实施措施，为澳门特区政府更好地贯彻落实特殊体育教育提供理论指导依据。

一　文献综述

（一）国外特殊体育教育研究现状

国外特殊体育教育的发展和研究起步较早，研究也越来越广泛及深入，并已从残疾人体育概念、运动项目等起始阶段研究，发展至现今对特殊体育

* 郭忠耀，澳门理工学院体育暨运动高等学校副教授。

教育法规的完善、师资培训模式、政策制定、课程设置及实施状况等方面的研究。在师资及专业人才培养方面，大部分先进国家或地区在高等院校的课程中已设置有关特殊体育教育的专业学位课程，有些院校更把有关学科列为本科的必修课程，尤其是在澳大利亚、美国、德国等国家，特殊体育教育被视为体育师资培训大纲内容之一。近年来欧美许多先进国家的特殊教育取得了发展，在形式及用词上也出现了较大的变化，现今，欧美国家或地区已把特殊体育（special physical education）改为适应体育（adapted physical education），而且适应体育已被定义为一种多元化的体能活动设计，内容包括发展活动、训练、游戏、韵律及运动，并且基本能符合个体的兴趣和能力限制等特殊需求，从而使参与者借由身体活动可以获得成功的经验和快乐的体验。[①] 总而言之，它对澳门地区残疾学生体育教育发展具有积极及促进的借鉴作用。

（二）国内特殊体育教育研究现状

中国根据本身社会文化的特点发展特殊教育，采用以特殊教育学校为主，普通学校附设特殊班和随班就读为辅的办学模式。在学校体育课方面，国家也明确表示必须为残疾学生设置形式多样的体育课和体育活动，从而使学生掌握正确的体育锻炼方法，明确终身体育的概念。随着素质教育的全面推行，普通学校的体育教育改革异常活跃，而特殊学校体育教育的发展却相对滞后。因此，特殊体育教育的研究在国内仍属于较新的研究课题。目前从有关的文献资料来看，有关特殊体育教育的研究在近几年间成为研究热门，可能与特殊教育事业备受重视有关。但由于研究起步较迟，仍未能满足现今特殊学校体育教育发展的需要。

张繁和宋丽萍在《浅谈在体育教育专业中开设特殊体育课程的必然性和可行性》一文中对特殊教育的概念及教育对象进行了介绍，他指出，在中国，特殊教育的对象主要为在生理或心理发展上有缺陷的儿童，又称“残障儿童”；特殊体育又称残疾人体育，指在听力、视力、言语、智力、肢体等方面有缺损者，通过身体练习，以增强体质、促进健康、帮助康复，培养意志品质及生活能力之体育活动。[②]

---

① Rebecca K. Lytle, Gayle Hutchinson, “Adapted Physical Education: The Multiple Roles of Consultants,” *Adapted Physical Activity Quarterly*, Vol. 21, No. 1, 2004.

② 张繁、宋丽萍：《浅谈在体育教育专业中开设特殊体育课程的必然性和可行性》，《首届全国残疾人体育科学学术会议论文选编》，北京体育大学出版社，2004，第236～240页。

陈适辉在《从分割到融合：让残疾儿童回到正常体育之中》一文中，对融合教育的由来及其定义做出了介绍，并从多方面探讨了融合教育理论及实践对残疾学生体育的影响。①

国内外有关特殊体育教学研究的文献，为本文的研究设计提供了非常重要的参考。

二　研究对象与方法

（一）研究对象

本研究之对象为澳门特殊教育机构或学校之体育教师及辅助人员。

（二）研究方法

1. 文献资料法

根据研究需要，对与本课题研究有关的资料进行整理、分析、归纳。

2. 专家访谈法

为获得更全面的信息资料，笔者访问了在澳门特殊体育教育方面具备专业观点的专家、学者、体育教师、家长及领导，收集了一些专家的专业意见及信息，对澳门特殊体育教育之现状有了更深入的了解，为本研究的开展奠定了一定的理论基础。

3. 问卷调查法

本研究之调查对象是特殊教育机构之体育教师及辅助人员等。笔者以客观、公正、求实的态度，设计《澳门特殊体育教育研究（教师及辅助人员）》之问卷。问卷发放采用笔者亲自发放形式进行，共发放问卷 180 份，回收问卷 175 份，有效问卷 171 份，回收率 97.2%，有效率达 97.7%。

4. 数理统计法

对收回的问卷，笔者利用 SPSS 15.0 统计软件进行统计分析，根据研究的需要对调查所得数据进行常规数理统计处理。

---

① 陈适辉：《从分隔到融合：让残疾儿童回到正常体育之中》，《武汉体育学院学报》2003 年第 6 期。

5. 比较分析法

笔者根据调查对象的年龄、性别、受教育程度和职业等资料对澳门特殊体育教育的现况与内容等各项指标进行分类与比较分析。

三　研究结果与分析

（一）澳门特殊教育概况

1. 澳门特殊教育的起源

澳门特殊教育的发展在1960年以前可算是一片空白，1967年基督教圣保罗学校开始兼收弱能儿童，可说是澳门特殊教育的开始。

在特殊教育班级类别方面，本澳现时为有特殊教育需要的学生提供三类不同的班级及课程。第一类是融合各类学生的普通班；第二类是为整体学习出现显著困难的学生而设的特殊教育班级（即小班）；第三类是为智力属于中度或以下的学生而设的特殊教育班级（即特殊班）。教学内容除了基本的学科以外，还包括自理、沟通和社会适应等生活训练；课程教学也主要采用以主题编写的教材，以便学生能得到与其能力及生活相关的学习及训练。

除此之外，本澳还有为学前有特殊教育需要的儿童开设的全日制、半日制特殊教育班级及个别训练之学前特殊教育学校。

2. 澳门特殊教育之相关法律

澳门特殊教育向来缺乏政府的重视，直到1996年7月，澳门才正式颁布了第33/96/M号法令。① 1999年，澳门特区政府订立第33/99/M号法令，对如何落实防治残疾以及使残疾人康复并融入社会，有较详细的规定。② 法令内容包括一般规定、康复程序（特殊教育是康复程序的主要一环及重要手段）、行政当局所需肩负之责任，以及行政当局各部门之参与形式。法令的第十条“特殊教育”特别提到不论公立及私立学校，都应使有需要接受特殊教育之残障学生得到全面发展，使他们能逐步融入普通教育制度，并为他们将来融入社会做准备。

---

① 第33/96/M号法令《核准特殊教育制度》之相关规定。

② 第33/99/M号法令《预防残疾及使残疾人康复及融入社会之制度》之相关规定。

3. 澳门特殊教育之相关培训

数据显示，在私立的特殊班内教授体育课的体育教师未曾接受过系统及深层次的特殊体育教育专业培训，只是参与过由教育部门举办的特殊体育工作坊。而公立学校的特殊班，有专门负责特殊班体育课的教师，也具备较完善的设备及专业辅助人员，如物理治疗师、心理辅导员、社工、职业治疗师及语言治疗师等，因而可根据这些专业人士的综合评估报告及观察来为学生编订个别化教学计划。但由于私立的特殊教育机构或学校体育教师未曾接受过专业的特殊体育教育培训，所以往往未能就个别残障学生编订个别化教学计划。

（二）澳门特殊体育教育现状

1. 调查对象基本情况

从调查对象性别结构来看，男性占25.1%，女性为74.9%；在年龄结构方面，26～35岁的人最多，占总人数的36.5%。

从教育程度来看，调查对象中具备大学学历的比例最高，占57.2%，而具备硕士或以上学历的则占13.5%。从学历背景来看，非体育系毕业的人最多，占72.5%，而体育专科毕业的则占10.4%。

就调查对象的年资而言，从事特教1～5年的教职员人数最多，说明他们的特殊教学经验还在累积中。

此外，约有八成特殊教育机构或学校设有体育课，余下约两成并未开设体育课之主要因素是缺乏专业体育教师，其次是缺乏场地、器材及经费，而领导层不重视则只占6.9%（见表1）。这说明专业体育教师、场地、器材等条件的缺乏阻碍了澳门特殊体育教育的发展。

表1　部分特殊学校或教育机构未设置体育课原因之分析

项目内容	人次	占比(%)
缺乏专业体育教师	16	27.6
缺乏场地、器材	12	20.7
欠缺经费	11	18.9
领导层不重视	4	6.9
缺乏政府支持	8	13.8
其他	7	12.1
总　计	58	100

2. 体育课基本情况

图 1 显示，每周设有 1 次体育课的特殊教育机构或学校占 5.4%，每周 2 次课的占 81.1%，而 3 次的为 13.5%。

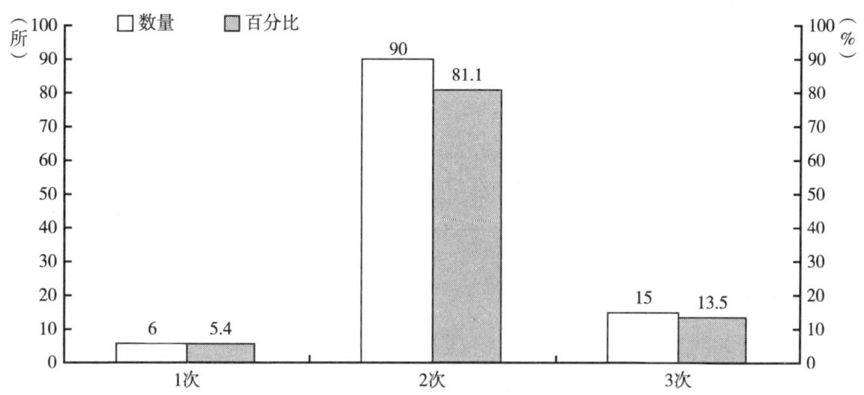

图 1　特殊教育机构每周体育课次数之分析

澳门特殊教育机构或学校一般性体育教学内容以康体游戏、篮球、田径及体操等项目为主。由此可见，体育教师教学内容的选择缺乏针对性，对残疾学生的身体康复、适应性的提高非常不利。

因为特殊体育教学对象是残疾学生，所以在设备及器材上，也必须根据他们残疾情况设计合适的器材。调查显示，有 58.6% 的被调查者表示所在教育机构或学校没有专门为残疾人士所设计之体育器材，而表示具备有关设备的则有 41.4%。未具备专为残疾人所设之体育器材的原因，以欠缺经费及有关方面信息为主，分别占 23.4% 及 20.1%，其次是缺乏政府支持及缺乏购置途径，分别占 18.2% 及 17.6%。

表 2 数据显示，以教学班级形式组织教学的为最多，占 67%，其次是以残疾类别分班组织教学，占 20.5%。究其原因，其一是这两种形式组织起来比较简单、方便、省事，其二可能是受体育场地器材、体育师资的制约。

此外，在实施教学计划形式方面，表示以设计个别化体育教学计划为主的占被调查者 66.1%。由于残疾学生个别差异较大，在制订教学计划时如能结合其他有关领域的专业意见，必定能在为学生设计及制订个别化教学计划上取得事半功倍的效果。

表 2　教学组织形式之分析

项目内容	人数	占比(%)
以教学班级组织教学	75	67.0
以性别分班组织教学	1	0.9
以兴趣分班组织教学	6	5.4
以残疾类别分班组织教学	23	20.5
其他	7	6.2
总　计	112	100

3. 课外体育活动的开展

有53.9%的机构或学校开设有课外体育活动，而未开设的则占46.1%。在未开设课外体育活动原因的调查中，我们发现26.2%的被调查者指出所在机构或学校缺乏场地和器材，其次是政府欠缺支持及经费的缺乏，分别占20.4%及19.4%。

4. 课外体育活动内容

通过调查发现，澳门特殊教育机构或学校在课外体育活动中开展项目为康体及球类运动者最多，分别占37.7%及31.6%，其次是田径运动，占15.4%，最后是游泳及其他项目，分别占5.1%及8.1%（见图2）。

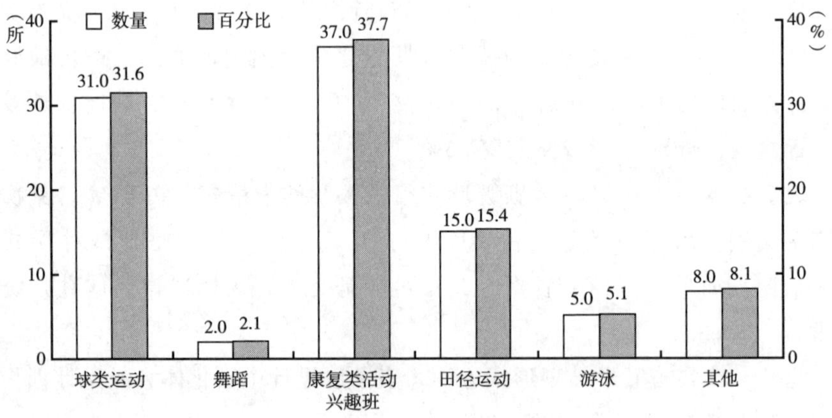

图 2　课外体育活动内容之分析

每周 1 次课外体育活动的特殊教育机构或学校为最多，占 61.0%，其次是每周 2 次的，占 30.5%，每周 3 次或以上的仅占 8.5%（见图 3）。而每次活动 1～2 小时的占大多数，有 53.3%，其次则为 1 小时以下的，占 46.7%（见图 4）。

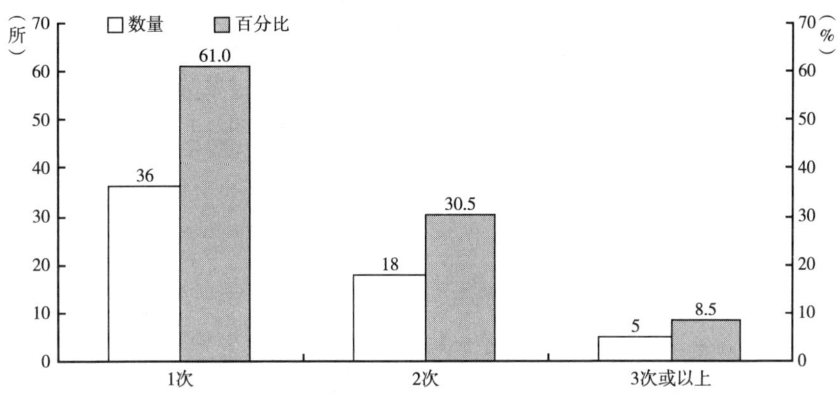

图 3　每周课外体育活动进行次数之分析

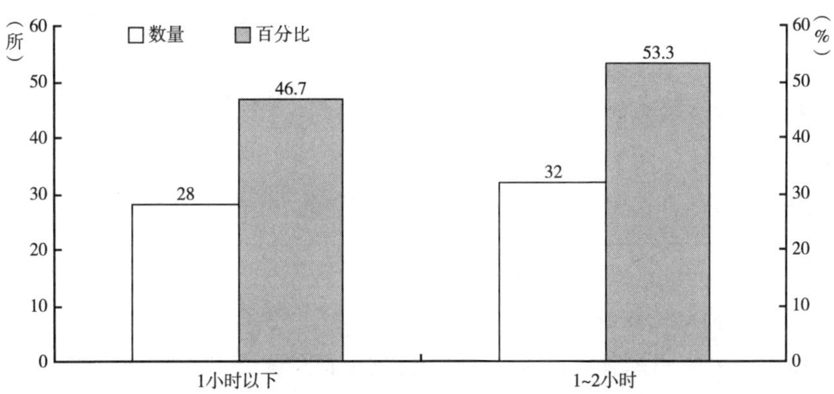

图 4　每次课外体育活动时间之分析

课外体育活动项目的导师由原校或原机构体育教师担任的最多，占 40.7%，而由专项导师负责的则占 18.5%。由于原校或原机构教师对学生残疾情况及能力较为了解，为此，在可能的情况下，他们可确保学生在较安全及适当的环境下进行体育活动。

5. 教师工作与培训

（1）教师培训情况

调查显示，表示曾修读特殊体育或残疾人体育课程的教师不足两成。在从事特殊教育的人中，只有不足两成接受过培训，非常不利于特殊教育的发展。

此外，亦只有43.1%的人表示会主动加强有关方面的专业知识学习，而主要途径是参阅专业文献，占46.4%，其次是透过政府部门所提供的信息，占28.6%。另外，有接近六成的人并未有继续进修或接受培训的意愿。透过调查发现，原因主要是无时间及缺乏咨询途径，分别占33%及23.6%，其次是缺乏政府支持、欠缺经费，分别占13.2%及10.4%（见表3）。因此在教师职前培养或持续进修方面需要不断改革和完善。

表3　未有加强专业知识意愿原因之分析

项目内容	人次	占比(%)
无时间	35	33.0
缺乏咨询途径	25	23.6
欠缺经费	11	10.4
领导层不重视	4	3.8
缺乏政府支持	14	13.2
不需要	6	5.7
其他	11	10.4
总　计	106	100

（2）教师对工作满意度

作为一名称职的体育教师，除了具备全面的业务能力、合理的知识结构、强健的体魄、充沛的精力以外，高尚的思想品格，亦是必需条件。从资料可知，认为喜欢或非常热衷所从事的这份职业的教师则占56.6%。

6. 制约特殊体育教学的因素

通过调查发现，制约澳门特殊教育机构或学校体育教学的因素主要是场地、器材资源缺乏，占23.3%，其次是体育经费短缺及学生体育意识不强，分别占15.9%及14.9%，而缺少专业体育教师及学校领导不重视则分别占13.4%及12.2%（见表4）。

表 4　制约特殊体育教学因素之分析

项目内容	人次	占比(%)
领导不重视	59	12.2
体育经费短缺	77	15.9
学生体育意识不强	72	14.9
场地、器材资源缺乏	113	23.3
体育教师积极性不够	32	6.6
缺少专业体育教师	65	13.4
欠缺统一体育锻炼标准	59	12.1
其他	8	1.6
总　计	485	100

从特殊体育教学的发展关键调查中可发现，认为完善体育器材、设施及转变观念、加强重视是主要因素者，分别占 18.4% 及 16.4%，其次是加强及完善体育师资培训系统及加大体育经费的投入，分别占 16.3% 及 14.6%，而认为应加强专业团队支持及提高体育教师地位和待遇者分别占 12.6% 及 11.9%（见表 5）。

表 5　特殊体育教育发展关键之分析

项目内容	人次	占比(%)
转变观念、加强重视	113	16.4
加强及完善体育师资培训系统	112	16.3
加大体育经费的投入	101	14.6
提高体育教师地位和待遇	82	11.9
加强专业团队支持	87	12.6
完善体育器材及设施	127	18.4
加强有关信息提供	63	9.1
其他	5	0.7
总　计	690	100

四　结论与建议

（一）结论

通过调查发现，教学年资最长的是 5 年，而较为资深的教师占比则较少，意味着特教教师变动率较高。这或许是受薪金、工作量及工作性质等方面因素的影响。

在实施体育课方面，有近八成学校或教育机构设置了体育课，而部分机构未开设的原因主要是缺乏专业体育教师及场地器材。而实施状况方面，以每周开设2次体育课的特殊教育机构或学校最多，占八成多。而有关设备器材方面，超过一半的调查者指出所在教育机构或学校以直接利用现有的器材及教具为主，而未配备残疾人专用器材的原因主要是经费及有关方面讯息较缺乏。

课外体育活动方面，约有四成半的学校或教育机构表示未开设课外活动，其原因主要是缺乏场地器材及政府支持。而实施体育课外活动的学校或教育机构，则以每周1～2次、每次1～2小时为主，而项目内容以康体活动、球类项目为主。

教师培训方面，有八成以上教师未进行在职进修或培训，主要原因是无时间及缺乏有关信息途径。

（二）建议

1. 加强及完善特殊体育法律、法规和政策

政府应根据实际情况，尽早制定和完善有关残疾人体育和特殊体育之规章及制度，促进残疾人的教育公平，依法治教，完善法制。

2. 推展特殊体育活动，正确引导残疾学生养成终身体育的意识

从终身体育的角度来看，特殊体育教育与健康课程的重要目标就是树立残疾学生对体育与健康的正确认识，使残疾学生形成正确积极的体育态度。

3. 加大对特殊体育经费投入，改善学校环境

近年来随着经济的发展，澳门特区政府税收增长，但在特殊体育教育方面仍未给予积极的财政支持，为此，教育主管机关应增加支助预算，为各类型特殊教育机构配置发展特殊体育之软、硬件设施，从而积极地推动澳门特殊体育教育的发展。

4. 加强及完善无障碍设备、特殊体育场地及器材建设

政府或学校应了解学生共同的需要，针对需要的场地、设备做出完整的规划。为此，澳门特区政府应严格按照各类型特殊教育机构的需求，增加经费投入，积极配置体育场地及器材；充分发挥学校现有体育场地、器材的作

用，在课外体育锻炼时间内将其无偿提供给残疾学生使用，为残疾学生开展课外体育锻炼提供便利。

5. 落实特殊体育教学个别化教学计划与协同教学

特殊体育教师应配合特殊教育其他方面之专业人员，透过 IEP 的编写及执行，建立任课体育教师对残疾学生的了解，从而帮助特殊体育教育顺利及有效地实施。

6. 规划师资培训，提升师资素质

教育部门和学校应根据具体情况制定制度化及规范化的短期和长期培训进修计划，尽量使体育教师具备足够的时间和精力参与业余进修培训，并能借此充实知识，提高专业水平。此外，政府有关部门也应开设相关之课程，为教师提供有关特殊体育教学相关的培训，以便丰富教师之专业知识。

（原载黄晓春主编《广州体育学院学报》第 34 卷，第 6 期，广州：广州体育学院，2014 年 11 月。）

文 学 编

对澳门历史与现实的反思和质疑

——评邓晓炯小说集《浮城》

李掖平[*]

每当我们对 20 世纪的华文文学创作进行总体梳理之时，发现凡是涉及港澳台题材的，总是流溢出一种历史感和沧桑感。而这种历史感和沧桑感，对于写作者来说无疑是更为清晰和在场的。王德威曾认为港澳台文学显示了不同种类的“想象中国的方法”，正是这种“想象”的距离，让这些文学呈现出异样的色彩。最近，中国内地作家出版社出版的“澳门文学丛书”就为文坛公示了近几年澳门文学在许多向度上的成就，而其中邓晓炯的小说集《浮城》[①]，无论是艺术品质还是精神格局都属上乘之作，代表了近年来澳门中短篇小说的水准和发展方向。

邓晓炯的这本小说集，字字句句不离“浮城”，“浮城”是作者在小说集中刻意建构起的一个巨大的意象，所有的故事都是在讲述这座“浮城”的身世与命运，它的前世今生，它的兴衰荣辱。因此我认为，“浮城”作为一个能指符号，其所指已经超越了地理上作为叙事空间的澳门，指向了一个更为宏远深沉的历史的、文化的、民间的、超现实的复杂存在。其中既包含着殖民时期的惊惶与骚乱，也包含着后殖民时期的犹疑和焦虑，既有寻找刚健主体性的魅惑，也有可怕的后现代性迷失。邓晓炯将新历史主义的反思、意识形态的引诱、记忆的动荡、现实的浮夸，以及未来的难以预知在叙述中融为一体，使“浮城”成为一个对澳门历史与现实进行反思和质疑的载体。

---

* 李掖平，山东师范大学传媒学院教授、山东省作家协会副主席。

① 邓晓炯：《浮城》，作家出版社，2014。

一 时间与历史

小说集包括四个中篇：《刺客》《迷魂》《浮城》《转运》。这四篇小说很好地实现了历时性的关系，为作者建构起一个形态完整的“浮城叙事”。在一定意义上，时间与历史超越了一个个具体的人物而被确立为小说的真正主人公。小说中的各色人物大都习焉不察地生活于“浮城”之中，谙熟于它的斑驳历史，同时憧憬着它的未来，他们明显地被放置于宏大的历史时间之中，由于这种时间和历史过于宏大，所以他们无法察觉。也就是说，在“浮城”的历史面前，人物其实是苍白无力的。

小说集中的前两篇《刺客》和《迷魂》从澳门的历史写起，然而值得注意的是作者对于历史的“写法”。两部小说都取材自澳门历史上的真实事件：《刺客》取材于澳门总督亚马留遭香山县龙田村村民沈志亮、郭金堂等人刺杀的历史事件，《迷魂》取材于1622年6月24日荷兰东印度公司舰队企图攻占澳门的战争，看似有新历史主义的倾向，但是在对历史的处理上却与新历史主义有所不同。小说并没有像以往新历史主义作品那样完全按照作者的自我想象去重新叙述历史，而是有意识地向被公认为信史的历史“靠近”。或者说，邓晓炯的小说虽然也戏仿了历史，但戏仿不是目的，也不是反讽信史的手段，更不是信史的寄生，而是一种关于历史的想象对历史的补充和说明。

在《刺客》中，小说着重描写塑造了徐广缙、亚马留、沈志亮三个人物，主要事件就是沈志亮带领村民刺杀亚马留，而两广总督徐广缙是经办此案的中国官员。小说几乎没有正面描写“刺杀”，也没有着力塑造刺杀英雄形象，而是重点叙写徐广缙如何处理这件棘手的案子。这是很令人玩味的。小说撇开历史刺杀故事的具体过程和刺杀主体人物，单单进入刺杀事件中一个非主要人物的内心，借助他来思考和表达某些微妙的历史感觉，尤其是小说结尾，描写他来到死牢看望死囚沈志亮：“出了大狱门口，两广总督停下了步子，正了正官服。一抬眼，外面死气沉沉的夜看起来似乎没个尽头。”（第31页）这种“死气沉沉的夜看起来似乎没个尽头”的历史气氛在小说的末尾得以渲染，这也同时意味着这种气氛在“浮城”的历史中才刚刚开始。

《刺客》的三个主人公不只是小说人物，同时都是历史人物，小说为他们设计了一个“后记”。作者在后记中罗列了关于这个刺杀事件和几个相关人物的真实的历史资料，这也就更加说明了这个历史小说“失事求似”的写作手法。小说的正文与短短的后记构成了一种互文结构：历史可以是几句话留下的客观记录，也可以是一桩桩一件件事与一个个人错综交互的有温度有气息的隐喻性织体，可以是两者居一，也可以是两者并存。《刺客》显然是两者并存。

同样的，《迷魂》虽然也具有历史的外壳和植入，但主要讲述的是一件看似与信史无关的事：《迷魂》的主人公麦奇是一名年轻编辑，也是当代澳门社会的一个“异数”。在各大赌场、酒店出具重金争夺年轻人力资源之际，他选择了待遇并不优厚的一家历史杂志社。作为一个理想主义者，麦奇早已厌倦现实世界的慌乱和急躁，而杂志社的工作提供了一个让他追忆过往存在的机会，使其可以跳脱外面那个喧哗浮躁的世界，进入一个让自己放松的生活状态。作者让麦奇卷入一宗迷案，让其灵魂穿回400年前，见证了1622年那场震撼人心的葡荷澳门战役。也正是麦奇与历史互相吸引的这份特殊情结，构成了小说文本中穿越故事的内在叙事动力，麦奇的灵魂得以徜徉于久远而鲜活的历史风云中，并由此获得生命的饱满和充盈。

小说集的第三篇《浮城》，讲述了意外中得巨额大奖的安东跟随电视台摄制队来到赌城澳门，不料卷入英国记者丹尼的新闻调查，在一次拍卖会上面对一件荒诞的拍卖品彻底迷失的故事。且不说拍卖会上洋溢着极度奢靡而狂躁不安的气息，单那最后一件拍卖品就吊诡得令人匪夷所思，那竟然是一本记载了澳门历史的日记，然而在场的所有人都不知道世界上曾有过一个叫澳门的地方。故事和叙述文本都充满了浓郁的象征意蕴。第四篇《转运》编织的是关于赌场里一个神秘的男子和一封突如其来的遗产继承通知信给专栏作家麦田带来的难解谜团。小说巧妙地设置了一场因转运筹码而永远不输的赌局，而拥有这枚“筹码”的人却千方百计要将赌局输掉，终究无法输掉时无奈自杀。“筹码”由此成为小说最为吊诡的存在，其作用被作者有意放大。这两则小说，将视野移到未来，甚至采用了“穿越”的写法。然而事实上，这种表面上与《刺客》《迷魂》相反的方法，在效果上和叙事意图上却都与前两篇相似，都是在时间的无限流逝中思考“浮城”的历史、现实和未来，也着重于表达对历史与现实的感觉与思考。

二　反思与质疑

归纳《刺客》《迷魂》《浮城》《转运》这四篇小说的故事情节，可以说它们都属于讲述“谜团”的叙事类型：《刺客》借两广总督徐广缙来探索一群农民冒天下之大不韪刺杀总督的动机，《迷魂》讲述在错乱的时空秩序中一个人的灵魂奇遇，《浮城》是关于命运和历史的迷局，《转运》更有存在主义的永恒困惑。这样一来，就使得邓晓炯的小说具有一种或淡或浓的神秘学味道。隐藏在这神秘学背后的，不只有主人公剪不断理还乱的个人迷思，更包含了作者本人的困惑，这种困惑实在是过于沉重和宏大，无论怎样破解和寻索也无法获得一个明晰的结果，只能让这些文本也变成“谜团”。

在这四篇小说中，造成这种“谜团”的主要原因就是主人公对于“自我”的苦苦寻找和寻而不得。《迷魂》的开头写道：“据说，人要等到濒临死亡的那一刻，才会意识到灵魂的存在。此刻，麦奇觉得自己就像一颗悬浮于半空的微尘——身体已经不受自己控制，甚至，连动弹一下手脚也无法做到。麦奇想努力睁开眼睛看看四周，却发现自己被一片无穷无尽的黑暗紧紧包裹。如斯诡异的感觉，让麦奇手足无措，一个问号占据了他渐渐变得虚幻缥缈的意识：我现在到底在哪里?”（第35页）《浮城》中前来竞拍的人们面对一本记载了澳门历史的日记，谁都不知道也从未听说这个世界上曾经有过一个地方叫澳门，那么，这件荒诞的拍卖品能够卖出去吗？又有谁能买下来呢？小说的结尾写道：“拍卖官看了看眼前显示屏上实时更新的数据，再扫视了一遍全场黑压压的人群，将刚才的话又重复了一次：怎么样，现在有人打算出价了吗?”（第226页）连续的发问，得到的都是沉默，这个现代主义意味的小说所表达的反思和忧虑，正像拍卖官手中的那把锤子，可能因为无人应答而永远被悬在半空，也仿佛是那群遗忘历史的竞买者的灵魂，早已被自我所放逐。再比如小说《转运》的全部情节，始终围绕着一枚可以使人逢赌必赢、转败为胜的“转运”筹码而展开，这个筹码能让人获得他想要的金钱，但为什么筹码的主人却为它苦恼不堪并最终自杀呢?“我又一次陷入了绝望，无论我怎么费尽心机，那只该死的筹码就是输不去！也就是说，我永远也不可能重返原本的生活，既然如此，我宁愿结束自己的生命……世上没有多少人能拒绝这种诱惑。”（第247页）很

显然，这个小说并不是一个“欲望叙事”的架构，它通过一种神秘主义的表述，想要表达的是一种永恒的存在主义困惑：“有时候，我会偶尔拿那枚转运筹码出来看看，甚或把玩一下。看着它，我常常在想：究竟，是什么在操控我们每一个人的命运？那些转运灵符？抑或，是我们自己？”（第 247 页）生命的劫难与命运的无常，引发了主人公的反思与警醒，但即使反思再深刻、警醒再深入，人也终究无法逃脱命运，所以人们只能是“看看”和“把玩”，或者正如筹码的占有者一样，只能“向死而生”。

可以说，寻找“自我”以及确立“自我”是《浮城》小说的潜在主题，这一主题暗含了殖民统治之下主体性缺失的心态。这是一种个人与家国同构的心态，小说中的人物，无论是斗胆行刺的民间勇士，还是游魂浪荡的浪子，那种无根的漂浮感是显而易见的。所以在有关“浮城”的叙事中，人物大都缺少身世，也缺少饱满的灵魂。这种人物的无根身世，在文本中已被转喻为“浮城”的历史。而人物的干瘪的灵魂，也被转喻为“浮城”主体性的缺失。

实事求是地说，邓晓炯的反思与质疑彰显出一种深刻性，这在具有科幻意味的小说《迷魂》中尤为突出。我们看到当下图书市场中许多科幻小说对历史的处理，往往是悬置关于“历史时空真实”的概念，导致叙述想象中的历史体验呈现出一种纯然虚构的架空状态。而《迷魂》虽延续了科幻与穿越小说在情节上波谲云诡的路子，但蕴含于通俗的故事外壳之下的却是作者直面历史的严肃而深沉的文化思辨。作为历史科幻小说，它没有沉溺于肆意拼贴历史事件的快感，而是追求叙述内涵的力量与质感，在过去和未来这两重时空中，从不同的精神指向层面刻画讽喻了众多形色各异的人物。主人公麦奇莫名其妙地卷入了一桩迷案并越陷越深，灵魂穿回到 400 年前，见证了 1622 年那场震撼人心的葡荷澳门战役。在这一奇特的穿越经历中，麦奇力图廓清澳门历史上那些重大事件的真相，传递出一种“拒绝遗忘”的文化诉求。这种尊重历史、拒绝遗忘的价值追求，实际上隐喻了现代人无法确认自身的精神困境，从而使《迷魂》在繁复纷纭的科幻历史叙事中茕茕孑立，张扬了一种反思与质疑的精神位格。

从这个意义上说，《浮城》实际具有宏大的叙事框架和意义，它参与建构着华文文学世界中的“游子”和“飞地”想象，而这种想象，随着当代政治意识形态及政策的相关内容，衍生出不同的侧面与所指。在香港，以

1997年为界，文学艺术在悄悄分野。“’97后”时代，政治经济的殖民统治已经结束，然而，文化思想形态的后殖民时期才刚刚开始，原有的“浮城”意识没有伴随着“回归”和“一国两制”的宏大叙述而消失，反而在东方现代性和西方现代性的正面接触中日益凸显，比如前几年上映的电影《浮城大亨》，便是一个极为典型的政治寓言。由此可见，“浮城”象征着一种历史主体自我解构的心态，一份被共享的无意识的政治焦虑和历史焦虑，由于这份焦虑无法破除而被修饰为现实境遇。邓晓炯的《浮城》，正为我们呈现了另一座“浮城”——澳门的境遇，并由此标示出其反思和质疑的价值和意义。

三　时空交错的叙事特色

《浮城》中的四篇小说，在叙事艺术上均有不俗的表现。《刺客》是串珠式结构，以徐广缙、亚马留、沈志亮三个历史人物的散点叙述，连缀起一个完整的故事文本。作者对每一个人既有历史中现实生活故事的描写，又有历史中的前史追述，从而使情节沿着“历史中的现实”与“历史中的前史”两种叙事场阈的交叉性轨迹向前推进，其间不时插入作者置身叙述现场发出的感慨或评论，这实际上搭建起了一个多棱多面的叙事构体，以包容丰富的思想文化蕴涵。《迷魂》和《浮城》更是打破了时间的线性结构和空间的一元状态，一反现实世界中的时空序列，采用历史／现实／未来三重时空交错与视点跳接的方式来铺排架构。小说中的时间变成可逆的，空间变成多层的，拓开了一个繁复芜杂的叙事时空。《转运》的故事凝结点则是一枚可以使人逢赌必赢、转败为胜的“转运”筹码，它汇聚起赌场里一个神秘的男子、一封遗产继承通知信和一个专栏作家麦田之间的人事纠结。在现实时空和历史时空时而交织时而疏离中，完整的事件被不断打散又被不断聚拢，不断引出谜题，然后又层层解谜。小说以人物跌宕起伏的命运和叙事悬念与巧合牢牢抓住读者的好奇心，使读者感同身受地疑惑着人物的疑惑，感知着人物的感知。

四篇小说多采用第三人称全知叙述视角，分别从各个人物展开叙述，叙事视点不断切换跳接，穿行于现实场阈与过往历史之间，游走于现实和虚幻之中，故事在不断被打断又再次衔接的叙事方式里自如流转，以空灵跳跃的

拼贴状态获得了一种完整性。同时，叙述者还经常由外部视角进入人物内心，透视其心理活动，与主人公交流对话，从而使人物真实的内心世界得以敞开。叙述者主动限知，在全知视角之下呈现了不同人物的有限视角，使每个人都拥有各自的观察角度，看到的事件表象和心理活动都不同，对历史和现实问题的思考也各不相同，因而制造了一种复调叙事的效果，不仅有效增加了小说叙事的内涵和容量，还保证了饶有意味和趣味的可读性。

（本文发表于“创作与批评在此相遇——澳门文学十五年回望”文学研讨会，澳门：澳门笔会、中国作家协会港澳台办公室合办，2014 年 12 月；修订后收入廖子馨主编《创作与批评在此相遇——澳门文学十五年回望》，澳门：澳门日报出版社，2015 年 4 月。）

太皮：为众声喧哗的澳门画像

张　莉*

一　在澳门文学的坐标系里

2013 年 8 月 16 日，澳门作家寂然在《文艺报》上发表《澳门小说创作的多元风景》，为内地读者勾勒了澳门文学的风貌。此文梳理了澳门小说的历史与现状。它讲述的澳门作者的生存际遇令人印象深刻：“即使澳门存在很多的文学爱好者，但普罗读者每天留意香港新闻，欣赏内地的剧集，享受台湾的综艺节目，如果要阅读文学作品，他们也会优先选择内地和港台的书刊，反而对澳门文学比较冷漠。这也令澳门的作者长年处于为写作而写作的状态，作品所能带来的名利很少。然而，在毫无经济成果和成名效益的前提下，澳门小说作者的书写意愿依然高涨，他们有的持续在报刊发表小说，有的已有大量长篇作品连载刊出，有的善于利用网络平台勇敢书写，有的积极参加澳门举办的征文活动，以期获奖之后可以获得出版机会。”

毫无疑问，那是一批深怀文学之心的写作者。他们以他们的写作正在扭转着人们对澳门文学的误解：“过去人们误以为澳门小说只会书写在澳门发生的故事，有时还认定澳门这么一个欠缺气魄的小地方无法出现像样的小说。那当然是未经验证的粗浅印象，人们大概忘记了这‘开埠’四百多年的临海小城一度是中西文化的交汇点，人们也许想象不到澳门作为特别行政

* 张莉，文学博士，天津师范大学文学院教授、中国现代文学馆首批客座研究员。

区本身已拥有某些与众不同的写作资源，只要大家认真阅读澳门作家的小说，即会发现他们不但勇于写出澳门人生活中的喜怒哀乐，还会探讨人性，思考哲学，有不少关于普世价值的讨论，更有一些在写作技术上进行实验的前卫之作。当然，澳门小说也不乏通俗易懂的爱情故事、惊险刺激的冒险故事、挖掘人物灵与欲的情色书写、讲述赌场百态的写实故事。"①

对于内地读者和批评家而言，小说家太皮的名字并不熟悉，也许该从小说家的个人简历说起：太皮，本名黄春年，男，澳门人，生于 1978 年底，祖籍广东梅县，父亲是印尼华侨。《凉夜月》《连理》分别获第四届、第七届澳门文学奖小说组优异奖，《摇摇王》获第九届澳门文学奖小说组冠军。他的三部中篇小说《爱比死更冷》《绿毡上的囚徒》《懦弱》均获得澳门日报主办的澳门中篇小说奖（2008 年、2011 年、2014 年）。

《爱比死更冷》符合我们通常理解的澳门文学作品的特色，有通俗易懂的爱情，也有灵与欲的情色描写。尽管故事主人公是澳门人，但这并不是一个特别具有澳门地方特色的作品，事实上，其中讲述的爱情可以发生在世界的任何角落，北京、南京、香港、东京或者纽约。它有关情欲、初恋、阴差阳错，所有情人之间的故事在这里都有。于一位内地的读者而言，这部作品带来的许多元素是新鲜的，比如女主人公何艾因为不会说澳门方言而一度被同学唤作"北姑"，比如男主人公澳门男青年林朗来到上海读大学，跟当地女孩子恋爱。当然，小说的结尾因男主角将女主角残忍杀害而令人惊骇。在这个故事里，有从内地到澳门去的青年，也有从澳门到内地去的青年，这许多地名提醒我们，书中青年的爱情有点似"南来北往"。而从内地到澳门，SARS、张国荣自杀等事件，内地人所经历的一切澳门人也在经历，《爱比死更冷》有双城爱情的性质。这是 2008 年澳门中篇小说获奖作品，算起来，也应该是太皮这位年轻作家给读者留下深刻印象的一部作品。如果说《爱比死更冷》是其作家创作的一个重要起步，那么他于 2011 年出版的《绿毡上的囚徒》，则显示了其不凡的艺术实力。作为读者，我对后一部小说情有独钟。

二　勾描澳门各阶层的众生相

在新浪博客中，作家太皮曾经感慨地说起这两部作品创作时的景况：

① 寂然：《澳门小说创作的多元风景》，《澳门日报》2013 年 11 月 13 日，"镜海"。

“现在身边放着自己的两本著作，分别是《爱比死更冷》及《绿毡上的囚徒》，现在感觉是有点不实在，好像它们不是我写出来似的，好像与我一点关系都没有，但确又实实在在由我每一个字在键盘上敲出来，然后经过很多次修改的完成品，那些情景还历历在目。写作《爱比死更冷》的时间较充裕，因为早有写书的打算，而且工作和生活也闲，但《绿毡上的囚徒》却不然了，除了定时定刻的工作外，还有一大堆私事要做，我几乎是每晚12点过后才可以抽出一些时间写作，别人春节时在游乐，我却沉浸在书中的沉重场面中，尚幸工作的假期较多，才得以一点一点地将这本书完成。有时为情节上一些要解决的地方而困扰，晚上遛狗时绕着公园走几十个圈去苦思冥想，或者为让自己触发更多灵感，而在街上乱走，由祐汉走到议事亭，再由议事亭走回祐汉，那种经历真是让人回味再三。”①

《绿毡上的囚徒》② 是匠心独运、有艺术追求的作品。它以澳门五一节游行为核心，讲述了诸多澳门人的生活。全书共分为17章，每一章都有一个人物志，一个人物与另一个物相关，另一个人物又与一个新人物相关，以五一游行作为中心事件，将各阶层人物次第展开，形成了一种人物图谱式写作。每一个人物都有他独立的心路世界，但人物和人物之间的生活都互有交叠或观照，从而达到了“形散而神不散”的结构。这样的结构给人以陌生感，也使这部看似并无多少情节的小说独具特色。

因为游行，各阶层汇集在了一起：来到澳门30年，依旧挣扎在贫困线上的“垃圾婆”蔡姐；被称为“新移民”的张福迎；虽然生活在底层，但乐于参加社工活动的林锡德；吸毒少年张永正；精神分裂症记者冯威廉；出身低微但美丽热情的记者张碧芝；从教师职业改为荷官，在情感生活中无法自拔的Miss梁；葡萄牙人后裔、警察菲拿度；当地富豪之子程明；从内地来到澳门，举目无亲，被卷入无妄之灾的徐鄂强……

在这座城市中，既有渴望改变澳门现状的有梦想的年轻富豪“想作出一些改变，我希望这改变由我来开始……其实，改变对澳门是有好处的，如果我们这些既得利益者都选择改变，去拥抱更多公义，放弃特权，那么社会的总体质素就将提升得更快，换句话说对大家都有利：平民能得到更好的发

---

① 详见太皮的博客，http：//ww999ww. blogspot. com/p/blog - page_ 17. html。

② 黄春年：《绿毡上的囚徒》，澳门日报出版社，2011。

展机遇并可以向上流动，商人能寻得更广大的商机，我们大家族的家业在合理基础上，也许可变得更加雄厚……”（第 149 页），也有躲不过生活厄运的徐鄂强；既有在这座城市逐渐拥有认同感的“菲拿度们”，也有从内地来的蔡尧娟，在澳门生活 30 年，拥有永久性居民身份证，“但总觉得自己的根不在这儿，自己与这城市形同陌路”（第 85 页）。

各个阶层的人们，各有各的甜蜜和苦恼，各有各的历史，他们与澳门一起回归，中央政府开放自由行、城市里建设了新赌场，澳门经济不断创新高，但与许多内地城市的发展一样，在 GDP 的高歌之下，城墙遗迹却在减少，人们对幸福的理解开始变得多元。每个人物当初来到澳门的历史，每个人的家族史都在五一游行事件中被讲述——游行是小说讲述的中心，是风暴之眼，它透过各个人物的生活际遇，串联起了澳门的历史与现实。

400 年被殖民统治的命运，边缘感、不安和焦虑都在这部文本中。小说中张碧芝夫妇二人讨论《聊斋志异》中“红毛毡”的故事也别有意味。正是这一故事催生了她关于澳门的想象，她有时甚至会觉得“濠江小城真有这么一张大家都看不到的巨大毡子，走在街上，明明地下就是灰色的石子路，她却错觉踩到绿色的绒毛上了。也许，这是因为澳门少有传说的缘故，魔毡在她看来有与别不同的色彩”（第 290 页）。小说题目中的绿毡的比喻恐怕就由此而来，在这部作品里，澳门土地如绿毡一般。

澳门的所有地标性建筑——提督马路、殡仪馆、市政狗房、牛房仓库、美副将大马路、旧丽都戏院、莲峰球场等都出现在这部小说中。阅读时，读者就这样一路跟随小说人物一起走过澳门的街道，也走过它的历史，走过它的现在。但更重要的是这部小说的内核：每个人物都与这个城市如此紧密相连，他们关心它的命运，他们的命运也与它的命运相关。

当时间、空间以及命运全部聚集在一时一地时，便成就了这部小说的气质芜杂。社会众生相里，有情欲，有爱，有亲情，有在赌场面前欲望的苦苦挣扎，也有在贫困线上的潦倒和不安。最有意味的是小说中的某种玄幻色彩。不良少年张永正吸毒幻觉中一再出现“林则徐”，以及林则徐对吸毒少年的痛心。而张碧芝受伤后灵魂出窍的讲述也使小说有了某种飞升空间，虽然在阅读中，读者会对小说灵异部分感到不适，但事实上，不仅仅是张碧芝，梁芳婷跳楼自杀、徐鄂强被无端殴打时的幻觉，也都使这部小说显得别有关怀。

小说的题目“绿毡上的囚徒”使人意识到，小说有意讲述每个人物都如同这座城市的囚徒，但是，果真如此吗？正如小说最后所言："每个人都是囚徒，也不是囚徒，视乎你怎样去看。这些人甘愿戴着的镣铐和枷锁，有的是与家人的羁绊，有的是与情人的羁绊，有的是与朋友的羁绊，有的是与过去的羁绊，有的是与未来的羁绊……我们每个人，都是生而为囚徒的人，而甘愿成为囚徒，都因为心里有爱……"这些生活在澳门的人们，与其说是"囚徒"，不如说是这座城市的主人或子民，他们有着不同梦想和不同诉求，但他们身上无一例外都洋溢着浓烈的澳门气息，那种不论怎样都坚忍生活的精神，那种通过努力创造美好生活的精神。读者通过这部小说，将会重新认识澳门的历史和澳门的现在，更能认识多样的、众声喧哗的澳门人民。

更值得一提的是，太皮对社会事件与社会现状的关心。是什么使这位年轻作家如此钟情于对游行事件前后澳门人心路的追踪？这是其社会责任使然，在"作者的话"中，太皮如是说："由于工作关系，在游行日子前后，我分别接触到本书所描写的主要人物，深入了解他们的生活、他们的经历和他们的灵魂，我或深受感动，或深恶痛绝，或深铭肺腑，我觉得我有必要将他们的故事写出来，让大家知道。"事实上，这部作品的人物、事件等各有原型，事件及故事都接近于真实，但因为各种原因不得不做了艺术处理。这也是这部小说有强烈的现实感的原因所在。

在时间长河中，作家是刻下人类心路的人，太皮亦如此。这位年轻的作家，因对五一游行那一刻深为感怀，以记录者自居，克服种种困难记录下那早已消失的时刻，他不仅为我们记下那一刻，也为我们呈现了"活生生"的历史，他尽最大努力，为他生活的澳门写下了令人难忘的传记。

三　在"70后"作家群体里[①]

读太皮的小说的时候，我多次想到中国"70后"作家群体。也许，梳理整个中国"70后"作家创作发展轨迹才能说明我看重太皮写作的原因。

"实际我们70年代生的人都很少忤逆，父子之间存在深刻而天然的秩序，父亲像是残暴而仁慈的君主，统治、安排、照应我们的一切。……所有

① 此部分关于内地"70后"作家创作特征的回顾引自本人论文《70后新锐作家与城镇中国的重构》，《大家》2013年第5期。

语言都是命令与对命令的接受。2002 年，我因为一个河南的电话离开家庭，我走得那么轻松，从来没想到父亲会连手也不伸出来拦一下，他只是像失势的狮王一样眼冒怒火，死死盯着地面。我就那样超越界线，从此无君无父，浪荡江湖。"[①] 这是"70 后"小说家阿乙在《模范青年》中对"70 后"的看法，它也适用于概括"70 后"作家 20 年来的创作历程。

在经历过短暂的"美女写作"之后，"70 后"很快成为"非叛逆""非忤逆"的写作者，从文学追求到文学审美，十多年来，他们都堪为当代文学的"乖孩子""好孩子"，——他们的不同在哪里？他们有与前代作家抗衡的作品，有属于这代人对世界的理解方式和写作视角吗？他们是否给当代文学带来过新鲜经验？诸多批评家在不同场合都对这代作家创作表达过担忧和质疑。

然而，2009 年以来，一些变化已经来临。在大多数批评家依然停留在讨论"70 后"作家的"成长叙事单一""沉湎日常生活""纠结个人经验""历史意识淡漠"时，一批辨别度极高的作品横空出世。当代文学涌入了许多新的"70 后"面孔：李娟、路内、阿乙、曹寇、葛亮、张惠雯、李海鹏、阿丁、任晓雯等。（在颇具市场影响的"铁葫芦"出版的《中间代·代表作》《中间代·新女性》中，这些"70 一代"占了重要比重。）他们和先前活跃的魏微、金仁顺、鲁敏、盛可以、徐则臣、冯唐、张楚等"70 后"作家一起构成了当代文学的"新势力"。与他们的出现相伴随的是，一批关注凶杀事件及凶杀未遂事件的作品不断涌现。这些作品包括阿乙的《意外杀人事件》《鸟，看见我了》《情人节爆炸案》《下面，我该干些什么》；曹寇的《市民邱女士》《水城弟兄》《塘村概略》；张楚的《细嗓门》《七根孔雀羽毛》；徐则臣《轮子是圆的》；鲁敏的《死迷藏》《六人晚餐》；路内《云中人》；等等。这些作品大部分着眼于无辜者如何成为杀人犯，以及杀人事件的偶然性和荒诞性。

这些作家之所以关注社会意外事件，无疑与我们身处的社会现实相关。新闻媒体、现实生活中的场景使每一位青年作家不可能"躲进小楼成一统"，他们选择直面现实。值得关注的不仅是作家都属意于当下最热点的社会问题或意外杀人事件，更是这些作家的写作视角和书写路径，他们热切渴望书写的是这些社会事件发生的缘由，社会事件背后潜藏的那些隐而不显的场景。

① 阿乙：《模范青年》，《人民文学》2011 年第 11 期。

不同气质的作家，选择进入事件的方式和追踪事件发生的路径有很大差异。鲁敏观看“意外事件”时，关注点是由家内而家外，《惹尘埃》中丈夫意外身亡不仅牵涉婚内生活还牵涉豆腐渣工程；张楚讲述杀人事件时是由问题婚姻及家庭暴力说起；乔叶《拆楼记》从姐姐一家的拆迁费说起；路内则是从个人成长际遇说起。而阿乙和曹寇的观察和讲述方式殊为独特，他们都选择从外在社会事件入手，从偶然出发，文本事件与现实社会事件形成强烈的“互文”关系。这种意外事件的“社会性”更为突出，也更有冲击力，这种视点使这两位作家的创作与前面所有“70后”作家都构成强烈的对照关系。

太皮的写作放在这样的创作脉络里意味深长。他的三部中篇小说《爱比死更冷》《绿毡上的囚徒》《懦弱》都有凶杀、社会事件及社会底层的生活描写。事实上，不只是中篇，在《摇摇王》等短篇小说中，读者也可以读到作家对澳门社会问题的关注，对城市各阶层生活的了解和熟悉。而与内地作家不同的是，太皮的写作固然以写实风格及反映社会生活为主，但诸多超现实元素与现实元素的交杂使他的文本具有强烈的个人标识，某种意义上，太皮作品中的超现实写作使人能够意识到他的无边界意识，也使他的技术、想象力与社会情怀都有其强烈的独特性。当然，不可否认，在细节处理及叙事逻辑上，这位作家也有改善的空间。

对社会事件及社会各阶层生活的关注与太皮的生活经历有很大关系。他“中学毕业后负笈江南，在苏州大学取得文学士学位。十多岁开始做兼职，在工厂、美式快餐店、赛马投注站和酒楼厨房打过工，大学时在《澳门日报》连载长篇小说《草之狗》赚取稿费帮补生计，毕业后从事传媒行业多年，曾当过日报、周报、月刊及季刊的记者、编辑，工作过的报刊包括《市民日报》、*Macau Business* 及《新生代》等，采访足迹遍及大江南北，曾替香港杂志撰写澳门专题报道，2008年作为注册记者参与北京奥运会采访。目前在澳门特区政府土地工务部门任职公务员，负责宣传方面的工作。曾参与多个社团事务，涉及民生、经济和青年方面”（太皮自述）。生活经历会影响一位作家的写作观与价值观。

如果把太皮和张楚、徐则臣、阿乙、曹寇等人的生活经历和创作放在一起，我们会发现，太皮与内地这些新锐小说家有着类似的生活经验和写作经验。这一批新近出现的“70后”新锐小说家几乎无一例外地致力于揭示时代生活中最具体、最世俗、最庸常、最灰暗的一面。他们的主人公通常是城市

游荡者、无业者、下岗者、农民工、小职员、中小学教师、失婚者、拆迁户、妓女、派出所民警、小偷、凶杀犯、洗头女廊。如同“70后”导演贾樟柯的摄像机定位于平视拍摄对象的高度，这些作家面对写作对象时也是一视同仁的，写作对象潜藏在他们的身体里，作家即这些人中的一员。尽管这些“70后”新锐小说家笔下人物都是低微者，但用当代文学中所谓的“底层文学”命名却是失效的。对象还是那些对象，人物还是那些人物，事件还是那些事件，但写作目的和阅读感受完全不同。换言之，太皮和他在内地的许多作家同行一样，用另一种方式向通常的现实主义写作惯例发起挑战。他有不同于一般意义上的澳门作家的写作追求，你不得不对他的未来保持期许。

今天，也许是我们重新理解“70后”作家写作意义的时候了。当我们讨论“70后”作家对于当代中国及当代文学的贡献时，应该追问的是，在这代作家的文本中，是否潜藏有中国发生了什么、正在发生什么以及我们遇到的精神困境是什么的表述。人们内心那些恐惧、痛楚、无聊、疤痕被深深铭刻进了年轻一代的文字里。在这批逐渐成为中国文学中坚力量的新锐小说家那里，正潜藏对被我们时代习焉不察的灰暗的揭露。“70后”小说家面对现实比我们想象中的更为直接、更为专注，也更为深入，他们对时代的疑难问题和自己的使命已经有了某种自觉。一些变化已经开始，他们勇敢地“向着而不是背着火跑”。

“当我们的街道失火时，我们必须向着而不是背着火跑，这样才能和别人一道找出灭火的方法；我们必须像兄弟一样携手合作来扑灭它。”[①] 一代人选择面对什么样的现实，意味着他们选择走什么样的路；一代人走什么样的路，意味着他们将看到和书写什么样的现实。太皮以《绿毡上的囚徒》使自己成为“70后”作家中优秀的一员。

（本文发表于“创作与批评在此相遇——澳门文学十五年回望”文学研讨会，澳门：澳门笔会、中国作家协会港澳台办公室合办，2014年12月；修订后收入廖子馨主编《创作与批评在此相遇——澳门文学十五年回望》，澳门：澳门日报出版社，2015年4月。）

---

① 别林斯基语，转引自〔英〕以赛亚·伯林《现实感：观念及其历史研究》，潘荣荣、林茂译，译林出版社，2011，第264页。

人类之思与女性之声

——澳门女作家林中英散文集《女声独唱》欣赏

荒 林*

多年前在北京，我就注意到澳门女作家林中英的写作，她的儿童文学、小说和散文。作为女性文学研究者，我为她成熟的女性魅力所吸引。她成熟的魅力不仅来自她作为女人细腻丰富的生命感知，也来源于她作为职业女性和写作女性社会视野的开阔和思想的独到，更因为她有着某种澳门女性如荷叶一般水润而芬芳的气质。尤其是她的散文，久读而越绵长，似乎更加能反映她感性、知性和特殊的澳门地域性综合而成的文字之美，体现出边缘而大气的风度。

我在做澳门散文研究之际，曾对她的散文《十年》进行赏析，深为她叙写澳门历史与个体生命关系的不经意纠结而感动。她写自己和亲人如何体验葡人离去的历史事件，又写自己平凡的父亲着新装迎接回归时刻，当寒冷的凌晨新的历史纪元开始，人们走着走着，走进了新时代，文字轻巧递进，给我一种优美领悟：就是在日常生活的渐变中，回归十年了。时间在林中英的书写中，与日常生活细节毗连一体，与个体生命同在，与爱同行。

此刻，我桌上放着 2011 年 10 月澳门日报出版社出版的林中英散文集《女声独唱》，这是一本装帧精美的竖版繁体集，收录了林中英 2000 年至 2011 年共十二载的散文精品，篇篇如同书的封面设计一样讲究，立意新颖且结构精美。其中也收录了《十年》。我依次进入“我城我家”“女声独

---

* 荒林，澳门大学文学院博士后。

唱”“生活原色”“旧日月色”“出去走走”“缘缘细语”“写读之间”，七辑阅读一周恰到好处，从任何一辑入手都不想释手。这也令我不得不佩服既是作家也是编者的林中英，在选编散文集时所体现的精致情怀。

一

在我看来，林中英和她的散文集《女声独唱》是个奇迹，澳门和澳门文学的奇迹。这个判断对我了解澳门的深度如此，对我研究女性文学的历程如此，对我寻思中的澳门和它的文化代言人来说，也如此。散步在澳门半岛和岛屿上，有时候，恍惚间，会对澳门的荷花和中西合璧的观音产生神往，一种文学地理学意义上的神往。海水环抱的这小片区域，近现代以来，似乎更像人类生活方式的实验场，而远古的母系史前文明，也如遗传基因深含于生命过程。是的，我喜欢体悟和运用女性主义的经验批评方法。个体女性的经验或许暗藏着人类的深长秘密，一经言说，或许就能改变我们对世界的观察角度。林中英和澳门一样让我怦然心动。在她的散文中，澳门和女性互为喻体，是悠久的历史存在、深长的生命故事，又是我们短暂生命的日常悠长。林中英的话语，充满了人类之思，却毫不做作，是成熟女性的天然去雕饰，言说个体经验、地域体验，是独一无二因而令人反思的女性之声。

散文集的开篇也是“我城我家”的首篇，为《待罪之月》，一篇立意和标题都很吸引人的散文，这篇散文也可说是林中英人类之思的集中表达。文章从人类的生命情感立场反思科学理性，从而给阅读一种全新视野，给思想一种深邃，使散文有着一种宏大的美丽。第一、二段写俄、美科学家们从科学理据出发，提出要把月球炸掉，实现地球天堂的科学设想。他们认为月亮是地球的枷锁，紧紧拉着地球，使地球公转变慢、变歪，也使地球气候多端；用科技手段炸掉月亮，就可以改变地球环境，使之倾斜度为零，四季春和景明。和科学家们对月亮的认识迥然不同，散文的三、四段落是作家的抒情和思考，不仅谈千古月色古老常新，从不曾私照一人，而且谈人类的心灵和精神与月亮的依存关系，指出人类将月亮看作自己灵魂的家园，伟大的诗词歌赋常由月亮而生。在最后一段，作家甚至对人类科学的“自大”进行直接批评，因为科学想改变人与自然的深度依赖关系，将之转变为征服关系。这篇散文放在书章之首，也说明林中英对自己批判科学理性思维的立场之坚定。

显然林中英有自己坚定不移的人本思想，这使她对二百年来科学理性带给人类的变化有与众不同的认识，而这种与众不同的认识，也带来了林中英对“我城我家”与众不同的定位。在林中英的散文集中，“我城我家”并非简单反映澳门风土人情、富有澳门地方色彩的散文小品，也不只是集澳门历史、文化、名胜之大成的画廊。虽然她的全卷书完全可以如时间画廊，但我们唯有身在画中，心领神会，方可于她移动并组合的画廊中看到人物在日常生活中演变的复杂和细微。在时间画廊的移动组合中，林中英大气地把澳门置于人类地球生活全景视野，澳门的自然风景和澳门人的所行所为于是具备了人类学意义。作为全球化最早的地域，表面上平静如荷花的澳门，内在时时有变化的荷花含苞欲放。林中英笔落之处，是地理上静而人文上动的澳门。在林中英看来，人人处于全地球受科学理性驱动而求变的状态，澳门人也不例外，虽然以不起眼的手机为素材，她的《大哥不大》《短讯里的爱情》却写出了科学对澳门人生活的深刻影响，并从澳门人生活的变化，过渡到反思全人类的处境。这种人类之思是林中英散文境界所在，也是林中英散文超越于一般女性写作偏重情感、婚姻的地方。林中英形成了自己的认知，这种认知促成她自觉书写女性的思想，并通过思想来组织文章体系。和其他文类相比，思想正是散文的本质所在。这也可以说明，为什么林中英的散文更胜于她的小说和其他文体。

思想着的林中英，时时处处发现澳门人生活受到现代科学理性支配，这种支配实际上呈现为各种权力关系。她看到教育所受的支配，于是有《王小毛也放暑假》，极写名为王小毛的孩子在学习现代教育技能的同时如何丧失了基本的生活能力。她看到语言所受的支配，于是有《中西文化交汇》，揭露殖民主义教育对英语的重视，使澳门人生活于半英半中、中里掺英、华洋杂处的语言现象中。她甚至从澳门的电视节目看到世界上普通人命运与文明演进的关系，写出了令人震慑的《断头》。我是从她这篇《断头》才知道斩首这古老的死刑，在人道的改造中用了一位博士的发明。我加倍佩服她用散文探讨人类文明是非的力度。小人物不想接受断头，只想好好生活，但生活并非易事。《小岗村的悄悄话》用小说体写成，通过小岗村一对夫妻对温饱生活渴望的对话，表现了林中英对底层人民于大时代变化中命运的关注。《挑粪汉的综合生活素质》则提出了以底层普通人生活改变为尺度，用以衡量社会文明的观察角度，可看出作家民主的情怀。

民主的情怀也许正是人类之思的具体表现。林中英很多结合澳门生活实例的散文，都渗透着民主的情怀，因而格调高远又不流于说教。如《当华灯熄灭之后》写旧城区的改造，《环保，你能做多少?》写澳门垃圾处理的历史，《票》写澳门的议员选举，《午夜瓶声》写在澳门的菲律宾打工族的生活，事事从民本出发，建议充满人情体贴，将务实散文导入精神引领高地，不仅怡情养性，而且启迪智慧和积极的生活方式。

二

林中英的人类之思或许得力于她强大的知性思考力、反思科学、关怀人本。但人本之本奥秘无边，除去现实生活理想的民主追求，生命还有无穷无尽的欲望渴求实现。在有限的生命中寻得无限，在平凡的日常中获得奇迹，生命的艺术正是艺术家们无止境探索之所在。林中英无疑也是生命艺术的执着探索者。她的散文集中最迷人的部分，可说是唯美的“女声独唱”辑。正如黄文辉先生的封面设计艺术，一个脸谱三重侧影，“女声独唱”围绕一个女性主题进行多重表达，不仅充分体现了林中英对女性问题的系统思考和对散文技巧的纯熟驾驭，而且演绎了林中英式的唯美散文风格，即将女性生命感性隐喻于人类生命感性，把日常生活的细节隐喻于人类生命工程的细节，思想于是在书写生命感性和细节的过程中熠熠生辉。一种真正的女性之声，融女性生命感性悟性和思考性于一体，使得“女声独唱”声情并茂，篇篇佳“曲”，读之回味无穷。

也许回味女性解放的历程太过漫长和曲折。对于个体女性而言，自我解放是永远的主题，就如同一个人成长中变得自知一样，需要解除主客观太多羁绊，需要战胜太多困难。然而，集中到性别角度，社会建构的男性中心意识形态仍然是女性成长要跃过的第一栏。林中英的“女声独唱”就从这一跃开始，定调准确。《我负责》曾穿越漫长的男声独唱历史，让女性沉默不语，正因为有权利才可以负责任，男女交欢之后，男人负责交欢的后果，承担养育后代的责任。女人的身体似乎是一个过重的负担，她自己无力担当。但现在不同了，科学改变了女人身体的处境，避孕使交欢的后果不复沉重。林中英对比道：当初，在男女欢好之后，从宇宙洪荒中悠悠返回现实，男人对女人说，我会负责的。如今，什么都方便了、放松了，便没有逼人而来的责任，来是瓦合，去时瓦解，干脆。林中英远比一般乐观主义的女性解放论者深刻，她并不简单看待科学带来的身体解放，而是思考着，人类放弃责任承担之后，是否能够承担生命之轻。正是意义之思，使林中英的女性写作具有了反思人类生存意义的意味。

这种反思使得林中英看女性生存的方方面面，都是人类之思，因为女性和男性是毗连一体的，都从依赖自然的古典时代，步入了征服和利用自然的现代。现代的另一个面貌是商业化，来自自然的万物成为商品，人自己也成为商品，《吻被糟蹋了》就是林中英对拿吻进行比赛的商业行为的批判。文章写古典时代吻的简朴和意味深长，相比之下，商业行为中吻被变成了无意义量赛，不仅表达一种情感怀念，也表达对现代伦理的忧虑。而“单身贵族”现象经过林中英的分析，也让我们看到现代人生存模式的投机特色。在林中英看来，虽然一个人的生活被张扬成很有个性的生活了，但单身如同股市的空头，资金在自己手里，自己有比较大的主动权，因此可以等待合适的时机，寻找优质股，这使婚姻的买卖性质仍然存在。

反思并不需要结论，它的存在就是为了我们更清醒地看清自己。也许甚至没有绝对的真相，但反思会让我们更自明，它或许是通向自我解放或者解除自我束缚的途径之一。然而，与生命的自限相比，生命的大限更加逼人清醒。因为无论科技如何发达，永恒的生命都没有可能。林中英最漂亮的两篇散文《脸面工程》和《抢救几毫米》分别写于2001年和2004年，间距为三年，似乎生命大限之思萦绕作家挥之不去，终凝结为生命之思的“琥珀”两枚。在这两枚“琥珀”之中，作家极写了生命之努力，也极写了与大限相拼，努力之徒然，然而仍然最大限度地努力，与科技一起。于是悲壮感油然而生。在“琥珀”之中的生命，就是悲壮的生命。林中英的散文没有小气，只有大气，因为再小的题材，经她人类之思开发，发出的女性之声，也迥然不同一般。

《脸面工程》将女人的化妆打扮比喻为装修工程，进一步喻为不朽之追求：从口红到眉笔，细细操作；脸部装修是一辈子的工程；脸庞装修是最艰巨的工程，因为一边装修，一边被岁月摧毁。但，谁都爱美，维持几分姿色，总带着些悲凉。林中英有着张爱玲式的人类悲悯，能够把细小日常上升为人类本质，深刻悠长，令人难忘。这样的写作，不动声色就解构了将女性化妆低级趣味化的男权中心话语，也对历史悠久的化妆艺术进行了生命还

原。当然，她也对认为女人化妆打扮只是为了迎合男权，将女人欲望化、物件化的简单女性主义进行了否定。

《抢救几毫米》再次对化妆装修做出精细描写，引入新科技的努力，既令人开怀，又让人沉思，从美丽看到生命的一丝悲凉。“身在后台的精彩处，是明明白白看到丽人如何在一堆五颜六色的东西里诞生的过程。”岁月是多么大、多么抽象的东西，但作家将之细节化，让人看到它在脸面做几毫米移动！它的移动绝对残酷无情，犹如铁蹄，人面的青春美丽，就是在毫米的移动之间浑然消失的。也许作家写作的动因来源于内地报纸上展开的对“美丽能长几米”的批判，作为女性主义学者，当初我自己也看到和参与了这场内地语境中的女性容貌与才干排位之争。林中英唯美地指出，没错，美丽是不能长知识的，但同等能力同等内涵，美丽的人找饭吃的机会，比不够美丽的人要多，美丽是一种能量。化妆则可以人为拉平美丽的距离，科技可以成功抢救几毫米的缺陷。在生命唯美的崇尚中，林中英也对科技的努力表达了欣赏。也许在她看来，科技如果尽可能帮助人类远离大限，就不必计较它的“自大”了吧。

唯美的追求体现于作家的字里行间。《旗袍·欧也》谈女性服装与民族个性，生动形象；《阿姐更年期》对活在更年期里有活力与创造的女人形象进行赞美，同样从人物细节入手。而写妓女形象的《黑白的鱼》，堪称一帧精妙绝伦的黑白素描，描摹出职业妓女们特色外形和冷漠穿行于人群的状态，写出她们被隔离于正常社会关系之外，所形成强烈反差的精神世界，毫无贬义的形象刻画，表达出作家对妓女们独特的理解，以及对历史与现实冷静的观察。从研究女性主义角度来看，女性写作中妓女形象的出现，是一个不可忽略的现象，它还原了一部分女性处境的真实，由此也还原了当代生活的部分真实。

林中英虽然是成功的职业女性，却并没有忘记对自己身份的反思。《味蕾记忆》围绕女性的厨房角色展开讨论，作家的立场在厨房角色美好的一面。她说，“如果你有一位厨艺精湛的母亲，一定有着丰富而美好的味蕾记忆”，而她自己是职业女性，“我孩子的味蕾没有关于我的思念，厨房成了我的一点痛”。文章思考女性角色与身份得失，充满感性对比和理性辩证。对于那些一意倡导女性放弃家庭远离厨房的简单女性主义而言，林中英的文章是一剂良药。

正是注意到传统角色中值得保留的美好，反思现代生活中女性的问题，使林中英的女性主义思想成熟而丰富。《女人背后的女人》深刻反思了女性解放所形成的新的奴役关系。在此，林中英探讨了女性与家务的矛盾，在她看来，即使家务劳动社会化了，并不意味着家务劳动中女性真正解放了，一个女人背后有其他女人在支持，职业女性需要家务劳动的女人。而家务劳动被认为没有其他职业重要的后果是，女人之间的阶级矛盾呈现出来了，处于社会阶层底面的女人承担了职业女性的家务劳动。当然，并不是只要有人本情怀和平等立场就可以解决阶级矛盾。林中英很前卫地暗示，只有将家务劳动和其他职业一样对待，这个矛盾才能解决，因为虽然家务劳动"都是芝麻绿豆，但关乎生活质素"。在生命的立场上，事情没有大小贵贱。于是，日常生活的意义获得了提升。

也是出于对日常生活意义的价值认可，林中英那些书写日常生活故事的散文，也有着不同寻常的慈慧和宽容，如《一个女子的故事》叙写了一个类似张爱玲小说《金锁记》中人物的邻居女性形象，但加入第三者"我"，我的成长在于我对不幸的理解和人性的宽容，显出不同于张爱玲文本的日常意义教谕。又如《你的眼神》写梅艳芳爱情事业难以兼顾，不仅讨论女性在职业空间实际上仍然没有获得男人的双得优势，也对女性向往传统的爱情生活表示理解和同情。

虽然是"女声独唱"，林中英并没有忘却兼顾男性关怀。《拿工具的男人》对男人被社会环境和家教规定为工具男人表示同情，也对改变男人处境寄予希望。《男人待解放》则从日常生活中男人着装不便入手，讨论男人气质形成和角色刻板后果，由装扮男人男性气质的西服带来的不方便不环保，进而谈及男人的思想解放。《男人待解放》把性别解放视为人的解放，文字简明而温暖。

三

用文学地理学的研究方法，探讨一个作家所受出生地、成长地自然环境和文化因素的影响，可以发现这些影响会反映到作家所写文本结构和文字特色中。澳门对于林中英和林中英的文本来说，不仅是生长的土壤、创造的环境，也是互文表达的存在。"我城我家"的自觉定位，"女声独唱"的独创

努力，已经见证了林中英将澳门地域经验组织到人类经验体系的本领，而她的“生活原色”、“旧日月色”、“出去走走”、“缘缘细语”和“写读之间”，则让我们有更多接近澳门生活原色的机会。

林中英表达澳门生活原色的视野，立足于开阔的比较空间。一个维度是对科学理性的反思，另一维度是对女性主义的反思，再一个维度便是对世界各地生活的比较或者反思。只有依靠如此多种维度交织的眼光，才能发现澳门生活原色的可贵。“生活原色”记录澳门日日常见生活，以个体体验串联，新旧对比，让人看到日常生活的确是“一年好过一年”（《一年好过一年》）。将自己的生命成长历程和澳门城市的发展历程互文印证，爱自己爱家乡，爱便是生活的文化底气，是生活原色之美。也许并不存在“原色”生活，但几百年没有过战争，日常生活即是日日进行着的中西文化交流的事实，使人认识到人类和平相处、幸福生活的“恒常”之可能，如同圣经中所说，爱是恒常忍耐。回到爱的探讨，相信人类生活交融的奇迹，全部反思的维度便有了支点和归宿。

“旧日月色”书写童年的澳门记忆。澳门的安静、美好、祥和，与孩子们淘气活跃的成长经历，共构幅幅街市风景。《弄堂·街巷》勾勒出葡式碎石街道和炮台在夕阳下特有的风景，所做的上海、澳门比较，不仅突出澳门地理人文环境之鲜明特色，也意在表明一个大时代里孩子们生命成长的共性。或者说，人类之思无所不在，使林中英的小散文时时有比较的大视野。热爱生命的热情，令林中英的小散文体现出澳门的大情怀。

“出去走走”更是比较视野的散文佳构。重庆、北京，欧洲、日本和印尼，作家所到之处，无不从日常生活着眼，看人类在不同地理人文环境中的生活景象，对比澳门人生活现状。《泸沽湖畔的节奏》通过对泸沽湖妇女绕经幡度时光场景的描写，对比都市快节奏生活，又通过香港、北京高节奏现代生活，对比澳门尚存慢节奏生活，编织出当代人类多元化生活空间，使散文信息量丰厚的同时，呈现出作家对人性生活方式的思考。在“出去走走”中，作家把澳门作为家园，到世界各地旅行，所到之处，无不与家相比较，家的好与不足，尽在细细观照中，外边风景的美好，也丰富了对家的精神思考。

在“写读之间”，我们看到了阅读不倦、笔耕不休的林中英，她不断地进行精神思考，也让我们看到了澳门的文化形象。林中英的博览群书和写作实践，为她的澳门表达做了充分注释。而我也注意到了充满感恩的林中英形象，就在她的“缘缘细语”中，她描写了朴素的父母、促人成长的文朋师友与画家朋友，她对自己的成长成功充满了感恩之心。我相信，她的谦逊、优雅和睿智、幽默，这一切，来自她的博学，更来自她对亲人朋友和家乡的热爱。在《感念十年》中，她写自己攻读学位的生活，不为名不为利，就为了自我完善。在此过程，她克服工作压力和身体不适，得到恩师饶芃子教授指导，终得正果。文章充满感恩地反复写到饶芃子教授肯定的鼓励：“你是可以的。”文章用一句“你是可以的”，也塑造了饶教授得体、优雅和对学生充满期待的形象。林中英自豪地赞美自己的导师：春时桃李，秋之桂子，都欣欣向荣，散放怡人芬芳。务实而温暖的要求在于：工作做得最好、更好，身体好，家庭好。

（原载张卫东主编《华文文学》总第114期，汕头：汕头大学，2013年2月。）

一种别样的澳门戏剧

——以李宇樑的生命八部曲为例

崔明芬*

澳门戏剧起步较晚，但充满生命力。1925 年，澳门土生葡人亮出澳门现代戏剧的头一声《1874 年台风之后》（*Cavatufang 74*）；1942 年，澳门第一个本土话剧团体“艺联”成立。90 年来，澳门戏剧人追随世界戏剧艺术的脚步，艰难亢奋地行进在戏剧探索的大道上。澳门戏剧协会艺术顾问李宇樑先生在澳门土生土长，尔后曾负笈加拿大 14 年，业余从事编剧、导演行业近 40 年，编导舞台剧作 40 多部、广播剧 10 多部，是澳门现代戏剧的中坚。他经历了澳门现代戏剧的复苏、成熟和发展，其诠释澳门“社会与民生”的生命八部曲，① 样式别致，风格迥异，是澳门戏剧艺术的珍品。

一

第一次读澳门剧作家李宇樑的生命八部曲，第一直觉是它与契诃夫的戏剧太像了，从“形”到“神”都酷似。在李宇樑戏剧中走进走出、想着说着问着那些再普通不过的澳门男女老少，与契诃夫“新型”现代戏剧里，那些被日常生活雕琢得已经看不出痛苦与幸福的各色“小人物”的生存处

---

* 崔明芬，文学博士，澳门理工学院语言暨翻译高等学校教授。

① 李宇樑：《李宇樑剧作选》，澳门：澳门日报出版社、澳门戏剧协会，1999。此书共收剧作十部，除去《冥中行》（构思来自李碧华的小说《胭脂扣》）和《地狱变》（意在探索人的内心与精神），其余八部都是反映澳门“社会与民生”的剧作。本文以这八部剧作为例，探讨 20 世纪 90 年代剧作家的戏剧创作艺术。

境、面对的问题，每天睁眼醒来要干的、操心的事，以及内心深处一刻也不停地寻思、惦记的事，几乎一样平淡、琐碎、经常。剧作家常借茶馆、聚会、婚宴演绎众生万相。李宇樑剧作 *Macau's Specials*（《澳门特产》）中描绘的台风来袭时在离岛氹仔参加“三斤”（新郎）婚礼的客人与出席契诃夫独幕剧《婚礼》中的宾客，如保险公司代理人、电报员、糖果业商人等，用新娘父亲日加洛夫的话说，“都不是有名望的人，不是有地位的人，我们都是些平常人”。① 契诃夫就是从这个古典主义戏剧不屑一顾、现代剧作家通常“忽视”的“卑俗”的视角，发现了农奴制废除后，那些看不到国家及个人命运的普通市民日常生活的悲剧，写出了俄国社会历史嬗变的动因。李宇樑写于1992～1999年的生命八部曲，恰恰选取透视的也是那些再普通不过的澳门人。它展示了从四百多年前“葡萄牙水手”在妈阁上岸，与蹲在妈阁庙旁修织渔网的疍家人“鸡与鸭”般地对话而使 Macau 得名开始，② 世代生活在这块土地上的澳门人从出生到过世整个生命过程的不同阶段，平淡、自然又真实的现实人生，全景式地展示了至澳门回归前，潜藏于澳门人内心深处的悲欢喜乐，以及矛盾、尴尬、无奈的情绪，从某种意义上诠释了澳门社会历史变迁的轨迹和澳门人特殊的心路历程。

或许作家间的相互理解与深邃到位的评点，对我们欣赏把握作家作品的灵魂更有帮助。当年契诃夫的《万尼亚舅舅》在莫斯科艺术剧院演出之后，一位大文豪曾写信给他：“您说您不想再为剧场写作，因此我不得不对您说几句话：理解您的观众对您的剧本抱着怎样的态度。比方有人说，万尼亚舅舅和海鸥都是新型的戏剧艺术，现实主义在这儿上升到了富有鼓舞力量的、含意深刻的象征的境界。我认为这句话说得很对。听您的戏，我就想到向偶像献祭的那种生活，想到那闯到人们贫乏的生活中去的美，以及其他许多根本的、重要的事情。别的戏不会吸引人们从现实达到哲学的概括，您的戏却能做到这一点。”③ 契诃夫所创作的“闯到人们贫乏的生活中”，让人们思索“那种生活”，并实现“从现实达到哲学的概括”的戏剧，绝对不是布瓦洛所认定的那些歌颂具有“英雄气概”，“伟大得像恺撒，亚历山大或路易”

---

① 作家与作品丛书编辑部编《契诃夫》，上海书局有限公司，1975，第171页。

② 李宇樑：《李宇樑剧作选》，澳门日报出版社、澳门戏剧协会，1999，第223页。

③ 作家与作品丛书编辑部编《契诃夫》，上海书局有限公司，1975，第62～63页。

的“英雄”人物，[①] 以及描绘权贵上流社会生活的戏剧所能企及的。

契诃夫是欧洲百年戏剧史上的伟大革新者，开创了人类戏剧的崭新时代。19 世纪后半叶，俄国的戏剧舞台与欧洲其他国家一样，被英美的“情节剧”与情节内容及艺术水准低下的法国“佳构剧”占据着。契诃夫决心“采取从未有过的全新的形式”，拯救俄国戏剧艺术并使之重生。像在小说中妙笔生花地刻画出鲜活不朽的“变色龙”“小公务员”一样，他把一些具有时代特征的、在平庸无聊的生活中不甘寂寞却又无能为力的小人物写进了剧本，带上了舞台。契诃夫从第一部剧作《普拉东诺夫》开始，历经《伊凡诺夫》《林妖》《海鸥》等失败与成功的艺术实践，创造了现代“新型的戏剧艺术”，形成了自己经典的戏剧美学观，即契诃夫戏剧公式，舞台上的“一切都应当是那么复杂，同时又是那么简单，正如在生活里一样：人们吃饭，就是吃饭，然而就在这当儿，有人走运了，有人倒霉了”。契诃夫是深刻的。他透过生活表象深入实质，主张写“日常生活的悲剧”。因为在他看来，“压在人们头上最残酷的试验是那种平静无波的日常生活；它以单调乏味无聊的气息折磨人的精神”。[②] 因此，契诃夫的戏剧聚焦于“日常生活”，盯紧那常人看不见摸不着嗅不出，而又紧紧地禁锢着他，使他不能释然的，折磨着现代人精神的“气息”。这是契诃夫时代性的发现。

契诃夫对生活对戏剧的独到认识，影响和推动了自他之后不少国家几代戏剧人不懈的艺术探索。中国现代话剧里程碑式的人物，曾以借鉴欧洲传统的“三一律”“回溯式”结构，创作了经典剧作《雷雨》的曹禺先生曾说：“他（契诃夫）教我懂得艺术上的平淡。一个戏不要写得那么张牙舞爪，在平淡的人生铺述中照样有吸引人的东西。”[③] 的确，继《雷雨》和《日出》之后，曹禺创造了享誉中外的、以“平淡的人生铺述”为主要内容的鸿篇巨制《北京人》等。

李宇樑于 1983 年和 1990 年两度获澳门特区政府资助，赴葡萄牙学习戏剧。他创作生命八部曲时正值从欧洲研习戏剧归来。虽然，我们迄今尚未看到相关文字和叙述谈及他在葡萄牙期间学习戏剧课程的具体内容，但从李宇

---

① 转引自刘淑捷《契诃夫和现代戏剧》，《戏剧》1994 年第 1 期。

② 转引自刘淑捷《契诃夫和现代戏剧》，《戏剧》1994 年第 1 期。

③ 曹禺：《和剧作家们谈谈读书和写作》，《剧本》1982 年第 10 期。

樑的剧作所闪烁出的丰厚知识功底、修养以及对戏剧的理解，可以看出自中学时代就从事业余戏剧活动，尔后创办澳门晓角剧社，又先后写过四十几个舞台剧剧本、十几个广播剧的李宇樑，谙熟世界剧坛，稔知契诃夫戏剧。这一点，我们也可以从其在《澳门的戏剧（1975～1985）》一文里就澳门20世纪80年代后期戏剧艺术的表现形式所做的评价中看出。李宇樑肯定了澳门剧社在摆脱传统的“三一律”，打破舞台剧的时空限制，加强戏剧节奏，运用剧场舞台及灯光，掌握“时”“空”方面所做的“突破”；同时又指出这种突破“在世界戏剧潮流上已属落后了”，灯光分区分场或者话剧力求电影感的表现手法，也“在世界剧坛已实行了很久”。①

作为稍晚于“现代戏剧之父”易卜生、斯特林堡所开创的现实主义戏剧的又一优秀代表，契诃夫现代戏剧里程碑式的贡献，是在戏剧观念、表现内容与手法技巧上彻底摆脱了传统，缩短了舞台与现实人生的距离，使戏剧更贴近普通人的人生，贴近普通人的日常生活。如果说契诃夫的戏剧仅仅是将舞台与人生的距离“缩短了”“贴近了”的话，那么，李宇樑的戏剧可以说与舞台几乎就是零距离。他的戏剧就是在舞台上“化”生活，将跳动着澳门人时代节拍的平淡、平凡生活，“化”在有声有色的戏剧舞台上。这里有偷渡客移民潮、港币葡币兑换，有失业、保险、买楼、住屋问题，有菲佣、妓女、叠码仔；这里还有小学生离家翘课，青春期少年渴望成年看“三级影片”，以及学校和教育制度、关爱孤独老人等问题，俨然一台澳门小人物的人生大戏，宛若一部澳门生活百科全书。

李宇樑的八部生命大戏，不是书桌上斗屋里的构思臆造，而是来源于鲜活的现实生活，都由真实的生活事件激发而就。他在每部剧作的开卷都写有一段“创作缘起”，可以说是创作初衷的诠释。《亚当与夏娃》缘起于在朋友婚礼上偶尔听到的年轻太太（大概也是新母亲）抒发的议论。《今天我们离家翘课去》有感于自己一对孩子，每天深夜仍深埋于家课堆里，课挤压他们，沉甸甸的书包挤压他们，忽然升发的执“子”之手离家翘课的冲动。《倒数十八的男孩》是剧作家为搜集剧组资料，与不同背景的青少年聊天交心中发觉的题材。《男儿当自强》是他陪妻子在店里买鞋，看见的一个正低头蹲着挥汗、唯唯诺诺地侍候女顾客的男店员后的有感而发。《捕风中年》

① 田本相、郑炜明主编《澳门戏剧史稿》，江苏教育出版社，1999，第209页。

则来源于他在1998年香港报道由于经济下挫而导致失业潮的新闻里，读到的有关中年失业者的访问。《二月廿九》的故事缘起于剧作家在上班的巴士车上，听播的“一名独居老人倒毙家中厕所中，几天后才被发现”的电台新闻。《请于讯号后留下口讯》故事里，有剧作家父子的影子。*Macau's Specials* 是剧作家在加拿大多伦多驾车往市场途中，眼光蓦地接触到的路边那“Macau's Specials”——澳门特产的商店看板，从而得到的灵感。

相较于剧本创作，应该说李宇樑阐述戏剧理论的著述不多。但在有限的文字里，我们可以看到，他对戏剧的本质、特征、功能和价值，有自己成熟明晰的见地。他认为：“话剧本质及功能和其他剧种如戏曲等，是截然不同的。戏曲价值在于唱做念打的艺术，以演员为中心；话剧则以传递社会讯息为主要功能，以剧本主题为中心，演员与导演都是传递讯息意念的工具。”他还清醒地意识到，“不同时代，话剧就有不同的时代使命，它对社会、民生应起着反映、批判，甚至驱策的作用”。[①] 希冀戏剧反映“社会”与“民生”，应该说，李宇樑企及了一个有意义的，实在、恒久的世界性艺术命题。

从人的自然生理年龄上看，李宇樑的生命八部曲，除了百科全书式的长卷诗剧 *Macau's Specials* 外，其他七部剧作反映的年龄段，都可按人的自然生理年龄排列出来：《亚当与夏娃》，写新婚夫妻“意外”诞下婴儿；《今天我们离家翘课去》，写8岁的儿童翘课；《倒数十八的男孩》，写青春期的青年人，18岁成年前一天；《男儿当自强》，写30岁的年轻夫妻；《捕风中年》，写结婚20多年，年龄在40～46岁，已经“老花眼了”的中年男女；《二月廿九》，写80岁的老年人；《请于讯号后留下口讯》，写父亲离世后与儿子的“对话”。这是人“从生至死”的整个过程。

李宇樑这几部戏，带我们“闯进”了澳门人生命过程中那近似“向偶像献祭”的，平凡、琐碎的“贫乏的生活”中。年轻太太因吃了过期的避孕药而意外得女，“烦死”了的她向丈夫“恼怒地跺脚”，对婴儿吆喝“Shut up”。她“不明白为何结婚就一定要生BB”（《亚当与夏娃》）。小学二年级的8岁学童小新、小俊和小彤，考试成绩齐列榜尾，书念得不好，讨同学烦，讨老师烦；可还得戴着笨重的近视眼镜，扛着比身体还大的背囊型书包，“每天最少做7个家课、一个劳作、两个测验，还要背两课书”（《今天我们离家翘课

① 田本相、郑炜明主编《澳门戏剧史稿》，江苏教育出版社，1999，第209页。

去》）！成长在期待中的17岁男孩，期待独立，期待毕业，“渴望成年”（《倒数十八的男孩》）。“优皮”族青年夫妻H和W，已经“自强”了的“女人”，希望出外时丈夫“强”过自己，好令她有点面子；同时又希望在家丈夫不如自己“强”，好由她来主宰这个家（《男儿当自强》）。本是社会、家庭支柱的中年男子，从早晨让老婆从床上拽起来，就缩在浴室里不是“瞄手上的报纸和帐单”，就是“对着镜子里自己的白头发发愣”，一脑门的“Job Insecurity”和“健康、家庭、别恋……还有那忽然变得不可把握的生命”（《捕风中年》）。听觉已不太灵光的老婆婆，四年才过一次生日，在她80岁生日时，满心欢喜翘首企盼儿孙回来给她庆生，结果失望沮丧（《二月廿九》）。父子间闹别扭，儿子不肯“低声下气说句对不起”，父亲“赌气”离家出走（《请于讯号后留下口讯》）。这里，老的少的男的女的，无聊地吃饭、睡觉、斗嘴、埋怨、烦恼，无奈地坐啊、谈啊、想啊、问啊，或自说自话，或前言不搭后语。这里，什么都是不经意地发生，或者什么也没有发生。可也就在这无声的没有故事没有事件的生活中，戏剧舞台上很难表现的，蕴藏在澳门人不同寻常的生命阶段、生存方式以及社情民意中的“象外之象”“韵外之音”呈现了。[①]

二

契诃夫对于人类戏剧的贡献是划时代的。他不仅改变了戏剧的表现内容和审美视角，把普通人的日常生活搬上了舞台，而且指出为什么这样做。这主要是因为“人的全部意义，他的全部悲剧是在内心，而不在外部表现”。[②]契诃夫颠覆传统的戏剧，通过准确把握到的现实生活内外之间的深刻、复杂、微妙的各种关系，由内而外地把深藏于人物内心的真实传达出来，形成了前所未有的戏剧美学观。他获得了成功。他创造的戏剧舞台上的普拉东诺夫、伊凡诺夫、阿斯特罗夫、特里勃列夫，以及三姊妹等现实生活中的现代人，他们内心深处的烦恼和挣扎已经超越了日常生活中的烦恼和无奈，他们的精神世界已经超越了现实人生。契诃夫式的探索人的内心世界的现代戏剧，楔入了现代戏剧的核心，探求人自我存在的价值，寻找生活的出路。

---

① 李宇樑：《李宇樑剧作选》，澳门日报出版社、澳门戏剧协会，1999，第1页。

② 刘淑捷：《契诃夫和现代戏剧》，《戏剧》1994年第1期。

戏在内心，追求深沉的内在戏剧性，也是李宇樑剧作文本的一大特点。他的生命八部曲，大胆地突破了传统戏剧写典型人物、重大事件的观念，即以一个个普通家庭支撑舞台，以活动在这个家庭中有限的几个人或一个人为主要角色。在他的剧作中既无主角配角之分，更没有正面人物反面人物之别。他在无动作的“独角戏”、对手戏以及多幕剧中，透过平淡、平凡的生活现实，深入人物内心，在反映澳门人平凡、平淡的日常生活的同时，注意用最大限度的时间和空间挖掘人们日常行为背后所隐藏的心理动机，在看似客观展示澳门人真实生存状况的戏剧中，演绎澳门人“内心深处”对于人生的积极的追求，执着的思虑，善良而美好的内心世界。从某种意义上说，他亦触及了现代戏剧的核心：探究澳门的社会与民生，思索澳门人的生存意义和生活的出路，探寻人类生命的共性。

20 世纪八九十年代的澳门人，衣食温饱不成问题，相对于并不那么“贫乏”的物质生活，“精神世界”却相对匮乏。澳门人秉性善良、平和、不争、坚忍。四百多年的殖民统治，长久的封闭和压抑，人们的生活趋向于内心深处，人变得比较内向，与他人沟通时也比较谨言慎行。他们安分守己，年轻的要么到赌场做庄荷，要么做个餐馆工，有点小本钱的开个茶餐厅或者小店铺。回归前，有的人迷茫，没有安全感。作为土生土长的澳门人，李宇樑准确、客观地把握了这一部分澳门人的“典型情绪”和“精神状态”，他希冀透过舞台“平静无波的日常生活”，使澳门人嗅到“折磨”这些普通市民精神的“单调乏味和庸俗无聊的气息”，启迪人们“想一想”。应该说，李宇樑“悲在内心”“戏在内心”的剧作，对澳门“社会”与“民生”，“起着反映、批判，甚至驱策的作用”。

台湾学者蔡源煌在其《悲剧的诞生》一文中，曾对悲剧及其构成要素做过缜密的阐述：“构成悲剧力量的要素中，最主要的莫过于人所面临的尴尬、冲突。”“如果说世俗的种种牵牵扯扯是无法避免的状况，那么生活中的牵绊关连都是具有迫切性的。也就是说，人的当务之急便是履行这些世俗的关系。”他还进一步帮我们厘清履行这些世俗关系的文化基础：“强调世俗关系的迫切性这种想法，相当接近中国——尤其是儒家——的思想。儒家讲求自我和他人的相互依存，就是要求能够履行人际关系。”[①] 这里，他指

① 蔡源煌：《从浪漫主义到后现代主义》，雅典出版社，1987，第 53 ~ 54 页。

出悲剧的要素是“尴尬、冲突”；生活中人的当务之急是处理世俗的人际关系，因为世俗的种种牵扯无法避免。他还明确指出了现实生活中人需要面对和解决的头等问题，就是世俗的夫妻、父子、母子等亲情与人与人之间的关系。

李宇樑透过生命八部曲所要表达的主题是：单调无聊“气息”中的善良无奈的澳门人，在无声的日常生活中生、活、死。他就是通过具有喜剧因素的正剧，抑或说是以悲喜剧手法，表达澳门人在处理世俗的人际关系时，所遭遇到的“尴尬”和“冲突”；因此，是带有痛苦意味的“悲在内心”的戏。这一点，澳门戏剧评论家穆欣欣曾指出：“以人为本是李宇樑近年剧作题材的一个明显转向，显露出人文关怀是剧作家笔下最为关注的一个命题。”“这些剧作的特点是淡化故事情节，以都市人生活为观照、将笔触伸向都市人最隐蔽的内心情感世界，形成后来李宇樑在探索所谓‘日常生活的悲剧性’的创作道路上的累累硕果。”[①] 田本相先生亦说，李宇樑的这些反映家庭生活情景的戏剧，“凸现着人性，扭结着人情，显示着人伦，延续着人生，看似平淡无奇，又各有神奇奥秘”。[②]

独角戏《二月廿九》截取了老婆婆80岁生日那天，从下午到黄昏掌灯前的一个横断面，表达了微妙的母子母女悲哀之情：

> 婆：（拿起小镜左右照着一头白发）啐，这样子的头发怎好见人？他们快要来了呢。
>
> ……
>
> 婆：倒忘记了多久没庆祝生日，儿女们连哪天是初一、哪天是十五也搞不清楚，又哪会记得我的农历生日？我自己又记不起西历的生日日子，结果新历、旧历都没我的份。嘿嘿，亏你这伯爷公想出个笨法子，教我索性将农历生日当作西历算，害我四年才过一次生日，我本来是农历二月廿九出世的嘛。
>
> 她趋近窗口隔着百叶帘朝窗外望，流露出期待的神色。
>
> 婆：（向观众竖起指头计算着）八个子女，四个去了外国，两个嫁

---

① 田本相、郑炜明主编《澳门戏剧史稿》，江苏教育出版社，1999，第113页。

② 李宇樑：《李宇樑剧作选》，澳门日报出版社、澳门戏剧协会，1999，第1页。

到香港，剩下两个留在澳门，碰面最多的是二女，上一次见面是两个多月前的事，那次是因为她路经这里，碰巧下雨，进来借雨伞。

……

等得着急的婆婆，拨错了电话挂断，回坐到摇椅里又匆匆朝电话奔去……

婆：（咧着嘴笑说）今天运气也不坏哦，拨对了，没有“Do Re Mi”……

婆：（兴奋地）喂！儿子呀？我啊……阿妈啊……喂……？

同时间，电话那方传来儿子愉快的声音：“Hi，这个是电话录音，我们一家人去了钓鱼，请于讯号后留下您的姓名及来电话的时间，我们会尽快覆你。”

婆：（沮丧）我是阿妈……（喉咙像卡了东西，嗫嚅着）……没……没甚么，我……（胡乱找了个借口）我不过想告诉你：天气预报说“海有微波至大浪”，别忘了为B仔带个水泡去钓鱼……（顿）……就这样而已，没其他了，真的。你们玩得开心点，嗯……（挂断电话）

她心神仿佛地双手抱着水壶回到摇椅里坐。

天色已变得灰暗。

婆：（眼神空洞，喃喃自语）……不要紧，下次啰，四年很快就过去，我不也过了廿个四年了吗？……嗯……①

这里，剧作家通过老婆婆絮絮叨叨的自言自语，渲染老人缺少关爱，孤独、寂寞的情绪，展示老人内心与外在的尴尬与冲突，说明经济发达的现代社会母子母女关系的淡薄，探究母子、母女关系，探索生命的内涵和真义。剧作家通过“这一个”老婆婆，提醒人们重新思考生活真义、感悟生命真谛。

《请于讯号后留下口讯》写在科学技术已经发展到今日的澳门，父与子之间的沟通与表达，要借助“电话”，借助表姑姐通过电话传言递话，互通消息：

---

① 李宇樑：《李宇樑剧作选》，澳门日报出版社、澳门戏剧协会，1999，第61～81页。

儿：……只是他的心脏不大好，怕他有意外。

姑：不用担忧，他气过了就没事。他回来后，低声下气跟他说句对不起，不就没事了吗？

儿：（敷衍）嗯嗯。

姑：（穷追）甚么“嗯嗯”?！这算是答应跟他道歉了？

儿：（含糊其辞）只要他平安归家……甚么就甚么吧……

姑：甚么“甚么”？

儿：就如你所说的甚么“甚么”啰！（顿）事先声明：那可要视乎他当时的态度及当时的气氛，我才肯“甚么”……（一直避用“道歉”的字眼）

姑：父子发生小争执是常有的事，互相忍让嘛。（顿）刚才为甚么不覆我电话？没听到我留下的电话口讯吗？

儿：才刚进门，未及听电话录音。

姑：嗨，说不定他比你早回来，现在已经躲在自己房里头呢。

儿：不可能的。他今天早上赌气离家的时候，扔下所有门匙才走。

姑：以后多花点时间陪你爸吧。

儿：嗯……你知我忙……

姑：哎，算了，别再用这样拙劣的借口了。我试打电话到他的旧街坊家里找找看，回头再跟你联络吧。（收线）

儿子捡起父亲留在台上那串钥匙，低头若有所思。偶尔抬头看见墙镜里的自己，信步踱到镜前。

儿：（清清嗓子，对着镜子喃喃自语）……I'm sorry……（自觉语气及表情僵硬，耸耸肩，试换另一个声调）……sorry……（干咳连声）……①

在诸多世俗的人际关系中，父子情大概是最亲最密的人间情吧，特别是在重亲情人伦的中国文化中。可以说，社会“进步”到了今天，昔日“父叫子死，子不敢不死”的观念有懈可击；但是，儿子与父亲争执后，儿子

① 李宇樑：《李宇樑剧作选》，澳门日报出版社、澳门戏剧协会，1999，第281～282页。

连句“对不起”都说不出口，这岂不是一种莫名的悲哀！现代社会文化出了问题还是人出了问题，这是我们看完这部戏不得不思索的。其实，观众看完剧才发现，父亲早已在当晚较早前心脏病发作离世了，儿子早已经没有机会再说出他难以启齿的那声“抱歉”了。李宇樑这出悲剧展示的不是如何为稻粱谋的苦痛，不是父与子秉性自私，而是“在科技发达的今天，人与人之间的沟通更为笨拙”。他们的“外表表现与内心感受并不一致，不懂表达，亦羞于启齿，更不懂沟通，只以互相刺激的方式去表达关心与沟通”。[①]“不懂沟通”是造成现代人“尴尬”与“冲突”悲剧的重要原因，是世俗生活中的“当务之急”。这里，李宇樑触及了日常生活悲剧的内核——文化问题。

《男儿当自强》写夫妻关系的错位。这出戏以人物的心理结构为线索，“演员坐在台上与百多对鞋子做对手戏剧”，通过对观念、愿望均与现实脱节的两公婆 H（丈夫）和 W（妻子）的善意讽刺，揭示了传统观念束缚现代人的生存状态。剧作的切入点是：夫妻要去赴宴，W 要 H 在客厅的百对鞋子中，挑选一双最适合挂在衣架上的那套晚礼服的鞋，而她却在厨房查修电饭煲的线路，男女颠倒。W 是一家公司的公关经理，无论职位、薪水还是社会地位都比丈夫高，并且是一个有 MBA“情意结”的女人，一心想让自己的丈夫取得 MBA 学位，升上公司的经理职位。W 一方面希望丈夫在外面“强”，好为自己挣些面子，另一方面又希望丈夫在家中不如自己“强”，好由她来支配丈夫，最终逼压得丈夫真的做了“赤足”的“MBA - Man Begging Around”（乞丐）。[②] 有点像契诃夫对待他戏剧中的那群忧郁无奈、平庸、倦怠的小人物，李宇樑对他剧中的 W 与 H，也是抱有既责备又同情、理解的双重态度。可以说，对这群普通澳门人精神状态的准确把握，以及充满忧伤的微笑与深沉的理解责备，是李宇樑的创作原动力与思维定式。从这个意义上说，李宇樑的戏剧探讨的也是人的生存意义及精神出路问题，他的戏剧主人公的悲剧也是“悲”在人的内心。李宇樑的戏剧在对人的把握上已经触及现代戏剧的核心。

---

① 郑继生：《第二届华文戏剧节（香港·1998）观摩部分》，《剧场月报》1998 年 12 月；《剧讯》1999 年总第 140 期。

② 李宇樑：《李宇樑剧作选》，澳门日报出版社、澳门戏剧协会，1999，第 33 ~ 59 页。

三

托尔斯泰曾精辟地指出契诃夫“新型的戏剧艺术”对欧洲剧坛的贡献。他说，“契诃夫创造了新的、依我看来对全世界来说是全新的写作形式，跟它类似的我还从来没有见过”。“契诃夫笔下，一切都真实到幻觉的地步，他写的东西能够产生某种三棱镜的印象。他似乎把词句随便乱扔，好象印象画派画家作画那样，结果胡乱涂抹却产生了惊人的效果。”① 这里，令大文豪高声赞叹的“全新形式”，就我们的理解，乃是契诃夫的戏剧打破对传统戏剧来说至高无上、必不可少的所谓典型（英雄）人物、戏剧情节、戏剧冲突等的依赖，创造了从未有过的全新的戏剧形式。在契诃夫看来，生活的外貌是简单的，内涵是复杂的。戏剧应该在整体上表现生活简单又复杂的内在过程和诸多潜在人际关系，用这种特殊的戏剧性来表现平淡生活所蕴含的现实人生丰富深刻的悲剧性。无疑，契诃夫的思维是深邃而富有创见性的。

如果说契诃夫遵循自己戏剧革新的原则，创造了用传统戏剧尺度衡量“不典型”，但确实反映了那个时代最“典型情绪”的一种崭新的艺术形象，使现实达到哲学概括的话，李宇樑的戏剧在这方面也获得了非常值得称道并引人注目的成绩。如同契诃夫在新型戏剧《海鸥》中塑造的那个富有幻想，“一想到自己的使命，就不怕生活了”的天真少女尼娜·扎列奇娜雅，《普拉东诺夫》里那群没有信仰，没有生活目的，看不到生活出路的男男女女，还有其他剧作中的伊凡诺夫、阿斯特罗夫、特里勃列夫，以及三姊妹等现实生活中的现代小人物一样，李宇樑也在他的诸多剧作里，在澳门，以及香港、北京、天津的东方舞台上，塑造了一批生活在澳门这个典型环境中，洋溢着“典型”澳门“气息”与“情绪”的澳门小人物形象。

Macau's Specials 一剧中“说书人”这一画龙点睛的角色（他有点像老舍《茶馆》中唱数来宝的“大傻杨”）穿插于剧中，乍看游离于剧外，是个解说者，似乎不重要；细品，举足轻重。他见证着澳门的历史和现实，上下四百余年。观众跟随这个疍家后代“说书人”，既看到了澳门浓郁的时代气

① 刘淑捷：《契诃夫和现代戏剧》，《戏剧》1994 年第 1 期。

息，也感受到了澳门浓浓的人情真味，还看到了一群鲜活的澳门人。这里，有20世纪60年代宁静安逸的澳门街道上送别那第一次走出澳门“远”赴香港的、当时仅18岁的说书人父亲的场景。我们听到了1966年氹仔故居里，那群围拢说书人祖母的街坊邻里，盯紧老人膝上的收音机，收听“绿村广播电台”的天气预报的声音。我们看到了70年代，澳门人在自家屋顶上竖起的那根半途拦截香港大屿山无线电波的天线。我们还看到了70年代后期，母亲开的那个小士多店里，“炒电话”、炒港币讨价还价时的情景，以及尔后炒楼的、传销的、偷渡的、贩卖学历的、赌场的叠码仔的、街头拉客的、移民去国的、关闸跑水货的，还有一定要把孩子生在澳门这边的孕妇等。他（她）们，一群澳门小人物，在这里，不分主次，也没有什么故事和情节，更没有正面人物和反面人物的交锋较量，有的只是真实生活的随意舒展，人物心理的随机应变。而就是这种舒展和变化构成一股戏剧暗流，彰显着生活本身（剧作家意识到或未意识到的），决定着日常生活进程的某种底蕴的东西，这种底蕴能说明剧中人物的言行举止、生活处境以及错综复杂的人际关系的内在意义。我们说，潜藏于李宇樑戏剧中的这种暗流，是戏剧内在的艺术闪亮点，它赋予剧作中那些琐碎的生活细节以生命诗意的光泽，并且把全剧凝聚成一个完美统一的艺术整体。

传统戏剧认为，“没有冲突就没有戏剧”。如果说契诃夫那着力于营造潜伏于舞台情节之下的内在戏剧潜流的新型戏剧，淡化了传统戏剧所推崇的那种激烈尖锐且剑拔弩张的戏剧冲突与戏剧情节，那么，李宇樑的戏剧更近现代，可以说完全没有戏剧冲突、没有戏剧性，没有古典戏剧意义上的英雄人物和重大事件，完全是以潜在的内心冲突、内在戏剧性的特殊表现方式，演绎澳门人的百味人生。因为在契诃夫的戏剧里，我们毕竟还看到了万尼亚舅舅被他道貌岸然的妹夫——“闷棍”打醒之后，终于对着这个他20多年的“偶像”喊出“你毁了我，我从来没有活过”，听到了他愤怒之下向那个“大学教授”发射的两响枪击。而李宇樑的生命八部曲中，既没有这样的呐喊，也没有任何动作和事件高潮，有的只是夫妻相互的你埋我怨、老人家自说自话的唠唠叨叨、孩子在街头的讷讷低语、大人小孩儿的吃饭睡觉，如此而已。如同生活本身一样，李宇樑的戏剧是随着生活的节奏，自然而然地展开与发展的，这其中似乎没有任何故事发生，表现的几乎都是那些琐碎松散的日常生活和平常行为。然而，穿越舞台表面上的这些，我们看到的是现代人超越现实人生的精神世界，他们超越了日常生活中的烦恼和无奈的内心深处的无能为力。这难道不能“驱策”我们反思、“批判”些什么吗？

《捕风中年》通过早晨醒来一直在睡房、浴室间磨蹭的中年男子与其妻毫无内容的对话，以及百无聊赖的思绪回溯，可以看出剧作家思索人性弱点、探索人类生存状态的努力。

男人在噩梦中惊吓而起。

女：又做噩梦了？

男：嗯……（一把将被蒙着头，又重新睡下来）

女：（推丈夫）喂，别再睡了，够钟上班了。

男：（隔着被，语音模糊地应对着）……嗯……嗯……唔……哦……

女：别再恋床了。

男：嗯……今天是星期几？

女：今天是星期五，仍要上班的日子。

男：……今天的天气怎么样？

女：今天天气很好。

男：……嗯……今天天气很好，但今天决不会是个好日子……

女：你没事吧？

男：（沮丧地说）……我……大概病倒了……

女：怎么？病了？

男：……我好像病倒了……

……

男人踏进漆黑、小如斗室的浴室。瞄了瞄手上的报纸及帐单，慵懒地随手将它们扔到一旁，走到梳妆镜前，拿起梳子准备梳头，却不觉对着镜子里自己的白头发发愣……

女：（在门外高声问）你看过那些帐单没有？楼宇供款通知单、大厦管理费、电话费、水电费、儿女的学费、信用卡帐单、女儿的学琴费、报纸费……统统都到期了，下个月甚么也加费，我正头痛着你那份鸡碎般的月薪怎么够分配。呀，几个星期前你不是对我提过想买人寿保险的事吗？到底买了没有？……早应该买啦！——你责任重嘛！保额别

少买，保额少，没用处，最好包括伤残绝症……

男人看不了多少张帐单，就厌烦地将它们扔到一旁。

……

头发蓬松的男人穿着睡衣，呆坐在马桶上，双手托着腮，怔怔地出神……

呆了一会，他戴上眼镜开始阅读报上的招聘广告。[①]

这就是李宇樑的戏剧。这就是剧作家设置的戏剧舞台上的人物、行动和语言。他让这些生活中最常见的人物，用他们日常的行为和话语，在舞台上再现他们普通的生活情景。这里没有不可或缺的主角，没有你死我活的利害冲突，也没有特别事件异乎于生活常情，有的只是剧中人物在自己的生活空间内，睡房、浴室，说点“天气怎么样”“又做噩梦了?”等无关痛痒的闲话。他们满脑子还有一大堆理不清、解决不了的，诸如婚姻、账单、保险、职业、子女、别恋等问题。剧作家就是通过这些最为普通的，或前言不搭后语的闲言，表现“人到中年百事忧”的心境，这是男人最隐秘的内心世界。儿童是明日社会的栋梁，中年人是今日社会的支柱，无论在社会上还是在家庭里，他们支撑着上一代抚育着下一代。而中年人却在自我价值的怀疑底下，生活在捕风捉影、惶惶不可终日的精神状态中，对事业和前途都没有安全感与自信，这难道不是中年人最大的悲哀“情绪”和最不能释怀的“尴尬和冲突”吗?李宇樑的戏剧就是凭借这种“典型情绪”把看起来没有戏剧人物、无戏剧情节、无戏剧性的戏剧构建得如此有吸引力，有戏剧魅力。

传统戏剧的语言非常讲究内有逻辑性外有动作性。但契诃夫“试图以喜剧的手法处理既荒唐又痛苦的人生戏剧”语言，很多时候支离破碎，既不严谨规范，缺乏逻辑性，也没有什么动作性。我国著名导演焦菊隐先生曾指出，契诃夫戏剧中的人物“无论发生了什么事情，无论谈起了什么问题，人们首先想到的是自己，谈的是自己”，“甚至别人谈的是什么，根本没有听见。所以契诃夫的人物的对话，往往是文不对题、答非所问的。他的人物

① 李宇樑：《李宇樑剧作选》，澳门日报出版社、澳门戏剧协会，1999，第306~342页。

的对话，在发展上是没有逻辑的，然而又极端符合于时代生活的真实”。[①]李宇樑戏剧的人物语言风格有点近似契诃夫。他细致观察并准确把握住了澳门人的行动特性，赋予他的剧中人物对话或独白，戏剧人物也常常是不管别人问什么说什么，而只顾叨叨谈自己，喋喋不休地叙述自己惦记着的那点心事，语言也是没有动感，颠三倒四很不连贯。乍看上去，水波不兴极其平淡，实际表达的是人物内心世界的翻腾与不平静。下面是《捕风中年》里的一段医患对话：

医生诊所内。

男：医生，我近来常做噩梦。

医：什么样的噩梦？

男：梦见被公司解雇。

医：甚么时候开始做这样的梦？

男：在领取了公司颁发给我的长期服务奖之后。

……

男：我预感到我的身体出了毛病……

医：（点头）嗯，这是心病。

男：我有心脏病？（一拍自己的膝盖）你瞧！我早料到！……

医：你的心病不在心脏，在心理……

男：我刚去染了发。

医：须多做运动，多接触年青人，多吸收社会上的流行资讯。

……

男：（大惊失色）……医生……医生……?!（顿）（试探）……是……是cancer……？……甚么 cancer？……肺癌……？不……不会是肺癌……我不喝酒少抽烟戒吃煎炒；是直肠癌？……不会的，我天天吃生果，厕所行为通畅，习惯成自然；会不会是……？医生，近来流行甚么癌？

医：（长长地舒一口气）嘘……

……

① 焦菊隐：《契诃夫戏剧集》译后记，《焦菊隐论导演艺术》上册，中国戏剧出版社，2005。

男：既没大碍，为何仍须化验？

……

医：你没事吧？

男：当医生真好。

医：（不明他所指）嗯？[①]

在李宇樑看来，现代社会“压逼”现代人以自我为中心，烦躁纠结；那么，表现现代人生的戏剧人物，也应当像现实生活中的一样真实，人物的语言也应该是无序、零散纷乱、前言不搭后语，越是这样越真实可信、具有表现力。这大概就是李宇樑与现实人生、社会几乎零距离的澳门现代戏剧深受观众喜爱的原因之一吧。

（原载李向玉主编《澳门理工学报》（人文社会科学版）总第53期，澳门：澳门理工学院，2014年1月。）

① 李宇樑：《李宇樑剧作选》，澳门日报出版社、澳门戏剧协会，1999，第324~327页。

心慕“神韵派”　诗多“杜陵篇”

——论启蒙思想家郑观应的诗艺与诗观

龚　刚*

世居澳门、以皇皇巨著《盛世危言》著称于世的郑观应（1842～1921）既是中国近代史上影响深巨的启蒙思想家、工商实业家，也是中国近现代文学史上造诣殊深、颇具开创性的旧体诗人，在清初以还的岭南诗派中，可说是卓然自成一家。其主要有诗集《罗浮偫鹤山人诗草》（有戊戌、己酉两个版本；“偫”亦作“待”）、《罗浮待鹤山房谈玄诗草》，分别表现出儒家的经世之志与道家的出世之想，所谓“情殷匡济，复慕长生”，①“由任侠而入于神仙者”。② 从人格修养上来说，任侠与修道的结合，体现了儒道互补的古典人文精神；从诗歌艺术上来说，郑观应的“血性忠义”佐以“道气灵明”，③ 又使其诗“多杂仙心”，④ 即便是不避俗词和新词的记事、议论之作，也常有超迈之姿、俊逸之气，非等闲俗语诗可比。

郑观应的同时代人，也就是将《盛世危言》推荐给光绪帝的邓华熙评论郑观应的诗艺说：“吾粤诗派代有闻人。国初屈氏、陈氏、梁氏刊成合集，鼎峙争雄，世称岭南三大家，脍炙人口。迨七子继之，二百年来瓣香弗替。……余稔知山人，读山人诗，知有立乎诗之先者。他日传播艺林，与三

* 龚刚，澳门大学人文学院中国语言文学系副教授、南国人文研究中心学术总监。

① 《罗浮偫鹤山人诗草》胡昌俞序，夏东元编《郑观应集》下册，上海人民出版社，1988。

② 《罗浮偫鹤山人诗草》夏同龢序，夏东元编《郑观应集》下册，上海人民出版社，1988。

③ 《罗浮偫鹤山人诗草》吴广霈序，夏东元编《郑观应集》下册，上海人民出版社，1988。

④ 《罗浮偫鹤山人诗草》胡昌俞序，夏东元编《郑观应集》下册，上海人民出版社，1988。

家七子齐驱并驾，吾粤闻人又增一席，不其盛欤!”[①] 康熙三十一年(1692)，明末诗人王邦畿之子王隼将清初广东诗人梁佩兰、屈大均、陈恭尹的诗作合编为《岭南三大家诗选》。此后，“岭南三大家”渐渐得到时贤后人的认可，并促成了岭南、中原、江浙诗坛鼎足而立的格局。三大家中的梁佩兰尚有清初粤词大家之誉，又与程可则、陈恭尹、王邦畿、方殿元、方还、方朝并称“岭南七子”。邓华熙将郑观应视为可与“三家”“七子”并驾齐驱的岭南诗人，对其推崇备至。

无独有偶，郑观应的密友盛宣怀在评说其诗的文学史地位时，也以“岭南三大家”作为参照：“粤峤多畸人逸士，其以诗自鸣者，自屈、梁、陈三家而后，风雅递嬗，代不乏人。海通以来，迄乎近世，其能负专对之才，有干世之略，而仍不废啸咏，名章俊篇，照耀坛坫，号为诗界中新巨子者，吾于嘉应得黄公度廉使、番禺得潘兰史征君、香山得郑陶斋兵备。……夫孰知其躭玩道真，萧闲物外，一檠荧然，捻髭微吟，固欲于岭南诗派中占一席哉?”[②]

邓华熙、盛宣怀不约而同地将郑观应与最负盛名的岭南诗人相提并论，可见他们对郑观应诗艺的推重。盛宣怀还进而将郑观应与同时代的广东诗人黄遵宪、潘兰史并称为“诗界中新巨子”，颇有隆重推出“岭南新三大家”之概。

相较于邓华熙、盛宣怀二子仅于明清岭南诗人的范围内衡量郑观应的诗歌水平，胡昌俞、刘麒祥、萧荣爵等诗人对郑观应诗艺的评价则超出了地域和时代的藩篱，直指分别有“诗仙”“诗圣”之誉的李白、杜甫。刘麒祥称郑观应“诗情如杜甫，雅韵若青莲”,[③] 萧荣爵则称其“伤乱每编王粲句，感时常写杜陵篇”,[④] 胡昌俞则说：“陶斋为诗不规规于太白，而甚似太白……以陶斋胸怀浩荡，固天际真人之邈不可攀者，直上与唐贤相颉颃。”[⑤] 胡昌俞的这一评语将郑观应提升到了与李白颉颃的高度，可以说是迄今所见的对郑观应诗艺的最高评价。

① 《罗浮偫鹤山人诗草》邓华熙序，夏东元编《郑观应集》下册，上海人民出版社，1988。

② 《罗浮偫鹤山人诗草》盛宣怀序，夏东元编《郑观应集》下册，上海人民出版社，1988。

③ 《罗浮偫鹤山人诗草》刘麒祥题词，夏东元编《郑观应集》下册，上海人民出版社，1988。

④ 《罗浮偫鹤山人诗草》萧荣爵题词，夏东元编《郑观应集》下册，上海人民出版社，1988。

⑤ 《罗浮偫鹤山人诗草》胡昌俞序，夏东元编《郑观应集》下册，上海人民出版社，1988。

且不说郑观应的诗艺是否达到了邓华熙、胡昌俞等人所说的水平，[①] 但对于这样一位备受同时代诗人、诗评家推崇的近代诗人应该予以足够重视，并对其艺术地位给予更精确定位，则是近现代文学研究中不容忽视的课题。

早在20世纪60年代初，已有学者对郑观应的诗歌进行了初步介绍，但直至80年代，人们对郑观应的研究还基本停留在政治、经济等方面。80年代之后，研究的触角开始深入郑观应的散文、诗歌领域，诸多有关中国近代文学史的著作对郑观应的散文成就和地位给予了极高的评价，[②] 同时也有专文对郑观应的诗歌创作进行了初步探讨，郑观应的三部诗集《罗浮偫鹤山人诗草》《罗浮待鹤山房谈玄诗草》《待鹤山人晚年诗草》也在这个时期汇编出版。90年代以后，一批以岭南学者为主的研究者先后发表、出版了诸多评论郑观应的专文、专书，对郑观应诗歌的特色、价值、风格，及其在题材的开拓、语言的革新、触觉的延展、思想的深化等诸方面的造诣，进行了全面的探讨和总结，[③] 纠正了当代某些学者所谓郑观应的诗作“多发议论，

---

① 笔者以为，郑观应虽不足与“诗仙”“诗圣”并称，但其人有血性，其诗有奇气，侠之大者，为国为民，堪称近代“诗侠”；其《罗浮偫鹤山人诗草》开卷第一篇即是《侠客行》，此外，他还编刻有《剑侠传》一书，可见他本人颇有以侠客自诩之意。

② 马良春、李福田任总主编的《中国文学大辞典》（天津人民出版社，1991）赞誉郑观应是“近代早期卓有成绩的散文家”，并冠之以“近代散文家”的桂冠。参见邓景滨《实业诗人第一家——郑观应诗歌研究》，澳门近代文学学会，2000。

③ 邓景滨《实业诗人第一家——郑观应诗歌研究》一书在全面总结郑观应的诗歌艺术成就方面，具有开拓性的意义。该书对郑观应诗歌的内容进行分析归类，又从诗歌的特色和价值这一角度指出郑观应诗歌的风格既有慷慨激昂、豪气干云的一面，又有恬淡清和、温醇朴实的一面，并认为郑观应的诗虽以直抒胸臆为主，但亦不乏形象生动、富有诗意的描绘，在题材的开拓、触觉的敏锐、思想的深度诸方面，堪称走在同时代诗人的最前列。郑观应诗歌中最具特点、最有价值的是实业诗，其价值在于展现了筚路蓝缕的中国近代创业史，开拓了旧体诗题材的新领域。邓景滨还选编了《郑观应诗选》（澳门中华诗词学会，1995），精选了郑观应各类诗歌的代表作，有助于读者了解郑观应诗歌的概貌。近年来以郑观应诗歌研究为主题的论文主要有：广东省社会科学院历史研究所方志钦《郑观应诗歌的爱国情怀》、广东省文史研究馆李文初《关于郑观应诗歌的评价问题》、广东省中山市文化局刘居上《解读郑观应》、中山大学历史系章文钦《郑观应的澳门诗》、华东师范大学历史系刘学照《〈罗浮待鹤山人诗草〉中的变法自强思想》、苏州大学中文系马卫中《郑观应诗歌及其诗歌研究之价值》、安徽师范大学郑红群《诗情如杜甫，雅韵若青莲——试论郑观应的诗作》等。这批论文多为澳门历史学会、澳门历史文化关注协会主办的“纪念郑观应逝世80周年学术研讨会”（2001年），以及澳门历史文化关注协会、澳门历史学会、广东省社会科学院等机构主办的“纪念郑观应诞辰一百六十周年学术研讨会”（2002年）等会议上所提交的论文。澳门学者及学术、文学团体在推进郑观应这位“世居澳门”（转下页注）

质朴无文，有文献价值而缺乏艺术价值”等片面之论，[①] 也扭转了近现代文学研究中长期忽视郑观应诗歌艺术成就的局面。

应该说，关于郑观应诗艺的研究，迄今已取得了长足进展，但对于郑观应的诗学观，却依然罕有论者。笔者以为，诗艺与诗学观如鸟之双翼，只有兼重诗艺与诗学观的研究，才能使郑观应的诗歌艺术研究趋向完备。在郑观应诗歌艺术研究的范畴内，邓景滨《郑观应的诗歌创作观》[②] 一文是迄今仅见的一篇较全面地论述郑观应诗学观的专论，该文认为，郑观应在诗歌与社会关系方面，主张“直记时事”“寓意规谏”；在诗歌与感情关系方面，主张“吟咏性情”“畅叙襟期”；在诗歌与形式关系方面，主张“不拘格调”“不取法古人”；在诗歌与语言关系方面，主张“力扫靡词”“文字尤贵显浅”。该文还总结说，在近代诗歌口语化和白话化的道路上，郑观应确乎比颇负诗名的黄遵宪迈进一大步。

邓先生关于郑观应诗歌创作观的评述，对进一步开展郑观应的诗学观研究，实有筚路蓝缕之功。本文拟从比较分析郑观应的三篇诗集自序入手，对郑观应诗的类型、郑观应的诗学观与《沧浪诗话》的关联性、中国神韵派诗论与西方象征主义诗论的相通性、郑观应的诗学理想与其主导性创作意向的对立、郑观应的尊唐倾向等问题，进行较系统的论述。

一　郑观应的三篇诗集自序

郑观应的一生，以经世之志度人，复以修道之心自度，“本不欲以诗自鸣”，更无心作诗论，故没有留下什么诗学专论，但诚如有些学者所言，“我们可以透过他的诗集中的两篇自序、诗作中的有关小序和诗句去追寻、探讨他的诗歌创作观，并从中清晰地看到他的诗歌主张是属于新诗派范畴”。[③]

以笔者的视野所及，郑观应诗集中的自序至少有三篇，而不止两篇。由

（接上页注③）的近代文化名人的综合研究，尤其是在推进郑观应的诗歌研究以及为其诗歌艺术成就正名方面，发挥了相当大的作用。

① 陈永正主编《岭南文学史》，广东高等教育出版社，1993，第719页。

② 首刊于《岭南文史》1995年第2期。

③ 邓景滨：《郑观应的诗歌创作观》，《岭南文史》1995年第2期。

于这三篇自序篇幅都不长，并且是全面了解郑观应诗学观的难得的文献资料，兹照录如下。

《罗浮偫鹤山人诗草》戊戌本自序

幼而失学，何敢言诗。心有所感，信笔赋之。华彝交涉，陵谷迁移。疾风过后，新月来时。若逢佳士，畅叙襟期。频频驿使，传达遐思。一腔热血，三寸毛锥。聊抒闻见，贤于弈棋。不计工拙，力扫靡词。旁及惩劝，用自箴规。匡庐山人，索付剞劂。就正有道，颦效东施。希加绳削，借奉师资。

《罗浮偫鹤山人诗草》己酉本自序

《沧浪诗话》论诗之法有五体：曰体制，曰格力，曰气象，曰兴趣，曰音节。诗之品有九：曰高，曰古，曰深，曰远，曰长，曰雄浑，曰飘逸，曰悲壮，曰凄婉。其用工有三：曰起结，曰句法，曰字眼。其概有二：曰优游不迫，曰沉着痛快。诗之极致有一：曰入神。诗而入神，至无尽矣。斯诣惟李杜得之，他人得之甚寡。夫诗有别才，非关书也；诗有别趣，非关理也。然非多读书多穷理则不能极其至。所谓不涉理路、不涉言筌者，上也。诗者，吟咏性情也。盛唐诸人兴趣，羚羊挂角，无迹可寻，其真妙透彻玲珑不可凑泊，如空中之音，相中之色，水中之月，镜中之象，言有尽而意无穷。近代诸公乃作奇特解会，遂以文字为诗，以才学为诗，以议论为诗，然于一唱三叹有所歉焉，非古人之诗也。

余本不能文，何敢言诗。惟于家国之事伤心惨目，有闻自外人论我国利弊关系大局，往往梦寐不安，为之行愁坐叹，虽已上书当道，而人微言轻，置若罔闻，末由展布。故自忘鄙俚，复随手写录，几不成为韵语，或五言，或七言，寓意规谏，大声疾呼，以期上下一心，重见唐虞盛世。所谓以文字为诗，以议论为诗，直记时事，不避嫌怨，不拘格调，既不取法古人，又无入神之句，自知不足以登大雅之堂。但救国苦心妇孺皆知，一览即印入脑际，或于数十年后，无人不忆及当时事势，则中人以下与泛泛吟咏不同。且文字尤贵显浅，是直可为拙诗藏拙也。尚冀吟坛诸君勿谓入口无味，以其覆瓿，则余之幸也夫！

《罗浮待鹤山房谈玄诗草》戊戌自序

浮生若梦，富贵靡常。风灯草露，石火电光。不修大道，终落空亡。参同悟真，警世谆详。观应童年，愿学老庄。寻师向善，艰苦备尝。所闻小术，语半荒唐。不入空寂，便是邪狂。徒劳精力，心命惶惶。初师东海，筹置丹房。未经入室，已致倾囊。罗浮访道，复叩彭张。讲活子时，返照回光。先天祖气，药中之王。重游沪上，遇师万扬。始知元妙，四个阴阳。体隔神交，火候甚详。九还七返，既寿且康。居易俟命，以待输将。混迹廛市，觅侣求黄。潜修夙志，何日相偿。聊摅所得，寄托诗章。附录敲爻，白龙洞歌，言简意赅，莫不包罗。蒙奚敢和，步韵非他。敬述蠡测，用以切磋。方内散人，南宗九律。金丹真传，若合符节。北派九律，龙门口诀。辨道之诗，一腔热血。汇付手民，公诸贤哲。以期参证，同登金阙。

据郑观应自署，《罗浮偫鹤山人诗草》戊戌本（以下简称“戊戌本诗草”）自序及《罗浮待鹤山房谈玄诗草》（以下简称“谈玄诗草”）自序分别作于光绪戊戌仲春及光绪戊戌中秋，也就是1898年5月和1898年9月30日，间隔时间不及半年，而且正好在戊戌变法开始（1898年6月11日）之前与戊戌变法失败（1898年9月21日）之后。《罗浮偫鹤山人诗草》己酉本（以下简称“己酉本诗草”）[①]自序并无自署，但这个版本由盛宣怀于“己酉秋孟”题签，据此推断，郑观应撰写“己酉本诗草”自序的时间应当就在这一年，也就是清宣统元年（1909），距光绪戊戌年已有11年。

对照作于同一年的“戊戌本诗草”自序与“谈玄诗草”自序，可以明显地感受到郑观应心境的变化。在为“戊戌本诗草”作序时，戊戌变法正在酝酿期，郑观应虽然对康梁的激进持“欲速则不达”的保留态度，[②]但毕竟同为维新派，所以他在变法的前夜还是颇感兴奋，所谓“疾风过后，新

① 上海城北著易堂铅印《罗浮偫鹤山人诗草》封面，1909，上海图书馆收藏。

② 《郑观应年谱简编》1898年6月16日，夏东元编《郑观应集》附录2，上海人民出版社，1998。

月来时。若逢佳士，畅叙襟期。频频驿使，传达遐思。一腔热血，三寸毛锥。聊抒闻见，贤于弈棋”，恰恰表现出一种同声相应、报国有门的风发意气，其所谓“畅叙襟期”“传达遐思”，并非文人墨客寄情风月之闲兴，实为仁人志士同道为谋之豪情。然而，寄托着诸多维新志士梦想的百日维新转眼以失败而告终，力主变法的光绪帝被慈禧太后囚禁于中南海瀛台，同年9月28日，谭嗣同等“戊戌六君子”被杀害于北京宣武门外菜市口，郑观应的心境也随之低落，所谓“浮生若梦，富贵靡常。风灯草露，石火电光。不修大道，终落空亡”，虽是悟道之言，却分明隐含着变法不成、徒呼奈何的沉痛之感。几乎在同一时间，以“保荐匪人”的罪名被革职流放新疆的前礼部尚书李端棻写下了这样的诗句：“怕听中秋月有声，要从菜市哭忠贞。幸予被遣为迁客，匹马秋风出帝城。”两相对照，更能看出郑观应证道之言背后的心酸和悲凉。

不过，郑观应并没有就此走上逃禅避世的逍遥之途，其“己酉本诗草”自序所谓“故自忘鄙俚，复随手写录，几不成为韵语，或五言，或七言，寓意规谏，大声疾呼，以期上下一心，重见唐虞盛世”，恰恰表明他的救世度人之志并未消退，而是挫而弥坚。①

诚如“己酉本诗草”自序所言，该集中的诗多为“寓意规谏，大声疾呼”之作，亦如“谈玄诗草”自序所言，该集中的诗概属“辨道之诗”。所谓“寓意规谏，大声疾呼”之作，也就是政论诗，或称“救世诗”“实业诗”，从创作意向上来看，类乎杜甫、白居易的讽喻诗，如“三吏”“三别”，以及《观刈麦》《卖炭翁》《新丰折臂翁》《上阳白发人》。从这些诗中，我们看到的是一个忧国忧民的儒生；所谓“辨道之诗”，也就是悟道畅玄、记录潜修之心得与感悟的诗作，类乎魏晋时期以演绎玄理为内涵的玄言诗，从这些诗中，我们看到的是一个修身养性的道士。除了入世的讽喻诗、出世的玄言诗之外，郑观应的《罗浮偫鹤山人诗草》中也穿插着一批寄情遣兴之作。这一类诗或记游，或写景，或状物，或题画，或抒怀，其中既有闲适之作，亦有感伤之作。

① 郑观应在1908年于澳门郑慎余堂寓所辑成《盛世危言后编》，与其着手编写《盛世危言》（1886年）相隔22年，更可确证其济世之心的坚定、持久。

秋夜即事

旅馆乏知音，横琴思往哲。
西风卷地来，吹冷窗前月。

暮春有感

行携经卷任西东，俯仰因时道未穷。
一纸家书归雁后，五更乡梦乱山中。
离情缱绻随垂柳，旅鬓萧骚感断蓬。
愁杀江南春已暮，鹧鸪声里落花风。

游西贡花园

破浪南来泛碧槎，探奇深入路三叉。
澄潭倒影闲过鸟，密树凝香乱著花。
席地笑谈蛮女俗，沿江耕获野人家。
海壖莫道无春色，伫看金铃护碧芽。

沪上画梅赠梁纶卿

苹末风来午梦闲，客中延赏足开颜。
石栏雨过苔添润，芳径花疏草不删。
曝蠹虚窗翻古帙，调鹦画阁倩雏鬟。
一枝写订归期约，花未寒梅问故山。

题澳门新居之二

三面云山一面楼，帆樯出没绕青洲。
侬家正住莲花地，倒泻波光接斗牛。

以上诗作情致各异、气韵生动，颇见艺术功力与文人性情，似可循“文人画”得名之故例，将这类寄情遣兴之作统称为“文人诗”。

在郑观应的讽喻诗、玄言诗、文人诗这三类诗作中，讽喻诗的数量最多，体式、题材最丰富，影响也最大，充分显现了郑观应这位启蒙思想家的“救国苦心”，令人感受到浓烈的杜甫、白居易式的批判现实主义精神，颇有诗侠之风。不过，诗歌毕竟是一种艺术，具有超功利的审美特质，一首有着很大政治意义、社会反响但艺术价值甚微的诗作，只能说是好的宣传品，不能说是一首好诗。郑观应也深知他的“不避嫌怨，不拘格调”之作，虽有振敝起衰、唤醒民众之功，却未必能登“大雅之堂”。

二　郑观应对《沧浪诗话》的引用及《沧浪诗话》之要义

从“已酉本诗草”自序中可以初步推断出，严羽《沧浪诗话》所谓“吟咏情性”“言有尽而意无穷”的“入神”之境，才是郑观应心目中的理想诗境。这篇自序是迄今所见的郑观应著述中篇幅最长的“诗论”。所谓篇幅最长，也不过只有短短两段，其中第一段复述了《沧浪诗话·诗辨》中的几段话；第二段则是自陈“本不能文，何敢言诗”，却又不能不写诗，明知“既不取法古人，又无入神之句”的诗作“不足以登大雅之堂”，却又将其结集出版的苦心。

郑观应在主要诗集的自序中一开篇就大段复述《沧浪诗话·诗辨》中的观点，足可见《沧浪诗话》在他心目中的地位。不过，郑观应的复述与原文有一定出入，由于不便一一指证，兹将《沧浪诗话·诗辨》相关段落的原文照录如下：

> 诗之法有五：曰体制，曰格力，曰气象，曰兴趣，曰音节。诗之品有九：曰高，曰古，曰深，曰远，曰长，曰雄浑，曰飘逸，曰悲壮，曰凄婉。其用工有三：曰起结，曰句法，曰字眼。其大概有二：曰优游不迫，曰沉着痛快。诗之极致有一：曰入神。诗而入神，至矣，尽矣，蔑以加矣！惟李、杜得之。他人得之盖寡也。
>
> ……
>
> 夫诗有别材，非关书也；诗有别趣，非关理也。然非多读书、多穷理，则不能极其至，所谓不涉理路、不落言筌者，上也。诗者，吟咏情性也。盛唐诸人惟在兴趣，羚羊挂角，无迹可求。故其妙处，透彻玲珑，不可凑泊，如空中之音，相中之色，水中之月，镜中之象，言有尽而意无穷。近代诸公，乃作奇特解会，遂以文字为诗，以才学为诗，以议论为诗。夫岂不工？终非古人之诗也。盖于一唱三叹之音，有所歉焉。

对照《沧浪诗话》原文与郑观应的复述可以发现，两者间的种种出入，固然反映有错漏疏失之处（如误“不落言筌”为“不涉言筌”），但大多是郑观应“自以为是”的改动（如将“诗而入神，至矣，尽矣，蔑以加矣!”压缩为“诗而入神，至无尽矣”，又将“故其妙处，透彻玲珑，不可凑泊”转述为“其真妙透彻玲珑不可凑泊”），这就意味着郑观应对《沧浪诗话》相当熟悉，其中的主要篇章他恐怕曾经熟读成诵、熟记于心，所以在需要引用的时候，提笔就写，也没想到要核对，这样的自信，恰恰表明了郑观应对《沧浪诗话》的领会之深。

《沧浪诗话》是宋代最负盛名、对后世影响最大的一部诗话。全书以禅理印证诗道，分为《诗辨》《诗体》《诗法》《诗评》《考证》五门。《诗辨》一门是全书总纲，鲜明地提出了论诗宗旨，大要在一“识”字。因为“诗有别材，非关书也；诗有别趣，非关理也”，所以“学诗者以识为主”。“识”的内涵，即是禅宗所谓“妙悟”。由妙悟而达于诗艺之极境，具体说来，便是以汉魏、晋、盛唐之诗为第一义的效法对象，加以朝夕讽咏，久之自然悟入，也就是领悟到“不涉理路，不落言筌”“言有尽而意无穷”的最高诗歌艺术境界。《诗评》举例评析汉魏以来诗歌，进一步阐明汉魏、晋、盛唐诗为第一义的理由：“诗有词理意兴。南朝人尚词而病于理，本朝人尚理而病于意兴，唐人尚意兴而理在其中；汉魏之诗，词理意兴无迹可求。”

概而言之，严羽的诗论有以下要点：在创作动机上，崇尚“意兴”“性情”；在诗歌境界上，崇尚“不涉理路、不落言筌”“言有尽而意无穷”的“入神”之境；在学诗方法上，崇尚师古人之诗以求“妙悟”，也就是通过熟读具体作品而不是研读诗歌理论以领会诗艺的真谛；在历代诗歌的评价上，推崇汉魏、晋、盛唐之诗，尤重李、杜之诗，可以说是开了尊唐的风气。

就严羽所提倡的不涉理路、意在言外的美学风格及其以宗教印证诗学的特点来看，严羽的诗论作为中国“神韵派”的开山之作，确与西方的象征诗论“弘纲细节，不约而同”。[①] 钱锺书在评价法国神甫白瑞蒙所著《诗醇》时说，该书“发挥瓦勒利（通译瓦雷里）之绪言，贵文外有独绝之旨，

① 钱锺书：《谈艺录》（补订本）第88则，中华书局，1984。

诗中蕴难传之妙，由声音以求空际之韵，甘回之味。举凡情景意理，昔人所借以谋篇托兴者，概付唐捐，而一言以蔽曰：'诗成文，当如乐和声，言之不必有物。'……五十年来，法国诗流若魏尔伦、马拉美以及瓦勒里辈谈艺术主张，得此为一总结”。[①] 白瑞蒙在《诗醇》续篇《祈祷与诗》中，将“祈祷”与“诗”相提并论，这种论诗思路与“神韵派”之沟通“禅”“诗”，有异曲同工之妙。白氏以为，“诗中之音韵腔调，发而中节，足使诵者心气平和，思虑屏息”，故“诵诗”者的“心境”恰“与祈祷相通”。[②] 他又总结克洛岱尔（Paul Claudel）等“浪漫主义”“象征派”诗人的观点说，“诗不涉理，本于神而非本于心也”。钱锺书指出，这正相当于《沧浪诗话》所谓：“禅道惟在妙悟，诗道亦在妙悟。诗有别趣，非关理也。”[③] 白氏又以为：“教诲、叙记、刻画，使人动魄伤心，皆太著言说，言之太有物。是辩才，不是真诗。”钱锺书指出，这又相当于《沧浪诗话》所谓：“以文字为诗，以议论为诗，以才学为诗，终非古诗。”[④] 无疑，钱锺书将严羽的《沧浪诗话》与白瑞蒙的《诗醇》及《祈祷与诗》中的观点相参证，既是对白氏诗论所涵盖的西方“浪漫主义”及“象征主义”思想的一种“阐发”，也同时印证了西方象征诗论与中国神韵派诗论（钱锺书所谓“严仪卿以来神韵派之议论”）的相通性。就后一点而言，严羽称得上是中国象征主义诗风的有力倡导者与辩护者。

在深层的审美理想上，郑观应向往严羽的“入神”之境，企慕“言有尽而意无穷”的最高诗歌境界，然而，在他的创作实践中，却出现了与自身诗学理想相悖的创作意向。

三 郑观应的诗学理想与创作意向之对立

郑观应自谓其诗“寓意规谏，大声疾呼”，又“以文字为诗，以议论为诗，直记时事，不避嫌怨”，这样的创作意向流露出批判现实主义的精神旨趣，与严羽的象征主义诗论存在显著的差异与对立。其“寓意规谏”的创

① 钱锺书：《谈艺录》（补订本）第88则，中华书局，1984。
② 钱锺书：《谈艺录》（补订本）第88则，中华书局，1984。
③ 钱锺书：《谈艺录》（补订本）第88则，中华书局，1984。
④ 钱锺书：《谈艺录》（补订本）第88则，中华书局，1984。

作动机，乃是出于“救国苦心”，不同于严羽所谓“吟咏性情”；其“以议论为诗，直记时事”之过着痕迹的表达方法，正好与严羽所推崇的“不涉理路、不落言筌”之“无迹可求”的象征手法相异。其所谓“既不取法古人，又无入神之句”云云，则似乎是在和严羽的以汉魏、晋、盛唐为师以及“诗而入神，至矣，尽矣，蔑以加矣！”之说唱反调。郑观应又说，其诗虽“不足以登大雅之堂”，“但救国苦心妇孺皆知，一览即印入脑际，或于数十年后，无人不忆及当时事势”，则俨然是视其济世之诗为“诗史”了。

前文提到，清末诗人刘麒祥、萧荣爵分别以“诗情如杜甫，雅韵若青莲”“伤乱每编王粲句，感时常写杜陵篇”称许郑观应，他们的共同点是将郑观应与杜甫相比拟，萧荣爵所谓“杜陵”，即是杜甫。杜甫尝居京兆杜陵，故自称“杜陵布衣”“杜陵野老”，后人诗中常简称为“杜陵”。杜甫有“诗圣”之誉，其诗有“诗史”之名。所谓“感时常写杜陵篇”，应该是指郑观应的笔下常有杜甫式的反映时事、针砭时弊、旨在“重见唐虞盛世”（也就是杜甫所谓“致君尧舜上，再使风俗淳”）的批判现实主义之作。翻阅郑观应的“己酉本诗草”，确有大量杜甫、白居易式的批判现实主义精神的记事、警世之作，如《答黄幼农、黄花农、蔡毅若、岑馥庄四观察论时事》《赠驻美国副使容纯甫观察》《与日本驻沪小田切领事论时事作歌并序》《中日变政志感》《高丽使臣函问时事书此代柬》《书抵制美国禁华人入口》《闻中法息战感赋》《书东三省俄兵暴虐事》《铁厂歌》《开矿谣》《商务叹》《劝农歌》《鸦片吟》等等，这些诗歌作为一个整体，既是一部外患内乱、革故鼎新的中国近代史的缩影，也是一代苦苦求索的爱国士子的心灵史，它们不但勾勒出了客观历史的起伏线条，而且包孕着精神历史的深沉底蕴，确实称得上是感时而作、济世情切的“杜陵篇”。就这些诗作反映时事、时局的广度与深度来说，也确实配得上近代“诗史”这个称誉。

既然郑观应的诗作多为“直记其事”的“杜陵篇”而非意在言外的神韵诗，既然郑观应以书写“诗史”自命的批判现实主义创作精神与他熟稔于心的神韵派诗论有前述的多重差异与对立，那么，郑观应是否真的在“感时常写杜陵篇”的同时，心慕“神韵派”，也就是以严羽的象征主义诗境为其诗学理想呢？或者他根本就是以严羽所谓“入神”之境的虚缈反衬其“入世”之作的现实意义呢？

笔者以为，郑观应的批判现实主义创作精神与严羽的象征主义诗论的差异与对立，确实体现了其诗学理想与创作意向的对立，但这种对立并不意味着郑观应在诗学观上的自相矛盾，只是凸显了艺术理想与现实需要的差距。

郑观应自称其诗“既不取法古人，又无入神之句”，“不足以登大雅之堂”，或有自谦甚至反讽成分，但他所谓“中人以下与泛泛吟咏不同。且文字尤贵显浅，是直可为拙诗藏拙也。尚冀吟坛诸君勿谓入口无味，以其覆瓿，则余之幸也夫！”则无疑是肺腑之言。换句话说，郑观应深知自己的“直记其事”“不计工拙”之诗或许会有“入口无味”之弊，难称“大雅”之作，但出于“救国苦心”，他还是要以诗的形式“大声疾呼”，以达到启蒙觉世的功利目的。这正是少学老庄（“谈玄诗草”中有“观应童年，愿学老庄”的记载）、“不愿封侯愿学仙”（《狂吟》）的郑观应的无奈，[①] 也是他的伟大之处。他本可自度，却不满足于自度，他还要救世度人；他本可唯美，却不甘于唯美，他还要以诗劝世。套用李泽厚的话来说，这是救亡压倒了审美。也就是说，郑观应出于“为人生”的目的而在一定程度上搁置了他的诗学理想，其苦心孤诣，不能不令人动容。

细察郑观应的诗作，他并非没有对“入神之句”的追求，如其寄情遣兴之作中表现出审美倾向；他也并非没有“取法古人”之处，在他的诸多诗作中，可以明显地看到李白、杜甫等古代诗人的痕迹。前文指出，胡昌俞、刘麒祥、萧荣爵等人对郑观应诗艺的评价直指有“诗仙”“诗圣”之誉的李白、杜甫，刘麒祥称郑观应“诗情如杜甫，雅韵若青莲”，胡昌俞则说，“陶斋为诗不规规于太白，而甚似太白……以陶斋胸怀浩荡，固天际真人之邈不可攀者，直上与唐贤相颉颃”。这样的评价确有一定道理。关于“诗情如杜甫”，前文已从批判现实主义精神的承继等方面做了论证，此处仅补充一例，即郑观应在《敬次彭雪琴宫保师海南军次秋兴二十四章原韵》中有“勋业同时推李郭，文章千古继欧韩。西平草窃犹滋蔓，恶作还须斩万竿”之句，并自注曰“借用杜句”，[②] 这是自陈其“取法古人”了。所谓“文章千古继欧韩”，也表明他并不排斥“取法古人”，只不过“大声疾呼”的“救世诗”贵在以“显浅”之语直话直说，以使“妇孺皆知”，而不必参究名家句法，也不必追求神韵。

① 夏东元编《郑观应集》下册，上海人民出版社，1988，第1302页。

② 夏东元编《郑观应集》下册，上海人民出版社，1988，第1264页。

再来看李白对郑观应的影响。前文提到，郑观应虽不足与“诗仙”“诗圣”并称，但其人有血性，其诗有奇气。具体而言，郑观应诗中的奇气，就是李白式的仙侠之气。胡昌俞以为郑观应之诗杂有“仙心”，还只是看到了他的仙气，未道出他的侠气。综观郑观应的诗作，无论是救世诗、“辨道之诗”，还是寄情遣兴之作，常有一种俊逸之气，或仙或侠，确实给人以“甚似太白”之感。郑观应好写古风诗，其诗英气俊发，激昂慷慨，大有李白之风。兹将李白、郑观应的《侠客行》照录如下：

侠客行

李白

赵客缦胡缨，吴钩霜雪明。银鞍照白马，飒沓如流星。
十步杀一人，千里不留行。事了拂衣去，深藏身与名。
闲过信陵饮，脱剑膝前横。将炙啖朱亥，持觞劝侯嬴。
三杯吐然诺，五岳倒为轻。眼花耳热后，意气素霓生。
救赵挥金锤，邯郸先震惊。千秋二壮士，烜赫大梁城。
纵死侠骨香，不惭世上英。谁能书阁下，白首太玄经。

侠客行

郑观应

有客虬髯容貌异，冒雪驰来策蹇卫。揖我直上酒家楼，邂逅天涯如夙契。

客言廿载事猿公，珍重吴钩未轻试。斫地能令鬼魅愁，亘天倏见长虹气。

巨觥满饮恣雄谈，意气干霄绝侪辈。酒酣拍案忽纵歌，起立苍茫拂衣逝。

街柝沉沉夜未央，高秋一叶从空坠。手提革囊掷我前，取出头颅血痕渍。

为言此是负心人，怨衔十稔今始遂。瞥然跷举去无踪，使我舌挢魂魄悸。

矫首仰望心怦怦，世事只今多不平。安得此君千百辈，杀人如草不闻声。

郑观应盛推李、杜，其诗曰“酒兴诗豪一散仙，醒时工部醉青莲”（《赠潘剑士》），[①]“共羡如椽一枝笔，百篇斗酒绍青莲”（《赠李次青方伯时同在海南军次》）。[②] 所谓“醒时工部醉青莲”，大可理解为以杜诗入世，以李诗出世，简直就是郑观应的自我写照。笔者以为，郑观应与严羽诗论的相契，一方面是因为郑观应好修道，道心通禅心，“禅道惟在妙悟，诗道亦在妙悟”，严羽的以禅理印证诗道，应当甚合郑观应的心性，另一方面则是因为他们都以李、杜为尊，以盛唐为尊。《沧浪诗话》曰：“诗而入神，至矣，尽矣，蔑以加矣！惟李、杜得之。他人得之盖寡也。”郑观应则在诗集自序中转述为“诗而入神，至无尽矣。斯诣惟李杜得之，他人得之甚寡”。词句虽有变动，推尊李、杜之意却无二致。此外，从郑观应对《沧浪诗话·诗辨》篇的取舍，还可以看出他是“尊唐”派。《沧浪诗话·诗辨》篇本以汉魏、晋、盛唐之诗为第一义的效法对象，但在郑观应的诗集自序中，独尊盛唐诸人。由郑观应对李、杜及盛唐诗的推崇，更足以证明郑观应对严羽的“入神”之论及师法古人之说的貌拒实崇。

（原载周小华主编《北京联合大学学报》（人文社会科学版）总第36期，北京：北京联合大学，2012年4月。）

① 夏东元编《郑观应集》下册，上海人民出版社，1988，第1404页。

② 夏东元编《郑观应集》下册，上海人民出版社，1988，第1265页。

澳门土生葡人文学概论

张剑桦*

一　土生文学概念

（一）土生

盛唐初年，循着陆地“丝绸之路”和海上“香料之路”，阿拉伯、波斯和中亚各国的穆斯林大量来华。他们中间有商人和来华的使臣、学者，被统称为“蕃客”或“蕃商”。其中久居不归者，时人称为“住唐”。有人在华成婚安家，生息繁衍。这些人随着“住唐”年代的久远，人口增多，由侨居之“蕃客”成为土生“蕃客”。到宋时，已有“五世蕃客”并出现了“蕃坊”，即穆斯林在华聚居区。宋时广州海外贸易盛况空前，回教之传播更胜从前。明时，广东多有“土生蕃客”后裔，其中顺德、南海、番禺皆有蒲姓回教家族，另在广州也有著名的萨、傅、杨、张等族，清初以来有保、端木、苏、蔡、安、白、李、时等姓，这些都是从中国各地迁粤的回教家族，此外也有从粤西肇庆向广州靠拢的回教信徒。据《粤海关志》卷二十四“市舶”条载：“初，噶喇巴为荷兰人所占，委夷目镇守，更代替听荷兰之命。汉人居之者以数万计，生长其地曰土生仔。司汉人贸易者，曰‘甲必丹’。”因此，“土生”不仅指在华出生的外国人或混血儿，而且可指在南洋出生的华人。澳门流行的“土生”一语应与“土生蕃客”及“土生仔”有着渊源关系，“土生”系“土生

* 张剑桦，文学博士，广东培正学院人文系教授。

蕃客”或“土生仔”的简称，在多数情况下，“土生”亦即“土生葡人”的简称。

（二）土生葡人

土生葡人是澳门居民中的一个特殊族群，是在澳门历史发展过程中形成的。按一般理解，土生葡人主要是指在澳门出生、具有葡萄牙血统的澳门葡籍居民，包括葡萄牙人与中国人或其他种族人士结婚所生的混血儿，以及长期或几代在澳门定居的葡萄牙人及其后代。据估计，目前土生葡人不足澳门总人口的2%。他们都懂葡文，一般能够讲流利的广东话，但只有少数能阅读中文。他们认同葡萄牙为自己的祖居国，长期接受葡萄牙教育和文化，信奉天主教，保留许多欧洲的生活方式；同时又世代居住在澳门，视澳门为故乡，受华人社会风俗习惯影响深刻。在澳门回归前，土生葡人的社会地位一般比中国人要高，他们容易在政府部门找到较理想、工资较高的工作。大多数土生葡人对中国人民持友好态度，与中国人长期和睦共处、交往和通婚，他们与华人已经建立了一定的友谊和信任，很多都有华人亲戚、朋友。长期以来，土生葡人与澳门的中国人一道，为澳门的建设和发展做出了积极贡献。《中葡联合声明》和《澳门特别行政区基本法》对土生葡人在澳门特别行政区成立以后作为澳门永久性居民的地位、继续保留葡萄牙国籍、担任公职、政治社会权利的保障、合法利益的保护、习俗和文化传统的尊重等问题都做了明确规定。澳门特别行政区成立后土生葡人成为“一国两制”下澳门社会的一大特色，他们生活、工作的条件基本上保持不变。

（三）土生文学

“土生文学”就是以土生葡人为主体的文学。土生文学作品是以葡语书写的，所以过去很长一段时间被纳入“葡萄牙文学”。澳门专攻土生文学的学者汪春在其硕士、博士论文中提出，土生文学应该是澳门文学的一部分，它的根在澳门而不在葡萄牙。饶芃子在为汪春、谭美玲所编的《澳门土生文学作品选》撰写的“序”中说：澳门土生葡人，俗称“土生”。“土生”的定义，至今仍存在一定的模糊性，从近几年所发表的研究澳门土生族群的论文看，在界定“土生”一词时，它们都特别强调这个族群的“东方血缘”和“华夏血液”，主要是指在澳门出世的欧亚混血儿。他们生于斯，长于

斯，与这块土地有切不断的血缘联系。澳门的土生文学，作为不同文化交汇的结晶，形成了别具一格的文化审美模式，这些作品从不同的角度以不同的形式表达他们对澳门的感情，以及土生身份的特殊心态，是澳门这个“跨文化场”的一种非常独特的精神产品。①

二　澳门土生文学重要作家作品

20 世纪 40 年代以后，在澳门土生族群中，出现了一批重要的作家和诗人，他们的作品是澳门 400 多年华洋杂处、中西合璧历史的反映，具有鲜明的特色。这一独特的文学现象，过去较少引起人们的注意，在内地更是鲜为人知。澳门土生文学作为不同文化交汇的结晶，形成了别具一格的文化审美模式，作品的内容丰富、独特，它们以不同的形式从不同的角度反映中西文化在澳门相遇、接触以后在社会和人心的表现。尽管土生作家在创作中使用的语言是葡语，但由于受到特殊生存环境和历史文化背景的影响，作品中表现出来的思想感情、思维方式、心态特征、价值取向、审美情趣等，都有其特殊文化身份的印记，既不同于当地华人，也不同于葡萄牙人。他们心系澳门，通过自己的作品来表达对澳门无限热爱和眷恋之情，乃是土生作家作品中一个共同特色。澳门是土生族群诞生之地，在土生葡人作家心目中，生命和“根”都在这里，他们在这里继承了欧亚两种不同的血缘，这个地方复杂的历史在他们现实生活中留下了复杂的影响，如身份的暧昧和由此而形成的文化上的两难处境等。一些土生作品，怀旧的情绪萦绕其间，在对澳门历史的缅怀、追忆之中，实际上为行将消失的族群筑起了记忆和缅想的文字世界。当然，也有一些土生作品，对自己的文化身份和现实的变化有积极的回应。

（一）飞历奇

飞历奇（Henrique de Senna Fernades，1923～2010），土生葡人，专业大律师兼业余作家。曾任澳门商业学校校长、振兴学会会长。其家族在澳门历史已逾 200 年。飞历奇是澳门葡语社会最为人熟悉的，也是土生文学中最重要的一位作家。他出生于一个有葡籍伯爵头衔也有中国血统的贵族之家，曾

① 汪春、谭美玲编《澳门土生文学作品选》“饶芃子序”，澳门大学出版中心，2001，第1页。

祖母是中国人。1978 年在澳门出版了短篇小说集《南湾》；1986 年出版第一部长篇小说《爱情与小脚趾》；1994 年出版第二部长篇小说《大辫子的诱惑》。《南湾》于 1990 年被葡萄牙电影公司拍成电影，《大辫子的诱惑》于 1996 年被澳门蔡氏兄弟影视公司和中国珠江电影公司合作拍成电影。

《爱情与小脚趾》的创作材料，按作者在序言中所说，来源于“妈妈的旧宅院里”的传闻。男主人公弗朗西斯科是一个浪子，他继承了土生社会一个显赫家族的血统，也养成了纨绔子弟身上所有的种种恶习：游手好闲，放浪形骸，挥霍无度，爱惹是生非。一次，他竟用和一个少女的婚约为赌注，在婚礼上令少女及其全家人当众蒙羞。此事激起公愤，他也声名狼藉、众叛亲离，最后被逐出了葡人集居的“基督城”，流落在华人区。在那里，他除了能说一口流利的广东话，没有任何谋生的本领，生活还须依赖以卖菜为生的同居的中国女人，饥寒交迫，潦倒不堪。这时他的脚趾患了一种奇怪的病症，而且日益严重。就在他濒临绝境之时，他遇到了曾被他当众羞辱过的富有的土生少女维克多利娜。维克多利娜由怜生爱，以一颗善良的心感化了他，使他彻底悔悟。于是，弗朗西斯科浪子回头，从此改过自新，努力工作。他后来又获得了叔叔的一笔遗产，生活更加富裕。他和维克多利娜因此也缔结了一段美好的姻缘，从此一起过着幸福的生活。

澳门学者郑炜明对《爱情与小脚趾》做过综合性评论。他从“怀旧气氛”“保守主义的传统”“中国城和基督城”“文化归属感”“阶级观念”“宗教信仰”“生活和习俗”等层面，剖析了作品给出的曲折爱情故事，认为作品带读者回到了 19 世纪末至 20 世纪初的澳门，探视当年的事物以及当时土生葡人的思想感情。随着故事的发展及主角生活场景的转变，作家把昔日澳门的景物一一再现。郑氏对作品铺排的地方色彩、对作品折射的文化内涵做了分析。作品不仅向人们讲述故事，也是作者对古老澳门眷恋之情的自然流露。这部小说的价值不止于文学，它已经超越了文学本体的畛域。“它切实地保留了极为丰富的 20 世纪初澳门的社会史料——特别是土生葡人社群的生活、风俗和习惯的资料，可供语言学、历史学、社会学、民俗学、人类学、文化学等领域研究者参考。”①

《大辫子的诱惑》背景是 20 世纪 30 年代初澳门的荷兰区，那里集居以

① 郑炜明：《读〈爱情与小脚趾〉》，《学术研究》1998 年第 12 期。

各种方式营生的中国人，是澳门的下层社会区域。故事描写出身富家的土生青年阿多森杜，迷上了该地区一个“担水妹”阿玲。他起初为“担水妹”漂亮的外貌，特别是背后那条粗长辫子所吸引，后来逐渐了解并认识到她内心美好的品性，对她产生了真正的爱慕之情。阿玲一开始认为阿多森杜态度轻佻，拒绝了他，后来感动于他真挚的爱，也对他付出了真心。但是，他们的爱情遭到了来自双方社会的反对和阻挠：女孩被逐出了她所居住的华人区“雀仔园”；土生青年欲带她回家，也遭到了思想顽固、门第观念强烈的父亲的反对，结果自己也被赶出了家门。但他们双方都对爱情坚定不移，最终战胜了种种阻力，建立起一个幸福温暖的家。故事结局写年老的父亲终于悔悟，亲自找到儿子家，儿媳妇开门见是公公，满怀深情地唤了声“公公”，儿媳妇以德报怨，把公公接进了自己的家。诚如葡萄牙学者的评介：“作者以水井为中心，对当时的环境、地貌和人物进行了细致的刻画，向读者再现出本市某些地区的历史和今天已经消失的中国人和葡国人的习俗。同时，通过这些描写，表现了澳门土生葡人——‘大地之子’的世界，他们的住宅、行为举止以及他们的愿望……作者通过澳门最古老的居民、‘大地之子’和华人群体的互相关系，让我们饱览了传统和变化之间的矛盾与冲突。”[①]《飞历奇小说研究及其他》一书的作者郭济修认为：“值得一说的是，飞历奇虽然是出生在土生葡人传统世家，但是他在小说中对阿多森杜和阿玲的跨族婚姻是采取正面的、赞扬的态度的，不带有种族偏见，表现了作者期望的一种族群的文化理想。”[②]

短篇小说《疍家女阿张》写的是疍家女阿张和葡萄牙海员曼努埃尔相结合和最后又不得不分手的凄楚故事。阿张出身贫苦，地位卑贱，相貌也不漂亮，但她善良、温柔、深情、无怨无诉、逆来顺受，具有传统东方女性的魅力。她对曼努埃尔有着出自肺腑的爱，并不要求回报。为了他俩的女儿梅来的前途，她甘心忍受巨大的悲痛让曼努埃尔把女儿从自己的身边带走。她处处为他人着想，为了爱不惜牺牲自己，是典型的东方文化孕育出来的女性。曼努埃尔起初看她“不过是一个在他寻欢作乐以后可以扬长而去的玩偶”，后来却发现她“人品出众”，“是他所尊敬的人”。他对阿张产生感情

---

① 〔葡〕飞历奇：《大辫子的诱惑》，喻慧娟译，花山文艺出版社、澳门文化司署，1996。

② 郭济修：《飞历奇小说研究及其他》，澳门文化广场，2002，第44页。

是在他对阿张的品德了解之后，也是他对阿张性格理解和认识的结果。因此，他在离别之际，才痛苦地“感到将失去的是件无价宝，是任何东西所不能代替的”。作者在故事中着力塑造了阿张这个生活在社会底层、有良好品格的中国劳动妇女的形象。作者不仅对这个人物的遭遇寄予了深深的同情，还热情地赞美了疍家女勤劳、朴实、坚强的性格和内在的心灵美。小说以散文式叙事手法来书写，采用了西方人的视角，但充满了东方的韵致，把这个凄楚的爱情故事写得优美动人。

所谓疍家人，即水上居民，在广东、福建、广西沿海港湾和内河上从事渔业或水上运输，多以船为家，旧称疍民或疍户。西方人似乎特别关注中国南方的疍家尤其是疍家女的生活。例如，法国政府官员奥古斯丁·奥斯曼（Auguste Haussmann，1815～?）作为法国外贸部的代表，陪同于1843～1844年来华的拉萼尼使团。归国之后，他于1847～1848年在巴黎发表了其入华调查成果，即三卷本的《中国、交趾支那、印度和马来亚游记》。作者在这部书中，描绘了当时澳门的旖旎风光、风物人情，也记述了澳门疍家女的形象：

> 大海滩（南湾）的3个码头成了大批中国女船民们的大本营，这些女船民被称为tankas（堂客？船家?）。所有从澳门乘大船出发或到达该泊口的旅客，都必须在距码头有一定距离的月台上抛锚停泊，会受堂客们的欢呼，后者并且像猛禽一样地捕向来客，同时又高呼：“我的船！我的船！船长！”（My boat，my boat，capitain）人们在一片嘈杂声中，只能辨认出这几个音节来。她们在争夺到旅客的行李并运在码头上之后，便开始索求小费。此外，这些堂客们都是很漂亮的少女，人们没有勇气向她们发忿怒之情，尤其当大家了解到她们的悲惨生活，特别是当获悉她们需要供养自己及全家人时，更不会迁怒于她们了。那些长度最多不过3米的小船，是她们一年四季和日夜唯一的栖身处。这些船民的先祖系自台湾迁来，过去曾从中国政府获得在包括澳门在内的广东沿海居住的许诺，但绝不允许她们上岸定居。她们在船上有一张折迭（叠）凳、一个小火炉、一张简陋的床、淡水、火和很少一点食物。小船的后舱用一个席拱顶遮蔽风雨和日晒。其前舱有一名武装以桨的女船夫；另一端是一名女舵手，操纵着一种划桨式的舵，如同一条鱼尾。堂客们经常背负一点可怜的食物，这是其全家，特别是其母亲的食物。她

> 们的服装就如同其生活一样光怪陆离。她们头上经常包一块深色头巾，戴着风帽，只能使人看到她们那黄色和紫铜色的部分面庞。这些女子们身穿一种蓝色、宽袖和短襟的上衣，从脖子一直覆盖到膝盖。肥大而又色彩沉深的裤子一直垂到脚踝骨。她们始终打赤脚。堂客们也裸露胳膊，喜欢佩戴白色金属或透明石质料的镯子。[①]

疍家女的形象在澳门土生葡人作家笔下，得到了生动的刻画。除了飞历奇的短篇小说《疍家女阿张》，还有土生诗人李安乐的《疍家女之歌》、玛利亚·布尔绪的短篇小说《疍家女》等。土生文学的作家作品虽然不多，但是，在为数有限的作家作品里，却有一些作家在描述着同一个对象和同一个主题——疍家女。

（二）江莲达

江莲达（Deolinda da Conceição，1914～1957）是澳门20世纪40年代土生族群中卓然独立的女性，是澳门有史以来第一个葡文报刊的女记者、女编辑。她的父亲是葡萄牙人，母亲是中国人。

《长衫》是江莲达留下的唯一的短篇小说集，收录了她在《澳门消息》上发表的21篇短篇小说，1956年由葡萄牙弗朗西斯科·佛兰科（Francisco Franco）大众书局出版。其中以《长衫》《饥饿》《黎欣的爱情》《告别》《施舍》《承诺》等篇较为著名。它以葡文写成，但它的副标题是“中国故事集”，可见要以她在澳门所知所见的中国女性的故事作为她小说集里的主要内容；她希望透过这些女性人物的描写，与西方不同文化环境里的读者做一次情感的沟通。《长衫》葡文版深受葡语世界读者关注。江莲达的小说，思想与内容都颇为中国化，比如强调因果报应，经常充满哲学意味地述说命运支配人生的故事，当然其中也有经过不断努力和反抗传统势力终于战胜命运的故事。她的小说，最珍贵的是她写出了五六十年前澳门中国女性的遭遇，其中有备受种族歧视的、在（不管是中国人的还是葡萄牙人的）家庭中地位低下卑微如奴婢的女性，当然也有充满时代觉悟的、敢于冲破旧传统的女性。我们完全有理由认为江莲达是一位女性主义的先行者。

---

① 耿昇：《西方人视野中的澳门与广州》，《中国文化研究》2005年第2期。

集子中的《施舍》，写一个葡萄牙人和一个中国下层妇女的私生子，为逃避现实而远行，在码头与父母、朋友告别的悲伤场面。这个私生子长期生活在不可摆脱的痛苦和阴影中，他恨自己的父亲，看不起自己的母亲，在离别时想永远割断自己的过去——逃离那一对“不是他想要的父母”，摆脱“人们总在他额头寻找他出身印记”的耻辱，到不了解他身份的地方去争取和别人平等的地位。为了做到这一点，他甚至假装不认识哭着前来为他送行的生身母亲，当众把她当作乞妇，摸出一枚钱币，抛落在母亲向他伸去的双手中作为施舍，自己转过头摇晃身子进了船舱。码头上，母亲用痉挛的哭声不断重复着：“他给我施舍！他给我施舍！他以一个钱币的施舍回报我给他的生命！”故事情节简单，却发人深思，结局尤具震撼力。作者在这个故事中一方面大胆展示了土生葡人私生子受歧视的困惑，及他们在这种情况中的矛盾和苦闷；另一方面无情地揭露了他们当中某些人为了追求“自尊”，追求地位，不惜抛弃亲情与人性，充分表现了这篇小说思想内容的深刻性与尖锐性。

《承诺》写一个中国姑娘和一个葡萄牙建筑师相爱，但遭到家庭的反对，姑娘为对家庭尽责，向父亲做出与情人决裂的承诺，断送了美丽的爱情，付出了自己年轻的生命。小说通过姑娘面对伦理观念与爱情的冲突，以及家族利益与个人选择之间的矛盾冲突，最后以牺牲自己实现“承诺”的结局，表现了中西文化在相遇后相互冲突所形成的悲剧。在这个故事里，中葡恋人的相爱，表现了两种文化邂逅，彼此吸引，互相趋向认同。而中国姑娘的死，则反映了两种文化的差异和冲突导致不幸的结果，因而整个故事成为中西文化互为吸引又互为冲突的生动例证，也反映了中葡文化在澳门从相遇到融会的历史阶段中曾经付出的沉重代价。小说也反映了中国宗法制度对青年婚姻自由的伤害以及作者对此的感慨和不理解。实际上，小说也可以视为作者在通过自己喜爱的文学形式，反思历史，探讨时代，体悟人生。作者在小说中运用了优美的环境描写，来衬托这一对中葡青年的美好爱情，使澳门这座小城充满了迷人的风情和无比的魅力。

（三）李安乐

李安乐（Leonel Alves，又名欧安利，1920～1980），土生文学中的重要诗人。他生于澳门，父亲是葡萄牙人，母亲是中国人。由于父亲很早去世，他的母亲独自承担抚养四个孩子的沉重担子，家境困难。他从小喜欢读书，

一心“梦想能成为一个优秀的中葡诗人”。中学毕业后，他希望能像有些土生一样去葡萄牙深造，但限于家境困难而未能如愿，此事成为他终生的遗憾。中学毕业他就开始工作，也服过兵役，以后一直在澳门卫生司工作，直到退休。他在晚年埋头研究葡译本的中国哲学著作，也在此时写下大量的诗篇。1983 年，他儿子欧安利律师首次将他的遗作整理出版，题名《孤独之路》。

在诗作中，李安乐努力探索自身所拥有的那种特殊的中葡两个民族血缘混同之后所带来的情感，他透过诗作探索自己这个族群的文化身份，如《澳门之子》：

> 永远深色的头发，
> 中国人的眼睛，亚利安人的鼻梁，
> 东方的脊背，葡国人的胸膛，
> 腿臂虽细，但壮实坚强。
>
> 思想融会中西，一双手
> 能托起纤巧如尘的精品，
> 喜欢流行歌但爱听 fados，
> 心是中国心，魂是葡国魂。
>
> 娶中国人乃出自天性，
> 以米饭为生，也吃马介休，
> 喝咖啡，不喝茶，饮的是葡萄酒。
>
> 不发脾气时善良温和，
> 出自兴趣，选择居住之地，
> 这便是道道地地的澳门之子。①

可以看得出来，李安乐认同自己的“心是中国心，魂是葡国魂”，他对自己特有的文化身份充满自豪。再如他的《知道我是谁》：

① 李安乐：《澳门之子》，汪春、谭美玲编《澳门土生文学作品选》，澳门大学出版中心，2001，第 17 页。

我父亲来自葡国后山省，
我母亲中国道家的后人；
我在这儿出生，欧亚混血，
百分之百的澳门土生！

我的血有葡国
猛牛的勇敢，
又融合了中国
南方的柔和。

我的胸膛是葡国的也是中国的，
我的智慧来自中国也来自葡国，
拥有这一切骄傲，
行为却谦和真诚。

我继承了些许贾梅士的优秀，
以及一个平常葡国人的瑕疵，
但在某些场合，
却又满脑的儒家孔子。

喜欢来自祖家的
白酒和红酒，
对米酿的烧酒，
也从不客气。

确实，我一发脾气，
就像个十足的葡国人，
但也懂得抑制
以中国人特有的平和。

长着西方的鼻子，

生着东方的胡须，
既上教堂礼拜，
也进庙宇上香。

既向圣母祈祷，
也念阿弥陀佛。
总梦想有朝能成为
一个优秀的中葡诗人。

我的餐桌上永不少
咖喱、米饭和面包。
我的妻子是中国人，
却有着巴基斯坦血统。

因此，我的后代
拥有国际血统，
他们将在美丽的土地上，
到处播下种子。

我的果园里景色迷人，
每年都有好的收成，
枝头满挂里斯本的果实。

我之所以是我，要感谢
中国和葡国；
因我孕育了新的种族，
为世界明天的进步。[①]

在所有土生作家当中，李安乐是对“澳门土生”这个特殊族群的文化、性格和心理本质思索、描写、刻画得最深入的一位作家。上引一诗，高度概括了

① 李安乐：《知道我是谁》，汪春、谭美玲编《澳门土生文学作品选》，澳门大学出版中心，2001，第15~16页。

澳门土生族群的一切特点。李安乐的诗作，基本上可以归类为抒情的现实主义作品。在他的作品里，我们既可以看到沉重的对自身所属族群的历史沧桑感，同时也可以读到诚挚坦白的感叹。我们再看他的《两座小屋》，反映了他以至整个土生族群对人生、对自己父系和母系渊源身世的感叹，读来浪漫而真挚：

途经那座小屋，屋里安息着
我深深怀念的父亲；沉思他
为何离开了布格德阿基老村
来这儿，在这儿挣扎受苦？

途经那座小屋，屋里安息着
我贤淑的母亲；寻问她
为何离开了故乡广东
来这儿，在这儿独受煎熬？

你俩的灵魂在此相遇，
神秘的命运把它们吸引一起
这命运也使我在此诞生。

也就在此地，如今我已倦意深沉，
我的乖戾已使我历尽苦辛，
但不知我是否也将在这里埋葬。①

（四）阿德

阿德·约瑟·多斯山杜斯·费雷拉（Adé dos Santos Ferreira，又名阿德，1919～1993），生于澳门，父亲是葡萄牙人，母亲是澳门土生。从目前搜集到的资料来看，以澳门土语创作诗歌而获得较大成就的就是阿德了。

---

① 李安乐：《两座小屋》，汪春、谭美玲编《澳门土生文学作品选》，澳门大学出版中心，2001，第21页。

阿德小时候家庭清贫，中学毕业后在澳门工务局做事，也曾服兵役。1956 年，始任澳门利宵中学秘书长，并兼职教学、翻译和编辑事务。曾参与多份澳门葡文书刊的编辑工作，也担任过《澳门新闻日报》、《号角报》及《澳门报》的主编以及葡萄牙、香港和美联社的记者。

吴志良说："阿德的成就主要在文学方面，在于以'古老柔美的语言'来动情歌唱澳门。他很早就意识到自己作为土生葡人的特殊处境，将自己的才华和激情全部投入到澳门土生葡语方言的文学创作中。"① 1953 年 8 月，他首次在报刊发表以方言创作的诗歌。这种艺术实践，在时间的磨炼下逐渐成熟，从而令他将心中对澳门无限的眷恋得以用充满活力的形式表现出来。1968 年，他的第一部方言诗集《澳门本如斯》问世，诗集正是阿德这个澳门之子激情的写照，通过方言的表达则更显情感的真实感人。"正是通过这大量的创作，阿德倾力去挽救一种濒临死的语言，他简朴但发自心灵深处的诗文，不仅带回往昔澳门的记忆和思念，更为重要的是，令一种垂死的方言获得新生，令澳门文化正在消失的一个重要元素得以永存。"② 阿德热爱澳门，热爱澳门土生文化，他容不得外人对此有半点侮辱或不敬。几年前，某位司长批评土生葡人为"文化太监"，激起阿德的极大愤怒：

太监，这个去势的雄鸡
简直银样蜡枪
即便母鸡在旁
丝毫派不上用场！
……

经过一番讽刺之后，他开始反击：

噢，我的天！你落进了圈套
相信这哑谜
不错，澳门金钱遍地

① 吴志良：《东西交汇看澳门》，澳门基金会，1995，第 124 页。
② 吴志良：《东西交汇看澳门》，澳门基金会，1995，第 125 页。

但摇钱树并非园丁就可以修整！

……①

澳门才是真正的故乡。赞美澳门，缅怀过去，表达对前途的忧虑，是阿德大部分诗章的主题。在他笔下，澳门“是一座神圣的花园，/那里有圣洁的鲜花/盛开遍地”。那里——“田野、花园、松林、风景如画，/空气清新，一切有益于生命”。对于他，这片“鲜艳、和平、纯洁的土地/是我全部的财富，/我生命的所有一切”。②

阿德和许多澳门土生葡人一样，虽然只去过一次葡萄牙，但对葡萄牙的感情是作为一个“葡萄牙儿子”的身份来抒发的，他对葡萄牙怀有的是一种无可言状的爱。同时，他也对自己的文化处境和前途感到迷惘：

我们不希望你们离去

你们也不愿意离去

但是，在这个强大民族的世界

在这波涛汹涌的海洋

我们究竟是何人？

……③

在1987年5月写的《未来》一诗中，他对前途的迷惘更形于言表：

何为澳门的未来？

中国人的未来？

葡国人的未来？

在澳门土生土长，葡萄牙儿子的未来？

……④

---

① 吴志良：《东西交汇看澳门》，澳门基金会，1995，第125页。

② 汪春：《澳门的土生文学》，李观鼎编《澳门文学评论选》（上编），澳门基金会，1998，第221页。

③ 吴志良：《东西交汇看澳门》，澳门基金会，1995，第125~126页。

④ 吴志良：《东西交汇看澳门》，澳门基金会，1995，第126页。

从阿德的作品中，我们可以看出澳门土生葡人在这一段特殊历史时期的精神、心态。可以说，阿德及其作品是澳门土生文化的一个缩影。

（五）马若龙

马若龙（Carlos Marreiros，1957～），土生族群青年一代崛起的新秀。他既是专业建筑师，也是独具风格的诗人和画家，曾任澳门文化司司长，也是中葡人民友好协会负责人之一。

马若龙的作品，在澳门常常被一些曾经是他下属的文化界朋友高度赞扬，影响较大，而在葡萄牙，有的评论甚至把他比作中国大诗人李白和葡萄牙文学史上象征主义诗人庇山耶的混合体。他的作品已经有意识地表现中葡两种文化的交流和渗透，而我们从他的诗集《一日中的四季》中更注意到另一个问题，那就是马若龙对中国及中国文化有着更直观的感情和认识，不管这种感情是热烈还是平淡，这种认识是片面还是客观，他不完全是以一个“局外人”的身份来感知。有论者说他的诗受到诗人庇山耶的影响，诗作充溢着象征主义意味。如《祖母的镜子》：

斜切面的镜子
嵌着红木镜框
一派考究的中式装潢

岁月使镜子发乌
慢慢地
变成了一面水镜

光泽早已消失
留下的只是镜子
那灰蒙蒙的表层

我的中国祖母
很久未在那面中式镜中
出现在我的眼前

她随同最后一场雨
随同那收获的稻禾
一去再也不复返①

以祖母象征他对中国的感情、血缘联系等等，以嵌在红木框里的镜子象征他对中国的理性认知，马若龙透过描写祖母的镜子，表达了他对中国（包括感情和理智两方面）的认知取向。

三　土生文学的史料价值

（一）对澳门自然风光发自肺腑的热爱和讴歌

在飞历奇笔下，澳门的自然风光犹如美丽的油画。西望洋山边的晚霞、东望洋山上的阵阵松涛、玛利二世皇后眺望台、白鸽巢公园中的树丛、螺丝山、青洲……令人心旷神怡。澳门的夜景，西望洋山上和妈阁庙上鳞次栉比的房屋，在夜色中宛如飘动在云端的仙人琼阁，令人如痴如醉。走进碧绿的大海，在渔屋附近观看渔船网中的鲻鱼活蹦乱跳，银光闪闪，则是另一番情趣。在阿德的诗中，澳门是一座花园，有“芬芳的植物”“繁盛的鲜花”。几乎在所有澳门土生作家的文学作品中，都有对澳门这种自然景物的深情描摹。即便是在江莲达的《施舍》中带伤痕的澳门码头，也会给人留下难忘的印象。瑞士思想家阿米尔（Amiel）说：一片自然风景是一个心灵境界。艺术境界的创构，是使客观景物做主观情思的象征。这一切，编写着土生作家对澳门的一往情深。这片土地上有他们的“根”，这是他们生存的依托。

（二）三种族群不同文化背景的生存状态

中国人、葡萄牙人和土生人，是澳门社会三个主要族群，400多年来在澳门共同生存，土生文学作品中的人物世界，大都由这三种人组成。对这

① 马若龙：《祖母的镜子》，汪春、谭美玲编《澳门土生文学作品选》，澳门大学出版中心，2001，第29页。

三种人以及围绕着他们所发生的事的描写，不仅使人看到三个族群间的关系和感情，也反映出他们各自不同的生存环境和性格特点，更反映出由他们所代表的中西两种文化如何在互存中彼此渗透和融合，以及在此过程中不可避免地出现冲突，表现出作品深刻的文化内涵。从《施舍》的故事里，我们可以看到东西两种文化碰撞的细节：私生子的父亲吃饭时用刀叉，母亲则用筷子；生病时父亲主张看西医，母亲则要请郎中；等等。但是也有两种文化相互影响的结果，如儿子从父母那儿毫不费力地学会了说葡语和粤语。故事中这些细节和视角，展现了两种文化结合下产生的混血儿“土生人”的特殊生存环境，以及他们在历史发展中既互相碰撞又互相渗透的文化背景。

（三）从联姻看中西文化碰撞与磨合

中葡联姻既能反映出两个民族之间的冲突和认同的矛盾关系，也能反映出中西文化的碰撞与磨合。例如《我的父亲》《承诺》《施舍》等作品，正是早期澳门社会这种情形的写照。葡萄牙学者施白蒂（Beatriz Basto da Silva）说过：“不管是18世纪前植根葡萄牙还是来自东方大帝国王朝（Albuquerque）式带有政治色彩的联姻，要将这种民族、社会和心理的层次接合一致起来是最困难的甚至是不可能的。”“尽管目前葡中联姻十分普遍，但这种情况，正如我们能想到的，并不是一开始就中规中矩。‘天朝’王子们对我们不信任且不善待（因怕我们就此定居在中国南部），起初禁止这样的联姻，尽管后来认可了，但从来没有鼓励过这种婚姻。”[①]《承诺》中女主人公的家庭是澳门社会维护传统中国文化的名门世家，他们视一切外国人为“外夷”。所以当这个家庭中的女儿爱上一个葡萄牙青年时，悲剧因素就产生了。最终，这段爱情失败，反映了早期葡人难以与一般中国女子正式通婚的历史事实。而《我的父亲》里葡萄牙父亲与中国妾侍“金屋藏娇”的关系，《施舍》里葡萄牙人和那个贫苦中国女人的同居，都是中葡之间许多非“中规中矩”结合的社会现象之写照。

---

① 〔葡〕施白蒂：《澳门土生——一个身份的问题》，《澳门研究》1993年总第1期。

四 澳门土生文学的式微

土生文学属于澳门文学一个特殊的分支，谈澳门文学倘若不谈土生文学，那将是不全面的。澳门文学的区域性特征，一般被理解为抒写对半岛生活的所见所闻、所思所感，反映澳门人以及从内地、海外迁澳的华人的精神和心态，具有浓郁的地方特色和本土气息，这就是澳门作家所说的“澳味”。澳门区域文学如果不反映该区域独特的跨文化境遇中的人、事、物、景、情，尤其是人的精神状态，那么这个区域性特征就很难说是“澳味”的。因此，澳门土生文学不仅是澳门文学的组成部分，同时也是澳门文学中的“他者”，从这种跨文化的文学“镜像”中照见的东西，相信可以促进人们对澳门文学的思考。

然而，也应该实事求是地看到，澳门土生虽然已有四百年的历史，但是土生人口总是为数不多，其繁衍受到一定的阻碍。对于其原因，澳门大学王国强在《澳门土生的形成与流失》一文中认为，一是受葡萄牙民族主义的影响。“虽然早期的葡萄牙政府大力推动殖民和树立乡土观念的政策，但是在澳门的传统世家却喜欢选择族内通婚，女子以嫁给欧洲人或葡人为优先，而他们一般都跟从其丈夫回到葡国或别的殖民地。男子虽无此标准，但他们充满移民的倾向，以谋求更好的生活，造成留在澳门男性人口不多，联姻的机会减少，生育率下降。”① 二是出于中国民族自尊的心态。“中国传统社会重男轻女，常以中华民族自居，不屑甚至鄙视以夷妇为妻，所以虽然有不少土生妇女找不到葡人或土生葡人为丈夫，却不能与中国男子成婚，造成澳门有土生妇女出家为修女，终身不嫁的现象。此外，在政治上，由于明清政府均害怕葡人在澳门长期定居，经常颁布诏令，禁止华人信奉天主教、禁止与葡人通婚、禁止葡人贩卖奴隶等，均阻碍土生人口繁殖的机会。”② 三是受其他因素影响。“包括人口的自然死亡，婴儿出生率低、死胎及产妇常在分娩和产后去世。”③ 王氏认为造成澳门土生流失的原因有六点：①追求更美好的生活；②出于工作需要的关系；③由于战乱与社会动

① 王国强：《澳门土生的形成与流失》，《澳门研究》1996 年总第 4 期。

② 王国强：《澳门土生的形成与流失》，《澳门研究》1996 年总第 4 期。

③ 王国强：《澳门土生的形成与流失》，《澳门研究》1996 年总第 4 期。

荡；④出于对澳门统治者的不满；⑤受中葡双方的冲突的影响；⑥对澳门缺乏归属感与安全感。由于特殊的原因，澳门土生一直未能建立起相对独立的文化/文学，而澳门回归中国，这种可能显得更加渺茫，甚至随着时间的推移，土生族群本身也会慢慢消失。因此，可行的做法是，把土生文学作为澳门文学发展历程中一个特殊文学现象，研究其内在的文化寄生性和文化分割性。

（原载钟瑞添主编《广西师范大学学报》（哲学社会科学版）总第210期，桂林：广西师范大学，2012年2月。）

葡语文学在澳门

张　雁*

作为昔日大航海时代的霸主之一，葡萄牙征服者的船队虽然早已不复出现在世界各地的海岸线，但目前仍然有葡萄牙、巴西、安哥拉、莫桑比克、几内亚比绍、佛得角、圣多美和普林西比、东帝汶和中国澳门等国家和地区的逾两亿人讲葡萄牙语，延续着葡萄牙文化与其他族群文化在世界各地的交融、衍生与发展。

自16世纪末葡萄牙人蹈海而来，葡人与华人共同在澳门开埠定居，经商劳作，生生不息。时至今日，这座小城已经拥有56万人口，其中能讲葡萄牙语的居民约占2.4%，[①] 虽然使用葡语的总人口数和百分比都不算多，但他们仍然毫无疑问地参与塑造和彰显这座城市所特有的景致与情怀。沿着漫长的葡语海岸线，文化之蚌蕴生文学之珠。400多年的开埠史和交流史，为澳门这濒海一隅的小城带来了一道独特而亮丽的葡语文学风景线。

一　文学的移植与共生

澳门的自然与人文特质决定了葡语文学最早的外来属性。开埠早期，来自葡萄牙的文人墨客、士兵、商贩往往是以旅行者或探险家的身份在澳门短

* 张雁，文学博士，澳门理工学院语言暨翻译高等学校副教授。

① 澳门特别行政区政府统计暨普查局：《2011人口普查详细结果》，http://www.dsec.gov.mo/getAttachment/564633df-27ea-4680-826c-37d1ef120017/C_CEN_PUB_2001_Y.aspx，最后访问日期：2012年6月1日。

暂居停，仅留下数量稀少的生活记录和行迹报告，尽管如此，这也给澳门葡语文学的萌生与发展提供了可能与先机。澳门的葡语文学纪元是由葡萄牙诗圣贾梅士（Luís Vaz de Camões，又译作路易斯·德·卡蒙斯）亲自开创的。在 1553 ~ 1568 年，贾梅士曾来到澳门居住一段日子，在这期间他不仅构思了葡语文学的巅峰之作《葡国魂》（*Os Lusiadas*，又译作《卢济塔尼亚人之歌》），还留下了著名的贾梅士洞供后人凭吊瞻仰。[①] 贾梅士在诗中记下了他对澳门、对中国的美好描述与无限向往：

> 看那便是名唤占婆的海岸，/茂密的大森林里香木参天，/交趾支那就像是一个谜团。/还有那世人不谙的海南湾，/就在这里屹立着中华帝国，/她有难以想象的土地财富，从此北回归线到寒冷的北极，/全部归属她那辽阔的幅员。
>
> 你看那座难以置信的长城，/就修筑在帝国与邻国之间，/那骄傲而富有的王权力量，/这便是确凿而卓越的证明。/它的国王并非天生的亲王，/更不是父位子袭世代传递，/他们推举一位仁义的君子，/以勇敢智慧德高望重著名。
>
> ——《卢济塔尼亚人之歌》[②]

开埠之初的一个半世纪是澳门经济的繁荣时期，也是葡萄牙文化和天主教文化在澳门发展的鼎盛时期。但入清之后，清政府实行严格的禁教令及海禁政策，并不断强化管理，致使澳门对外贸易大减，城市经济遭受重创，城市文化日趋衰落。据 1745 年的教堂记录，当时澳门有 5212 名天主教徒，来自葡萄牙本土的葡萄牙男子仅有 90 人，大部分都是葡印、葡马、葡日以及葡中混血儿。[③] 在这种情况下，葡语文学显然难以扎根壮大。在此期间，葡萄牙浪漫主义文学的先驱博卡热（Manuel de Barbosa du Bocage）曾于 1789 年 10 月至 1790 年 3 月来到小城，不到半年的澳门生活经验让博卡热悲叹不已：

---

① 关于贾梅士是否及何时到达澳门，学界还存在一定的争议。笔者认为，作为葡萄牙伟大诗人，贾梅士对后世葡语作家的影响无疑是持久且深远的。

② 〔葡〕路易斯·德·卡蒙斯：《卢济塔尼亚人之歌》，张维民译，中国文联出版社，1998，第 452 页，第 129 首和 130 首。

③ 〔葡〕施白蒂：《澳门编年史（十八世纪）》，小雨译，澳门基金会，1995，第 134 ~ 135 页。

一个无权的政府，/一位某某主教先生，/一批幽居贞洁的修女，/三座修道院，五千个/不够虔诚的土生男女和中国天主教徒。/一座十年如一日的教堂，/十四名身无分文的神甫，/到处都是贫困，到处都是卑贱的女人，/仅有百多个葡萄牙人住在一个不清洁的城墙里。

六座炮台，一百个士兵，一面鼓，/三座用木来装饰的教堂，/一个无起诉人的宗教裁判庭。/两所修院，其一破坏不堪，/一所享有无上权力的议事庭，/葡萄牙在澳门就剩这么多啦！

——《一个无权政府、一位某某主教先生》[①]

19世纪尤其是鸦片战争以来，伴随着葡萄牙政府对澳门的管辖权最终为《中葡和好通商条约》所确认，数百年的经营终于让葡萄牙人获得了“永居澳门”的权利，而此时，随着居澳葡萄牙人和土生葡萄牙人数量逐渐增加，葡萄牙人对澳门的垦殖也不断扩大加深，葡语文学亦随之探根因应这块异文化的土地，并茁壮成长。

在这一时期的葡语作家中，庇山耶（Camilo Pessenha）的创作尤其值得注意。1894年4月，27岁的庇山耶从葡萄牙远渡而来，在澳门展开新的生命体验和文学旅途。庇山耶不仅学会了广东话，而且认真地翻译钻研中国文学作品，他认为中国文学“具有美的魅力……特别是为思考人类普遍的境况拓展了广阔的精神空间”。[②] 葡中文化的双重体验激荡着作者的创作灵感与文学天赋。1914年9～10月，庇山耶在《进步月刊》（*O Progresso*）翻译并解释了《八首中国挽歌》（*Oito Elegias Chinesas*）；随后的1915年，他在《人马魔》（*Centauro*）杂志上发表了15首诗，并于1920年在里斯本集合出版为《滴漏》（*Clepsidra*）。在庇山耶的诗集中，“在路上”“该上路了”“我又独自上路”之类的句子屡见不鲜，充分展现作者对于漂泊者身份的固守。而在《人生的旅程》中他写道：

我流浪的异国他乡还在远方，/蓝色海洋的波浪啊，把它吞没

---

① 转引自李淑仪《十六至二十世纪澳门葡语文学的探索与研究》，暨南大学博士学位论文，2000，第47～48页。

② 〔葡〕庇山耶：《滴漏》，陈用仪译，澳门文化司署、花山文艺出版社，1997，第4页，附录（该书附录重新计算页码）。

吧。/我启程之后，/不知要漂到何方。/人生的旅程，是由谁来划定？[①]

生命的漂泊无依与前路的渺茫不定成为诗人心中挥之不去的荫翳，无根的游子在面对无垠的海洋时，早已没有了昔日祖先们的霸气与豪情，仅余下殖民主义时代晚期的惫乏与茫然了。

进入20世纪，葡中两国虽皆迭经政治的风雨洗礼，但葡语文学在澳门这块土地已经深深扎根，除居澳葡萄牙人的大量文学创作之外，孕育多时的土生文学也开花结果，成为葡语海岸线上一道独特的文学风景。土生作家作品主要有江道莲（Deolinda da Conceição）的《旗袍》（*Cheong Sam*），李安乐（Leonel Alves）的《孤独之路》（*Por Caminhos Solidários*），阿德（José dos Santos Ferreira）的《幸福的花园》（*Macau，Jardim Abençoado*），飞历奇（Henrique de Senna Fernandes）的《南湾》（*Nam Van：Contos de Macau*）、《大辫子的诱惑》（*A Tranfa Feiticeira*）和《爱情与小脚趾》（*Amor e Dedinhos de Pé*），晴兰（Fernanda Dias）的《写在纸上的岁月》（*Horas de Papel*），马若龙（Carlos Marreiros）的《一日中的四季》（*As 4 Estações do Dia*），以及飞文基（Miguel de Senna Fernandes）的一些剧本。由于土生作家本身都是两种以上文化的载体，因此，一方面，他们关注自己“澳门之子”的文化身份，吟唱自己对于澳门深深的爱恋与皈依：

> 永远深色的头发，/中国人的眼睛，亚利安人的鼻梁；/东方的脊背，葡国人的胸膛，/腿臂虽细，但壮实坚强。/思想融会中西，一双手/能托起纤巧如尘的精品，/喜欢流行歌但爱听fados，/心是中国心，魂是葡国魂。/娶中国人乃出自天性，/以米饭为生，也吃马介休，/喝咖啡，不喝茶，饮的是葡萄酒。/不发脾气时善良温和，/出自兴趣，选择居住之地，/这便是道道地地的澳门之子。
>
> ——李安乐《澳门之子》[②]

---

① 〔葡〕庇山耶：《滴漏》，陈用仪译，澳门文化司署、花山文艺出版社，1997，第73页。

② 汪春、谭美玲编《澳门土生文学作品选》，澳门大学出版中心，2001，第17页。

我们的澳门，圣地，/是一个备受祝福的花园/那儿更布满美艳的鲜花/传遍优美的歌声。/幸福健康的花儿，/因主之名我们种植她/我们的祖先更以他们的泪珠/来浇灌花儿，使她们光亮柔媚。

——阿德《幸福的花园》①

另一方面，在他们的作品中，也较多反映葡、中两个民族在意识和心态上的碰撞、交汇与融合，如曾获得葡萄牙科英布拉大学 1950 年百花诗文学奖的飞历奇《疍家女阿张》《镜海垂钓》和江道莲《西洋鬼》、李安乐《疍家女之歌》等，均展现了土生作家对于异质文化交融的独特体验和生命感受。在《疍家女阿张》中，作者叙述了“澳门号”炮舰上的水兵曼努埃尔与疍家女阿张的爱情故事。温柔、善良、沉默的阿张唤醒了曼努埃尔这个在世界各地漂泊的浪荡水手对于美好情感的向往与渴求，两人并在共同抚养女儿梅来的过程中建立了更加深厚的情感。梅来，这个“土生”女儿，其本土性的存在正彰显了澳门作为中葡文化交融之地你中有我我中有你的历史与现实。江道莲的《西洋鬼》一文亦借受到“西洋鬼”帮助、免遭饥饿寒冷之苦的澳门底层民众所说出的“老天爷保佑这些‘西洋鬼’住得久一点吧!”之语，展示了在漫长岁月中澳门不同族群共生共存的人文景观。当然，土生葡人作家也看到了作为混血儿，在经历了文化交融后所必须面对的后文化困境，如飞文基的剧本《西洋，怪地方》和《曼奴毕都去西洋》均演绎了一个个因为语言和习俗差异而导致的身份和文化隔膜的故事。《曼奴毕都去西洋》讲述土生葡人曼奴毕都和一家大小从澳门带着猪皮、发菜、木耳等土特产兴冲冲去葡萄牙定居，结果却因语言差异被里斯本海关人员误认为携带违禁物品，因此受到了歧视和刁难。在“最好还是回澳门吧!”的嗟叹声中，土生葡人的文化困境彰显无遗。

由上可见，土生作品中的人物、事件、感情发生的背景定位于澳门这一特殊地区，呈现中西文化互相渗透交融的历史印记和文化蕴涵，因而在情节安排、艺术技巧和语言特色上均展示出与伊比利亚半岛及拉美、非洲的葡语文学不同的风格及特色，而这些都毫无疑问地丰富和深化了葡语文学的美学内涵与艺术追求。

---

① 汪春、谭美玲编《澳门土生文学作品选》，澳门大学出版中心，2001，第 14 页。

二　文学的译介与研究

虽然有着优越的天时地利，但前澳葡政府在行政、教育及语言文字推行政策上的缺失，[①] 使得澳门90%以上的华人居民不谙葡语，而较熟习葡语的人士又对中文尤其是中文写作并不熟悉，因此，数百年来，葡语文学始终难以在占澳门社会主体成分的华人群体中取得共鸣。在这种情况下，首先关注到澳门葡语文学发展的学者多为葡人和土生葡人，如高美士（Luís Gonzaga Gomes）在编辑《澳门书目》（*Bibliografia Macaense*）的过程中对葡语文学著述及其在澳门的出版发行进行了初步的整理；白妲丽（Graciete Nogueira Batalha）则在《号角报》（*O Clarim*）、《澳门新闻》（*Notícias de Macau*）、《消息日报》（*Diário de Notícias*）等葡、澳报刊上先后发表了有关葡语文学及澳门葡语文学的研究文章，如《澳门土生文学》（*Literatura Macanese*）[②]、《澳门的传统诗学》（*Poesia Traditional de Macau*）[③] 等，梳理并评述了澳门葡语文学的发展轨迹与艺术特色；卡洛斯·桑托斯（Carlos Pinto Santos）和奥兰多·内维斯（Orlando Neves）合编的《遥望中国》（*De Longe à China: Macau na Historiografia e na Literatura Portuguesas*）[④] 所收作品亦涉及澳门葡语文学研究，皆可谓澳门本土葡语文学研究的发轫之作。

20世纪80年代起，随着国内对葡语文化研究的开展，葡语文学开始受到关注。中国社会科学院和澳门文化学会、葡萄牙古本江基金会、东方葡萄牙学会先后合作在内地和澳门出版了安东尼奥·若泽·萨拉伊瓦的《葡萄牙文学史》、贾梅士的《卡蒙斯诗选》《卢济塔尼亚人之歌》等，推动了华语地区停滞已久的葡语文学研究。随着一批通晓葡语的内地学者如李向玉、崔维孝、李长森、吴志良、金国平、姚京明等人先后来到澳门，大量葡语文献的钩稽排比、整理出版也带动了葡语文学在澳门的翻译、推广与研究工

① 澳门教育学者刘羡冰概括澳门的葡语推广现象为“三得”：官方对民众不热心的无奈只好“任得”，土生葡人享有充当语言中介的特权而“乐得”，居民在忍耐中寻找亚交流方式的“忍得”。冯增俊编《澳门教育概论》，广东教育出版社，1999。

② Graciete Nogueira Batalha, “Literatura Macaense,” *Notícias de Macau*, Lisboa, Nov. 29, 1979.

③ Graciete Nogueira Batalha, “Poesia Traditional de Macau,” *Macau*, Vol. 4, 1987, pp. 40 – 43.

④ Santos, Carlos e Neves, Orlando, *De Longe à China: Macau na Historiografia e na Literature Portuguesas*, Macau: Instituto Cultural, Vol. 1 – 2, 1988, Vol. 3 – 4, 1996.

作，如崔维孝所译《使命》（*A Missâo*）[①]、《文杜拉先生》（*O Senhor Ventura*）[②]、《萨－卡尔内罗短篇小说集》（*Contos Azuis*）[③] 和《南湾：澳门小说集》[④]，姚京明所译《葡萄牙现代诗人二十家》[⑤]，等等。

20世纪90年代，因应澳门回归的文化呼唤，在葡萄牙古本江基金会、东方基金会、东方葡萄牙学会、澳门文化司署（局）等机构的赞助下，一批批优秀的葡萄牙人包括土生葡人的文学作品被移译为中文，其中最为著名的莫过于90年代中期由澳门文化司署和花山文艺出版社合作翻译出版的“葡语作家丛书”：

《马亚一家》（上、下），埃萨·德·盖罗斯著，任吉生、张宝生译

《圣遗物》，埃萨·德·盖罗斯著，周汉军译

《巴济里奥表兄》，埃萨·德·盖罗斯著，范维信译

《大辫子的诱惑》，飞历奇著，喻慧娟译

《爱情与小脚趾》，飞历奇著，喻慧娟译

《两姐妹的爱情》，儒里奥·迪尼斯著，陈凤吾、姚越秀译

《英国人之家》，儒里奥·迪尼斯著，李宝均、陈凤吾报译

《痛苦的晚餐》，路易斯·蒙特洛著，陈凤吾译

《男儿有泪不轻弹》，路易斯·斯塔乌·蒙德罗著，孙成敖、王锁瑛译

《索菲娅诗选》，索菲娅·安德雷森著，姚京明译

《短篇小说范例》，索菲娅·安德雷森著，崔维孝译

《一个天使的堕落》，卡米洛·卡斯特罗·布朗库著，王锁瑛译

《恶与善及其他小说》，多明戈斯·蒙特罗著，孙成敖译

《新生》，埃乌热尼奥·德·安德拉德著，姚京明译

《滴漏》，庇山耶著，陈用仪译

---

① 〔葡〕费雷拉·德·卡斯特罗：《使命》，崔维孝译，澳门文化学会，1987。

② 〔葡〕米盖尔·托尔加：《文杜拉先生》，崔维孝译，澳门文化学会，1989。

③ 〔葡〕萨－卡尔内罗：《萨－卡尔内罗短篇小说集》，崔维孝译，东方葡萄牙学会，1993。

④ 《南湾：澳门小说集》，飞历奇、李长森、崔维孝译，澳门土生教育协进会，2003。

⑤ 《葡萄牙现代诗人二十家》，姚京明译，澳门文化司署，1992。

《旗袍》，江道莲著，姚京明译

《修道院纪事》，若泽·萨拉马戈著，范维信译

《葡萄牙当代短篇小说选》，孙成敖选译

稍后，澳门文化局、东方葡萄牙学会、海南出版社、三环出版社合作翻译出版了“康乃馨译丛”之“文学系列”：

《毁灭之恋》，卡米洛·布朗库著，王锁瑛译

《火与灰》，马努埃尔·达·丰塞卡，范维信译

《首都!》，埃萨·德·盖罗斯著，陈用仪译

《盲人的峡谷》，阿尔维斯·雷多尔著，吴志良、吕平义、孙成敖译

《边界小村》，米盖尔·托尔加著，范维信、蔚玲、李小玉译

《还魂曲》，贾乐安著，喻慧娟译

《猫》，菲阿略·德·阿尔梅达著，刘正康译

《葡萄牙人在华见闻录》，费尔南·门德斯·平托著，王锁瑛译

《葡萄牙民间故事选》，黄徽宪译选

里斯本和澳门本地的文化机构和团体如贾梅士学会、澳门葡文书局、葡人之家协会等亦对葡语作家、葡语文学在澳门的推广贡献良多。向以“倡导葡萄牙语言和文化”为宗旨的《葡萄牙语文学文化杂志》（*Revista de Letras e Culturas Lusófonas*，由葡萄牙贾梅士学会主办）每期均有中文节选本在澳门发行；在澳门相关文化机构的支持下，1994年何东图书馆迎来了首届葡中诗人的诗歌朗诵会；1998年的诺贝尔文学奖得主若泽·萨拉马戈（José Saramago）曾于1997年到访澳门参加《修道院纪事》的中文版发行仪式；1997年澳门大学举办了“澳门文学国际学术研讨会”；1999年世界诗人组织在澳门举办了“纪念世界的诗人贾梅士研讨会”；2002年，葡语文学翻译专家范维信和陈用仪专程来澳门参加了若泽·萨拉马戈《失明症漫记》的中文版发行仪式和研讨会；著名土生作家飞历奇的小说《大辫子的诱惑》还于1996年在澳门被拍成电影，并荣获中国第19届百花奖最佳合拍片奖和葡萄牙第25届费格拉达福兹电影节特别大奖，引起了海内外的广泛关注。

这些文化活动都毫无疑问地拓展和深化了葡语文学在澳门的传播与接受。

由澳门文化局主办的《文化杂志》虽以澳门历史及文化研究见长，亦是澳门地区葡语文学研究及推广的重镇之一。《文化杂志》（中文版）自1987年创刊以来，在官龙耀、马若龙和黄晓峰等学者的先后主持努力下，经常刊登一些伊比利亚半岛和澳门本土葡语作家、作品的翻译及其研究，涉及文学的篇幅占刊面比例近10%，① 有力地促进了葡语文学在澳门的流传和推广。作品翻译如多明戈斯·蒙特罗《归》、飞历奇《疍家女阿张》、帕特里科·康纳《米格尔·托尔加短篇小说精选》、高戈《葡萄牙现代诗选萃》、阿马罗《安娜·玛丽亚·阿马罗作品》、晴兰《晴兰短篇小说》、马若龙《玉坠》、庇山耶《中国挽歌》（《中国文学》——古诗《中国挽歌》庇氏葡译及庇氏原注）等；作家作品研究如韦博文《塞萨利奥·维尔德》、鲁晏宾《埃萨·德·克罗斯和他的作品》、若昂·雷伊斯《中文版的〈玛亚一家〉》、维伊加·德·奥里维拉《卡米洛·庇山耶：诗人·法官·人》、王锁瑛《由卡米洛·卡斯特罗·布朗库代表作〈被毁灭的爱情〉联想起中国的宝黛爱情》、冯非凡《葡萄牙小说巨匠米格尔·托尔加》、姚京明《葡萄牙现代诗歌轮廓》、若瑟·奥·萨埃布拉《澳门和葡萄牙诗人》等等。② 除此之外，《文化杂志》（中文版）第31期还推出了“16～17世纪伊比利亚文学视野里的中国景观文献选集”专辑，将葡语文学与中国历史结合起来呈现在读者面前，可谓“他山之石，可以攻玉”，极大地拓展了中国历史和葡语文学研究的视野。这些都毫无疑问地激发和促进了澳门本地华人学者对于葡语文学的关注与研究。

早期的澳门文学研究者对于本地葡语文学的研究多半仅限于对几个著名作家以及零星作品进行描述式的介绍或影像式的扫描，较少结合历史与文化去深入探析作品背后所隐藏的社会基因与族群密码，而随着越来越多的葡语文学作品和历史文献移译呈现在中文读者面前，葡语文学在澳门的独特发展轨迹和形态也渐趋醒目，澳门本地的华人学者便迅速地将澳门葡语文学纳入了自己的研究范围，将之视为澳门文学不可或缺的一部分，对之展开了全面深入的梳理与探讨。如李淑仪《十六至二十世纪澳门葡语文学的探索与研究》即全面回顾并梳理了澳门从开埠至回归400多年的葡语文学发展史，讨论并分析其间曾经在澳

① 黄晓峰：《澳门〈文化杂志〉（中文版）文学记事》，《世界华文文学论坛》2000年第1期。

② 以上参见澳门《文化杂志》（中文版）第2、4、7、8、9、10、11、12、17、24及25期。

门生活过的葡语作家如平托、贾梅士、博卡热、亚尔隆索伯爵、庇山耶、恩索、德桑布鲁诺及土生作家群的创作历程与艺术特色。李文并整理了“16到20世纪澳门葡语作家作品索引”，颇见功力，极大地方便了后继研究者。

最令本地华人学者感兴趣的葡语文学无疑是自20世纪中叶开始崭露头角的澳门土生文学。土生文学的身影，是20世纪90年代以来伴随着社会、历史及语言学家对于土生葡人社群历史、文化、语言研究的拓展深化和葡语文学翻译的蓬勃发展而呈现在研究者的学术视野中的。[①] 正如长期在《文化杂志》任职、熟悉澳门文学发展的黄晓峰所言：“如果看不到土生葡人文学的活生生的存在，或者把它们摒之于‘澳门文学’之外，那真是一种有眼无珠的‘天朝心理’的劣根性在作怪了。”[②] 除久负盛名的飞历奇、江道莲等人的作品外，一批少有人知的土生作家及其作品也被翻译整理出版，如汪春、谭美玲《澳门土生文学作品选》即收录了李安乐、阿德等20多位土生作家的50多篇诗歌、散文、小说和戏剧，较全面系统地展示了澳门土生作家的文学风貌与艺术特质。随着土生文学的翻译和整理出版，土生文学的语言风格、美学追求、身份意识、文化体验和历史印记开始得到了较为广泛深入的讨论和探析。研究者们或从土生族群的文化身份和澳门的城市特质入手探讨土生文学总体的文化内涵和美学特色，描述土生文学在葡中文化双重栉沐下所习得的边缘性、包容性和开放性气质，如黄晓峰、刘月莲《写在澳门文学的边缘——澳门土生文学论略》[③]，汪春《澳门的土生文学》[④]、《论澳门土生文学的文化身份》[⑤] 和《澳门之子——从土生土话话剧看土生文学的文化身份》[⑥]，莫羲世《二十世纪澳门

---

① 此类土生葡人研究著作、论文有：〔葡〕安娜·玛丽亚·阿马罗：《大地之子——澳门土生葡人研究》，金国平译，澳门文化司署，1993；贾渊、陆凌梭：《台风之乡——澳门土生族群动态》，澳门文化司署，1995；《“澳门土生人”论文特辑》，《文化杂志》（中文版）第20期；文德泉：《澳门土生葡人的来源》，《文化杂志》（中文版）第26期；刘月莲：《蔚蓝色文明与黄色文明的融合体——澳门土生葡人的来源与现状》，北京大学东方文化国际研讨会会议论文，1991。

② 黄晓峰：《澳门世纪末的文学幻想》，黄维樑编《中华文学的现在和未来》，炉峰学会，1994。

③ 黄晓峰、刘月莲：《写在澳门文学的边缘——澳门土生文学论略》，《江苏社会科学》2000年第1期。

④ 汪春：《澳门的土生文学》，刘登翰编《澳门文学概观》，鹭江出版社，1998。

⑤ 汪春：《论澳门土生文学的文化身份》，苏州大学博士学位论文，2004。

⑥ 汪春：《澳门之子——从土生土话话剧看土生文学的文化身份》，程祥徽、郑炜明主编《澳门文学研讨集——澳门文学的历史、现状与发展》，澳门日报出版社，1998。

土生葡人小说研究》[①]，以及崔明芬《澳门土生文学创作中“根”的意识》[②]等；或致力于在文本细读中发掘土生作家及其作品独特的人文情怀、人物形象、艺术技巧和语言特色，如刘月莲《澳门土生文学的两个文本》[③]、郭济修《飞历奇小说研究及其他》[④]、汪春《美丽的疍家女——土生文学中一道别样的风景线》[⑤]、谭美玲《试谈〈长衫〉及〈施舍〉中的女性》[⑥]、吴志良《土生诗人阿德》[⑦]、郑炜明《读〈爱情与小脚趾〉》[⑧] 等等。

值得我们注意的是，在澳门本地的葡语文学研究中，很多研究者都通晓葡汉双语。无可置疑，双语的熟练掌握与运用会使研究更加得心应手和切中肯綮，如汪春的一系列论著即注意到了“帕萄亚语”（Patoa）在土生文学中的运用及其艺术效果。郑炜明《澳门的土生文学、葡语文学与外语文学创作》[⑨] 和李淑仪《澳门当代华语诗人和葡语诗人文化心态比较》[⑩] 则在澳门多种语言文学创作的对比研究中，有力地凸显了澳门独特的文学景观和文化景致。这些都使得澳门本地的葡语文学研究更加丰富多元。

由以上对澳门本地葡语文学传播与接受的初步考察，我们相信，随着对澳门历史文化研究更加系统全面地展开，随着越来越多精通葡汉双语的研究者的加入，澳门本地的葡语文学研究将更加广泛和深入。

三　结语

源于历史与现实，回归以来，澳门特区政府一直努力使澳门成为中国与

---

① 莫羲世：《二十世纪澳门土生葡人小说研究》，华东师范大学硕士学位论文，2007。

② 崔明芬：《澳门土生文学创作中“根”的意识》，《澳门理工学报》（人文社会科学版）2012 年第 1 期。

③ 刘月莲：《澳门土生文学的两个文本》，澳门文学研讨会会议论文，南京，1999。

④ 郭济修：《飞历奇小说研究及其他》，澳门文化广场，2002。

⑤ 汪春：《美丽的疍家女——土生文学中一道别样的风景线》，《澳门研究》2002 年总第 14 期。

⑥ 程祥徽、郑炜明主编《澳门文学研讨集——澳门文学的历史、现状与发展》，澳门日报出版社，1998。

⑦ 吴志良：《土生诗人阿德》，吴志良编《东西交汇看澳门》，澳门基金会，1996。

⑧ 程祥徽、郑炜明主编《澳门文学研讨集——澳门文学的历史、现状与发展》，澳门日报出版社，1998。

⑨ 见余振等编《澳门历史、文化与社会》，晨辉出版社，2003。

⑩ 见《文化杂志》（中文版）第 27、28 期。

全球葡语国家之间的经济、贸易、科技、文化交流的平台，大力推行葡语培训，澳门理工学院语言暨翻译高等学校即在这一领域发挥着非常重要的作用。回归之后，将葡语作为日常语言的特区居民人数虽有明显下降，但是报读葡语培训课程的人数却不断上升。据统计，1999～2007年，参加葡语培训的人数为23558人次，参加中文（普通话及粤语）培训的人数为22500人次，参加英文培训的人数为13328人次，[①] 这也显示了澳门本地民众对于特区政府推广葡语学习的响应和重视。但平台的建立，并非仅仅只要求语言的准确对接，文化层面上的彼此了解、莫逆于心更是难得的机缘，即所谓“观乎天文以察时变，观乎人文以化成天下”。[②] 众所周知，文学是各民族的认知、价值、情感、审美和语言等诸多因素的综合体现，也是民族文化及其向心力、认同感的重要基础。因此，文学的体验，无疑就是文化领悟的一个极佳方式。

德国人恩格斯在谈到法国作家巴尔扎克时，曾经这样说，从他的小说中了解到的法国历史与现状“要比从当时所有职业的史学家、经济学家和统计学家那里学到的全部东西还要多”。[③] 澳门在建设经营中国与全球葡语国家之间的经济、贸易、科技、文化交流平台的过程中，在大力推行葡语培训的过程中，不妨将葡语文学也作为推广的一部分。如自1977年开始，每年6月10日为澳门的“葡国日、贾梅士日暨葡侨日”，澳门本地葡侨都会在白鸽巢公园向贾梅士石洞献花并朗诵贾梅士诗作；澳门理工学院亦自2006年起每年都会举办葡语诗歌朗诵比赛等活动，让普罗大众在语言的学习中、日常的生活中多多体验一些葡语文学的优美与葡语艺术的经典。文学的濡染、艺术的熏陶无疑将使澳门大众对葡语文化的理解更加全面深入，使这座城市不只是中国南海的一颗耀眼明珠，而且是葡语海岸线上一座熠熠夺目的灯塔。

（原载李向玉主编《澳门理工学报》（人文社会科学版）总第49期，澳门：澳门理工学院，2013年1月。）

---

① 张桂菊：《澳门语言状况与语言政策》，《语言文字应用》2010年第3期。

② 《周易·贲卦·彖传》。

③ 《马克思恩格斯选集》第4卷，人民出版社，1995，第684页。

语言翻译编

广府粤语覃谈分韵的历史层次

余颂辉*

一 引言

《切韵》开口一等重韵覃、谈在现代汉语方言中的分混问题自高本汉（Bernhard Karlgren）以来就是学界关注的热点，由此形成的拟音处理诸家争论不休。此前，很多学者如王洪君①、鲁国尧②、吴瑞文③、马德强④等都进行了较为详细的研究，并做了较大篇幅的讨论，以粤语为例，上述学者都认为粤方言里中古覃、谈二韵今读没有区别。

笔者的母语并非粤方言，但因为工作关系，需要学习和研究广州话，这个过程中接触了不少主要元音为 ɐ 且以 -m/ -p 收尾的“方框字”。这些词中有不少其意义与用法同客赣方言的咸摄一等字相当，也符合《广韵》《集韵》所记载的音义，且依声母发音部位的差异表现为覃谈分韵的格局。通过考证历史上本土学者及西洋人所记录的广府话材料，可以确定这种格局古已有之，只不过随着时间的推移，不同声母部位的覃谈韵字具体表现不同。

---

* 余颂辉，江西科技师范大学文学院副教授。

① 王洪君：《从开口一等重韵的现代反映形式看汉语方言的历史关系》，《语言研究》1999年第1期。

② 鲁国尧：《“颜之推谜题”及其半解》，《鲁国尧语言学论文集》，江苏教育出版社，2003，第136～180页。

③ 吴瑞文：《覃谈有别与现代方言》，《声韵论丛》2004年第13辑。

④ 马德强：《重韵的性质、类别及其在现代汉语方言中的反映》，福建师范大学硕士学位论文，2005。

二　广州话覃谈相别的考证

前述几位学者都谈到广州话覃谈韵今读分混的层次，他们都认为广州话中古覃谈韵今读的音系格局是覃谈见系≠覃谈非见系＝咸衔，可以用下图表示①：

覃谈（见系） ɐm/ɐp	覃谈（非见系） 咸衔 am/ap

这个〔ɐm/ɐp〕韵母同时也是中古侵韵（除特殊情况外，本文举平以赅上去入，下同）的今读，因此就有：

柑＝金꜀kɐm　感＝敢＝锦꜂kɐm　绀＝禁～生脚 kɐm꜄　谭＝痰꜁ t^ham

蚕＝惭＝馋꜁ ts^ham　三＝衫꜀sam　拓～印＝塔 t^hap꜆　杂＝闸＝习学～tsap꜇

根据现代广州话的声母音系格局，中古舌齿音声母中，端组塞音今读 t/t^h，泥来组今读多数人混为 l，精知庄章四组声母今读合一，因此，声母 t/t^h 按理不能拼合来源于侵韵的〔ɐm/ɐp〕韵母，声母 l 和 $ts/ts^h/s$ 则可以拼合〔ɐm/ɐp〕韵母。可是，广州话中还有不少声母是 t/t^h，韵母却为〔ɐm/ɐp〕的词（可以简称为 TɐC 类词），这些词多数情况下可以单说，且日常生活中的构词能力也很强，这有违前人总结的广州话与《切韵》音系的对应关系，只能从别的角度来考证其本字。以下列出笔者目前所知的这类字，其中有些前贤时彦（如白宛如②、余伟文③）已有过相关考证，限于篇幅，前人考证充分者仍之，并尽量举出其他方言的例子以辅证，对前人考证存疑的，再补

① 王洪君：《从开口一等重韵的现代反映形式看汉语方言的历史关系》，《语言研究》1999 年第 1 期。

② 白宛如：《广州话本字考》，《方言》1980 年第 3 期；《广州方言词典》，江苏教育出版社，1998，相关材料主要集中在第 188～300、427～432 页，另有几条散见他处。

③ 余伟文：《对一些广州话本字的考证》，《广州研究》1984 年第 3 期。

充笔者的看法。①

①【耽】꜀tɐm 延误，拖拉	《广韵》丁含切，“《说文》曰：‘耳大垂也’，又耽乐也，《诗》曰：‘无与士耽’，或作‘躭’”。由《诗经》的沉湎义引申出延迟义	②媅꜀tɐm 哄（人）、爱惜	《广韵》丁含切，“淫过，《说文》：‘乐也’”，此处是使动用法。白宛如（1998）认为是“噡”，《集韵》谈韵都甘切，“噡噡，颂语”，存疑。增城方言“～仔”：悉心养育儿子
③□꜀tɐm 肚～：肚子，小腹；脚瓜～：腿肚子	俗写作“肬”，白宛如认为本字就是“耽”（躭）	④【抌】꜂tɐm 捶打、抛、砸	《广韵》都感切，“刺也，击也”。增城话、北海白话同；南宁白话□꜂tɐm：打劫；广西廉州话□꜂tɐm：碰上等与此有关；广东龙川客家话抌꜂tɛm 肉胶：用铁棍打制做肉丸的肉酱
⑤【⿰多冘】꜂tɐm ꜃lɐm～：接连不断	《广韵》都感切，“《玉篇》云：‘多也’”。龙川客家话 lɛm꜄ ꜂tɛm 酒：一天到晚不停地喝的那种酒，义同	⑥【帎】tɐm꜄ 垂下，俗写作“髧”	《广韵》丁绀切，“冠近帻前”，转为垂义。髧，《集韵》都感、徒感二切，无去声读法，白宛如认为是变读，恐难立说；增城话义同此
⑦【碴$_{a}$】tɐm꜅ 跺脚	白宛如认为来自《集韵》徒感切的“碴，再舂”，今读阳去。增城话、信宜话、广西南宁白话、北流白话同；北海白话□꜁tɐm：跺，当同源（按：北海白话新派浊去归阳平，老派不混），然浊上口语常用字广府粤语应该读꜂tʰɐm，但《集韵》定母勘阚韵皆无义安者，姑从白说	⑧【⿺走覃】꜁tʰɐm ～～转：团团转	《广韵》徒含切，“⿺走参⿺走覃，走貌”

① 除现代广州话采取听记及查找相关资料的方式外，其他方言来源如下。“中山石岐”据赵元任《中山方言》，《中央研究院历史语言研究所集刊》第 20 本，商务印书馆，1948，第 49～73 页；“增城”据何伟棠《广东增城方言同音字汇》，《方言》1990 年第 4 期；“信宜”据罗康宁《信宜方言志》，中山大学出版社，1987；广西南宁据谢建猷《南宁白话同音字汇》，《方言》1994 年第 4 期；“廉州”据蔡权《广西廉州方言音系》，《方言》1987 年第 1 期；“北流白话”据杨奔《北流白话同音字汇》，《玉林师范学院学报》（哲学社会科学）2006 年第 4 期；“北海”据李永玲《北海白话语音》，《桂林师范高等专科学校学报》2008 年第 4 期以及李金阳《广西北海市区白话同音字汇》，《广西民族师范学院学报》2012 年第 2 期；梅县据黄雪贞《梅县方言词典》，江苏教育出版社，1995；“五华”据魏宇文《五华方言同音字汇》，《方言》1997 年第 3 期；“龙川”据严修鸿、余颂辉《客家话覃谈有别的存古层次》，《语言科学》2013 年第 3 期；“赣方言南昌话”据作者本人的调查。本字考证部分还参考了詹宪慈《广州语本字》，中文大学出版社，2007。

⑨【窞】⊆tʰɐm 小坑、小池子，俗写作"氹"，如～仔（岛名，在澳门）	《广韵》感韵徒感切，释义为"坎傍入也，《易》曰：'入于坎窞'"。广西廉州话□⊂tʰɐm：小坑	⑩【譂】tʰɐm⊃ 哄骗（人）	《广韵》他绀切，"竞言"，转指以言语弄人。白宛如（1998）认为是"䏙"，《集韵》勘韵他绀、徒绀二读，"食美也"，恐非。增城话、信宜话、北流白话同此；广西廉州话□⊂tɐm：哄骗，当是源于此（按：廉州话中古清去今归阳平）；北海白话□tʰɐm⊃：讨好
⑪【嗒】tɐp⊃ 品咂	《广韵》都合切，"舐嗒"。增城话同	⑫【瞻】tɐp⊃ 垂下	《集韵》德合切，"大耳垂皃"。白宛如认为是来自盍韵的"耷"，于义未安。增城话、南宁白话同
⑬□tɐp⊇ 跌落，掉下来	詹宪慈（据 2007：528）、白宛如都认为是"壛"，《集韵》盍韵敌盍切，"堕也，一曰地下也，或作塌"；中山石岐同样的意思是□tʰɐp⊃：望下坠，《集韵》合韵託合切，"塔，物堕声，或从沓，亦作𨫼"。音不合，存疑	⑭【硞ь】tɐp⊇ 捶打，如"～码仔"：澳门赌场里的掮客	《广韵》徒合切，"舂已复擣之为硞"。增城话、南宁白话同；广西廉州话□tɐp⊇：用坚硬的块状物敲打；五华客家话揿□tʰep⊇：揿结实

以上 14 例中，有 3 例白宛如（1998）认为是来源于谈韵，但例②、⑫当是覃韵字，例⑬存疑；其他 11 例有 10 例翻检韵书并结合前贤论述，应该来源于覃韵，也即中古覃韵在广州话中存在读〔ɐm/ɐp〕韵母的层次，另有 1 例尚不确定。限于笔者陋闻，肯定还有遗漏。但以此为契机，我们还可以考证前述其他两组舌齿音声母的〔ɐm/ɐp〕韵母字的本字：

⑮□⊆lɐm 软、烂	粤西是 n 声母，客家话读⊆nɛm，义同，当来源于覃韵，本字待考	⑯□⊆lɐm 㲿：接连不断，俗亦作"凛"	单依广州音读，似可认为源自上声寝韵，然龙川客家话"lɛm⊃ ⊂tɛm 酒"与此同源（参前），龙川浊上归阴去，当源自来母感韵。白宛如（1998）写作"㨆"，此字《集韵》卢感、力锦二切，"方言杀也，一曰自关而西谓打为㨆"，于义未安，存疑

⑰【糁】ᶜsɐm 撒(粉末)	《广韵》桑感切,"糂,羹糂,《墨子》曰:'孔子厄陈藜,羹不糂也',或作'糁'"。南宁白话、广西廉州话□ᶜɬɐm,义同,当来源于心母;赣方言南昌话粉末叫糁ᶜsən;龙川客家话亦有此词,"猪糁ᶜsɛm":猪食	⑱□lɐp⊃ 套(多为从上往下),如"~衫""~过头"	粤语普遍有此说法,一般写作"笠",从意义上也解释得通,但客家话也有这个说法,泛指一切套的动作,梅县是lap⊃,不应是三等缉韵字;而龙川却是lɛp⊃,应该来源于覃韵,本字待考

此外，还有一些非成词语素（如酸⊂tɐm⊂tɐm、圆⊆tɐm⊆tɐm、lɐp⊇tɐp⊃、lɐp⊃乱、sɐp⊃碎、厚tɐp⊇tɐp⊇、重tɐp⊇tɐp⊇、tʰɐp⊃tʰɐp⊃掂等），暂时难以确定其来源。这些字，有不少其他地区粤语的同源词，说明其分布范围很广。如果算上那些牙喉音声母的〔ɐm/ɐp〕韵字，将其和客赣方言的用例比较，更能证明，现代广州话的〔ɐm/ɐp〕韵母字有很大一部分与这些方言中的中古覃韵字同源。方言本字考证本身就是一项复杂艰苦的工作，仅从文献出发，可能得出或此或彼的结论，但考虑不同方言间的同异关系，结论则更加可靠，而以上举例中那些意思和用法都比较显豁的字，也可确定下来。虽然学者认为例⑫是来源于谈（盍）韵的，由于暂时找不到更多其他方言的证据，姑且存疑①，但已经可以确定，广州话中覃韵和谈韵今读在舌齿音中存在区分的痕迹，其覃谈韵的关系应为：

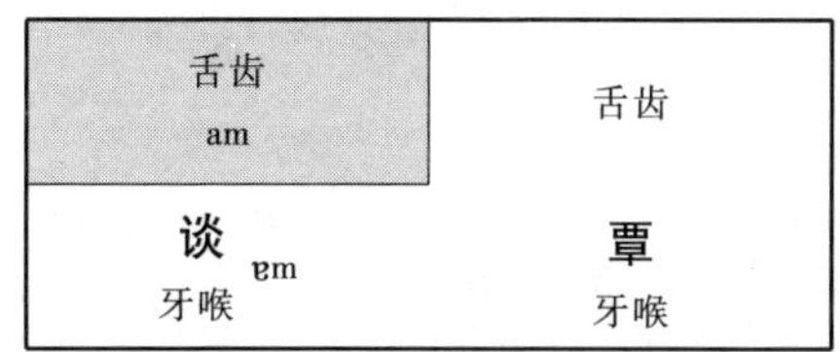

如果从单纯统计数字考察，广州话舌齿音覃韵字今读不同于谈韵的数量比赣方言南昌话还多，当然，这两个城市都是历史上的中心大邑，人口活动频繁，随着岁月的流逝，原有音系特征都消磨了不少。

---

① 笔者目前所知的此类词不多，所以难以统计现代广州话中究竟有没有以及有多少是来自谈韵（有些似乎是覃谈韵字都能解释的），但总体来说，这个方面是覃谈的对立大于TɐC类词与覃韵的一一对应。

三　广州话覃韵母字的历史层次分析

（一）广州话覃韵与《切韵》的拟音问题

既然现代广州话中存在覃谈分韵的语音层次，那么，随之而来的问题是，早期的广州话其覃谈韵的形式究竟如何呢？特别是覃韵字今读同于侵韵，那是否说明早期粤语（或曰古粤语）就是如此呢？检索现代粤语材料，就笔者目力所及，粤语深摄的今读，主要元音是不可延长音程的央低元音，以较新刊布的调查材料来看，广东粤语的11个主要代表点，其侵韵字除台山、开平部分为前元音外，其余韵基皆为〔ɐm/ɐp〕。① 如果早期粤语的覃韵和侵韵混同，那么是否其覃韵也是〔ɐm/ɐp〕，或者主要元音是与前者相近的央元音？若果真如此，在历史上的韵文材料中，侵覃应该可以互叶。这让我们想起高本汉的名言："中古覃侵二韵的字通常不押出本部之外。"② 事实上，笔者目前还没有找到现代粤语里的例外现象。在此，我们有必要回顾一下音韵学史上对《切韵》覃谈韵的拟音。根据前人的研究，谈韵诸家拟音毫无例外皆为〔ɑm〕，而覃韵则各有不同，主要可分为低元音和央元音两派：高本汉③、陆志韦④、李荣⑤、邵荣芬⑥等都主张是低元音；周法高⑦、黄典诚⑧、黄笑山⑨、潘悟云⑩、郑张尚芳⑪等主张是央（中）元音，其中周法高、黄典诚、潘悟云拟为〔əm/əp〕，郑张尚芳拟为〔ʌm/ʌp〕；

① 詹伯慧编《广东粤方言概要》，暨南大学出版社，2002，第344～346页。

② 〔瑞典〕高本汉：《中上古汉语音韵纲要》，聂鸿音译，齐鲁书社，1987，第157页。

③ 〔瑞典〕高本汉：《中国音韵学研究》，罗常培、赵元任、李方桂译，商务印书馆，1948，第530页。

④ 陆志韦：《古音说略》，《燕京学报》1947年专号之二十。

⑤ 李荣：《切韵音系》，科学出版社，1956，第144页。

⑥ 邵荣芬：《切韵研究》，中国社会科学出版社，1982，第133页。

⑦ 周法高：《论古代汉语的音位》，《中央研究院历史语言研究所集刊》第25本，1956，第1～19页。

⑧ 黄典诚：《〈切韵〉综合研究》，厦门大学出版社，1994，第222页。

⑨ 黄笑山：《〈切韵〉和中唐五代音位系统》，文津出版社，1995，第97～98页。

⑩ 潘悟云：《汉语历史音韵学》，上海教育出版社，2000，第87页。

⑪ 郑张尚芳：《上古音系》，上海教育出版社，2003，第251～252页。

麦耘①、黄笑山②则主张为后中元音，拟为〔om/ɔm〕。现代广州话覃韵的情况与周法高等人的拟音相似（音值上更接近于郑张尚芳），这是否可以辅证周派学者的观点？仅从现代方言材料出发，或可得出支持周派的结论。但历史文献的证据否定了以上推理。

（二）拉丁记音文献中的早期广州话

就目前所知，西人最早用拉丁文字对粤语进行系统记录的文献是马礼逊（Robert Morrison，1782～1834）刊于1828年的《广东省土话字汇》（*Vocabulary of the Canton Dialect*），按照该书记载，当时的广州话牙喉音覃谈韵字马氏记作um，与侵韵字相同（侵韵字有时还记作ăm），但合韵字记作op（如：合规矩Hop kwei kuy、白鸽Pak kop③），盍韵字则没有这种读法。这似乎说明，马礼逊时代的广州话覃韵阳声韵与侵韵混合，而相应的入声韵依旧保持独立格局，且其主要元音是与赣方言、吴方言覃韵字相同的/o/。

马礼逊的材料仅是冰山一角。来华传教士记录汉语有一个普遍的特点，就是他们一般不会严格考察发音合作人的身世背景及成长经历，也往往不会要求单一的发音合作人从头到尾配合记录，再加上当时并没有很好的音位归纳方法，这样造成的结果是材料来源的杂糅及随听随记的操作方式，由此也衍生了记录的舛误。高本汉在《中国音韵学研究》中就曾经介绍了他所据材料的来源，并委婉地评论了此前西洋人材料的准确度。④然而高氏记录的材料不久之后又被比利时人贺登崧（Willem A. Grootaers）从方法论的角度进行质疑。⑤其实，类似这种传教士在著作中互相批评的事情在19世纪就已非常普遍。为了防止文献材料取舍上的偏差，数年来，笔者搜集了50余

① 麦耘：《〈切韵〉元音系统试拟》，《音韵与方言研究》，广东人民出版社，1995，第96～118页。

② 黄笑山：《中古二等韵介音和〈切韵〉元音数量》，《浙江大学学报》（人文社会科学版）2002年第1期；《〈切韵〉元音分韵的假设和音位化构拟》，《古汉语研究》2002年第3期。

③ Robert Morrison, *Vocabulary of the Canton Dialect*, the Honorable East India Company's Press, 1828, pp. 31, 126.

④ 〔瑞典〕高本汉：《中国音韵学研究》，罗常培、赵元任、李方桂译，商务印书馆，1948，第537～545页。

⑤ 〔比〕贺登崧：《汉语方言地理学》，石汝杰、岩田礼译，上海教育出版社，2003，"作者日译本序"，第6～8页。

部（种）中外人士记录的粤语历史文献，其中有的曾详加整理，有的则限于条件还只是经眼，未及抄录。总体来看，整个19世纪（甚至20世纪早期）刊印的材料中，无论是西洋人还是中国人，他们所记录的广州话（Cantonese）中古牙喉音覃谈韵绝大多数[①]是om/op型（有的记成óm/óp），侵韵则为am/ap型（广州话的咸衔韵这些材料记为ám/áp、aam/aap）或者um/up型（此时咸衔韵一般记为am/ap），其中有些材料也在am/ap、um/up韵类下记录了一些TɐC类词，如裨治文（Bridgman）著作[②]第235页有一个“噤”T'am'，意思是哄骗，当是上文的“諳”[③]，第342页还有一个“泵”ᶜtam，从上下文来看，义为“桶”或“坑池”[④]，可能是上文的“窞”，但该词是阴平，声母亦不送气，待考。湛约翰（Chalmers）著作[⑤]第31页就有tum'，即“忳”[⑥]。欧德理（Eitel，1838～1908）著作[⑦]第691页则收录了7个与上例声韵相类的语素（除去字形相同者，共有4个）。

如果说，西洋传教士之间还有可能因为互相借鉴而导致以讹传讹的话，那么本土人士利用拉丁字母所记录的母语材料应该比较可信了。香山人唐廷枢（1832～1892，今珠海市唐家湾人）的《英语集全》（又名《华英音

---

① 据丁国伟《1828年至1947年中外粤语标音文献反映的语音现象研究》，香港中文大学博士学位论文，2007。Thomas Devan刊于1847年的*The Beginner's First Book in the Chinese Language*（*Canton Vernacular*）韵母系统与现代广州话一致，可惜我们没有看到这个材料。

② Elijah Canton Bridgman, *A Chinese Chrestomathy in the Canton Dialect*, Macao: S. Wells Williams, 1841.

③ 中文是：“唔系咁话你我都系老相与唔通是噤你　我唔知你点心事我不管你总系你会买我亦会卖我系老广东你想噤我亦唔得咁容易实在话你知呵”（按：原书中文无标点符号，后同），注音为：“ˏ'M haiˋ ˋkóm wáˋ ˀní ˀngó ‹tò haiˋ ˀlò ‹séung ˀü; ›'m ‹t'ung chungˋ T'am' ní ‹mé. ˀNgó ›'m ‹chí ˀní ˋtím ‹sam sz'ˋ, ˀngó put, ˋkún ˀní. ˋTsung haiˋ ˀní ˀúi ˀmái, ˀngó yik‹ ˀúi máiˋ; ˀngó haiˋ ˀlò ˋKwóng ‹tung, ˀní ˋséung t'amˀ ˀngó, yik‸ ›'m tak‸ kómˀ ›yung íˋ, shat‹ tsoiˋ wáˋ ˀní ‹chí ‹ó”。

④ 中文是：“个的粪点用呢　将粪在泵沤久作成粪饼晒乾每担约银二三两买回春碎撒下田名曰落肥”，注音为：“Kóˀ tik‸ fanˀ ˋtím yungˋ ‹ní? ‹Tséung fanˀ tsoiˋ ‹tam auˀ ˋkau, tsók‸ ›shing fanˀ ˋping, sháiˀ ‹kón; ˀmúi támˀ yéuk‸ ›ngan íˋ ‹sám ˋléung; ˀmái ›úi ‹chung suiˀ, sát‸ háˋ ›t'ín, ›ming üt‹ lók‹ ›fí”。

⑤ John Chalmers, *An English and Cantonese Pocket – Dictionary*: *For the Use of Those Who Wish to Learn the Spoken Language of Canton Province*, Hong Kong: the London Missionary Society's Press, 1859.

⑥ 原文是：“Coward 无胆　moo – taam', （COL.） tum' – tooi”，后面一词在广州话里是表示不及他人的人，今读作〔tɐmᵓ ꜀tøy〕，白宛如（1998：288）认为本字即“髡脂”。

⑦ Ernest John Eitel, *Chinese Dictionary in the Cantonese Dialect*, Trübner and Company, 1877.

释》，刊于 1862 年）是国人编著的第一部英汉、汉英对音对译的辞典式教科书，他所记录的“广东省城字音”中古牙喉音覃谈韵字也是如此，皆读 om/op 类，例如，鹌鹑 Om shun、甘草 Kom tsò、蛤蚧 Kop kaí、鼻烟盒 Pí ín hop、苏合油 Soo hop yau 等；而侵韵则为 am/am、um/up 类，例如，翰林 Hon lam、金星门 Kam sing mún、天阴 Tin yam、急水门 Kap shúi moon、树林 Sü lum、今年 Kum neen、观音山 Koon yum san、十月 Sup üt 等。① 中古同一个韵甚至同一个字的记录方法不同更说明唐氏用拉丁字母记录汉字字音时尚缺乏音位的观念，在正字法上也未力求统一。

（三）传统韵书的记载

唐氏虽然出身贫苦，但从小在澳门和香港受到了良好的西式教育，他毕业于马礼逊学堂，英语流利。我们假设他也有可能模仿或借鉴自己所熟悉的西方传教士材料，因此其记录还需其他材料证明。那么那些没有受过西方传教士影响的传统文人所著的韵书材料以及唐氏家乡的现代方言材料应该更有说服力。唐氏的家乡珠海市唐家湾原属香山县，这个地方的方言和中山的石岐话总体上有些差别，但主要音系特征是相同的，反映在覃谈韵的今读上，牙喉音今读〔ɔm/ɔp〕，《方言调查字表》中常见的舌齿音字多读〔am/ap〕，还有一些端组“方框字”读〔ɐm/ɐp〕，同于侵韵今读，赵元任在 20 世纪三四十年代记录的中山石岐话亦是如此②。这说明，唐氏的记录有实际方言背景而非照抄西洋人，如果要对这个系统打一个折扣的话，则《英语集全》里所记录的“广东省城字音”至少是带唐家湾口音的广州话，类似情况即使在现在的珠江三角洲也非常普遍。③

再来看方言韵书材料，目前被视为最早可考的粤语韵书，是刊于 1782

① （清）唐廷枢：《英语集全》，广州纬经堂刊本，1862。

② 赵元任的《中山方言》第 59 页记载了 1 个不合音系规则的词——“揼 tam：扔⅄”（扰），同页还有一个“□nam˩：软”（参考上文）；第 62 页记载了 3 个——“□tap˥：小坛子”（按：广州话此义是中入的 $t^h ap_c$，来源于盍韵，与此不同，待考），“□tap˧：轻轻地打”（例如雨点或小槌子）（碏 b），“□t'ap˥：望下坠”（例如顶板往下弯）（塔），赵氏以 a: 和 a分别表示广州话的 a 和 ɐ。

③ 高本汉在《中国音韵学研究》中对广州话的记录与唐氏相同，译者在 1948 年版第 586 页有一个脚注：“按广州城覃谈见系跟侵见系都一律读 - am（短深 ɑ），如‘感敢锦’都读 kam。高氏记作 ɔm，侵作 - ɐm，外县有如此分者”。

年的《江湖尺牍分韵撮要》，彭小川曾依据这个版本归纳过该书的韵母系统，她指出"在《分韵》中，中古覃合、谈盍端系，精组字归为'缄、减、鉴、甲'韵部，见系字归'甘、敢、绀、蛤'韵部，同时另有'金、锦、禁、急'韵部（来自中古深摄三等侵缉韵字，拟音为 ɐm/ɐp）"①。又根据清代东莞人王炳耀所著的《拼音字谱》（1896 年刊）② 和刊于 1903 年的《法文、广东、北京语音指南》的记载，同时也参考了佛山、南海、顺德等地方言的实际情况③，将"甘、敢、绀、蛤"韵拟音为 om/op。这种拟音既和 19 世纪中期的其他拉丁字母记音材料相合，也有现代方言的依据。大量的、多方面的证据指向一点，即 18 世纪晚期，广府粤语的覃谈韵牙喉音字韵母是〔om/op〕。④

（四）覃韵舌齿音的分析

按照《切韵》反切，中古覃韵不论舌齿音声母字还是牙喉音声母字，都不存在类似重纽的两类韵母格局，可是，早期文献的记载却普遍有这样的区分，即牙喉音声母（钝音）覃韵与谈韵合流，读〔om/op〕；舌齿音声母（锐音）覃韵，精组与谈、咸、衔合流，读〔am/ap〕，端组则与侵韵合流读〔ɐm/ɐp〕。这又似乎说明，早期粤语的覃韵读音依声母发音部位的不同而有差别，现代广州话覃韵读〔ɐm/ɐp〕的现象只是方音演变的偶合，李新魁也曾提出中古一等覃谈是合流后牙喉音字"在粤语与寒韵字发生平行变化：ɑm→om"的观点。⑤ 看来，历史上粤语端组覃韵字可能并未经历 om→ɐm 的演变过程。

解开上述疑问的钥匙还是历史文献。彭文提到的 1782 年刊本《江湖尺

① 彭小川：《粤语韵书〈分韵撮要〉及其韵母系统》，《暨南学报》（哲学社会科学）1992 年第 4 期。

② 该书自署"东莞王炳耀煜初"，是以确定其籍贯。又，彭文所参考的 1896 年刊本笔者未见，手头仅有光绪二十三年（1897）嘉应（今梅州）温灏作序的刊本。

③ 前文所引信宜方言，其覃谈侵韵的音系格局亦同于南海、顺德等地方言，覃谈牙喉音也是〔om/op〕，谈韵舌齿音则为〔am/ap〕，覃韵的"方框字"韵母同于侵韵。

④ 即使从现代广州话合盍韵牙喉音字的读音来看，它们也应该与缉韵字异源，因为根据现代广州话的音系规则，韵母主要元音为〔ɐ〕的清入字只能读上阴入〔55〕，但"鸽"、"蛤"（～蚧）、"合"（升～）、"盖"（姓）等老年人读下阴入〔kɐp³³〕，与"急"〔kɐp⁵⁵〕等不同音，青年人才将它们读为同音字。

⑤ 李新魁：《数百年来粤方言韵母的发展》，《学术研究》1990 年第 4 期。

牍分韵撮要》我们未曾见到，笔者手头最早的本子是花港主人道光癸巳年（1833）作序、道光十八年（1838）佛山镇福文堂重镌的《江湖尺牍分韵撮要》①，检“第三十一甘敢绀蛤”，该部共收小韵 15 个，其中阳声韵 13 个，入声韵 2 个。从发音部位来考察，则有 14 个是牙喉音声母，1 个为端组声母，这个小韵是敢上声下辖的“窞廷凛切，扻~”，而且，该小韵仅有这一个字。再考 1915 年石印本《新辑写诗撰曲必读分韵撮要合璧》，第三十一部下亦有“窞”，释义相同，唯“扻”改为“坎”，义为“安”。这个音节在《分韵撮要》中属于例外，从释义来看，即表坑洞义的“窞”，因此，这个字应该读作〔˓tʰom〕②。这种推理同时也有西方传教士文献记载，曾记录大量 TɐC 类粤方言词的德国人欧德理刊于 1877 年的《广州话词典》在第 754 页就收录了这个词：“T'om 窞〔c. p tɑm˒ w. u. f. 氹˓t'ɑm〕F. a pit”，这个读法合于传统方言韵书的记载，欧德理的研究成果被欧洲同行认为是可信的。③ 值得一提的是《分韵撮要》里那个反切，根据该书的体例，很少有直接注反切的情况，而且，这个反切有违《切韵》音系的原则：除至韵外，定母是不能和三等韵相拼合的。“凛”字在《分韵撮要》中收入锦上声，根据彭文的拟音，前述反切当读〔˓tʰɐm〕，即俗写的“氹”字。这个说法在民间非常普遍，而且这个读音也出现得很早。据胡朴安主编的《中华全国风俗志·上篇》卷八《广东·总志》部分，引《郝志》曰：“如俗字，稳坐之为奀，……山之岩洞为氹音勘，水之矶激为泵音聘，蓄水之地为氹图锦切，通水之道为圳屯去声。”④ 《郝志》即雍正朝两广总督郝玉麟主持编纂的《广东通志》，该志于雍正二年（1724）开局纂修，雍正九年（1731）告成，由此，舌齿音覃韵字读音开始混入侵韵的年代至迟当在 18 世纪早期。

---

① （清）虞学圃、温岐石辑《江湖尺牍分韵撮要合集》，道光十八年刊本。

② “窞”本身的意思就是小而深的坑，“坎窞”语出《易经》，这个词是旧时读书人所熟悉的，因此˓tʰom 的读音被保留下来。

③ 高本汉在评论传教士记录汉语的材料时曾经称赞过欧德理，他说：“像 Eitel，Maclver，Gibson，Maclay & Baldwin，Davis & Silsby，Goodrich（关于北京话），Grainger，Gale，这些人的作品（看上文 7，8 页）都是勤谨研究的结果。这些书里所载的些又读我是尽量的收，但是也许还有些照顾不到的地方。”（见〔瑞典〕高本汉《中国音韵学研究》，赵元任、罗常培、李方桂译，清华大学出版社，2003，第 543 页）高氏当时对大量的材料进行了比较和复核，这一点从其论述中可以看出来。

④ 胡朴安主编《中华全国风俗志·上篇》卷八《广东·总志》，《国立北京大学中国民俗学会民俗丛书》第 8 辑，1933，第 8 页。

清代南海西樵人高静亭于嘉庆庚午年（1810）成书的《正音撮要》① 是一部教广东人学习官话的课本，全书用汉字写成，书前列有“土话同音官话异音”部分，里面涉及咸摄一等字的有“习杂集”“臘立”“鹹函”等，其中函字现代广州话与“鹹”同读〔꜁ham〕，这是因为广州话的“函”字读音来源于《广韵》的咸韵胡谗切。从其他两例则可以看出，在高静亭的口音中，杂$_{\text{从母合韵}}$ = 习$_{\text{邪母缉韵}}$ = 集$_{\text{从母缉韵}}$，臘$_{\text{来母盍韵}}$ = 立$_{\text{来母缉韵}}$。在现代广州方言中，上述5个口语中不常用的字都读〔ap〕韵（同时也都有〔ɐp〕韵的又读），可是在《分韵撮要》中，杂、习、集皆归入急^{入声}下的“习”小韵，与高本汉之说合；而臘字归入甲^{入声}下的“臘”小韵，立字则归入急^{入声}下的“立”小韵，并不同音。还需要说明的是，在《分韵撮要》中杂字同时也归入甲^{入声}下，释义与急^{入声}下杂字条的基本相同②，也同时收了异体字“褋”；“立”小韵仅收立字，释义为“金也③，建也，置也，树～，特～④”。立字和“粒$_{\text{米顺}}$”小韵及“笠$_{\text{蓑～,帽也}}$”小韵皆不同音，此外，“笠”小韵下还收了一个“拉$_{\text{摧折也,又招之也,又音凉加切}}$”⑤，拉$_{\text{来母合韵}}$在现代广州话中读〔꜀lai〕，日常生活中使用非常普遍⑥，检“第十四皆解介”部，却无拉字，再检“第二十六家贾嫁”部，亦无。这说明广府粤语端系覃韵字的读法当时还处在演变之中，并未统一。⑦

---

① （清）高静亭：《正音撮要》，学华斋刊本，1835。

② 急小韵下的“杂”释义是：“参错也，乱也”；甲小韵下的“杂”释义是：“糸错也，五綵相合也”。

③ 此处不通，恐手民误植，《新辑写诗撰曲必读分韵撮要合璧》作“仝上”。

④ 《新辑写诗撰曲必读分韵撮要合璧》又于此后增“定～”。

⑤ 《新辑写诗撰曲必读分韵撮要合璧》作：“拉，摧折也，又招之也，又凉加切，～扯”。

⑥ 白宛如编著的《广州方言词典》第103页仅收“拉”字开头的词条就有22条。又，广州熟语“勾三□四꜀ŋɐu ꜀sam lap꜆ sei꜄”义同于普通话的“勾三搭四”，从语义来看，这个lap꜆的本字有可能就是“拉”，也有可能是表私取的“㕸”。

⑦ 黄锡麟：《粤音韵汇》（中华书局，1941）第2～3页曾提出：“粤音编成韵书的，有顺德周冠山的《分韵撮要》（出版年月未详），现时坊间随处可买，但这书大概根据南海、顺德的方音而编的，不能代表广州最通行的音。”他大概是根据当时的广州话来下这个论断（如赵元任等也曾以此评论高本汉的广州话材料）。顺德原系明代从南海县（现在改叫南海区）析出，故口音彼此相近，高静亭的书中也谈到他当时居于桂洲（即今顺德容桂镇），所以，将《分韵撮要》和《正音撮要》互相参证是可行的；另一方面，南海县的县治在1912年以前一直驻广州城，县学也在广州城，旧时南海的读书人去县学学习、应试，仍需到广州城，因此他们也应该熟悉广州的读书音系统。

广府粤语中锐音声母的覃韵字读〔om/op〕韵不仅古籍中有记载，也见于现代方言，据彭小川的记录[①]，广东南海沙头方言咸摄开口一等见系字读〔om/op〕韵，这是该方言的音系规则，可是在其声韵调配合表中这组韵母还有两个舌齿音声母的音节：

□tom⁼ ~脚：跺脚　　□lom⁼ ~ ~转：团团转

前者毫无疑问就是“硶$_a$”，而且彭文另记了“□tɐm⁼ ~地：跺脚”，它们在现代广州话中都读〔tɐm⁼〕，这说明两种读法在南海沙头话中依语义有所分工；后者的来源待考。由于手头材料有限，无法判断南海沙头方言中是否还存在其他读〔om/op〕的舌齿音覃韵字，这些有待于今后的调查。由此，粤语中确实存在舌齿音覃韵读〔om/op〕的历史层次，可能由于调查方法和调查重点的不同，这些材料目前还没有被发掘出来。早期广府粤语覃韵的主要元音为〔o〕，与其他3个四等俱全韵摄的一等韵咍、豪、寒$_{见系}$韵的情况一致，这也说明广府粤语音系与《切韵》音系的对应是比较整齐的。

如果我们从地理位置上来考察，珠江三角洲中，广州市接近北缘，其腹地恰恰就是覃韵今读还普遍保留〔om/op〕层次的南海、顺德、中山等地，这些区县（市）以前都是明清广州府辖县中最为富饶的地区，它们现在的方言状况从侧面反映了历史上广府粤语发展的不同阶段，如果要表示广府粤语早期覃谈韵的音系格局，可以做如下说明：

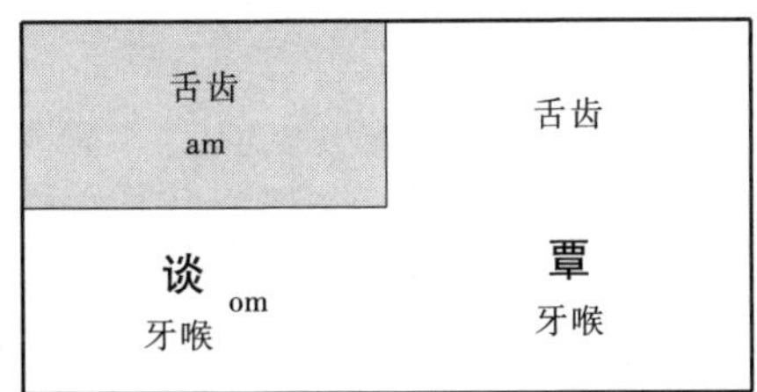

这个音系格局恰恰与吴语、赣语和徽语相同，也同于通泰方言[②]，但与闽语和客家话的覃谈韵不论声母锐钝今读皆有区别的格局不同[③]。

① 彭小川：《广东南海（沙头）方言音系》，《方言》1990年第1期。

② 参见鲁国尧《“颜之推谜题”及其半解（下）》，《中国语文》2003年第2期。

③ 参见严修鸿、余颂辉《客家话覃谈有别的存古层次》，《语言科学》2013年第3期。

四 余论

通过以上讨论，本文不仅厘清了广府粤语覃谈分韵的音系格局及其在历史上的表现，也明确了广府粤语覃韵的演变路径（om→ɐm），而且为中古一等重韵的拟音提供了可资参考的材料。本文通过从方言中那些不常被学者们重视的“方框字”入手，在考本字的过程中发现那了些字面下所隐含的音系规律，这种意外收获，在方法论上有一定的意义。

（原载康保成主编《文化遗产》2013年第4期，广州：中山大学中国非物质文化遗产研究中心。）

圆融和谐：澳门圆形地的文化解读

黄　翊*

引　言

澳门是中西文化交融之地，一个“融”字所体现的，是一种“你中有我，我中有你”，以及“深入彼此文化”的精髓。经过历史洗礼，澳门街道的圆形地已成为中西文化在澳门相互交融的典范之一，也是研究澳门中西文化互动相生的重要“标本”。从文化视角解读圆形地的形成过程，不但有助于进一步了解这一外来名词所体现的现实意义，而且对现实中的交通出行、道路乃至城市规划建设，无疑具有参考价值。

葡萄牙人于16世纪将圆形地这种城市街道形式带入澳门。“圆形地”一词源自葡萄牙语Rounda，又有转盘、回旋处等称谓，是道路交通汇合处的形式之一。澳门的圆形地一般位于几条道路的交叉处，由环形车道和一个中心岛组成，类似内地城市道路的“环岛”“安全岛”。中心岛（环岛、安全岛或圆形地）形状多样，以圆形为主，可接驳3条以上甚至多达10余条道路，便于任何方向驶来之车辆进入交汇路口，并围绕圆形地之中心圈朝同一方向行驶及分流。回归后，澳门经济快速发展，街道建设规模远超以往，市内因应地理环境和交通需求，开始大量兴建圆形地，充分展现出圆形地的生命力，以及由此形成的文化特征。

一　圆形地文化的发展路径

如果立足于中华文化考察圆形地的命名，可以清晰地看到关于圆形地文

* 黄翊，语言学博士，澳门理工学院语言暨翻译高等学校副教授。

化的两条发展路径。

圆形地经历了由被动植入到获得主动认同，以及与当地居民不分彼此地融合为一的过程。澳门现存最早的圆形地即嘉路米耶圆形地（位于光复街附近，飞能便度街与亚利鸦架街十字路口，澳门人习惯称之“三盏灯”，见图1）。

图1　鸟瞰嘉路米耶圆形地实景
（摄影：陈明江）

在外来的圆形地概念从被动植入到获得主动认可的过程中，曾出现过认知混乱的状况，特别是在“前地”“圆形地”“广场”三个名词的使用方面。以澳门半岛为例，澳氹桥头北端的“亚马喇前地”（旧称亚马喇圆形地）现虽被命名为前地，却是十分典型的圆形地，且完全不具备前地的功能；旅游塔门前的空地有时被称作圆形地（南湾圆形地），有时被称作前地（旅游塔前地），现在虽被称作广场（西湾湖广场），但后文亦将其视为圆形地展开论述。

回归后，圆形地称谓的使用逐渐清晰，使用率亦大幅提升。据统计，1999年，澳门共有15处圆形地。截至2008年，官方统计资料显示共有28处圆形地，与10年前相比几乎增加了一倍。

圆形地命名从充溢鲜明异域特征，转为散发浓郁的中华文化色彩。澳门早期的圆形地，如嘉路米耶圆形地、贾伯乐提督圆形地、亚马喇圆形地、鲍思高圆形地、亚利鸦架圆形地等，几乎均按“葡萄牙人名＋圆形地”的方

式命名，异域色彩鲜明。但随着使用率的增加，加上政治、文化等因素的影响，圆形地逐渐出现“华人名＋圆形地”“澳门地名（建筑物名）＋圆形地”等命名方式，如孙逸仙博士圆形地、南湾圆形地、奥林匹克游泳馆圆形地、西堤圆形地等。如今，澳门圆形地的命名基本是按“澳门地名（建筑物名、象征物名等具澳门或中华传统文化特色的地名）＋圆形地”的方式，如莲花圆形地、和谐圆形地、东亚运圆形地等，往昔具异域色彩的命名方式日渐式微，以至被摒弃。这表明一方面，圆形地文化的异域色彩随时间推移不断淡化；另一方面，中华文化元素源源不绝地注入圆形地命名过程，并得以不断强化。由此可见，圆形地这源自葡萄牙的特色设施，已得到改造并和谐地融入中华文化，更已成为澳门市民生活的一部分。笔者曾对北区某校学生做过一项调查，在 75 位调查对象中，只有 14 位认为圆形地是舶来品。

上述两点表明，由登陆到植根澳门，圆形地及其文化显示出自身强大的生命力和创造力。这有赖于圆形地固有的实用价值以及独特的文化魅力，并有力地证明了澳门文化（中华文化）对外来文化的包容与融合，可视为中西文化互动相生的典范之一。

二　圆形地的多样功能

纵观澳门城市交通发展史，圆形地的实用性及其疏导交通的优势，得到在澳葡萄牙官员的认可与重视。与此同时，其因回旋空间开阔，还衍生出如族群交往、文娱活动、城市美化等方面的功能，并由此发展出澳门独特的圆形地文化。澳门圆形地的现实功能主要体现在以下几方面。

（一）交通疏导功能

圆形地在澳门的设置、推广及利用，基本出于交通疏导这一核心功能。

1. 交通信号灯（红绿灯）功能

在世界各地，交通信号灯广泛用于疏导交通，澳门圆形地也发挥了类似功效。比如，2010 年以前，氹仔岛街区一直没有配备交通信号灯，圆形地在氹仔岛发挥了难以替代的调节交通作用，创造了氹仔岛虽无交通信号灯却长期保持交通顺畅的奇迹。

2. 分岔功能

一般而言，圆形地在两条道路或几条主干道的分流点，可供车辆通行或回旋，以避免交通堵塞。澳门土地面积有限，道路狭窄，故不少分岔路口都采用设置圆形地的方法，最明显的例证是澳氹跨海大桥引桥入口处均以圆形地的方式设置。

友谊圆形地、亚利鸦架圆形地：友谊大桥横跨澳门半岛与氹仔岛。连接大桥两端的是友谊圆形地和亚利鸦架圆形地，桥北东西两翼连接关闸等处，桥南东西两翼则连接氹仔机场，并延伸至路环海边，每天承担了全澳近 1/6 的车流量。若没有二者，车流堵塞情况将很难纾解（见图 2、图 3）。

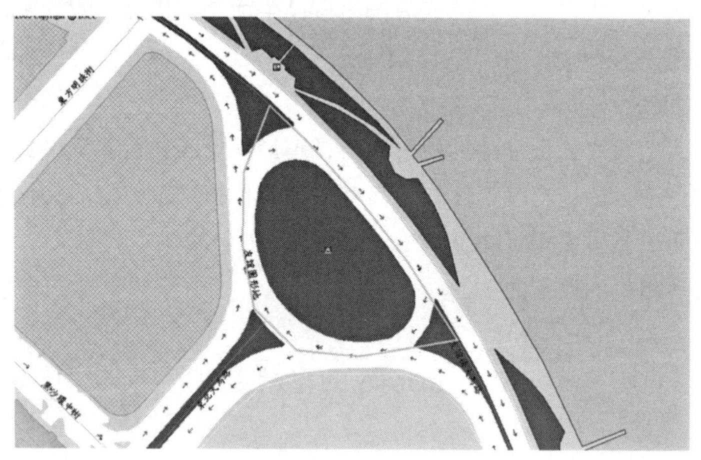

图 2　友谊圆形地示意

图片来源：澳门特别行政区政府地图绘制暨地籍局：《澳门网上地图》，http：//webmap. gis. gov. mo/InetGIS。

亚马喇圆形地、苏利安圆形地：澳氹大桥从澳门葡京酒店至氹仔小潭山北麓，连接大桥两端的是亚马喇圆形地和苏利安圆形地（见图 4、图 5）。

南湾圆形地、东亚运圆形地：澳门回归后建造的西湾大桥，是连接澳门半岛和氹仔岛的第三座大桥。大桥北岸设有南湾圆形地，南岸设有东亚运圆形地（见图 6、图 7）。

由于三座大桥桥头都设有圆形地，来往车流可在无干扰的情况下调头通过，既解决了空间狭小的限制，也缩短了行车时间，在车流控制方面发挥了显著功效。

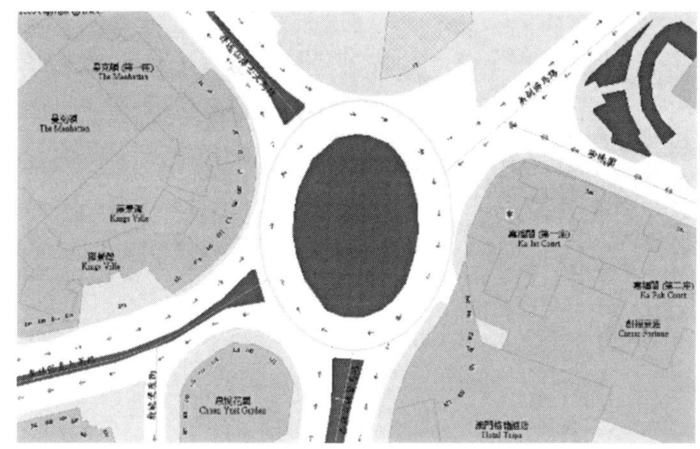

图 3　亚利鸦架圆形地示意

图片来源：澳门特别行政区政府地图绘制暨地籍局：《澳门网上地图》，http：//webmap. gis. gov. mo/InetGIS。

图 4　1991 年的亚马喇圆形地

图片来源：《澳门日报读者公益基金会成立二十周年纪念特刊》，澳门日报读者公益基金会，2004，第 93 页。

3. 立交桥功能

立交桥是许多大城市普遍用以缓解交通堵塞的设施，但建设立交桥需要较大的土地面积，难以适用于地狭车多的澳门。澳门因地制宜，创造性地发

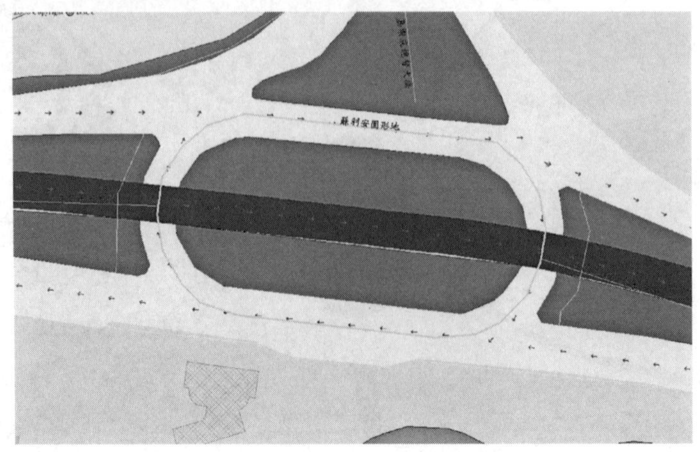

图5　苏利安圆形地示意

图片来源：澳门特别行政区政府地图绘制暨地籍局：《澳门网上地图》，http：//webmap. gis. gov. mo/InetGIS。

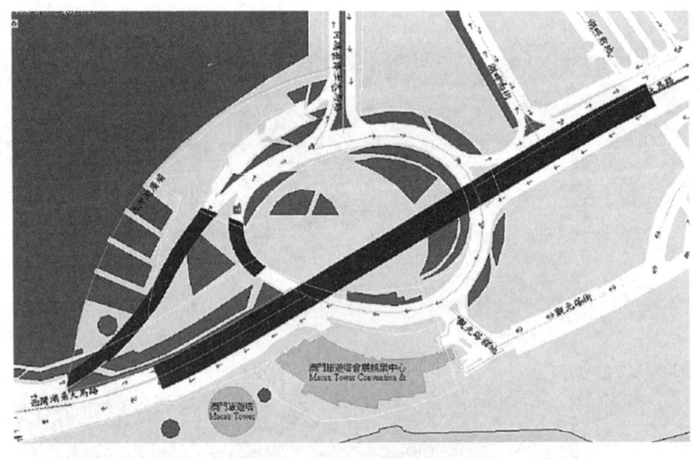

图6　南湾圆形地示意

图片来源：澳门特别行政区政府地图绘制暨地籍局：《澳门网上地图》，http：//webmap. gis. gov. mo/InetGIS。

展了立体圆形地——上层供车辆回旋通过，下层供直行车辆选择，车辆各行其道，互不影响，以较少的土地巧妙解决了交通瓶颈问题。澳门罗理基博士大马路上的圆形地见图8。

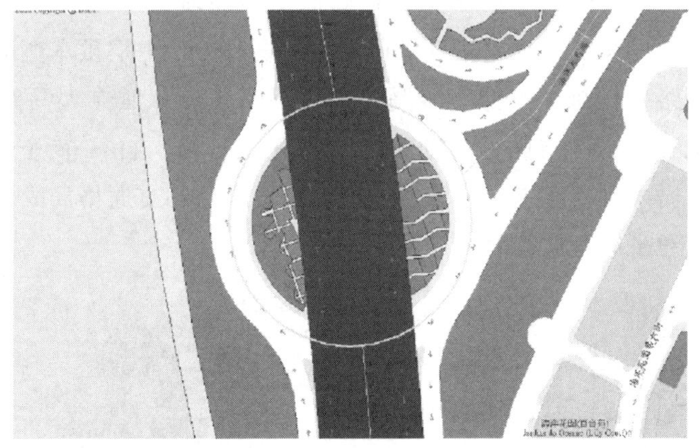

图 7　东亚运圆形地

图片来源：澳门特别行政区政府地图绘制暨地籍局：《澳门网上地图》，http：//webmap. gis. gov. mo/InetGIS。

图 8　具立交桥功能的罗理基博士大马路的圆形地（摄影：程祥徽）

4. 交通方式综合体

基于安全考量，城市交通布局一般将人与车、机动车与非机动车进行分流，市政交通部门因此会修建专门的人行道、机动车道、非机动车道。在澳门圆形地则将三种道路融合于一，在确保安全的前提下，担当起“综合性交通运输体”的角色。氹仔运动场圆形地（见图9）上层供车辆通行，路面连接四条马路（柯维纳马路、基马拉斯大马路、奥林匹克大马路和运动场道）的双向交通，下层则透过地下通道修建人行道、自行车道，在东南西北设有四个出入口。在三者互不影响的前提下，这种交通格局既保证了通行安全，又节约了车辆通行时间（见图10）。

图9　氹仔运动场圆形地整体外观

（摄影：程祥徽）

图10　氹仔运动场圆形地

（摄影：程祥徽）

（二）社交展览功能

澳门虽然面积狭小，但市政部门因地制宜，利用圆形地的中心地带，开辟了场所供公众活动，丰富市民的生活。这些活动场所的功能主要体现在以下方面。

1. 休闲聚会功能

嘉路米耶圆形地是体现这一功能最典型的例子。该区人口众多，楼房密集，很难另觅土地修建市民户外活动的新场所。市政部门将此圆形地中心空地修建成一个小广场（见图 11），并以人行横道连接周边居民住宅区，使之成为一个休闲区，以作为该区市民、游客，尤其是东南亚归侨以及劳工休闲聚会之所。

图 11　休闲的嘉路米耶圆形地

（摄影：程祥徽）

2. 展览演讲功能

有些圆形地也用以不定期举办画展、壁报展等户外活动，逢澳门立法会选举等重大政治活动，亦会用作政治人物发表演讲，以及澳门居民们公共议事的场所。可以说，圆形地已成为美观实用且功效独特的社交与展览场所。

其中，南湾圆形地是典型代表，一年一度的澳门美食节亦选择在此举行（见图12）。

图12　第十届澳门美食节正门
（摄影：熊帆，2010年11月）

（三）美化教育功能

澳门市政部门利用圆形地中心的小块土地，见缝插针地种植了品种各异的绿色植物，同时，还用以安置具纪念意义的雕塑，形成了不少具主题性质的迷你“公园”。这类街心迷你公园有中式的、有西式的，有永久性安设的、有应时节性质的，以下三处较为典型。

1. 友谊圆形地

该圆形地位于黑沙环填海区东北大马路末段与友谊桥大马路交汇处，中心地带铺设草坪，地面栽种松柏等树种，辅以花岗岩，圆形地中间矗立着象征中葡友谊的红色巨型拱状雕塑，民间又称“东方明珠”。每逢节假日，圆形地上会安装应节彩灯及五彩饰物，装扮澳门街景。

2. 和谐圆形地

由葡籍设计师设计，位于离岛路环石排湾马路，占地面积较一般圆形地大，造型颇为独特，采用太极图造型，将水体同陆地融合在一起，极具中国

传统文化色彩。每逢夏日来临，这里亦设作澳门荷花节的举办场地，吸引不少市民及游客驻足观赏（见图 13）。

图 13　采用太极图造型的和谐圆形地
（摄影：陈明江）

3. 石排湾圆形地

石排湾圆形地充满了西方宗教色彩，生动展示了外来宗教在澳门地区的普及及地位，体现了澳门本土文化与外来文化的相容共生、和谐共处。澳门诗人程祥徽曾赋诗描写圆形地：北往南来车万千/街心经过百花园/假山真石涌泉浪/绿水青州缠柳烟/串演耶稣受难日/铺陈道教和谐篇/星罗棋布圆形地/点缀海城五百年（《泛梗续集·过圆形地》）。

三　圆形地的文化价值

圆形地伴随着葡萄牙人东来澳门，数百年来，不断生根、繁衍和发展，逐渐成为澳门街区及道路的常规设置，更是长期以来澳门交通路况得以畅通的重要元素。

目前，澳门拥有各类汽车近 20 万辆，在总面积约 30 平方公里的狭小地面行驶，加上近年来社会经济发展、城市规模扩大、居住人口不断膨胀，以及汽车数量日益攀升，道路和其他各类交通设施承受了巨大压力。然而，相比一些周边城市，澳门井然有序的交通路况却令人印象深刻。这不仅得益于市民长期以来养成的自觉遵守交通规则的良好习惯，以及设施完备的信号灯的督导功能，还有赖于圆形地的重要作用。随着时代变迁和社会发展，圆形地如今在澳门及两座离岛遍地开花，显示出其旺盛生命力和独特价值与内涵。

澳门圆形地所蕴含的泛文化意义可以从“人、车、路”的圆融一体上理解。随着民众生活水平的提高，车辆已非当初的奢侈品，并陆续进入寻常百姓家，由此导致各种道路摩擦与冲突。在一些相对集中时段（如上下班高峰期），车流量大增，路况较差，人、车、路之间更是衍生出一系列问题。圆形地充分发挥自身优点，对交通起到了很好的舒缓补充作用。因此，“人、车、路”圆融一体，也就是“交通、社会、生活”的和谐组合，是市民生活在交通道路层面的一种和谐体现，是交通、社会、生活大系统的一个侧面和重要组成部分。

澳门圆形地所体现出的文化价值可以从两个层面去解读，一是圆形地本身体现多层面文化，如交通功能带来的交通礼让文化，社交功能带来的社交文化，美化功能带来的景观文化、历史文化、宗教文化等。二是以圆形地从被动植入到主动融合这一过程，来解剖中西方文化在澳门交融的原因和条件，亦突显澳门圆形地在中西方文化交流过程中的宏观价值。

圆形地体现的文化价值包括：

（1）文化的普遍性是植根的基础。由于文化的普遍性，各民族的文化可互为借鉴。作为从欧洲引进的概念，圆形地最后被澳门接受，主因是澳门城市现代化发展较早，易于吸收外来的先进管理方式和技术。而圆形地能解决小城市，特别是地域狭小、人口密度高的市镇交通需求，亦是澳门圆形地能落地生根的首要前提。

（2）外来文化的本土化。社交、美化等功能为圆形地注入了持久生命力。澳门地小人多，可供市民公共活动、城市美化的空间受限，圆形地在一定程度上拓展了市民公共活动空间，弥补了城市先天不足，从而从单一的交通功能衍生出独特的圆形地文化。

（3）外来与本土文化的契合决定了圆形地文化的生命力。澳门的主流文化是中华文化，任何外来文化要生存发展，就必须契合中华传统文化。圆形地能替代红绿灯的交通指挥功能，有赖于一项已成默契的规定：在圆形地

回旋处，后来车辆必须让先入车辆通行。若缺少礼让的前提，圆形地便难以发挥作用。澳门的人车礼让风气的形成，与圆形地的设计及功能有着密切关系。

除了从交通设施的角度分析、解读圆形地的功能与作用，亦不应忽略对其独特内涵的挖掘与探析，以了解其背后蕴藉的文化价值与意义，借此揭示外来文化的本土化、文化的造血功能、文化的生命力与创造力等重大命题。就此意义而言，圆形地折射出澳门数百年来社会生活的方方面面，成了研究澳门文化的特殊切入点。

圆形地既是常规道路设施，亦代表了一种外来文化，经过多年扎根、繁衍与发展，已实现向本土化的转化与嬗变。在充分发挥疏导道路交通功能的基础上，圆形地亦衍生出具澳门地方色彩的交通礼让文化、社交展览文化、环境美育文化以及宗教景观文化等，成为舶来品本土化的一个典范，既丰富了自身交通设施的功能，同时也丰富了澳门的本土文化。另外，它展示了以中华文化为核心的澳门文化对外来文化的成功改造——使原先单纯为方便行人、车辆而设置的圆形地，超脱于纯粹的交通功能层面，跃升至社会、生活层面，进而与整个地区的文明进程和发展建立起更广泛而密切的联系，大大提升了自身的价值与存在意义。

四　余论

纵观亚太地区之城市发展史以及中西关系史，在中西文化的交融互汇以及多种族和谐共处等方面，澳门显然是极具学术价值的典型个案。交通设施的规划、建设、改善与发展，是城市发展史中重要的一环，街区道路治理的成败、居民出行的便利与否、车辆驾驶的顺畅与否，无疑是判断当政者有为或无为的标准之一。

澳门各处有近 40 个圆形地，充分说明城市道路交通系统对圆形地的依赖，也证明修建圆形地对解决交通问题的必要性和有效性。澳门圆形地的产生和发展，有力地佐证了澳门地区行人、车辆的圆融和谐，以及交通、社会、生活的圆满组合与圆形地的密切关系。过往澳门土地以及人数有限，车辆流量不大，居民之间守望相助，礼让成风，尤其是氹仔、路环两个离岛，民风淳朴，居民生活悠闲；但近年澳门经济快速发展，填海面积逐年增加，人口亦同步猛增，导致圆形地的形态亦有所转变，如有些圆形地（如飞机场圆形地）需要装置红绿灯，以应付日益繁忙的城市交通需求。

作为不折不扣的舶来品，澳门的圆形地除了本身具有交通疏导功能，更是东方文化与西方文明的一场对视、揖拳与拥抱——从初来乍到时给人的陌生感，到与澳门和睦相处的圆融和谐，其设置既充满了人情味，亦予驾驶者和行人踏实感和安全感。圆形地文化植根澳门，显示其顽强生命力和创造力，承载了澳门文化乃至中华文化的包容性的特点。因此，澳门圆形地记载下这座城市的文化和历史，更为人类留下了文化创造与融合的精华，为世人提供了一个文明创造的博物馆，是澳门历史留下的一份宝贵文化遗产，后人应加以保留和传扬。

（原载吴志良、郝雨凡主编《澳门研究》总第65期，澳门：澳门基金会，2012年6月。）

澳门耶稣会馆藏首本中葡教科书所记录的粤语音系

罗言发*

一 《新方法》内容简介

Novo Método para Aprender a Lêr, Escrever e Falar a Lingua Chinêsa em Dialecto Cantonense，全名《学习粤语读写讲之新方法》[①]（简称《新方法》），此书由红衣神父刘雅阁（Cónego Jacob Lau）所编写。

> 刘雅阁（雅觉），1871～1951，广东花县人，童年时随父母到澳门，在圣若瑟修院读书，“攻格致之学，读神道之书”（刘离世后的讣文），1894 年晋铎，曾到新加坡、马六甲等地方布道，1899 年开始在澳门圣若瑟修院教授中英葡拉等语言，1905 年组织圣母无原罪铜乐队。1921 年任澳门中华教育会第一届会长，1922 年成为华籍首位红衣司铎，著作有《葡文切音捷径》《对位法详解》《谈话要语》等。[②]

刘雅阁的《新方法》一书现藏于澳门耶稣会会院图书馆（圣若瑟修院图书馆有复印本），该馆为不对外开放图书馆，馆中图书只供内部神职人员翻看。该书是用葡萄牙语写成的外语教科书，是本地人教授那些刚来澳门的

---

* 罗言发，北京大学中文系方言学博士。

① Cónego Jacob Lau, *Novo Método para Aprender a Lêr, Escrever e Falar a Lingua Chinêsa em Dialecto Cantonense*, Macau: Orfanato da Imaculada Conceição, 1922.

② 资料由圣若瑟修院高神父以及澳门天主教主教公署冯先生提供。

葡萄牙人澳门的日常生活用语的教科书。如《新方法》第235页说到的句子就非常生活化，而且标音很细致：

①司打楼下是西洋海外银行 sü^{1} tá^{1} lau$_{1}$ ha$_{3}$ si$_{3}$ sai^{1} yeong$_{1}$ hoi^{2} ngoi$_{3}$ ngan$_{1}$ hong

②楼上一边是按察司衙门，第二边系国家律师 lau$_{1}$ seong$_{3}$ yat^{4} pin^{1} si$_{3}$ on$_{3}$ tch′at$_{9}$ sü^{1} nga$_{1}$ mun$_{1}$，tai$_{3}$ yi$_{2}$ pin^{1}hai$_{3}$ kwok$_{9}$ ka^{1} löt$_{4}$ sü^{1}

③兵头行嘜南湾中间 peng^{1} t′au$_{1}$ hong$_{1}$ hai^{2} nám$_{1}$ wán$_{1}$ tchung^{1} kán^{1}

④行过啲就系电报局咯 háng$_{1}$ kwo^{3} tí^{1} tchau$_{3}$ hai$_{3}$ tin$_{3}$ pou^{3} kôk$_{4}$ lok$_{9}$

⑤再行过啲系烧灰炉 tchoi^{3} hang$_{1}$ kwo^{3} tì^{1} hai$_{3}$ siu^{1}-fui^{1}-lou$_{1}$

⑥海边一条大路直去妈阁炮台 hoi^{2} pin^{1} yat^{4} t′iu$_{1}$ tai^{3} lou$_{3}$ tchek$_{4}$ höi^{3} ma$_{2}$-kok$_{9}$ p′au^{3} t′oi$_{1}$

值得注意的是，当中有两个地方的读音是澳门的本土读音，“南湾”的“湾”字，非本地人读 wan^{55}，阴平，本地人读 wan^{21}（音同“环”），阳平。另外是“妈阁庙”的“妈”字，外地人读 ma^{55}，阴平，本地人读 ma^{13}（音同“马”），上声。①

书中还记录了不少当时澳门葡萄牙政府管治下的特色词语，具有语言及文化的研究价值，书中提到的澳门地名就将近70个，大部分地名至今仍旧，有些地名如“过路湾”现在则已经改名为“路环”，还有些是现在已经鲜有人知的地名。

过路湾 kwo^{3} lou$_{3}$ wan$_{1}$

澳门酒店 ou^{3}-mun$_{1}$ tchau^{2} tim^{3}

影画戏院 yeng^{2} wa$_{3}$ héi^{3} yün$_{2}$

仁燕梳公司 yan$_{1}$ yin^{3} so^{1} kung^{1} sü^{1}

工程公所 kung^{1} tch′eng$_{1}$ kung^{1} so^{2}

嘉宾酒店 ka^{1}-pan^{1} tchau^{2} tim^{3}

捷成巡警局 tchit$_{4}$ seng$_{1}$ tch′ön$_{1}$ keng^{2} kôk$_{4}$

新昌渡 san^{1} tcheong^{1} tou$_{3}$

马蛟石 Ma$_{2}$-Káu^{1}-Sék$_{4}$

水师厂 söi^{2} sü^{1} tch′ong^{2}

① “妈祖”之“妈”读如“马”，邓景滨的《粤音考异录》第11页考证，因为妈祖娘娘原籍福建莆田，当地把祖母辈有德行的夫人都称作“妈”（音马），所以“妈祖”之“妈”读如“马”。澳门人亦读如是。

《新方法》中所涉及的声母有 20 个（n、l 分开，有 kw、khw、w、y）韵母有 56 个，声调有 9 个。本书每页左面是粤语句子，然后下面注拉丁字母，右面是葡萄牙语，如图 1 所示。

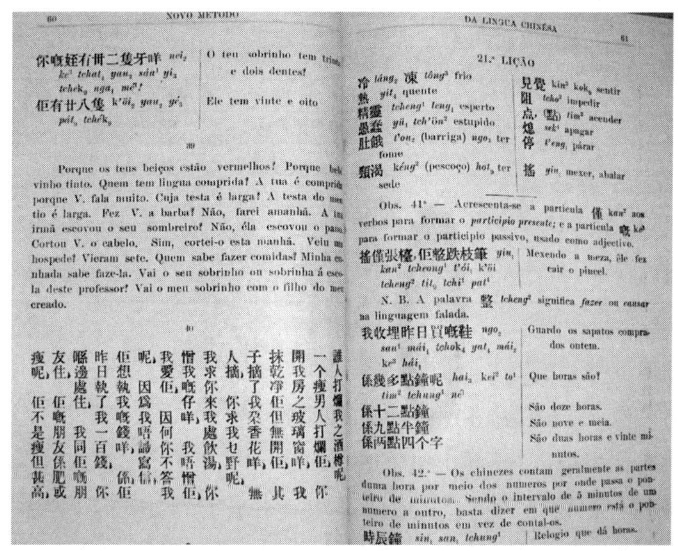

60 NOVO METODO

你嘅姪有卅二隻牙咩 nei₂ ke³ tchat₁ yau₂ sáa¹ yi₂ tchek₉ nga₁ me³! | O teu sobrinho tem trinta e dois dentes!

佢有廿八隻 k'öi₂ yau₂ yé₃ pát₉ tchék₉ | Ele tem vinte e oito

39

Porque os teus beiços estão vermelhos? Porque beb[…] vinho tinto. Quem tem lingua comprida? A tua é comprid[…] porque V. fala muito. Cuja testa é larga? A testa do me[…] tio é larga. Fez V. a barba? Não, farei amanhã. A i[…] irmã escovou o seu sombreiro? Não, éla escovou o pan[…] Cortou V. o cabelo. Sim, cortei-o esta manhã. Veiu u[…] hospede? Vieram sete. Quem sabe fazer comidas? Minha cu[…]nhada sabe faze-la. Vai o seu sobrinho ou sobrinha á esco[…]la deste professor? Vai o meu sobrinho com o filho do me[…] creado.

40

誰人打爛我之酒樽呢，一个瘦男人打爛佢，你開我房之玻璃窗咩，我抹乾淨佢但無開佢，其子摘了我朶香花咩，無人摘，你求我乜野呢，我求你來我處飲湯，你憎我嘅仔咩，我唔憎佢，我愛佢，因何你不答我呢，因爲我唔識寫信，佢想執我嘅錢咩，係佢昨日執了我一百錢，你喺邊處住，我同佢嘅朋友住，佢嘅朋友係肥或瘦呢，佢不是瘦但甚高，

DA LINGUA CHINÊSA 61

21.ª LIÇÃO

冷 láng₂ 凍 tông³ frio | 見覺 kin³ kok₉ sentir
熱 yit₄ quente | 阻 tcho² impedir
精靈 tcheng¹ leng₁ esperto | 点，(點) tim² acender
愚蠢 yü₁ tch'ön² estupido | 熄 sek¹ apagar
肚餓 t'ou₂ (barriga) ngo₃ ter fome | 停 t'eng₁ párar
頸渴 kéng² (pescoço) hot₉ ter sede | 搖 yiu₁ mexer, abalar

Obs. 41ª — Acrescenta-se a particula 僅 kan² aos verbos para formar o *participio presente*; e a particula 嘅 ke³ para formar o participio passivo, usado como adjectivo.

搖僅張檯，佢整跌枝筆 yiu₁ kan² tcheong¹ t'ói₁ k'öi tcheng² tit₉ tchi¹ pat¹ | Mexendo a meza, êle fez cair o pincel.

N. B. A palavra 整 tcheng² significa *fazer* ou *causar* na linguagem falada.

我收埋昨日買嘅鞋 ngo₂ sau¹ mái₁ tchok₄ yat₄ mái₂ ke³ hái₁ | Guardo os sapatos comprados ontem.

係幾多點鐘呢 hai₂ kei² to¹ tim² tchung¹ ne³ | Que horas são?

係十二點鐘 | São doze horas.
係九點半鐘 | São nove e meia.
係两點四个字 | São duas horas e vinte minutos.

Obs. 42.ª — Os chinezes contam geralmente as partes duma hora por meio dos numeros por onde passa o ponteiro de minutos. Sendo o intervalo de 5 minutos de um numero a outro, basta dizer em que numero está o ponteiro de minutos em vez de contal-os.

時辰鐘 sin₁ san₁ tchung¹ | Relogio que dá horas.

图 1　《新方法》第 60、61 页第 21 讲

此书分成 100 讲，每讲先介绍单词，然后介绍虚词，介绍单句，最后是语段或成篇预料。

此书标音系统比较完整，缺点是印刷的错误不少，虽然有勘误表，但未提到的错误仍有很多，特别是在附加符号的有无上。有时同一页内字形字义均相同的字，也会标错。如“三”字，有标成 sám 的，也有标成 sâm 的。虽是这样，但此书总体韵类的划分是清楚的。我们总结语音系统的方法是摘录每个字的音节，按汉语方言学上的一般习惯切分出声韵调，纵横排列，最终得出同音字表，并得出声韵调的总数。

二　《新方法》声韵调系统

（一）发音规则（该书前言部分的对音翻译）

规则一：元音的发音基本以葡语为准，但标有重音或钝音符号时，则使用中文发音，因其发音差距较大。

表 1　语音描述

粤语	听起来像	葡语单词元音	比如	对译汉字	笔者拟音
a	*a*	em s*a*bio	*sa*	沙(areia)	[ɐ]
á	*áá*	长音	*fá*	花(flôr)	[a]
e	*e*	em s*e*co	*sek*	识(saber)	[ɪ]
é	*éé*	长音	*sék*	锡(chumbo)	[ɛ]
i	*i*	em s*i*no	*si*	诗(verso)	[i]
o	*o*	em s*o*cio	*so*	梳(pente)	[o]
ó	*óó*	长音	*kók*	觉(sentir)	[ɔ]
ô	*ô*	em c*ô*r	*kôk*	谷(grão)	[ʊ]
u	*u*	em f*u*mo	*fu*	夫(marido)	[u]
w	*u*	em q*u*alquer	*kwa*	瓜(abòbora)	[u]
y	*i*	em *i*áte	*yat*	一(um)	[i]

例外：

ö 听起来像 *cœur*（法语）中的 *oeu*，如：*yat tö fá*（一朵花）。　[œ]

ü 听起来像发 *sur*（法语）中的 *u*，如：*sü*（书）。　[y]

注：在现代葡萄牙语里，“ ´ ”是重音开音符号，“ ` ”为次重音符号，“^”为闭音，“～”为鼻音。á 的发音为［a］，â 的发音为介乎［a］与［ə］之间的音，é 的发音为［ε］，ê 为［e］，ó 的发音为［ɔ］，ô 的发音为［o］。ch 的发音为［ʃ］。在现代德语里，ö 的发音为［øː］，ü 的发音为［yː］。①

规则二：辅音的发音基本也是以葡语为准，但以 k，p，t 结尾的单词如：fôk（福），sap（湿），sat（失）等。发音大多较轻。

……

m：单独出现，或在单词的最后时发音几乎感觉不出来。如：m（唔），sam（深），t′im（添），kom（甘）。

ñ：单独出现，或 ng 在任何元音后则发鼻音，如：tang（凳），tung（懂），song（桑），ñ（吾）。

（二）声韵调系统

1. 声母 20 个

《新方法》声韵调系统中的 20 个声母见表 2。

① 参见欧维娜、崔维孝、李键《基础葡萄牙语：相遇在澳门》，澳门理工学院，2002，第 135～142、150～151 页；王志强、汤浩军《基础德语》，同济大学出版社，2000，第 10 页。

表 2　《新方法》中的 20 个声母

p[p]巴部八	p'[p^{h}]爬倍匹	m[m]妈微乜	f[f]非花苦	
t[t]打度突	t'[t^{h}]他淡托	n[n]拿宁嬲		l[l]罗联栗
tch[ts]诈知左	tch'[ts^{h}]差池坐		s[s]沙书锁	y[i-]也惹验
k[k]家巨骄	k'[k^{h}]骑俱确	ng[ŋ]牙牛逆	h[h]下可哭	
kw[ku]瓜脆骨	k'w[k^{h}u]规困逛			w[u-]污横永
ø欧恶五				

注：声母的发音、辖字和现代广州话完全相同。

2. 韵母 56 个

《新方法》声韵调系统中的 56 个韵母见表 3。

表 3　《新方法》中的 56 个韵母

á (a) [a] 花虾		é (e) [ɛ] 骑爷		ö [œ] 朵靴	ó (o) [ɔ] 歌坐	i [ɿ] 支指	u [u] 姑妇	ü [y] 猪雌
ái [ai] 街埋	âi (ai) [ɐi] 鸡危		ei (éi) [ei] 基皮		ói (oi) [ɔi] 该来		ui [ui] 推妹	
áu (àu) [au] 交抄	au [ɐu] 偷鸠	éu (eu) [ɛu] 哓		öï (öü) [œy] 俱嘴	ou [ou] 高粗	iu [iu] 骄雕		
ám [am] 监担	âm (am) [ɐm] 今针					im [im] 兼添	ôm [ʊm] 柑坎	
án (àn) [an] 艰犯	ân (an) [ɐn] 巾珍			ön [œn] 伦准	ón (on) [ɔn] 肝看	in [in] 坚言	un [un] 宽门	ün [yn] 端转
áng [aŋ] 横更	âng (ang) [ɐŋ] 羹肯	éng [ɛŋ] 听证	êng (eng) [ɪŋ] 京正	eong [œŋ] 姜双	óng (ong) [ɔŋ] 慌讲		ông (ung) [ʊŋ] 公中	

续表

áp [ap] 纳闸	ap [ɐp] 急十					ip [ip] 劫涉	ôp [ʊp] 合鸽	
át (àt) [at] 辣刷	at [ɐt] 乞核			öt [œt] 栗出	ót (ot) [ɔt] 割渴	it [it] 结热	ut [ut] 阔抹	üt [yt] 夺月
ák (àk) [ak] 吓摘	ak [ɐk] 北黑	ék [ɛk] 踢尺	êk (ek) [ɪŋ] 击食	eók (eok) (eòk) [œk] 若爵	ók (ok) [ɔk] 落薄		ôk (uk) (eôk) [ʊk] 曲属	
m [m̩] 唔	ñ [ŋ̍] 吾五							

注：我们如若合并两个写法不同的韵母，则必须有确凿可信的理由才会这样做，如 öï 和 öü 合为一个，那是因为“俱、嘴、需”等字既有标成 öï，也有标成 öü 的，应该说这种情况更多是语音太近不好拿捏造成的，不是语言变化的现象。现在广州话文白异读一般出现在梗摄上，二等元音文读是 ɐ，白读为 a，三四等文读是 ɪ，白读是 ɛ，此音系相同。此音系韵母跟现代广州话非常近，除止开三精庄组和遇合三知章影组疑日相混、蟹合一端组字仍没分出去以外，其他则与广州话完全相同。

3. 声调 9 个

《新方法》声韵调系统中的 9 个声调见表 4。

表 4　《新方法》中的 9 个声调

序号	调类	调值	例子	序号	调类	调值	例子
1	阴平　1^1	55	分施冤杯	6	阳去　/3	22	份示嫩队
2	阳平　/1	11	坟时全梅	7	阴入　4	55	忽黑即笔
3	阴上　2	35	粉屎转腿	8	阳入　/4	11	罚夺直裂
4	阳上　/2	24	奋市断倍	9	中入　9	33	发决隻抹
5	阴去　3	33	粪试眷悔				

注：原书的声调分类，采取阴调类上标，阳调类下标的方法区分音类。如阴平$□^1$，阳平$□_1$，这里用斜线区分，没斜线在前表上标，有斜线在前表下标。

关于此书的声调，原书第 V 页用五线谱做了介绍（见图 2），调值上阴入和阴平相同，阴去和中入相同，阳入和阳相同。调类、调型、调值均与现代广州话一样。

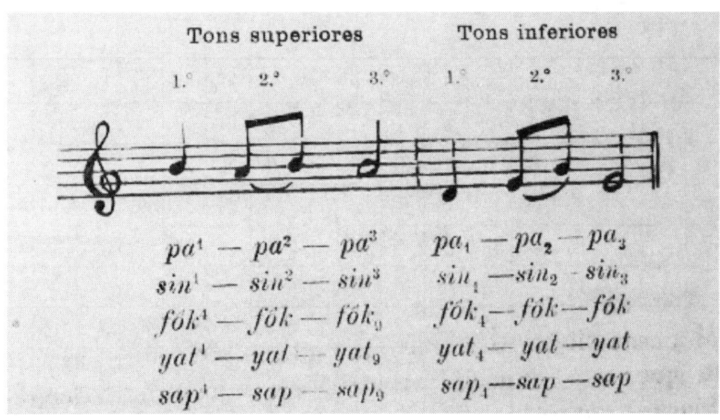

图 2　《新方法》的五线谱声调

三　音节表

表 5 横列声，纵列韵，其中第二列是声调。斜体字是表示此字标音是括号里的斜体韵母的标法。“□”表示有音无字。

表 5　音节表

	p	p′	m	f	t	t′	n	l	tch	tch′	s	k	k′	ng	h	kw	k′w	w	y	o
á	巴	*爬*	孖	花	打	*他*	拿	喇	揸	差	*沙*	加		*牙*	*虾*	*瓜*		华	*也*	鸦
é	啤		咩	*啡*			呢	哩	姐	遮	些	嘅	骑						耶	
ö					朵										靴					
ó	波	*棵*	*摩*	火	*多*	拖		*啰*	左	*初*	疏	歌		*鹅*	*河*	果		*窝*		*疴*
i					啲				知	池	施								医	
u				夫												姑		污		
ü									资	雌	书								于	
ái	摆	牌	埋	块	大	舵	奶	拉	债	差	晒	街			鞋	拐		*怀*		唉
ai	跛	批	米	亏	低	梯	泥	犁	挤	妻	西	鸡	启	危	喺	龟	规	餧		矮
ei	卑	皮	微	非	地		呢	璃			死	基	羁		欺					
oi					待	台	耐	来	*灾*	才		该	概	呆	开			餧		哀
ui	杯	陪	妹	灰	对	推						攰						回		
áu	包	抛	茅				嬲		找	抄	稍	交		咬	敲					
au			某	浮	兜	偷	纽	褛	周	秋	修	鸠	求	牛	口				忧	欧
éu								*了*							哓					

续表

	p	p′	m	f	t	t′	n	l	tch	tch′	s	k	k′	ng	h	kw	k′w	w	y	o
öi					队		女	*雷*	*追*	吹	须	*居*	俱		墟					
ou	补	铺	无		都	徒	奴	炉	租	粗	苏	高		鳌	毫					奥
iu	表	票	猫		丢	挑	鸟	寮	蕉	超	消	骄	桥		晓				腰	
ám					耽	谈	南	蓝	斩		三	监		啱	咸					
áp					踏		纳	腊	闸		圾									鸭
am					□	贪	稔	淋	针	寻	心	今	琴						钦	
ap						塔	粒	立	执		湿	急	级						入	
im					点	添	拈	帘	尖	签	闪	兼	钳		谦				盐	厌
ip					碟	帖		猎	接		涉	劫			叶				业	
ôm												柑			*堪*					暗
ôp												*鸽*			合					
án	班		蛮	番	单	摊	难	兰	盏	餐	山	艰		颜	悭	关		还		晏
át	八			法	笪			辣		擦	杀							滑		押
an	宾		文	婚	吞				珍	亲	新	跟	勤	银	恳	军	裙	温	恩	
at	笔	匹	乜	忽	突				侄	七	瑟	□			乞	骨		屈	一	
ön					敦			伦	遵	春	唇								润	
öt								栗		出	述									
on												肝		岸	看					安
ot												割			渴					
in	边	篇	绵		癫	天	年	连	煎	迁	仙	坚			显				烟	见
it	必				跌	铁		烈	折	设	舌	结	揭		歇				热	
un	搬	盘	扪	宽												官		碗		
ut			抹	阔																
ün					端	断	嫩	联	砖	穿	酸	卷	权		犬				冤	
üt					夺	脱					雪	□	决		血				悦	
áng		棚	盲					冷	争	撑	生	更		硬	坑		逛	横		罂
ák	百	拍	*擘*						窄	册		革		逆	吓					
ang		朋			灯		能	冷	增	曾	牲	庚			恒	轰				
ak	北		墨		得			勒	则	测	塞			额	刻			或		
éng	饼	平	名		钉	听		领	井	青	声		颈		轻				赢	
ék					笛	踢			褯	尺	石								易	
eng	冰	苹	鸣		顶	厅	宁	凌	精	清	升	京	倾		兴	炯		永	应	
ek	逼		觅		的		溺	肋	即	戚	息	击							益	
eong							娘	良	将	昌	相	姜	强		香				鸯	

续表

	p	p′	m	f	t	t′	n	l	tch	tch′	s	k	k′	ng	h	kw	k′w	w	y	o
eók									爵		*削*	*脚*	*却*						约	
óng	*帮*	*旁*	*芒*	慌	当	劏	浪	郎	庄	床	*丧*	*岗*		*戆*	降	*光*		*黄*		
ók	薄	*朴*	*寞*		度	托		落	昨		索	阁		乐	鹤	*国*		*镬*		恶
ông	碰		檬	风	东	通	农	笼	宗	聪	嵩	公	球		空				翁	□
ôk	仆		木	福	笃			辘	竹	畜	肃	局	曲		哭				郁	屋
ñ																				五
m																				*唔*

四　《新方法》韵母与《广韵》音之比较

为便于寻找规律，表6中音类的比较只做大类的比较，个别例外和少数字暂不做讨论。

表6　《新方法》韵母与《广韵》音之比较

序号	《新方法》	《广韵》地位
1	á(a)[a]花话	假开合二麻 蟹合二佳夬部分
2	é(e)[ɛ]爷车	假开三麻
3	ö[œ]朵靴	果开合三戈 果合一戈端
4	ó(o)[ɔ]歌坐	果开合一歌戈 遇合三鱼庄组
5	i[i]支指	止开三支脂之微知章日影组和疑母
6	u[u]姑妇	遇合一模见晓影组 遇合三虞非组 流开三尤非组部分
7	**ü[y]猪雌**	**遇合三鱼虞知章影组疑日** **止开三支脂之精庄组**
8	ái[ai]街埋	蟹开合二皆佳夬 蟹开一哈泰少数字
9	âi(ai)[ɐi]鸡危	蟹开三四祭齐 蟹合三四废齐 止合三支脂微见系
10	ei(éi)[ei]基皮	止开三支脂之帮泥晓见组(疑母例外)
11	ói(oi)[ɔi]该来	蟹开一哈泰除了帮系

续表

序号	《新方法》	《广韵》地位
12	**ui[ui]妹推**	**蟹开合一泰唇音见匣 蟹合一灰帮端晓组见**
13	áu(àu)[au]交抄	效开二肴
14	au[ɐu]偷鸠	流开一三侯尤幽
15	éu(eu)[ɛu]哓	效开三四宵萧个别字白读
16	öï(öü)[œy]俱嘴	遇合三鱼虞精见泥组 止合三支脂微知系精组来
17	ou[ou]高粗	遇合一模除了见系 遇合三虞明 效开一豪
18	iu[iu]骄雕	效开三四宵萧
19	ám[am]监担	咸开一覃谈除了见系 咸开二咸衔
20	áp[ap]纳闸	
21	âm(am)[ɐm]今针	深开三侵
22	ap[ɐp]急十	
23	im[im]兼添	咸开三四盐严添
24	ip[ip]劫涉	
25	ôm[ʊm]柑坎	咸开一覃谈见系
26	ôp[oʊ]合鸽	
27	án(àn)[an]艰犯	咸合三凡 山开一寒端系 山开合二山删 山合三元非组
28	át(àt)[at]辣刷	
29	ân(an)[ɐn]巾珍	深开三侵帮系 臻开一三痕殷 臻合三文 臻开三真除了部分精庄组来 臻合一魂见系 臻合三谆喻
30	at[ɐt]乞核	
31	ön[œn]伦准	臻开三真精组部分 臻合一魂端组来心部分 臻合三谆除了喻
32	öt[œt]栗出	
33	ón(on)[ɔn]肝看	山开一寒见系
34	ót(ot)[ɔt]割渴	
35	in[in]坚言	山开三四仙元先
36	it[it]结热	
37	un[un]宽门	山合一桓帮见系 臻合一魂部分帮组
38	ut[ut]阔抹	

续表

序号	《新方法》	《广韵》地位
39	ün[yn]端转	山合一桓除了帮见系 山合三四仙元先除了非组 臻合一魂精组泥
40	üt[yt]夺月	
41	áng[aŋ]更横	梗开二庚耕大部分白读
42	ák(àk)[ak]吓摘	
43	âng(ang)[ɐŋ]羹肯	梗开二庚耕大部分文读 曾开一登
44	ak[ɐk]黑北	
45	éng[ɛŋ]听证	梗开三四庚清青大部分白读
46	ék[ɛk]踢尺	
47	êng(eng)[ɪŋ]京正	曾开三蒸 梗开三四庚清青大部分文读 梗合三庚清
48	êk(ek)[ɪŋ]击食	
49	eong[œŋ]姜双	宕开三阳 江开二江庄组
50	eók(eok)(eòk)[œk]若爵	
51	óng(ong)[ɔŋ]慌讲	宕开合一唐 宕开三阳庄组 宕合三阳 江开二除了庄组
52	ók(ok)[ɔk]落薄	
53	ông(ung)[ʊŋ]公中	通合一三东冬钟
54	ôk(uk)(eôk)[ʊk]曲属	
55	m[m̩]唔	否定副词“不”一字
56	ñ[ŋ̍]吾五	遇合一模疑

注：只有在第 7 和 12 韵处与广州话有差别。广州话第 7 韵中止开三精庄念成第 5 韵，第 12 韵中蟹合一端组念成第 16 韵。

五　《新方法》的性质及归属问题

（一）《新方法》是否 20 世纪初的澳门本地话？

对比 1897 年波乃耶（J. Dyer Ball）的 “The Höng Shán or Macao Dialect”①（《香山或澳门方言》）和 1941 年高美士（Luís Gonzaga Gomes）

① J. Dyer Ball, “The Höng Shán or Macao Dialect,” *The China Review*, Vol. 22, 1897.

的 *Vocabulário Cantonense – Português*[①]（《粤葡词典》）两书的音系，《新方法》的语音系统不像处在两者中间位置的 1922 年澳门粤语。《新方法》与前者看不出有传承关系，再联系当代澳门粤语，就更觉迥异（见表 7）。

特别是止遇两摄的韵母分合问题，如果 1922 年的《新方法》是当代澳门粤语的源头，则明显违反粤语演变的规律性。1922 年“猪资”两字已经同音，1941 年、2008 年“猪资”一般而言也会同音，因为两者分开（不同音）是需要语音条件的。澳门真正被葡萄牙人占据以前一直属香山县（今中山市）管辖，其人口大多来自香山县，其语言特点也与香山话相同，从 1941 年的《粤葡词典》仍然能看到香山话的一些主要特点（臻摄主元音只有一个 ɐ）。《新方法》中的语言没有香山话的特点，却有广州话的很多特点，我们认为它不是 20 世纪初的澳门本地话。

表 7　《新方法》与百年来澳门粤语的特征对比

<table>
<tr><th>中古地位《广韵》</th><th>1897 年
《香山或澳门方言》</th><th>1922 年
《新方法》</th><th>1941 年
《粤葡词典》</th><th>2008 年
老派澳门
粤语韵母
（71 岁）*</th><th>2008 年
新派澳门
粤语韵母
（21 岁）*</th></tr>
<tr><td>止开三支脂之微知章日影组和疑母</td><td rowspan="2">[i]之子</td><td>[i]知</td><td rowspan="2">[i]知资</td><td rowspan="2">i 知资</td><td rowspan="2">i 知资</td></tr>
<tr><td>止开三支脂之精庄组</td><td rowspan="2">[y]猪资</td></tr>
<tr><td>遇合三鱼虞知章影组疑日</td><td>[y]朱</td><td>[y]猪</td><td>y 猪</td><td>y 猪</td></tr>
</table>

＊括号内数字是被调查者年龄。

资料来源：参见罗言发《百年来澳门粤语音变史》，北京大学中文系硕士学位论文，2009。

（二）《新方法》反映的是哪个地方的方言？

考察《新方法》中 ü 韵所包含的字，我们发现，斜线后面的字正好对应《分韵撮要》[②] 的“师史四”韵（见表 8）。

① Luís Gonzaga Gomes, *Vocabulário Cantonense – Português*, Macau: Imprensa Nacional, 1941.

② 佚名：《新辑写信必读分韵撮要合璧》，香港陈湘记图书有限公司，1915。

表8 《新方法》ü韵所包含的字

	阴平	阳平	阴上	阳上	阴去	阳去	中古地位
tch	猪诸珠 /资		煮主 /子		注铸	住 /自字	遇摄三等知澄章 止摄精从
tch′	/雌	厨除 /瓷慈词辞	/此柿	柱 /似厕	处处 /赐次		遇摄三等澄昌(心) 止摄清从邪崇初
s	书枢输 /斯撕私师 狮司丝思	薯	暑鼠 /使史死		恕	树 /士事	遇摄三等书(昌)禅 止摄心生崇

此方言还保留了广府话的特点，古全浊声母平上送气，去入不送气。

现代广州话、佛山话分属《分韵撮要》的后代，广州话是“机纪记”中（[i]）和“师史四”（[ɿ]）两韵合并的结果，而佛山话则是“诸主著”中（[y]）和“师史四”（[ɿ]）两韵合并的结果。从整体音系特征看，《新方法》上声分阴阳、有介音 u－、蟹摄合口和止遇两摄合口截然分开、止摄开口精庄组字和遇摄合口三等知章组合流等特征，与珠三角西侧带[①]（如佛山市区、南海、三水、顺德[②]）的方言对应较整齐。

表9 两个广府片粤语的特征对比

方言类型	《分韵撮要》
广州型：广州、花县	“机纪记”（[i]）→ i “师史四”（[ɿ]）→ i
佛山型：佛山、南海、三水、顺德	“诸主著”（[y]）→ y “师史四”（[ɿ]）→ y

考虑到作者刘雅阁的老家是广东花县[③]，我们翻阅《珠江三角洲方言字音对照》（1987年）里的花县花山话，花山话应属于上面的广州型，而不是佛山型。不过佛山市的两个区南海和三水与广州的花都区相接壤又为我们提供了另一个方面的证据。我们虽然不知道刘雅阁家乡是花都区的哪个乡镇，

① 詹伯慧、张日昇：《珠江三角洲方言综述（珠江三角洲方言调查报告之三）》，新世纪出版社，1990。

② 南海、三水、顺德是佛山市的三个区。

③ 今为广州花都区。

但刘雅阁的家乡话在20世纪初跟比邻的佛山话相近这点理解起来应该没有困难。由此我们认为此书记录的是1922年的广州西侧的花县、佛山一带的方言。

（原载复旦大学汉语言文字学科《语言研究集刊》编委会编《语言研究集刊》第11辑，上海：上海辞书出版社，2013年12月。）

敏锐率真　包容务实

——程祥徽先生社会语言学观点述评

曹德和*

程祥徽先生是具有广泛影响的社会语言学家。程先生 1934 年出生于武汉，1957 年毕业于北京大学中文系，1982 年毕业于香港大学，获哲学硕士学位。1958～1979 年在青海民族学院任教，后于东亚大学以及后来的澳门大学任教，历任教授、中文系主任与中文学院院长等职。现任澳门语言学会会长、澳门写作学会名誉会长、中国社会语言学会名誉会长、多所高等院校客座教授、多个学术社团顾问。是第九届、第十届北京市政协委员。澳门回归前任政府文化委员、语言状况关注委员会委员、政府法律翻译办公室顾问，2011 年获澳门特区政府颁授的文化功绩勋章。

若以 20 世纪 60 年代撰写《青海口语语法散论》[①] 为起点，迄今他在社会语言学瀚海中已遨游半个多世纪，其间逐步形成一套较为完整的学术观点体系。为有助于学界更为深入地了解程先生的学术思想，活跃社会语言学问题思考，促进学科的理论建设，本文拟对其学术观点加以概略性的叙述和评论。

一　关于语言的四个重要见解

程先生赞同索绪尔语言/言语二分法，并认为语言和言语是一般与个别关系。[②] 他注意到，结构主义语言学与社会语言学有个明显区别，即前者重

---

* 曹德和，安徽大学文学院教授。

① 见程祥徽《语言与沟通·后记》，澳门基金会，1995。

② 程祥徽：《风格的要义与切分》，程祥徽、黎远汉主编《语言风格论集》，南京大学出版社，1994，第 22～33 页。

视与语言相联系的底层共性的抽象，后者极其关注与言语相联系的表层特殊性的考辨。① 基于以上认识，在社会语言学研究中，他所论及的语言不是索绪尔所说的狭义的语言，而是通常理解的广义的语言，具体地说，是保留着个性特征的自然状态的语言。对于前述语言，程先生有以下四个重要见解。

1. 不纯乃是自然语言常态

由于索绪尔“同质说”（Theory of Homogeneity）的影响，加之20世纪50年代《人民日报》发表过《正确地使用祖国的语言，为语言的纯洁和健康而斗争》的社论，在过去相当长的一个时期里，将“规范或纯正”视为自然语言本质几乎成为学界共识。程先生在直面语言的过程中发现，事实并非如此。近年来他反复强调不纯乃自然语言常态，并一再提醒同人重视语言内部“差异或参杂”的存在。他指出：“为了因应传意的需要，战后语言的发展变迁超越了以往任何时期，例如新词语的涌现有如雨后春笋，语言的你中有我、我中有你已不再是个别的现象。”② “现代民族不再有什么‘净化’的语言了。在今时今日，国际间的文化交流日益频密……语言间的相互影响、语言成分的彼此吸收成为现代语言的共同特征；而在非单一语言的社会，这种现象就更加突出。”③

在2008年出版的《泛梗集》中，他收入新近撰写的以下诗篇：

《倾偈》：半是中文半洋话/不亏一种构词法/倾谈原属粤方言/偈语从来归大佛。（粤方言“倾偈”，普通话“聊天”也。）

《阿色打的》：如今打的满街唱/打字祖传的字洋/半汉半英谁创造/气歪阿色大鼻梁。（阿色，“阿”是汉语词头，“色”是英语SIR。）④

他希望通过以上努力帮助“上当者”及早走出误区。

程先生认为语言是“规范”与“差异”的统一体，语言不能没有“规

① 程祥徽、刘羡冰：《澳门的三语流通与中文的健康发展》，《中国语文》1991年第1期。

② 程祥徽：《语言架起传意的桥梁》，《语言与传意》，海峰出版社，1996，第3～7页。

③ 程祥徽、刘羡冰：《澳门的三语流通与中文的健康发展——兼评CHINGLISH》，《中国语文》1991年第1期。

④ 程祥徽：《泛梗集：程远诗词四编》，九鼎传播有限公司，2008，第74～77页。

范”，“规范”的存在无可置疑。他在《传意需要与港澳新词》一文中指出：“为了减少传意过程中出现障碍，语言的规范无疑绝对必要。如无规范，任由语言中的不正常现象泛滥，将会给传意带来更大的障碍。”①

这里所谓“规范”指体现语言“同质性”的那部分语言要素，它因为具有很强的普遍性和稳定性，所以是语言赖以生存的基础和正常运作的保证。但语言并非仅由“规范”成分构成，其中同时存在着“差异”即“不规范的成分”。在前述文章中程先生又指出，语言的使用者和学习者只能做到靠拢规范，永远不能实现完全的规范。规范只能是一个理想，提供一个榜样或模式，供语言的使用者和学习者去模仿或追求。语言一刻不停地变动，规范过后即刻又有不规范的成分出现。

也就是说，因为体现“一般”的“规范”无法全面反映体现“个别”的“差异”，同时因为语言始终处于运动状态，超越既有“规范”的“差异”不断产生；因此对于认识语言来说，仅仅关注“规范”是不够的，正确做法是，应当同时看到“差异”的存在，并将它与“规范”结合起来考察。黑格尔指出：“一般乃是一个贫乏的规定，每个人都知道一般，但是不知道作为本质的一般。”② 黑格尔所谓“本质的一般”不是指与“个别”静态分立的“一般”，而是指与“个别”动态互制的“一般”；不是指特定视角下的“一般”，而是指内外结合全方位观照下的“一般”，即能够反映事物客观面貌和本来内质的“一般”。程先生理解的正是这样的“一般”。他之所以强调不纯乃自然语言常态，主要是因为他注意到，忽视语言中“差异”的正常存在，便无法深刻认识语言“本质的一般”。

2. 语言的运动和变迁并非总是循规蹈矩

黄伯荣等主编的《现代汉语》指出：“现代汉语规范化工作，主要是根据汉语的历史发展规律，结合汉语的习惯用法，对普通话内部（包括语音、词汇、语法各方面）所存在的少数分歧和混乱现象进行研究，选择其中的一些读法或用法作为规范，并加以推广；确定其中的另一些读法或用法是不规范的、应舍弃的，从而使汉语沿着纯洁和健康的道路向前发展。”③ 按照

① 程祥徽：《传意需要与港澳新词》，《中国语文》1996 年第 3 期。

② 《列宁全集》第 55 卷，人民出版社，1990，第 229 页。

③ 黄伯荣、廖序东主编《现代汉语》，高等教育出版社，2007。

以上说法，鉴别语言运用是否规范有两个标准：一是看其是否遵循历史规律，二是看其是否符合社会习惯。以上观点具有广泛代表性，过去考察新生语言现象大多以此为据。但在程先生看来，以上观点未必妥当，因为他注意到："语言的变化又并不完全按照以往的轨迹或原有的模式，更不依照人的主观意志或良好愿望。"① "不是字字都找得出理据的，文字不过是语言的区别性符号，很多时候是无理可说的。"② "语言的生命如同放大了的人生，每时每刻都在变迁，永远保持运动的形态：某些词语出现的机会在逐渐减少，某些新的成分却不知不觉地潜入语言的库存，甚至个别完全不通情理的词语莫名其妙地充斥于广大地区。"③

所谓"并不完全按照以往的轨迹或原有的模式"，是指语言变化并不完全遵循或符合历史规律或既有习惯；所谓"很多时候是无理可说的"，是指语言变化无法根据历史规律或社会习惯给予解释（不是指找不到原因）；所谓"甚至个别完全不通情理的词语莫名其妙地充斥于广大地区"，是指有的词语尽管明显背离历史规律或社会习惯，却出人意料地大面积用开。程先生在此挑明一个重要事实，即语言的运动和变迁并非总是因循"汉语的历史发展规律"和恪守"汉语的习惯用法"。这本来不应被忽略，因为语言的运动和变迁如果始终不能超越历史规律或社会习惯，那么它将永远只有量变而没有质变。曾经深入研究过汉字发展史的黄德宽发现，正是突破理据情况的接踵出现，乃至讹变现象的一再发生，才使汉字系统至今保持活力并不断走向优化。④ 程先生早已看出这道理，在1985年发表的《蓝青官话与普通话》一文中说：蓝青官话一方面不是纯正的北京话，但另一方面却使北京话得到了补充，使之变得更加丰富、更有表现力。今日中国各方言区流通的普通话以及海外华人社会的华语，正是这种更加丰富、更有表现力的语言。⑤这说明对于语言来说，异质不是毒药而是营养素和催生剂。

---

① 程祥徽：《传意需要与港澳新词》，《中国语文》1996年第3期。

② 程祥徽：《澳门语言生活三题》，广州第五届海峡两岸现代汉语问题学术研讨会论文，广州，2010年2月。

③ 程祥徽：《传意需要与港澳新词》，《中国语文》1996年第3期。

④ 黄德宽：《对汉字规范化问题的几点看法》，《汉字规范百家谈》，商务印书馆，2004，第30～33页。

⑤ 程祥徽：《蓝青官话与普通话》，《明报月刊》1985年5月号。

3. 汉语并未因为外来冲击而受伤

党的十一届三中全会以来，在改革开放迅速推进和国人思想空前解放新形势的影响下，作为国家通用语的现代汉语，与其他语言的关系及自身面貌均有了显著变化。对此不少人感到很不适应，以至于情不自禁地喊出“救救汉语！”“保卫汉语！”的口号。他们觉得有必要“打一场汉语保卫战”的主要原因有二：一是认为不断升温的英语热对汉语造成严重威胁，在其挤压下，“汉语现在已经明显成为了一种弱势语言、一种第二阶级的语言，甚至说得不中听点，是奴隶的语言”。[①] 在“不会太久的未来，汉语必将令人愧痛地成为一种死去的语言”。[②] 二是认为“互联网的横空出世、无处不在的广告宣传、不规范的大众传媒、不负责任的外文翻译以及欧化的文学创作都对汉语造成了一定程度的‘污染’……汉语正面临着危机”。[③] 而程先生不这么看。他质疑道：“澳门的汉语在葡语百年冲击下损失了什么？不仅未受任何损失，反而从葡语那里获取了一些有益的养分。”[④]“任何一个成分的出现都有它的理由……出现新因素的主要原因不是语言使用者的标奇立异，而是新事物的产生、新概念的形成以及传意生活的紧迫需要……向本族语言的方言和向外国语言借词是丰富本族语言词汇，为传意提供更多选择的重要途径。”[⑤]

在他看来，“潮语的出现并非针对中华文化传统而来，而是青年人的一种情感宣泄，只不过这种宣泄运用的是语言材料以及语言材料的变体，它并没有形成另外一种文化，也没有形成另外一种语言，延绵了数千年的中华文化哪里那么容易会受到损伤?”[⑥] 他乐观地表示：“中国在经济上提倡改革开放，引进国外技术与资金，在引进外来事物的同时引进一些外来概念、外来词语势所难免；引进来的事物有好有坏，引进来的词语夹杂一些不

---

① 朱湘：《汉语，我只有对你哭》，人民网，http：//www.people.com.cn/GB/guandian/30/20020726/785094.html，最后访问时间：2002 年 7 月 26 日。

② 岳建一：《愧痛汉语危机》，《社会科学论坛》2007 年第 6 期。

③ 单辉：《汉语危机生态思考》，《长江师范学院学报》2007 年第 6 期。

④ 程祥徽：《澳门语言生活三题》，广州第五届海峡两岸现代汉语问题学术研讨会论文，2010 年 2 月。

⑤ 程祥徽：《传意需要与港澳新词》，《中国语文》1996 年第 3 期。

⑥ 程祥徽：《澳门语言生活三题》，广州第五届海峡两岸现代汉语问题学术研讨会论文，2010 年 2 月。

合汉语规则的成分也无须大惊小怪。经济上买进来一艘外国轮船可能是一堆废铁，语言上借来一个词语可成为本族语言的冗赘，正确的态度是吸取教训，总结经验，更重要的是相信大众在词语使用的过程中会自觉地做过滤的工作，将有用的词语保留住，将有损民族的语言纯洁健康的成分淘汰掉。”①

基于以上看法，他提醒和劝告说：“古代汉语既容纳了中国境内其他民族语言的成分，也包容了西域其他国家民族的语言成分；近代汉语又不知收容了多少西方的、日本的语言成分。今时今日的社会语言学家更应胸怀大度，尽量多地占有语言素材，切忌忙不迭地妄下断语；要从传意角度看待语言发展和语言交流中出现的各种现象，并以传意为目标预测语言发展的路向。”②

程先生的看法是有道理的。汉语植根于绵延数千载的中华文明，海内外以汉语为母语者超过十亿人，具有如此深厚底蕴和宽广基础的语言，怎可能那样弱不禁风？改革开放后我国民众踊跃学习英语，不是因为对汉语缺乏爱心和信心，而是意欲借助“国际共同语”（周有光语），便利西方科技的引入，促进我国现代化建设。鉴于语言与生物有着近似的内部运动规律，人们常将语言喻为活的机体。对于活的机体来说，自交（Selfing）繁衍与杂交（Hybridization）繁衍各有所长，前者可以使机体保持品质的纯一，后者可以使机体在品质上得以改良，从而具有更强适应性。因为汉语融进异质而为其前途忧心忡忡，可以说近于杞人忧天。自从陈原将“自我调节”（Self-organization）概念引入我国语言研究，③ 它很快成为语言功能讨论的关键词。率先将前述概念由生物学领域移植到非生物领域的是皮亚杰（J. Piaget）。这位生物学家出身的心理学大师告诉我们：自我调节是指某些系统为保持自身与客体的关系平衡，在内部规律作用下（而非外力有意控导下），通过“同化”（Assimilation）和“顺应”（Accommodation）的配合，所施的协调性活动。利用既有模式对客体加以处理谓之同化，通过增加模式以满足处理客体的需求谓之顺应。其实，按照陈原的观点，顺应不仅表

① 程祥徽：《传意需要与港澳新词》，《中国语文》1996 年第 3 期。

② 程祥徽：《传意需要与港澳新词》，《中国语文》1996 年第 3 期。

③ 陈原：《变异和规范法》，《语文建设》1987 年第 4 期。

现为新模式的补充，同时表现为旧模式的淘汰，某个模式失去用场，或不能与系统长期和谐相处，从而被淘汰（即陈原所谓一些东西消亡了、被压下去了、退让了），亦属顺应。举例言之，近年来汉语系统接纳字母词这一新成员，属于顺应；五四时期的流行音译词“赛因斯”（Science）和“德默克拉西”（Democracy），后来为意译词“科学”和“民主”所取代，亦属顺应。程先生指出，大众在词语使用的过程中会自觉地做过滤的工作，将有用的词语保留住，将有损民族语言纯洁健康的成分淘汰掉。这里所说的存优汰劣，其实也就是皮亚杰和陈原所说的自我调节，尽管说法有别，但他们一致认为，因为异质渗入而为系统命运担忧，实在是没有必要的。

4. 不同语言以及语言不同变体既不平等又平等

程先生注意到语言家族存在着事实上的不平等，这种不平等并非取决于语言自身：“我从不苟同所谓某种语言热情，某种语言生动，某种语言优美……的议论。热情的是人，人将语言运用得生动优美。”[①]“语言的地位从来取决于它的社会价值、经济价值与文化价值乃至政治价值。”[②]

对于“台独”分子打着“平等”幌子挑战汉语共同语的权威性，他提出尖锐批评：“陈水扁……提出一个貌似平等却非常具有蛊惑性的理论，那就是凡台湾岛上存在的语言都是国语，原有的‘国语’只是其中之一，运用岛上的任何语言都是运用国语。这个论调完全否定了作为民族共同语的‘国语’地位，把民族共同语降格到与一般方言平起平坐。”[③]

基于客体功能与主体需要之间价值关系的评估，他预言澳门地区葡语与英语的排序会发生变化：“英语虽不是澳门的官方语文，但适用价值很高，排位会逐步攀升，估计会排在葡语的前面。”[④]“与其他国际城市一样，英语的国际通用语性质在澳门也很明显。它适用于金融、国际贸易、高等教育、国际会议等部门或场合，其使用频率一直稳步向上，这是英语本身逐渐走向

① 程祥徽：《中文也该回归》，周礼杲主编《心声集》，澳门大学出版中心，1997，第61～65页。

② 程祥徽：《中文在澳门后过渡期》，《澳门教育、历史与文化论文集》，学术研究杂志社，1995，第292～299页。

③ 程祥徽：《维护共同语　包容繁简字》，澳门两岸统一论坛学术研讨会论文，2011年6月。

④ 梁泸东：《程祥徽教授谈澳门华语生活》，广州市语言文字工作委员会办公室网站，http://yw.gzjkw.net/show.asp?id=1309，最后访问日期：2011年2月8日。

世界、走向市场的结果。”①

他还预言简化汉字终将会在港澳地区广泛用开，不过他还注意到，不同语言以及语言不同变体之间，同时有着平等的一面。语言犹如民族和人种是平等的一样，没有优劣之分，贵贱之别。对于为什么说语言及其不同变化具有平等的一面，他是这样阐释的：“在不过三十平方公里的澳门，大的语种有汉语、葡语、英语；汉语中有粤语、闽语、客家话、上海话和普通话。这些语言和方言共处一堂，要根据具体的语境来启用语言或方言，没有哪一种语言或方言是绝对重要或绝对不重要的。语言的重要性要依交际目的与交际环境而定……人们常说语文是交际工具，就以工具作比，钳子是最常见的工具，钳子是大的好还是小的好？能说大型的老虎钳比小型的重要吗？当然不能，修理手表，小型钳子最重要，在修理汽车时小型工具就不起作用了，必须使用大型老虎钳。语言的选择和运用因应需要、各适其适罢了。”②

基于以上认识，他指出简化字和繁体字在大陆和台湾地位相等，二者之间无所谓正俗之别：“台湾、香港、澳门等地仍然以繁体字为汉字的正统，简体字主要以手写体形式在民间流通。于是，繁简二体在不同地区分别都是标准文字。不同地区行用不同形体的汉字已成为历史事实，不可能因个人的主观意志而改变。”③ 他还提醒应正确理解“高语”和“低语”之间的关系。他说：“语种的选择或同一种语言内部方言的选择，是澳门语言生活的一个重要内容……由于‘diglossia’有‘high’与‘low’之分，人们很容易不以术语的眼光而以平常用语的眼光来看待，误认 high 是高尚或高贵的；low 是低劣或低贱的……打个不完全恰当的比方，双语体的‘high’、‘low’犹如修辞学上的‘积极修辞’、‘消极修辞’，并不是‘积极修辞’就比‘消极修辞’高，修辞的好坏完全看是否适应具体的交际场合、满足具体的交际需要，‘各得其所’就好。”④

通过以上引述可知，所谓语言不平等主要反映在权威性、影响力以及发

---

① 程祥徽：《澳门社会的语言生活》，《语文研究》2002 年第 1 期。

② 程祥徽：《澳门语言生活三题》，广州第五届海峡两岸现代汉语问题学术研讨会论文，2010 年 2 月。

③ 程祥徽、田小琳：《现代汉语》，香港三联书店，1989，第 156 页。

④ 程祥徽：《澳门社会的语言生活》，《语文研究》2002 年第 1 期。

展前景等方面，所谓语言平等主要体现于存在的合理性上。就存在的合理性而言，因为不同语言各有所长，相互补充，“一个都不能少”，不同成员之间自然也就谈不上谁比谁更适用、谁比谁更值得重视的问题。

二　关于语用规范和语言规划的六个重要看法

广义的规范包括言语规范和语言规范。言语规范是指：根据语用规律和语用原则结合具体语境，对语言运用所施加的干预。这里说的干预，除了包括语言研究者对于语用正误的肯定或否定性评判，更主要表现为语言使用者为集体无意识所驱动而对语用方式的选择和调控。语言规范主要指以下两项内容：一是指在政府和政策支持下，对特定空间并存的几种语言或同一语言几种变体的给予关系进行宏观定位，即所谓地位规划；二是指在政府和政策支持下，对法定的通用语言系统和通用文字系统进行建设（包括编典和完善），即所谓本体规划。地位规划和本体规划同具体语境没有直接联系，属于语言操作。异读音整理、异形词整理以及异体字整理等，属于本体规划的管辖范围。如何整理主要取决于操作对象的规约化程度和本体规划的整体思考而非具体语境，亦属语言性操作。概言之，地位规划、本体规划以及异读音、异形词的整理等皆属语言性操作，因此在广义规范中，被纳入语言规范的范畴。一般民众理解的规范，只是语言运用规范，即言语规范。[①] 言语规范又叫语用规范。鉴于不少社会语言学研究者不认同语言/言语二分法，本章标题以及后文述评，都是采用语用规范这一名称，而就其所指来说，实际上也就是前面论及的言语规范。对于语用规范和语言规划，程先生表达了如下六个重要看法。

1. 鉴别语用正误的根据是交际效果

从事规范化工作首先需要明确鉴别规范标准与否的根据，亦即规范原则。有位学者说：“语言规范的原则可以大别为二，一个是理性原则，一个是习性原则……理性原则指判别语用正误必须拿出理据来作为标准的法则……习性原则就是要拿出数据来，即以约定俗成的程度为标准。”他认为

① 曹德和、黎洪：《可变与不可变规范的区分及其学术意义》，《学术界》2011 年第 7 期。

语言规范的根本原则是习性原则。[①] 但亦有学者认为“理性原则是规范化的基本原则”。[②] 在此问题上同时存在另一种观点，即认为应当将交际效果或者说效应原则作为鉴别语用正误的决定性根据。从《传意需要与港澳新词》《澳门语言生活三题》可以看出，多年来程先生一直坚持该观点。在2008年发表的《百灵沟》中，他说：

> 语言难辨劣和优，
> 能渡江河即好舟。
> 处处遭逢克里奥，
> 潮流争作百灵沟。
>
> （克里奥，creole，混合语；百灵沟，bilingual，语言上的双语满足文化市场的需要。）[③]

在这首言简意赅的诗中，他除了通过“能渡江河即好舟”的贴切比喻，对早已认定的观点做了明确表述，还通过“语言难辨劣和优”这一说法，对语用规范的理性原则袒露了不以为然的态度。仔细研读还可看出，程先生亦不认同语用规范的习性原则。因为诗中的“潮流”是指在语言创新上敢为人先的“弄潮儿”，“弄潮儿”的“潮语追求一时之快”，如果“以约定俗成的程度为标准”，潮语注定是要被打入死牢的；而程先生始终以包容态度看待“潮语”，可见对于将习性原则作为语用规范根据，他亦持保留意见。

程先生以上观点是正确的。我们曾指出，习性原则可以作为语言规范的根据而不宜作为言语规范的标尺，因为对于语用来说，绝无仅有的说法未必不规范，像流感那样一度到处蔓延的说法未必规范。我们同时指出，在需要了解为什么说某一表达形式规范或不规范时，理性原则还是大有用武之地的，只是“其作用在于阐释而不在于鉴别”。因为语言学界对于语用规律的了解还很肤浅，目前掌握的知识尚不足以承担鉴别语言运用规范

---

① 邹韶华：《论语言规范的理性原则和习性原则》，《语言文字应用》2004年第1期。

② 施春宏：《关于语言规范化原则的确立》，于根元主编《世纪之交的应用语言学》，北京广播学院出版社，2000，第199～222页。

③ 程祥徽：《泛梗集》，九鼎传播有限公司，2008，第74～77页。

与否的重任。[①] 诚如陆俭明所言："现在我们所了解的汉语可能只是冰山的一角，所以已有的研究成果无论对推进语言理论的建设或是服务于应用都远远不能满足需要。"[②]

对于将效应原则作为语用规范根据，苏联学者斯图平（Л. П. Ступин）曾提出批评。原因在于，有些效应原则倡导者将交际效果坐实，明确为"简洁、合乎逻辑、准确、严密"等具体要求。[③] 这不仅等于无形之中把效应原则转变为理性原则，同时等于把效应原则教条化了。还有的学者将本来只是服务于语用规范考察的效应原则移花接木地运用到语言单位的规范鉴别上，也是很不妥当的。

程先生并非效应原则首创者，但在将交际效果作为规范根据的过程中，他始终坚持在言语范畴内使用该原则，同时在效果考察上，注意从表达者预期出发，并注意结合具体语境。可见，尽管认同效应原则者为数不少，但在其中，程先生是真正理解，同时也是真正善于运用该原则的学者。

2. 主导语用规范的是语言使用者

有些语言研究者一直认为，在语言的理解和把握上，自己远远高于一般民众，因而对于语言运用最有发言权。于是在有关语用规范的讨论中，习惯当"终审法官"，甚至当"刀斧手"。对此程先生很反感，他曾辛辣地批评道："语言学家切不可在语言新成分刚刚出现的时候就大张挞伐，摆出'除恶务尽'的姿态。知识分子（其中当然包括语言学家）曾经尝过先被反后平反的滋味，不要再把那种循环的公式引入语言学领域。"或许因为涉及政治，或许因为过于直率，此句付印前被《中国语文》编辑删掉，没有刊出。[④]

通过研读程先生有关著述不难发现，在其眼里，主导语言发展方向的并不是科班出身的语言学家，而是未曾受过专业训练的普通民众，其中青少年始终是时代的弄潮儿，潮语产生的动力当然也该来自这些弄潮儿。他指出：

① 曹德和：《规范度评价根据问题再思考》，《南昌大学学报》（人文社会科学版）2006 年第 5 期。

② 陆俭明：《汉语语法研究的必由之路》，《语言文字应用》2005 年第 3 期。

③ 〔苏联〕斯图平：《规范的实质及确定规范的标准》，郑述谱译，《外语学刊》1992 年第 1 期。

④ 程祥徽：《传意需要与港澳新词》（《中国语文》1996 年第 3 期），后该稿全文收入《语言与传意》（海峰出版社，1996）。

“某些语言学家总是喜欢说‘规范’，好为人师地指导人们如何正确使用语言，预测语言发展的未来。但是事实却总是不听这一套。作为一种方言，它的生命力完全由使用它的主人们决定。”①

程先生不仅认为语言使用者是语言前途和命运的决定者，同时认为他们是语言运用新规范的奠基人。因为任何一个成分的出现都有它的理由，尤其是这个成分一旦进入了构词体系之后，那就更难被撼动了。亦即他认为，语言使用者的创新大多是有道理的，一般都能站住；其创新不只是改变了语言面貌，同时也在“改变原有语言规则”，为新规范的诞生奠定了基础。

以上看法多少有点“不合群”的味道，但我认为，对于这赞成者几近凤毛麟角的学术观点，应予以高度的重视。广义的规范包括语用规范和语言规划两个方面。在语言规划上，语言研究者拥有一定的发言权和决定权；而在语用规范上，则作用极其有限，所能做的只是宣传和引导。因为语用规范由语言使用者的共同约定所决定，在语言使用者这茫茫人海中，语言研究者所占比重微乎其微，要想左右局面，只能说是一厢情愿。

3. 语言地位规划关乎政治不可大意

语言规划的主要任务在于做好地位规划和本体规划。从程先生有关著述看，他对地位规划尤为重视。在2011年提交第六届全国社会语言学学术研讨会的论文中，他说：“我在青海21年、澳门30年……深深感到语言问题与民族团结、国家统一紧密相关，是政府施政的需要。”②

所谓“语言问题”是指地位规划所要解决的问题。由此可以看出程先生何以尤为重视地位规划。在2010年提交第五届海峡两岸现代汉语问题学术研讨会的论文中，他指出：“今天的社会既然越来越多、越来越快地注入多种语言，在多语社会中，语言的选择和协调就显得越来越重要。”③“切不可因为政策的错误和措施的失当而导致语文之间的对立，语文的对立有可能

① 程祥徽：《说“潮语”》，《面海三十年》，海峰出版社，2011，第446～450页。

② 程祥徽：《语言·民族·国家》，第六届全国社会语言学学术研讨会论文，2011年6月。

③ 程祥徽：《澳门语言生活三题》，广州第五届海峡两岸现代汉语问题学术研讨会论文，2010年2月。

带来族群之间的冲突。”①

正是因为意识到地位规划关乎政治，对于如何处理好澳门语言的地位规划，乃至国内语言的地位规划，程先生一直给予高度关注，并多次发表重要意见。例如，中国内地的国家通用语，自清末（1911）至20世纪50年代中期（1955），一直是以“国语”为正式称谓，其后改称“普通话”。围绕更名做法，改革开放以来学界一直争论不休，多位资深学者明确提出应当恢复旧名。② 程先生认为：“在中国，汉语普通话用得最多、最广泛，而且代表国家用于国际事务，但能不能说只有它才是主要正式语文而其他少数民族语文不是正式语文呢？不能，因为中国实行的是民族平等政策，民族平等政策包含语文平等在内，而且语文平等是民族平等政策的十分重要的内容，中华人民共和国宪法不提正式语文的地位问题，只写了一句‘国家推广全国通用的普通话’。这是充满了政治智慧的表述。”③“中国是统一的多民族国家，处理好语言、民族、国家的关系至为重要。我们不用‘国语’这个词，目的是照顾民族关系，‘普通话’实际上是国语和官方语言，因为普通话代表国家在国际间使用。”④

普通话事实上履行着“国语”和官方语言的职能，但在普通话是不是“国语”和“官方语言”的问题上，我国政府之所以一直采取模糊处理的态度，乃是为了体现民族平等政策以及维护民族团结。⑤ 诚如程先生所言，在

---

① 程祥徽：《澳门语言生活三题》，广州第五届海峡两岸现代汉语问题学术研讨会论文，2010年2月。

② 曹德和：《恢复“国语”名称的建议为何不被接受》，《社会科学论坛》2011年第10期。

③ 程祥徽：《国语、官方语文和正式语文》，《澳门日报》2005年1月9日，D06版。

④ 程祥徽：《传意需要与港澳新词》，《中国语文》1996年第3期。

⑤ 在“官方语言”（Official Language）和“国家语言”（National Language）问题上需要区分五种情况：①事实上的；②名称上的；③法定的；④事实兼名称上的；⑤事实兼法定的。我国今天使用的“普通话”属于第一种；我国历史上鲜卑、契丹、女真等少数民族使用的“国语”属于第二种；新加坡当前使用的“马来语”（Bahasa Melayu）属于第三种；我国明清时期和民国阶段使用的“官话”和“国语”属第四种；法国使用多年的“法语”（French）属于第五种。在当今中国，即便没有将汉语共同语作为法定的国家语言，但若以“国语”称之，则会在字面意义影响下，很容易地使非汉族人认为，汉族由于民族主义作祟，把本民族语言视为多民族国家的唯一代表；同时很容易地使汉人认为，国内其他语言无足轻重，唯有自己的族语最有资格作为国家象征。总之，在今天中国内地，以“国语”称呼汉语共同语，无助于民族团结。正因为如此，对于后来内地称谓汉话共同语不再使用“国语”名称，程先生给予充分肯定。

前述问题上，我国政府显示出高超的领导艺术，只是许多人不知其中之妙。

4. 应当加强方言保护，为之创造良好生态环境

在2010年底提交两岸现代汉语问题学术研讨会的论文中，程先生说，地方语言或方言承载人民的思想感情和生活经验，应当得到善待。尊重共同语，善待方言，这才是正确的态度。

在2011年为两岸统一论坛撰写的论文中，他又说正确的政策应当是维护民族共同语的权威，保护方言的存在。共同语和方言之间不存在对立的关系，只存在相互补充、相互借鉴的关系。对于方言，程先生在2010年的表述是"善待"，在2011年明确提出要给予"保护"。

对于"保护方言"说法，我国学界存在不同意见。不少学者明确表示反对。主要理由有二：其一，这说法缺乏现实根据，我国方言生存状态很好，无须保护；其二，这说法话中有话，它是在影射我国的推普工作和语言政策。

我国方言目前生存状态如何，以充分数据说话方有说服力，在缺乏条件的情况下讨论不出名堂，故而这里不予置评。该提法是否有含沙射影之嫌，倘若讨论，必然是张三说有李四说无，辩来辩去成了口水战，故而这里亦不予置评。前述说法是否妥当的问题，似乎可以换个角度，从汉语发展趋势及汉语未来生态状况加以考察。关于汉语发展趋势，1956年国务院颁布的《关于推广普通话的指示》有如下预测："汉语统一的基础已经存在了，这就是以北京语音为标准音、以北方话为基础方言、以典范的现代白话文著作为语法规范的普通话。在文化教育系统中和人民生活各方面推广这种普通话，是促进汉语达到完全统一的主要方法。"亦即认为汉语发展的最终前景是"达到完全统一"。那么，该前景通过怎样的途径实现呢？有位国家语委前领导认为，途径是："由方言单语制向方言与民族共同语的双语制，再向民族共同语的单语制发展。"① 上述前景以及走向这前景的途径，为不少学者所认同。认同者并不愿意看到该前景的出现，但认为这乃是无可奈何的事情，因为它是由客观规律决定的。该前景意味着什么呢？意味着姹紫嫣红的汉语百花园，将为普通话一枝独秀所取代。如果真的出现这局面，届时我国有着悠久历史的地方剧种，如秦腔、川剧、黄梅戏、苏州评弹、河

① 陈章太：《论语言生活的双语制》，《普通话》1989年第1期。

南梆子、东北二人转，将荡然无存；丰富多彩的中华文化，将随着方言基础的丧失，凋敝萎缩到惨不忍睹的地步。这样的结果理应尽力避免。因此，胡明扬说："鉴于全球化趋势对世界文化多样性带来的严重危害，从非物质文化遗产保护的角度看，从国际社会已经达成的共识来说，方言应该保护是不容置疑的。"① 亦因此，程先生将去年的"善待方言"提法，在今年调整为"保护方言"。

我们以为，某些学者所说的客观规律乃是指经济利益驱动下的语言融合规律，其实还存在着另一条规律，即文化价值影响下的语言并存规律。人类社会不是动物世界，人类不会听任带有"物竞天择，适者生存"味道的经济规律无限扩张。在已经认识到保持语言生态平衡重要性的人类社会中，除了语言融合规律之外，还存在着语言并存规律。倘若只有前一条规律的存在，"保护方言"也就成了知其不可而为之。

在程先生看来，方言必须保护也能够保护。如何保护呢？程先生未做专门说明，但论及方言问题时他多次提到可以视为方言保护的一些具体措施，其中比较重要的有两点。首先是消除方言歧视，他说："多语相处，相互尊重是必要的。中国内地有些省市提出'说普通话，做文明人'的口号似乎有欠考虑，容易伤害方言区民众的感情。人们会问：难道说方言就不文明吗？"② 再就是鼓励双言双语人的大量成长。他认为澳门人应当做到："口头上运用粤方言，笔头上要写语体文，在家里得说家乡话（要知道中国是个称道'乡音无改鬓毛衰'的国度），在学校和专业范围内则要学习和运用外国语文。"③

他多次强调，今天的世界是多元化的世界。世界的多样性带来语言的多样性，从单言单语人向双言双语人转变，乃是现代化社会的要求。大量造就双言双语人，以达到保护弱势方言和弱势语言的目的，近年来已有多位学者论及；④ 而程先生前一点想法，则似乎尚未受到广泛关注。在我看来，前一点亦很重要，甚至更重要。方言走下坡路，除了经济因素的作用，还有一个

---

① 胡明扬：《语言文化遗产与语言保护》，《中国人民大学学报》2008 年第 4 期。

② 程祥徽：《澳门语言生活三题》，广州第五届海峡两岸现代汉语问题学术研讨会论文，2010 年 2 月。

③ 程祥徽：《澳门中文官方地位的提出与实现》，《中国语文》1992 年第 1 期。

④ 李宇明：《努力培养双言双语人》，《汉语学习》1997 年第 5 期；侯敏：《有关我国语言地位规划的一些思考》，《语言文字应用》2005 年第 4 期。

明显原因，即社会普遍歧视弱势方言，而弱势方言使用者亦不自重。语言规划除了包括地位规划和本体规划，还包括声誉规划，如果我国未来的语言规划，在大力宣传普通话交际价值和经济价值的同时，能够同时大力宣传方言的文化价值、亲情价值和生态平衡价值，消除社会对弱势方言的错误认识，重建弱势方言使用者的母语信心，则弱势方言日趋式微的势头有望得到遏制。语言态度问题不解决，社会普遍对弱势方言不屑一顾，嗤之以鼻；弱势方言使用者自轻自贱，羞于母语表达，则“保护方言”说法即便得到广泛认同，相关措施即便全面跟上，结果注定是竹篮打水一场空。

5. 区别社会双语与个人双语，争取中文早日真正重回澳门

随着1979年中葡建交以及收复澳门谈判的启动，中文重回澳门问题被正式提上议事日程。由于葡萄牙担心中文合法化将削弱自身影响，起初回避有关讨论，后来拖延公布协商结果。[①] 1987年4月13日《中葡联合声明》正式发表，其中第2条第5款指出：“澳门特别行政区政府机关、立法机关和法院，除使用中文外，还可使用葡文。”至此中文与葡文同为澳门地区正式语文的法律事实得以确定。但其后中文在澳门的返乡之路一直走得很艰难，原因是：澳门回归的后过渡期，澳葡政府一些官员有意无意地为中文重回澳门设置障碍。他们首先规定，今后澳门公务员需具有双语能力，即掌握汉语和葡语两种语言；接着又表示，今后要在澳门实现“双语化”，亦即让汉语和葡语在当地广泛用开；最后又提出，中文的正式语文可以是粤语书面形式。

程先生1981年移居澳门，甫一安定，便怀着赤诚企盼之心为争取中文在澳门的官方地位呼唤呐喊。学养深厚、见多识广的程先生发现，澳葡官员以上做法和提法是在误导社会。为扭转偏向，消除不良影响，他不惧势单力薄，义无反顾地投入抗争。程先生一针见血地指出：“双官方语言的政策并不一定非由双语人来执行不可。”“执行社会双语政策是全社会的事，单语人、双语人都有权参与。双语人固然可以推行社会双语政策，单语人同样可以推行社会双语政策。”[②]“倘若不是双语人就不能实行双语政策，那么当时在任的澳门总督也没有资格领导澳门这个双语社会，因为他根本不懂汉语，

① 康冀民：《澳门回归之路》，《中共党史资料》2009年第3期。

② 程祥徽：《澳门社会的语言生活》，《语文研究》2002年第1期。

是一个不折不扣只懂葡萄牙语的单语人。"[①] 双语分“社会双语”和“个人双语”两种。在一个社会的范围内有两种语言（特指官方语言）流通，这两种语言就叫社会双语，例如加拿大的英语和法语。个人双语体现在能说两种语言的人身上，这种能说两种语言的人叫作“双语人”（Bilingual）。澳葡政府“应当执行社会双语政策而不是个人双语政策”。[②] “澳葡政府已悄悄……以个人双语替代社会双语。”[③] 其所谓“双语化”，“是要把两种语言‘化’进一切领域，在一切领域内都实行双语并举。实际的社会生活和实际的语言生活都没有这个必要……在双语社会，‘双语人’的数量总是有限的，两种语文之间的交流与沟通从来就是透过翻译人员来实现的。澳门开埠之前就有在葡萄牙人与华人的通商活动中起中介作用的‘舌人’‘通事’或‘通译’”。[④] “官方地位的中文是中国的国语即普通话”，[⑤] “是澳门人早已熟悉的语体文，即书面形式的普通话”，[⑥] 而不是粤语的书面表达。

以上论述鞭辟入里，振聋发聩，其据理力争在一定程度上起到了拨乱反正的作用。但由于澳葡政府的误导阴影犹在，加之主管语言文字工作的继任者纠偏不力，澳门回归十多年，作为正式语文的中文，非但未能充分发挥应有作用，而且在有限的使用中，始终抹不掉葡文带给的翻译腔。诚如程先生所语：“在澳门，中文官方地位问题在主权层面和政治层面已随澳门的回归得到解决，但是如何履行好官方语文的职责，还有很长的路要走。”[⑦]程先生 1994 年发起和组建澳门语言学会，一个重要目的就是团结澳门同人，齐心协力，争取早日实现中文的真正回归。他们正为此继续奋斗。

6. 处理港澳台语文问题需注意原则性与灵活性的结合

2001 年，程先生曾结合语言文字法的学习，就如何做好特区的语言文字工作全面地阐述了自己的看法。其中有这样一段话：“我们大可不必在具

---

① 程祥徽：《中文回归集·后记》，海峰出版社，2000，第 288～290 页。

② 程祥徽：《澳门社会的语言生活》，《语文研究》2002 年第 1 期。

③ 程祥徽：《中文回归集·后记》，海峰出版社，2000，第 288～290 页。

④ 程祥徽：《澳门中文公文的回归之路》，《语言文字应用》2001 年第 1 期。

⑤ 程祥徽：《澳门中文官方地位的提出与实现》，《中国语文》1992 年第 1 期。

⑥ 程祥徽：《真正实现中文的官方语文地位还有很长的路要走》（澳门语言学会官方语文的理论探讨学术研讨会纪要），《中文变迁在澳门》，香港三联书店，2005，第 243～246 页。

⑦ 程祥徽：《中文运动我之参与在澳门》，《中文变迁在澳门》，香港三联书店，2005，第 11～18 页。

体的事例上纠缠不休，现实的做法当从大局着眼，解决几个略带理论性的问题，其余一些具体事务就都可以迎刃而解了。"[①]

以上论述反映了程先生的方法论思考。在其长达半个世纪的社会语言学生涯中，该思想通贯始终。

在程先生心目中，香港回归之日特区官员就职宣誓是否选择普通话，乃是非同小可的事情。因为普通话是中国事实上的国语和官方语言，“在这种场合说不说普通话是认同不认同‘一国’、效忠不效忠‘一国’的大是大非问题”。[②] 在其心目中，港澳回归后，其通用语言文字势必与内地日趋统一，但如何统一亦是一个大问题，必须有处理原则：“语言文字走向统一，当然是统一到大陆[③]的语言文字体系上，不可能要内地的语言文字迁就港澳的粤方言与繁体字，因为推广普通话和推行简化汉字早已成为中华人民共和国的国策，并且为联合国所接受。”[④] 在其心目中，澳门特区政府使用的中文迄今仍是葡腔葡调，严重性到了“澳门回归了，澳门的中文还没有回归”的地步，这亦属需要尽快解决的大问题，因为“语言的未回归，法律的回归成为一句空话”。[⑤] 而解决原则应当是：“加强中文教育，尽早实行中葡双语立法，进而到达中文立法的阶段。”

在其心目中，如何应对“台独”分子搞语言上的“去中国化”，如何处理澳门两种正式语文的关系，亦属需要高度重视的大问题，鉴于前面已经论及，兹从略不赘。

程先生注意到，处理港澳语言文字问题，既要看到它与内地的“同”，又要看到它与内地的“异”：“倘着眼于澳门是一个直辖于中央人民政府的特别行政区，则应在‘同’的方面多作些考虑；倘着眼于澳门实行的是与中国内地不同的社会制度，即‘一国两制’，而且五十年不变，则应多留意‘异’的地方。既不可以不加区别地一切与内地取同，也不可强调特殊性而

---

① 程祥徽：《走向规范化与标准化：〈国家通用语言文字法〉的启示》，《成教学刊》第47期第7版、第48期第7版。

② 程祥徽：《香港回归当日的语文运用》，北京市政协文史资料委员会编《北京文史资料》第73辑，北京出版社，2007，第37～42页。

③ 此处当为“内地”，下文引文中亦存在同样问题，不再一一注明。

④ 程祥徽：《港澳用语用字问题》，《语文建设》2001年第5期。

⑤ 程祥徽：《传意需要与港澳新词》，《中国语文》1996年第3期。

一切与内地相异。只有对问题作切合实际的探讨，才能制订出正确的政策措施。”①

本着“可同则同，须异则异”的精神，在特区语言文字问题的处理上，他提出了一系列灵活而务实的重要意见。例如，对于港澳回归后通用语言文字是否与内地取齐的问题，他明确表示：最终肯定要取齐，但立即废止广东话和繁体字是完全不现实的，因为“100 个澳门人中有 96 个人说汉语，这 96 个人中超过 90 个人说粤方言……差不多所有初到澳门而不会说粤方言的中国人都以普通话为‘过渡语’——由自己所说的方言过渡到粤方言，一旦会说粤方言就尽量使用粤方言”。② 以上状况难以立马改变，在未来相当长的一个时期里，仍应承认粤语在特区日常生活中的主导地位。与此同时，因为“港澳社会至今依然是繁体字大行其道，政府公文、报章杂志、教材课本用的都是繁体字。澳门有一所小学推行简体字，用心良苦，但效果必然差，因为只学简体的学生未必看得懂用繁体出版的《澳门日报》，招聘员工的机构不一定会请不识繁体字的人”。③ 面对以上现实，在未来一段时间内，需要继续承认繁体字在港澳仍具法定地位。

以上意见发表于多年前，是否正确呢？且看一篇前年发表的专门论述香港语言文字现状的文章。在论及普通话与粤语的关系时，该文指出：“普通话并没有成为正式场合使用的语言……粤语口语的使用场合大大增加，并且已经进入一些重要的语言使用领域。它已经进入行政、立法和司法领域。”④ 论及对于简化字与繁体字的态度，该文指出：“最近《明报》报道说（2006－05－02/A10），根据一项社会调查的数据显示，近八成人反对转用简化字。72% 的香港人认为繁体字才是中国文化的传承，73% 的人坚持选择学习繁体字。”⑤

澳门语言文字状况与香港有所不同，但就粤语与普通话、繁体字与简化字的关系来说，无论过去还是现在都没有多大差别。事实说明，程先生多年前关于澳门回归后用语用字的意见，是经得起时间检验的。

① 程祥徽：《澳门中文官方地位的提出与实现》，《行政》1992 年总第 16 期。

② 程祥徽：《澳门语文的前景展望》，《广东教育学院学报》2001 年第 3 期。

③ 程祥徽：《港澳用字》，《澳门语言学刊》2004 年总第 26 期。

④ 苏金智：《香港言语社区两文三语的格局及其变化》，《云南师范大学学报》2010 年第 3 期。

⑤ 苏金智：《香港言语社区两文三语的格局及其变化》，《云南师范大学学报》2010 年第 3 期。

程先生认为，我们一方面应正视港澳语言文字使用的现实，本着“须异则异”的精神，继续保持政策上的弹性；另一方面应看到，港澳回归后，随着与内地各方面联系的不断加强，其语言文字与内地日益呈现“分久必合”的态势，基于“可同则同”的原则，可以“因势利导，加速这种发展的进程”。[①]

在如何因势利导上，程先生先后提出两项重要建议。一项是在1983年即中英开始香港前途谈判的次年提出来的，是关于如何促进书写形式统一的建议，具体地说，他认为港澳人在汉字的使用上可以“繁简由之”，亦即“不必强求纯正或一致。‘繁简由之’的形式不拘一格，通篇繁体偶尔冒出几个简化字亦可；简化字写成的文章渗入一些繁体亦可；来稿以繁体书写可原件照登；简化字的稿件亦原件刊载”。[②] 这里的“繁简由之”不仅包括较为严肃的手写体（如学生作业和答卷），同时包括正经八百的印刷体。在有关文章中，他通过对香港刊物中正常发生的繁体夹简体现象的展示，为“不必强求纯正或一致”的说法提供了令人信服的证明。[③]

再一项是在1984年即中英签署《关于香港问题的联合声明》当年提出来的，是关于普通话学习的建议，具体地说，就是鼓励港澳人去说普通话，亦即地方普通话。理由是：“港澳人能开口说普通话就很不错了，不要太苛求于他们，因为他们愿意放弃自己的方言，就是对普通话的认同。在当时的历史条件下，有没有这个认同非常重要。如果我们还要嘲笑、指责他们说得不够纯正，那么必定会打击他们的积极性，甚至会放弃说普通话。”[④]

这两项建议博得学界同人的交口称赞，赢得港澳人士的广泛好评。目前在港澳地区，简化字使用不再被完全拒斥，普通话学习一浪高过一浪，可以肯定地说，以上变化与程先生两项建议不无关系。

---

① 程祥徽：《港澳用语用字问题》，《语文建设》2001年第5期。

② 程祥徽：《“繁简由之”与港澳用字》，《中文回归集》，海峰出版社，2000，第231～235页。

③ 程先生并不否认简化字和繁体字分别具有自己的书写规范，但他认为贯彻规范不能搞一刀切，因为汉字是个动态系统，不断“阴一个阳一个”地发生着变化（参见程祥徽《说“繁简”》，《面海三十年》，海峰出版社，2011，第446～450页），过分追求纯正或一致，便会使规范沦为汉字演化的桎梏。其所谓“通篇繁体偶尔冒出几个简化字亦可；简化字写成的文章渗入一些繁体亦可”，不是说汉字使用可以自由放任，而是说规范贯彻应当是管而不死。

④ 程祥徽：《自以为是与自以为非——谈港澳普通话教学的新挑战》，《中文回归集》，海峰出版社，2000，第33～41页。

迄今台湾与大陆仍然处于政治分立状态，但它毕竟是中国的一部分，所以程先生认为，“可同则同，须异则异”的原则在处理台湾与大陆语言文字关系上也是适用的。

2009 年初，台湾地区领导人马英九向大陆发出“识正书简”的倡议。对此国内学者大多给予否定评价，而程先生在 2011 年 6 月提交两岸统一论坛的论文中说：“近年来因应交往的需要，台湾提出‘识正书简’的口号，开创繁简汉字互补共赢的历史。文化是民族和解的基石，语文的包容进一步夯实了两岸和解的基础。”①

大陆学者批评“识正书简”倡议，是因为它否认简化字的正体地位，同时因为马先生表示，提出这倡议乃是希望大陆恢复繁体字在出版物中的使用，且自己并无鼓励台湾人在手写场合使用简化字的意思。② 也就是说，批评者看到的都是该倡议的负面内涵。程先生肯定该倡议，原因在于，他注意到该倡议的提出，意味着“台湾已然承认了简化字的合法地位”，“这个承认非常重要，首先是从抗拒转变为认可，然后寻找交流融通的办法”。③

程先生注意到，该倡议负面内涵的背后存在着正面内涵。他认为这是双方走向和解的良好契机，与其全盘否定，继续对抗局面；不如避短取长，为“合作共赢”创造条件。

对于程先生以上态度的评论，留给读者去完成。笔者在这里只想指出，在如何处理港澳台的语言文字问题上，程先生主张原则性与灵活性结合，以上事例可以说是他身体力行的典型表现。

三　结语

本文引言指出，程先生的学术观点体系之所以合理而适用，乃因为程先生观察语言敏锐而率真，评论设计语用规范和语言规划包容而务实。这里，笔者还想就其治学的“率真”做进一步探讨。研读程著过程中我们发现，程先生的社会语言学研究从来都是以社会需要为转移。诚如王均先生所言，

---

① 程祥徽：《维护共同语　包容繁简字》，澳门两岸统一论坛学术研讨会论文，2011 年 6 月。

② 许长安：《马英九“识正书简”述评》，《北华大学学报》（社会科学版）2009 年第 5 期。

③ 程祥徽：《维护共同语　包容繁简字》，澳门两岸统一论坛学术研讨会论文，2011 年 6 月。

他的学术生涯和语文活动始终与社会现实紧紧联系在一起。他是为大众而研究，在其著述中，闻不到丝毫的经院气和学究味，看不到丝毫的为研究而研究的痕迹。其研究课题取源于社会，研究结论植根于社会。他讨论问题很少引经据典，一般都是通过具体事例给予说明。他率性而为，无拘无束，从不在乎自己的观点在社会语言学经典著作中是否可以找到根据，也从不在乎自己的结论与权威意见以及学界共识是否存在冲突。对于他来说，某项研究是否"真"的为社会所需要，某个结论是否"真"的如此，才是最要紧的，其他可以统统不考虑。其学术研究可谓极其"率真"。多年前他在给弟子的书信中说："从事学术研究，第一要求真，追求学术真理。第二要求深，要有深度。第三要求新，要有创新。真、深、新，这三个我们都应该追求。但如果要讲它的重要性，那真是第一位的。如果不真就毫无价值。然后再谈深，最后追求新。真、深、新，不能倒。"① 说得何其好！因为始终坚持求"真"精神，他在那"荒唐的"年代吃尽苦头；但也正是因为始终坚持求"真"精神，他身处逆境却率先脱颖而出，并在社会语言学等诸多领域取得了令人瞩目的成就。程先生治学之所以具有明显的"率真"品格，归根结底乃是因为他始终将求"真"，即对真理的追求置于至高无上的地位。

（原载赵虹主编《社会科学论坛》总第242期，石家庄：河北省社会科学界联合会，2012年2月。）

① 张建华：《我与澳门的情缘：程教授把我的身心引进澳门》，澳门语言研究回顾与展望暨庆祝程祥徽教授澳门从研从教30周年研讨会论文，2011年10月。

澳门回归后英语与葡语竞争力的比较分析

林扬欢*

言语共同体是社会语言学研究中的重要概念。乔治·尤尔（George Yule）指出：言语共同体是指对语言的使用具有一套共同的规范、规则和期望的群体。[①] 澳门是个多语言并存的社会，“是一个语言的拼盘”，[②] 除汉语、葡语之外，还有人使用英语、泰语、缅甸语、印尼语、菲律宾语和日语等等。澳门的官方语言在历史上经历了两次大的改变：1887 年 12 月 1 日，澳门被葡萄牙强行租借，葡语被规定为唯一的官方语言；1993 年 3 月 31 日，第八届全国人民代表大会第一次会议通过了《中华人民共和国澳门特别行政区基本法》，该法案在 1999 年 12 月 20 日正式实施，其中第九条规定了中文和葡文的官方地位。社会的变迁使英语在澳门的使用也随之发生变化。回归之前，由于澳葡政府相对封闭的殖民统治，英语在澳门的使用范围极小，澳门本地人的英语水平普遍较低。澳门回归后，随着经济国际化程度的提高，英语在澳门的地位发生了较大的转变，和作为官方语言之一的葡语形成明显的竞争。本研究旨在比较分析英语与葡语在澳门的竞争力。

---

* 林扬欢，厦门理工学院外国语学院讲师。

① 〔美〕尤尔：《语言研究》，外语教学与研究出版社，2000。

② 刘羡冰：《澳门开埠前后的语言状况与中外沟通》，《双语精英与文化交流》，澳门基金会，1994，第 84 页。

一　语言竞争与语言的社会地位

使用不同语言的民系生活在同一个社会或社区，会发生语言的竞争。语言竞争胜负的决定因素是各方的语言竞争力。语言竞争力可以分为以下几种：①政治竞争力，主要指政府的语言计划或语言政策有利于哪种语言。②文化竞争力，指语言背后的文化是强势还是弱势。广义的文化竞争力也包括教育竞争力，即某一种语言是否被采纳为学校教学语言。③经济竞争力，指民系经济地位的高低。④人口竞争力，指民系人口的多寡。⑤文字竞争力，指某种语言有无文字，或文字化程度如何。该竞争力可以通过报刊等文字媒体的普及程度得到体现。⑥宗教竞争力，指一种宗教是否有统一的常用语言，以及教徒对这种语言的忠诚度。[①] 通常来说，综合竞争力越大的语言，优势越大，社会地位越高。

二　英语与葡语竞争力的对比

在澳门英语和葡语的竞争力对比当中，可以不考虑宗教竞争力，因为澳门人民普遍信仰的是以多种语言传播的天主教。因而对于这两种语言的竞争力对比，我们主要考虑以下 5 个方面。

1. 人口竞争力

人口竞争力主要对比可使用不同语言的人数。根据回归后 3 次人口普查（2001 年、2006 年和 2011 年）的数据，澳门 3 岁以上居住人口日常使用语言的情况如表 1 所示。

表 1　澳门 3 岁以上居住人口日常使用语言情况统计

单位：人，%

语　言	2001 年		2006 年		2011 年	
	人数	比例	人数	比例	人数	比例
汉　语	411482	97.00	470854	95.64	506993	94.04
葡　语	2813	0.66	3036	0.62	4022	0.75
英　语	2792	0.66	7290	1.48	12155	2.25

① 游汝杰、邹嘉彦：《社会语言学教程》，复旦大学出版社，2004，第 234～235 页。

续表

语　言	2001 年		2006 年		2011 年	
	人数	比例	人数	比例	人数	比例
其他语言	7116	1.68	11111	2.26	15961	2.96
合　计	424203	100	492291	100	539131	100

资料来源：《2001 年澳门人口普查总体结果》，澳门特别行政区政府统计暨普查局网站，http：//www.dsec.gov.mo/Statistic/Demographic/Census2001/Census20012001Y.aspx，最后浏览日期：2015 年 4 月 25 日；《2006 中期人口统计总体结果》，澳门特别行政区政府统计暨普查局网站，http：//www.dsec.gov.mo/Statistic/Demographic/GlobalResultsOfBy－Census2006.aspx，最后浏览日期：2015 年 4 月 25 日；《2011 年人口普查详细结果》，澳门特别行政区政府统计暨普查局网站，http：//censos.dsec.gov.mo/，最后浏览日期：2015 年 4 月 25 日。

从表 1 可见，将葡语作为日常用语的人口比例从 2001 年的 0.66% 下降到 2006 年的 0.62%，2011 年有小幅提升，增加到 0.75%。而英语的使用比例则直线上升，从 2001 年的 0.66%、2006 年的 1.48% 增至 2011 年的 2.25%，2011 年比 2001 年增长了 2 倍多，使用人数也是葡语的 3 倍。这表明回归之后，将葡语作为日常用语的人口比例变化不大，英语人口则呈倍数增长的趋势。

另外，据 3 次人口普查中对“语言使用能力情况”的统计数据，澳门 3 岁以上居住人口中，2001 年可用英语人口比例（12.05%）是可用葡语人口比例（2.63%）的 4.6 倍；2006 年差距扩大到 7.2 倍；2011 年可用葡语人口占比低至 2.44%，可用英语的人口比例则增加到了 21.1%，达到了前者的 8.6 倍。两者之间的差距不断拉大，表明澳门可使用葡语人口比例在回归之后处于下降趋势，与之相反，掌握英语的人数迅增。可见，英语在澳门的人口竞争力远超葡语。

2. 经济竞争力

语言的市场价值取决于 3 个因素：①语言和语言使用者的供求关系；②所操语言的国家或地区的经济实力；③掌握某种语言后可以获得的经济利益。[①]

英语是国际通用的商贸语言，一个国家或地区经济国际化程度越高，对英语的要求也就越高。澳门的经济是以博彩旅游业为主导，以出口加工、地

① 祝畹瑾：《社会语言学概论》，湖南教育出版社，1992。

产建筑及银行保险为支柱的外向型经济。经济结构的特点决定了澳门劳动力的特点，这些服务行业吸收了澳门大部分劳动力。澳门回归之后，经济领域最大的变化是2002年博彩业牌照的放开。众多国际博彩业巨头的进驻为澳门带来了上百亿元与博彩业相关的境外投资，[①]大批国外的管理人才进驻澳门，带动了其他服务行业并创造了大量就业机会，提升了澳门经济的国际化程度。目前除了澳门本地赌王何鸿燊所经营的澳门博彩股份公司之外，其他博彩集团都来自以英语作为官方语言的国家和地区——中国香港、澳大利亚和美国。可见，随着支柱产业博彩旅游业国际化程度的提高，英语人才的需求度亦越来越高。

澳门教育暨青年局2003年完成的“雇主对本地中学毕业生表现的意见”调查显示：认为“工作上需要”英语的听、说、读、写能力的雇主分别达到78.4%、77%、73%和66.2%；对本地中学毕业生“讲英语的能力”、“书写英语能力”和“听英语能力”满意的雇主，分别占29.1%、23.6%和22.3%。[②]该调查反映出雇主的满意率与需求率差距甚大，澳门目前整体的英语水平仍然不能满足社会发展的需要。因此，英语在澳门的市场价值有较大的提升空间。

葡语在澳门也有其经济特色，由于历史原因，澳门与葡语国家的经贸往来较为频繁。回归之后，澳门特区政府也力求将澳门打造成为中国与葡语国家贸易交流的平台，近年来与葡语国家的贸易量不断提升。然而从目前澳门的经济结构特点来看，博彩旅游相关行业仍然会占据主导地位，英语在支柱产业中作为高级商务语言的地位不会动摇。因而，在经济竞争力的对比上，英语的优势较葡语明显。

3. 文化竞争力

广义的语言文化竞争力可以反映在教育竞争力，即学校采用何种教学语言上。在教学语言中，非高等教育的教学语言最具代表性。

根据澳门2006年《非高等教育制度纲要法》的规定，澳门非高等教育学校系统由公立学校和私立学校组成。《非高等教育制度纲要法》第37条

---

① 张文豪：《澳门赌权之变》，《财经》2002年第3期。

② 郭晓明：《澳门社会变迁与学校的未来发展》，澳门特别行政区政府教育暨青年局网站，http：//port al. dsej. gov. mo/www/portalspace/discuz/viewthread. php？tid = 1142&viewstyle = _ news，最后浏览日期：2012年4月30日。

规定，公立学校“应采用正式语文中的一种作为教学语文（即教学语言），并给学生提供学习另一种语文的机会”。“公立学校只能采用中文和葡文作为教学语言”，“私立学校可使用正式语文或其他语文作为教学语文”。① 私立学校对教学语言要求比较灵活，只要经过教育行政当局批准，即可采用官方语言之外的其他语言作为教学语言。

澳门大部分私立学校遵照澳门特区政府统一的课程框架和学制标准进行教学，并和公立学校一起被纳入免费教育学校系统当中。特区政府对英文作为教学语言是认可并且鼓励的，私立学校大部分根据社会需要，选择中文或英文进行授课。2010～2011 学年各类非高等教育机构授课语言情况如表 2 所示。

表 2　2010～2011 学年各类非高等教育机构授课语言统计

教育机构	数量（所）	以中、葡文授课的公立学校		以中、英文授课的私立学校		以葡文授课的私立学校	
		学生数（人）	比例（%）	学生数（人）	比例（%）	学生数（人）	比例（%）
幼儿教育	10898	282	2.59	10558	96.88	58	0.53
小学教育	23833	646	2.71	22986	96.45	201	0.84
中学教育	37101	1677	4.52	35174	94.81	250	0.67
总　　计	71832	2605	3.63	68718	95.66	509	0.71

资料来源：《澳门特别行政区教育调查》，澳门特别行政区政府统计暨普查局网站，http://www.dsecgov.mo/Statistic/Social/EducationSurvey.aspx，最后浏览日期：2012 年 4 月 25 日。

从学生人数比例上看，在澳门的非高等教育体系中，采用中、葡文授课的公立学校学生数较少，仅占总学生数的 3.63%；以葡文授课的私立学校的学生数更少，合计仅 509 人，占总数 0.71%；以中、英文授课的私立学校学生占学生总数的 95.66%。可见，越来越多澳门居民选择让孩子进入中、英文学校，接受中、英文教育。

关于英语教育在人才培养中的地位，香港中文大学在 2007 年 1 月完成的“澳门家长对教育改革、学校教育及子女成长的意见及期望”研究计划第二阶段问卷调查报告显示：课程内容和目标方面，澳门家长很重视英语教

---

① 《非高等教育制度纲要法》（第 9/2006 号法律）的相关规定，http://cn.io.gov.mo/Editionsrecor d/69.aspx。

学，并建议将英语教学作为正规教育内的重点外语课程，同时在可持续教育的范畴内，提供针对工作需要的实用性的英语课程项目。[①]

可见，不管是学生、家长还是政府，都十分重视英语在教育中的作用和地位，英语的文化竞争力大过葡语。

4. 文字竞争力

考察英语和葡语文字竞争力，主要通过对比两种语言的纸质媒体。回归之前，澳门基本没有英文报章，仅有中文和葡文媒体。回归初期，英文报纸在澳门的生存环境尚未成熟，英文读者数量不成规模，几次办英文报的尝试都以失败告终。澳门回归后第一份成功的英文日报是2004年8月27日创刊的《澳门邮报》，该报每周（周一到周五）出版5期，创刊至今日销量大概5800份。[②] 2007年6月1日，另一份英语报——《澳门每日时报》正式出版，每期有40版，周一至周日每日均出版，其电子版可在该报社新闻网站上免费浏览，该报的发行量在8000份左右。[③]

除此之外，澳门还有两份英文月刊：*Macau Business*（《澳门商业杂志》）创刊于2004年5月，深入报道澳门的社会经济，发行量大概20000份，销于中国港澳、内地，亚太和欧美地区；创刊于2007年2月的*Macau Closer*（《澳门特写》）是一种侧重于文化、生活和娱乐的杂志，发行量为10000份左右，主要销往澳门和香港。

回归之前，葡文报刊主要起政党报纸的作用。随着殖民统治的结束，大量葡籍公职人员离开澳门，葡文报纸的政治色彩减弱，地位和作用被弱化。目前在澳门出版的葡文日报有《句号报》、《澳门今日》、《澳门论坛日报》和《号角报》（周报），所有葡文报刊的年发行总量不到3000份，其生存主要依靠政府的财政补贴。[④]

相较而言，回归后出现的英文报刊，读者群涵盖了华人、土生葡人、外籍专家等受教育程度、社会地位和收入均较高的群体。英语报章对外起宣传澳门的作用；对内既是传递信息的媒介，又是学习语言的工具，还是公正客

---

① 张文豪：《澳门赌权之变》，《财经》2002年第3期。

② Macau Post Daily, Wikipedia, http：//en. wikipedia. org/wiki/Macau_ Post_ Daily, 2012.

③ Paulo A. Azevedo, "Finally, a Daily!" *Macau Business*, Vol. 2, No. 10, 2005.

④ 林玉凤：《澳门媒体现状与发展》，郝雨凡、吴志良主编《澳门经济社会发展报告（2008～2009）》，社会科学文献出版社，2009，第315～329页。

观地沟通和连接多元社会不同群体的桥梁。回归后英语报刊的发行量和影响力远超过葡文报刊，其飞速发展表明了澳门英语语言环境的成熟，反映英语的文字竞争力高于葡语。

5. 政治竞争力

葡语在澳门的独特之处就在其蕴含的政治意义。回归之后，出于政治考虑，特区政府维持了葡语的官方语言地位。目前，葡语主要用于政府机关，用在公文、司法、法律、法规等范围，虽然使用人口最少，范围最窄，却拥有较高的政治地位，属于高层次的官方语言。葡语在澳门虽然是高层官方语言，却从未推广为言语社区中的交际语言，这是长期以来葡萄牙殖民统治的特点。[①]

回归后，澳门特区政府强调和重视中文在澳门的使用和推广，同时采取“容忍多元语言主义政策”，对其他语言，尤其是英语在澳门的发展持宽容开放的态度。体现在语言教育上，特区政府批准并支持大部分私立非高等教育机构将英语作为授课语言，聘请更多以英语作为母语的教师教授英语。在某些政府部门内，英语也被视为工作语言之一。通过对澳门特区政府 69 个部门网站（http：//portal. gov. mo/web/guest/govwebsite）的统计，笔者发现其中 53 个部门（占 76.8%）的官方网站除了中、葡文版本，还有英文版本。个别部门的英文网站比中、葡文网站更详尽。此外，印务局的一些重要的法规制度都附有英文版本。

可见，虽然葡语政治竞争力的优势大过英语，但考虑到英语所获得的政策上的支持，葡语的政治优势并不显著。

三　结论

综合英语和葡语在人口、经济、文化、文字和政治因素上的比较结果，可见英语在澳门的竞争力和实际使用范围已超过了作为官方语言之一的葡语，英语具有“有实无名”的半官方地位。在政治领域，葡语的地位在英语之上；在经济和社会等诸多领域，英语的作用和地位则超越了葡语。英语地位的提升，是社会变迁带来的必然结果。在澳门未来的语言政策规划当中，应当加强英语作为交际语言的功能并进一步思考其定位。回归后英语社

① 陈恩泉：《澳门回归后葡文的地位和语言架构》，《学术研究》2005 年第 12 期。

会地位的变化印证了社会语言学宏观研究中社会变迁对语言发展起积极作用的观点。澳门复杂的语言状况为社会语言学研究提供了极佳范本，值得更多地关注。

（原载黄红武主编《厦门理工学院学报》第20卷，第2期，厦门：厦门理工学院，2012年6月。）

十七世纪澳门出版日语语法书之考述*

——以耶稣会传教士陆若汉之《日本小文典》为例

陈访泽**

一　引言

十六、十七世纪，在东西方交流过程中发挥重要纽带作用的角色当属西方传教士们，如沙勿略、利玛窦，以及身兼传教士和“南蛮通辞”（葡萄牙语翻译）双重身份的陆若汉、弗洛伊斯等人，他们活跃在中国明清和日本江户时期的历史舞台上。另外，在西方传教士开设的神学院、修道院学习葡萄牙语和拉丁语的日本人，也在此后的日葡文化传播和对外贸易洽谈中起到了举足轻重的作用。在相当长的一段历史时期内，西学的传播与普及，改变了日本知识分子阶层的世界观，这批人更在后来的改革维新运动中担负起领导者的责任。西学的传入甚至改变了德川幕府将军们的政治目光，当时一些著名启蒙主义者都曾接受西方教育，因而具备改革所必需的开明变通态度，能够正确地审视形势，做出合乎世界大势的决策。与此同时，西方传教士的日语学研究也拉开序幕，并且逐渐形成浪潮。其中，葡萄牙人传教士陆若汉因编撰第一部日语语法书《日本大文典》（下称《大文典》）以及后来的《日本小文典》（下称《小文典》），成为欧洲日本学奠基人。

对学习日语感到头痛的西方学生焦急地等待陆若汉的“简写本”，但一等就是 12 年。1620 年，陆若汉终于在澳门用“天正少年遣欧使节团”带回

---

* 本文为澳门大学研究项目 SRG2011（编号 No. SRG023 - FSH11 - CFZ）的阶段性成果。

** 陈访泽，澳门大学人文学院教授、日本研究中心主任。

的印刷机出版了《小文典》。这本更规范的语法书虽说是《大文典》的简写本，但在很多方面都增加了新的内容。从现代外语教学的角度来审视，《小文典》虽仍有不够理想之处，但很多地方较之《大文典》已大有改观，语法说明变得简洁明了，是一本很好用的语法书。陆若汉在《小文典》前言中称：

> 以前的《大文典》说明过于冗长……决定出一本改订本。有些难懂的地方，我想在这一本简写本中，也都写清楚了。①

因为《小文典》内容浅显，比较适合于初学者学习使用，陆若汉建议中高级的日语学习者还是使用《大文典》为好。

与《大文典》比较，《小文典》除内容新颖、简洁易懂之外，还具有两大特色，一是它已经从拉丁语语法中解放出来。虽然《小文典》仍以拉丁语语法为基础，却逐渐摆脱了它的制约，形成了一套更适合当时日语学习状况的语法体系。二是它将耶稣会的日语研究浪潮发展为引导日语入门者学习的文典。也就是说，它是“面向初学者”的开端性研究，正如陆若汉在《小文典》中自称的那样，该书是为了“让刚刚开始学日语的人们感到更轻松”。②

二　《小文典》的独创性

《小文典》的第一大特色体现在日语语法思想上。《小文典》的日语语法思想比《大文典》更进步，主要体现在三个方面：认识到文字的重要性；重新审定格辞（Artigo）；活用过去助动词。

《小文典》对日语文字重要性的认识十分明确。尽管《小文典》的分量被压缩到《大文典》的40%，但它补充了“伊吕波”（いろは）和“五韵”等平假名的雏形，并为被称作“日语字母”的假名添加了读音相同的拉丁语式罗马字，使二者的区别更为明晰。③ 另外，《小文典》的结构也和《大文典》有很大不同，《小文典》对文字与拼写法重点进行了总结性说明。《大文典》

---

① ロドリゲス著、日埜博司編訳『日本小文典』読者へ、新人物往来社、1993、第21頁。

② ロドリゲス著、日埜博司編訳『日本小文典』読者へ、新人物往来社、1993、第21頁。

③《大文典》只有罗马字，没有日语文字。鰍沢千鶴『ロドリゲス「日本小文典」の独自性について』、上智大學『國文學論集』27、上智大學図文学会、1994、第55－72頁。

在第一卷的屈折论部分解释拼写、在第二卷的修辞论部分说明发音，《小文典》则将两部分的解释说明加以综合，写入辞书的开篇。因为陆若汉清楚地认识到，要学好日语，学习文字和五韵是不可缺少的。阿鲁巴斯的《大文典》和《拉丁文典》都是以名词、代名词的屈折论开篇，《小文典》在这点上取得了突破。

同一时期，新出版的欧洲近代语和非欧洲语的语法书也呈现出近似的发展趋势：第一部欧洲近代语法辞典——内布里哈（Nebrija）的《卡斯蒂利亚语语法》开篇就是拼写说明；巴罗斯（Barros）的葡语语法辞典也在第二章“文字的定义及其数量”中对文字进行解释；尽管茨皮（Tsupi）没有文字，但安耶帕（Ansyeppo）编著的茨皮语语法辞典的第一章仍有“关于文字”这一节内容。[①] 可以说，陆若汉的《小文典》基本迎合了拉丁语语法体系发展、改革、进步的大趋势。

格辞在葡语里是“冠词”之意，因为土井忠生曾将其译为“格辞”，所以被人误以为原本是陆若汉命名的。这种冠词是拉丁语语法中所没有的一种词类，虽然现代葡语中根本就没有冠词的格变化，但在当时的语法书，比如巴罗斯的葡语语法辞典中却对冠词的格变化有明确的记载。[②] 陆若汉把阿鲁巴斯关于拉丁语语法的思想加以发展，将这种葡语的冠词与日语的格助词相结合，并使之规范化。

首先，《小文典》删除了用于表主语的“の”和“より”；[③] 其次，在对格部分将“は”和“が”剔出。[④] 可以说，《小文典》的格助词选编是建

---

① 鮲沢千鶴『ロドリゲス「日本小文典」の独自性について』、上智大學『國文學論集』27、上智大學図文学会、1994、第55－72頁。

② João de Barros, *Grammatica da Lingua Portuguesa*, Olyssipone: apud Lodouicum Rotorigiu, 1540.

③ 表主格的格助词在《小文典》里没有“の”和“より”。按陆若汉的解释，“の”用于身份高的第二、第三人称，因此在用法上受限制。陆若汉明确指出“より”在表示动作起点意义时用法受限制，故此不适合用于一般的现象。参见ロドリゲス著、日埜博司編訳『日本小文典』巻一、新人物往来社、1993、第58頁。

④ 对格“は”，无论是《大文典》还是《小文典》都注明可代替“をば”使用，因此《小文典》仅保留“をば”。可是对于对格“が”，《大文典》则认为“が”被用于对格，是一般用法，而《小文典》却未采用《大文典》的观点。理由可参看以下例句：

平家の由来が聞きたい程にお语りあれ。

あれへござれ、物が申したい。

两个例句中的“が”均表示愿望动词的对象，陆若汉认为能动动词支配着对格，伴随于助词“を、をば、は、が”中的某一个，由此他认为对格的“が”仅能作为能动动词，有用法上的限制，所以他将其作为一般格助词列举出来。

立在仔细研究日常日语的基础上，文典虽仍是以拉丁语语法为基础，但可以看出陆若汉努力“向日语的实际语法体系靠拢”的编写态度。①

拉丁语和葡萄牙语中的助词（Particula）因无活用和格变化，被称为不变语。陆若汉在《大文典》中将日语的助动词归为“助词”，并指出此类型“助词”的特征如下：①使动词更添力度与气势。②改变动词的含义。③连接动词组成时态与语法。

“助词”根据时态与语法而活用变化，是与动词不同的特殊活用形式。《小文典》的创新在于对过去助动词活用的补充，他认为けり、たり、に等助词，根据不同时态与语法而发生词形变化，常用来表示过去，并详细列出活用变化表格。表 1 反映了けり的 3 种活用。

表 1　日语助词けり的活用变化

语根	现在时与过去时	将来时
けり	ける	けん

尽管陆若汉的活用变化表有缺陷，② 但他试图将拉丁语语法中难以想象的助词活用与动词活用做比较，明确了日语助词的活用，此意义巨大，表现出陆若汉超越拉丁语语法的制约，以及靠近日语实态的努力。

《小文典》的第二大特色便是它是“面向初学者的编集”，主要体现在 3 个方面：首先，陆若汉提出“日语教授法”；其次，《小文典》添加了注有葡萄牙语译文的日语例句；最后，增加了日本概况说明部分。

陆若汉在《小文典》卷首新开辟“日语教授法”一节。他指出学习日语有两种方法，一是“和日本人一起用日语进行日常交往，自然而然地学习”。此方法虽可提高日语水平，但“缺陷是太花时间”。二是“遵循辞典和语法规则”进行学习。一般成年人，受过教育，词汇量丰富，对事物有较强的理解能力，可在“短时间内学会日语”，有时因方法不对，可能会看不到效果，但若长时间仍无法掌握好日语，“问题的根本还是出在方

① 鱜沢千鶴『ロドリゲス「日本小文典」の独自性について』、上智大學『國文學論集』27、上智大學図文学会、1994、第 55－72 頁。

② 陆若汉混同了“けり”与“けん”的用法。

法上”。[①]

陆若汉同时举出学习日语不可缺少的三个要素：教师、书籍、方法。关于教师，他认为，由精于学问与语言、在各种文体书籍和历史书籍方面造诣深厚的土生土长的日本人担任较为适合，依靠欧洲人是不行的。此外，教师也要精通语法规则，并非填鸭式地向学生灌输各种知识，而要教学生灵活运用这些规则。此外，教授日本社会中经常遇到的各类相关词汇和知识，如茶道、武术、礼仪、舞蹈、连歌等，有助于学生与社会各阶层交往。关于书籍，陆若汉认为，应该采用以书面语写成的、以优美文体著称的日本古典作家的作品，即使日本人也要学习具备日语文体特性的作品，像口语体的“物语”等书籍不适合作为学习的教材，他为此还列出一个推荐阅读书目清单。陆若汉认为教学方法尤其重要，他建议：

> 教师应不断反复教授……为使学生掌握作文方法，让学生花长时间练习。不可轻视发音，因为掌握少量正确发音的词汇比起掌握大量不正确发音的词汇更有意义。[②]

这种教授法的提倡与现代的日语教授法和外语学习法如出一辙，反映出当时耶稣会日语指导方法的合理性。

此书“面向初学者”的第二个特点是给日语例句注上葡萄牙语译文。与《大文典》相比，《小文典》省略了不少语法说明，但它采用的日语例句有九成附有葡萄牙语译文，且葡萄牙语译文与日语例句对应完美，为日文翻译成葡文提供了标准的范例。例如：

> Rŏyacu cuchini nigaku, Chûghen mimini sacŏ（良薬口に苦く，忠言耳に逆ふ）.
>
> → A boa mezinha amarga na boca; o bom conselho exasrera as orelhas. [③]

---

① ロドリゲス著、日埜博司編訳『日本小文典』巻一、新人物往来社、1993、第32－34頁。

② 鱖沢千鶴『ロドリゲス「日本小文典」の独自性について』、上智大學『國文學論集』27、上智大學図文学会、1994、第55－72頁。

③ ドリゲス著、日埜博司編訳『日本小文典』巻一、新人物往来社、1993、第95－96頁。

《小文典》如此贴切地将日文翻译成通俗易懂的相应葡文，对练习日语作文也大有裨益。卷三设有“日本概况”一章专门介绍日本的情况。《大文典》包含有文体论、人名论、计数论等内容，《小文典》则简化文体论、省略计数论，对人名论展开详细的论说。陆若汉首先从日本人五个固有的名字——字名、假名、名乘（实名）、道号（法号）、谥号说起，揭示日本人的命名习惯。① 他还介绍当时政权中枢的公家、武家等人的名字，特别记述各个官职名，提纲挈领地归纳了权力构造与其变迁历史，也许是因为他意识到这是与上流社会打交道不可缺少的知识。此外，他列举出日本全国66个郡县的名称，以及唐名、郡数等地理知识。最后，《小文典》收录了《大文典》没有的日本佛教的情况，以图表形式简明地记述了两个集团的八宗、九宗、十宗、十一宗、十二宗，将佛教的宗派分为圣道（或圣家）与禅家（或禅宗）两派。各派的创始者，圣道称为教意，而禅家称为祖意。② 编写者的广阔视野以及深邃理解由此可见。

远东各国，尤其是中国和日本都是多种宗教混杂的国家，西方传教士要顺利传播天主教，必须认真研究这些宗教。特别是佛教，耶稣会从成立之初就格外关注，不时举行与僧侣的对话和讨论。《小文典》亦极力提倡在传教方面培养能以日语与当地佛教徒对话的人才，重视本土文化。对此，库帕称，这样有利于“自由地向异教徒讲解教义，反驳错误的偏见。对反对者，则以文章守护信仰”。《小文典》采用图表形式反映日本佛教界的概况，为学习者提供很大方便，也成为研究当时耶稣会和日本佛教关系的宝贵资料。③

《小文典》作为江户时期耶稣会传教士的日本语入门学习资料被广泛使用，直至二十一世纪，不少日本知名大学仍将此文典作为日本国语学课程的主要教材。

陆若汉是实力超群的“南蛮通辞”，他熟悉日本的情况，是当时撰写日

① 陆若汉列举出“太郎、次郎、三郎”与“弥、源、十郎”等名字的结合，产生“弥太郎、弥次郎、弥三郎、源太郎、十郎次郎”等在实际生活中有意义的丰富实例。ロドリゲス著、日埜博司編訳『日本小文典』卷三、新人物往来社、1993。

② ロドリゲス著、日埜博司編訳『日本小文典』卷三、新人物往来社、1993。

③ Michael Cooper, *Rodrigues the Interpreter : An Early Jesuit in Japan and China*, New York : Weatherhill, 1994, p. 235.

语文典的最合适人选。《小文典》是他在学识达至炉火纯青境界的 59 岁之年完成的文典，可谓倾其毕生所学为“初学者使用”的改编，也可视为耶稣会长年提倡支持日语研究的成果。陆若汉 1610 年移居澳门，至 1634 年去世未曾再踏足日本，由于天主教徒在日本受到严重迫害，耶稣会的日语研究热潮也在陆若汉这部《小文典》出版后而渐告式微。

三 《小文典》的语言观

由葡萄牙人掀起的外语语法文典化浪潮，以及由耶稣会主导的日语研究热，于十七世纪波及日本，是激发陆若汉在长崎编写《大文典》，以及在澳门出版《小文典》的原动力。立志于开拓欧洲以外的传教新天地的耶稣会，在异教徒改教的问题上采用了适合于不同民族的传教手段。为了引导普通民众的思想，使他们正确理解天主教的宗旨，传教士努力学习传教地的语言。为尽快收到学习效果，研究这些未知语言的规律，有关的文典和辞书编写蔚然成风。以陆若汉为代表的耶稣会传教士经过坚持不懈的完善，终于编撰出具有较高水平的日语语法典籍。

《小文典》虽然是《大文典》的简写本，但内容方面有所增补。从现代外语教学的角度来看，这部文典作为语法书更为规范，其内容新颖、简洁易懂，适合初学者学习用。《小文典》有两项独到之处，一是已经从拉丁语语法中解放出来，形成一套更适合当时日语学习现状的语法体系。二是，将耶稣会的日语研究浪潮发展为引导日语入门者学习的实用型文典。《小文典》进步的日语语法思想，主要体现在对文字和五韵的重视、格辞的选定、助动词的活用三方面。

《小文典》作为“面向外国初学者的编集”，其目的在于帮助初接触日语、尚无法使用《大文典》的外国人。《小文典》表现出来的不同于其他日语语法文典的特点，如图 1 所示。

《小文典》和《大文典》还包含陆若汉最终想要阐明的日语形态、日语的渊源变迁等内容，更值得重视的是陆若汉在文典中所体现出来的、源于欧洲拉丁语观的日语语言观：陆若汉的日语造诣颇深，能像地道日本人那样用流利的日语文语体表达对事物的看法。他不懈追求高雅而规范的日语口语，积极提倡使用最优秀的文体和最自然的说法。其重要贡献包括：统一罗马字

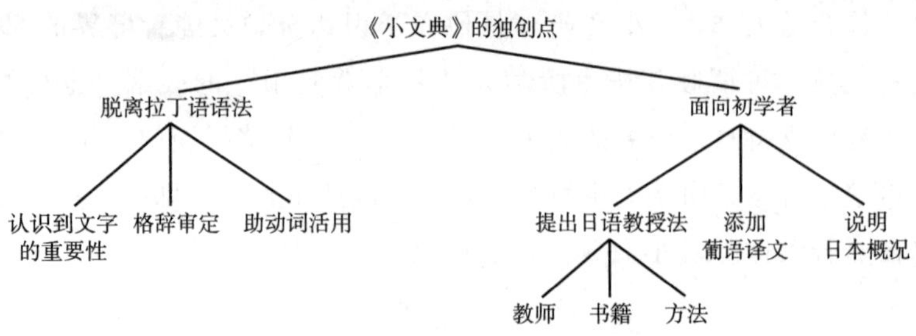

图1 《小文典》的独创点

标记法、规范日语发音、区别地方方言。

此前，日本人从未系统地学习过自己的母语。陆若汉的两本文典首次系统地论述日语语法，仅就此而言已具有划时代的意义。日本和外国的语言学家曾如此评价，“陆若汉的两部文典是研究17世纪初的日本文法和口语不可缺少的著作”。①

四　结语

回顾陆若汉走过的历程，以及他在语言学研究领域获得成功的主客观因素，可综合归纳出以下几点：①在神学院哲学、神学、艺术等课程的习得，开启了他尘封已久的智慧天窗；②极富文学修养的恩师养方轩保罗的教导，让他得以拥有丰富的知识、良好的教养；③自幼来到日本、与日本人的频繁交往过程，令他习得一口流利标准的日语；④在当时日本政治最高权力层的经历，使他有幸得到难得的磨炼和取得经验；⑤民间传教的特别经历，加深他对日语和日本文化的了解及在此方面的造诣；⑥时代大背景的影响和耶稣会的信任委托，让他获得施展才华的机会。

1596年，陆若汉在澳门晋铎为天主教神父，当时日本错综复杂的国情使他无法专心从事教会的工作。身为“通辞”的陆若汉肩负多重责任，外交上、贸易上都需要他代表耶稣会与日本的上层当权人士斡旋。在烦琐事务的压力之下，陆若汉竟先后编写出版《大文典》和《小文

① Michael Cooper, *Rodrigues the Interpreter: An Early Jesuit in Japan and China*, New York: Weatherhill, 1994, p. 235.

典》两部大作，实属不易。两部文典虽然存在缺陷，但仍称得上是不朽的名作。

（原载吴志良、郝雨凡主编《澳门研究》总第64期，澳门：澳门基金会，2012年3月。）

功能决定形式

——探讨港澳地区诗型公示语英译

陈　曦*

一　引言

公示语是“公开和面对公众，告示、指示、提示、显示、警示、标示与其生活、生产、生命、生态、生业休戚相关的文字及图形信息”。① 在港澳地区，由于多语种和多元文化的背景，公示语大多是中英双语的，有的甚至是用中、英、葡三个语种发布的。有趣的是，其中不少中文公示语都采用典型的中国诗歌形式。根据莱斯的文本类型来分类，公示语应归类为感染型文本。② 诺德对文本功能的进一步分类中又提出了“诗歌感染功能”。③ 本文将具有典型的中国诗歌形式的中文公示语归类为具有“诗歌感染功能”的诗型公示语。那么，这些诗型公示语被翻译成英文后，原文中的诗歌形式是否被保留呢？如果不保留，理由是什么呢？本文从功能翻译理论的角度出发，对港澳地区使用的诗型公示语及其英译进行调查，分析此类型公示语英译的方法，并探讨影响这些翻译的原因。

---

* 陈曦，澳门大学人文学院英文系博士研究生。

① 吕和发：《公示语的功能特点及汉英翻译研究》，《术语标准化与信息技术》2005 年第 2 期。

② Katharina Reiss, *Translation Criticism: The Potentials and Limitations – Categories and Criteria for Translation Quality Assessment*, translated by Erroll Franklin Rhodes, Manchester: St Jerome Publishing, 2000.

③ Christiane Nord, *Text Analysis in Translation: Theory, Methodology, and Didactic Application of a Model for Translation – Oriented Text Analysis*, Amsterdam: Rodopi, 1988.

二　功能翻译理论：文本类型与诗歌感染功能

根据布勒的语言功能论，[①] 莱斯把文本类型分为三类：信息型、表情型和感染型。[②] 各种文本类型的特点及其翻译方法如表1所示。

表1　文本类型的功能特点及其翻译方法

文本类型	信息型	表情型	感染型
语言功能	表达事物与事实	表达情感与态度	感染接收者
语言特点	逻辑的	美学的	对话的
文本焦点	侧重内容	侧重形式	侧重感染功能
译文目的	表达其内容	表现其形式	诱出所期望的内容
翻译方法	简朴的白话文，按要求做到简洁明了	仿效，忠实原作	编译，等效

资料来源：Jeremy Munday, *Introducing Translation Studies: Theories and Applications*, Shanghai: Shanghai Foreign Language Education Press, 2010, p. 74。

实际上，绝大多数文本都兼具多种功能，其中一种功能为主，其他功能为辅。莱斯认为，原文的主要功能决定了翻译的策略与方法。译者应根据不同的文本类型及其功能，采用不同的翻译方法。[③] 从切斯特曼（Chesterman）在图1中所描绘的莱斯的文本分类可见，参考用书是信息型文本的代表，诗歌最具表情功能，广告是典型的感染型文本。笔者认为，公示语和广告一样，以感染读者并使其采取某种行动为主要目的，因此将公示语和广告一样归为感染型文本。

---

① Karl Bühler, *Sprachtheorie: Die Darstellungsfunktion der Sprache*, Stuttgart: Gustav Fischer, 1934.

② Katharina Reiss, "Text Types, Translation Types and Translation Assessment," translated by Andrew Chesterman, *Readings in Translation Theory*, Finland: Oy Finn Lectura Ab, 1977/1989, pp. 105 – 115.

③ Katharina Reiss, "Text Types, Translation Types and Translation Assessment," translated by Andrew Chesterman, *Readings in Translation Theory*, Finland: Oy Finn Lectura Ab, 1977/1989, p. 109.

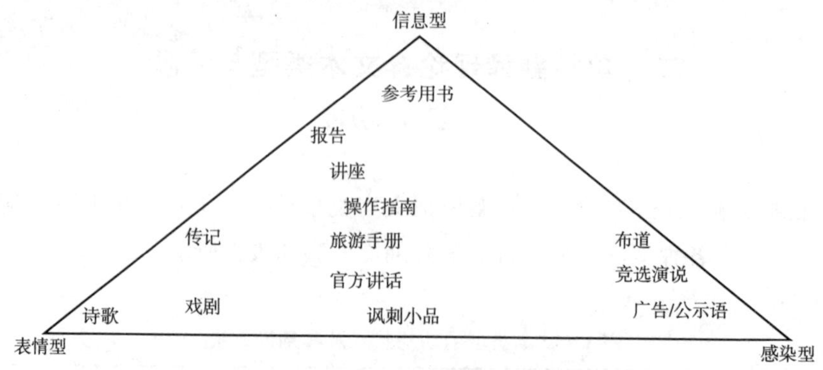

图1　文本类型

资料来源：Katharina Reiss, "Text Types, Translation Types and Translation Assessment," translated by Andrew Chesterman, *Readings in Translation Theory*, Finland: Oy Finn Lectura Ab, 1977/1989, p. 105。

莱斯认为，翻译感染型文本时，可采用编译的策略，使译文在目标读者中达到与原文等效的感染功能。① 而与公示语相反，诗歌则是最具表情功能的文本类型，侧重形式，翻译中更注重对诗歌形式和美感的传达。本研究所涉的诗型公示语，是一种具有诗歌形式、目的为感染读者的文本，兼具感染功能和诗歌的美感特征。那么，在诗型公示语的翻译中，原文中的诗歌形式是否要保留呢？

诺德对文本功能的进一步分类帮助我们为这个问题找到了答案。其以翻译为导向的文本功能分为四种：指称功能、表情功能、感染功能和寒暄功能。“根据接受者对行为的感知或倾向，感染功能（雅克布森用的术语是‘意动功能’）是用来引导接受者按特定的方式做出回应。”② 感染功能又被进一步分为三类：直接感染功能、间接感染功能和诗歌感染功能。诗歌感染功能“体现在诗歌语言中，这是为了利用读者的审美感受”。③ 兼具感染功

① Katharina Reiss, "Text Types, Translation Types and Translation Assessment," translated by Andrew Chesterman, *Readings in Translation Theory*, Finland: Oy Finn Lectura Ab, 1977/1989, pp. 108 - 109.

② Christiane Nord, *Translating as a Purposeful Activity: Functionalist Approaches Explained*, Shanghai: Shanghai Foreign Language Education Press, 2001, p. 42.

③ Christiane Nord, *Translating as a Purposeful Activity: Functionalist Approaches Explained*, Shanghai: Shanghai Foreign Language Education Press, 2001, p. 43.

能和诗歌形式的审美的语言特点，诗型公示语符合诗歌感染功能的范畴，因此，其翻译也应参照具有感染功能的文本的翻译要求。感染功能以接受者为中心。“原文一般是诉诸源语文化读者的感知和经历，而译文的感染功能则必定是面向不同的目标。这意味着如果接受者不合作，感染功能就不起作用。”① 因此，在诗型公示语的翻译过程中，如何选择目标读者易于接受的翻译形式是尤为重要的。

三　中国古诗传统与诗歌形式

诗歌在中国有着悠久的发展历程，中国古典诗歌因其独特的节奏韵律、优美的语言和深厚的文化底蕴，在世界诗歌长廊独树一帜。几百年来，中国古典诗歌发展出不同的类别，具有各自的诗歌形式和特点。通常，中国古典诗歌可分为两大类：古体诗和近体诗。古体诗指唐代格律诗形成以前出现的诗歌类型，有相对规律的形式和韵律。古体诗中包含五种诗歌形式：四言、古绝、古风、杂言和乐府。四言是由四字组成一句的诗歌形式，广泛使用于《诗经》；古绝和古风，分为五言或七言；杂言包含五言、七言或长短句；乐府可看作杂言和古风的更高形式。近体诗指唐代后的诗歌体裁，主要包括三种诗歌形式：唐诗、宋词和元曲。唐诗又可分为律诗和律绝。律诗要求字数整齐划一，通常规定每首八句，每句五或七个字，有着严格的押韵、平仄和对仗的要求，根据每句字数的不同，又可分为五律和七律。与律诗一样，律绝也有着严格的字数和押韵要求，通常每首四句，也按每句字数的不同而分为五绝和七绝。尽管中国古诗有多种诗歌形式，每种诗歌形式又有各自的规则和特点，但它们还是有一些共同点：排比和押韵。中国古典诗歌对排比结构有着严格的要求，不同的诗歌形式中每句的字数和每首诗的句数是固定的。中国古诗中的排比不仅要求内容上的对应，而且对语音和音调的对应也有要求，这些平仄声的起伏对应，使古诗形成抑扬顿挫的韵律感。押韵可分为尾韵、腹韵和头韵，以形成音韵的美感。“由于其相对有限的音节范围和相对多的同音字或词，中文很容易押尾韵。这些语言特点也为头韵和拟声的

① Christiane Nord, *Translating as a Purposeful Activity: Functionalist Approaches Explained*, Shanghai: Shanghai Foreign Language Education Press, 2001, p. 43.

形成提供了机会。”[①] 中文的语言特点使其更易在句子中形成尾韵和头韵，这从某些程度上也促进了诗歌形式的广泛使用。在日常生活中，诗歌形式的表达方式随处可见，例如诗型广告、诗型公示语等。

诗歌形式对诗歌至关重要。正如谢文利和曹长青所指出的，“诗的形式尤其重要。不论诗体怎样变化：四言、五言、七言、长短句；古体、近体，以至今天的白话体，都必须具有诗的形式。诗的形式是根据民族语言的特点、社会生活的变化和诗歌创作的发展而形成、演变和创新的，但它具有相对的稳定性。没有诗的形式，也就没有诗”。[②] 在中国古诗的翻译中，诗歌形式的保留同样重要。诗歌翻译家许渊冲提出过诗歌翻译的“三美论”，强调翻译中要保持“音美”、“意美”和“形美”，其中的“形美”就是强调翻译中对诗歌形式的处理，即行数、长短整齐，句子对仗工整。此外，翻译诗歌时，“译者的首要任务之一就是将工整的诗歌形式及其所有的文本特征和技巧都传递到译文中”。[③] 对译者来说，诗歌形式是诗中美感形成的重要因素，因此押韵和排比等都在翻译中有所保留，以全面传达原诗中的美感。

四　港澳地区诗型公示语的英译

本文收集了一组具有诗歌形式的中文公示语及其英译作为研究材料。诗型公示语指具有典型的中国古诗特定形式，有排比结构、尾韵或头韵，读起来如诗歌般朗朗上口、便于记忆的公示语。例如，类似中国古诗三言、四言、五言、六言和七言的整齐形式的公示语。基于这些诗歌形式特点，本文收集了港澳地区 100 例中文诗型公示语及其英译，并建立了一个小型数据库，其中 30 例诗型公示语来自澳门大学的张美芳教授建立的澳门公示语翻译数据库，余下 70 例由笔者在香港和澳门收集，其中大多是由特区政府或社会机构发布。由于港澳地区属于粤语区，粤语在日常生活中使用广泛，因

---

① Valerie Pellatt，Eric T. Liu，*Thinking Chinese Translation：A Course in Translation Method Chinese to English*，London and New York：Routledge，2010，p. 157.

② 谢文利、曹长青：《诗的技巧》，洪叶文化事业有限公司，1996，第 293 页。

③ Valerie Pellatt，Eric T. Liu，*Thinking Chinese Translation：A Course in Translation Method Chinese to English*，London and New York：Routledge，2010，p. 155.

此其中一些公示语中带有粤语的表达方式。与中国古诗中严格的押韵和格律要求不同，中文诗型公示语中使用的语言更加自由，从某种程度上来说，与打油诗有些相似，目的是便于读者阅读和记忆，而本文选取的大部分诗型公示语也可以归为这一类。本文先对诗型公示语及其英译进行定量分析，并在此基础上对具有中国古典诗歌形式的诗型公示语的英译进行分析，以期对诗型公示语的翻译有较为全面的探析。

（一）对诗型公示语及其英译的调查结果

首先，我们对100例中文诗型公示语中不同诗歌形式的使用比例进行了分类统计，结果见表2。

表2　诗型公示语中不同诗歌形式的使用比例

诗歌形式	数量（例）	比例（%）
三言式	6	6
四言式	38	38
五言式	11	11
六言式	12	12
七言式	33	33

统计发现，四言式诗歌形式在诗型公示语中占有最高的使用比例——38%，此外，七言式诗歌形式的使用率也很高，达到了33%，这两种诗歌形式的使用比例远高于其他。

随后，笔者对诗型公示语英译中的语言特点进行了分类统计，主要集中在排比结构和押韵的使用方面。

排比，又被称为对句法或平行结构，是一种修辞手法，利用两个或两个以上意义相关或相近、结构相同或相似的词组或句子并排，以达到一种加强语势的效果。它可以加强文章的节奏和条理性，更利于表达强烈的感情。在排比结构中，句子成分在功能和结构上都是相似的，句子成分、分句、单句和复句都可以构成排比结构。在对100例诗型公示语英译中排比结构的使用情况进行分析调查后，可发现这些诗型公示语的英译中只有15%的译文使用了排比结构，大部分译文未保留原文中的排比结构（见表3）。

表 3 诗型公示语英译中排比结构的使用比例

诗歌形式	数量(例)	比例(%)
有排比结构	15	15
无排比结构	85	85

英文诗歌的押韵可以根据单词音素重复的部位不同而分成不同种类，常见的有头韵、腹韵和尾韵等。尾韵指词尾音素重复，是英文诗歌最常见的押韵之一。例如，单词“rope”和“hope”押尾韵，因为二者包含有相同的词尾因素“ope”，而“rope”和“soap”尽管拼写不同，也可以押尾韵，因为它们包含相同的元音/əu/和相同的词尾辅音/p/。与尾韵相似，头韵则是词首尾音素重复。二者都是形成诗歌形式的重要手段。正如福塞尔所说，“尾韵激发了读者对语义相似和语音相似的思考”,① 而头韵的文体效果有助于诗歌形式更加容易为读者所接受和记住。对 100 例诗型公示语英译中押韵的使用情况的调查见表 4，其中只有 2% 的译文既使用了头韵，也使用了尾韵，9% 的译文中只有尾韵，4% 的译文中只含头韵，85% 的译文没有采用任何押韵手法，而是采用了自由的诗歌形式或转译成祈使句，使之更加符合英文公示语的规范。

表 4 诗型公示语英译中押韵的使用比例

诗歌形式	数量(例)	比例(%)
有尾韵和头韵	2	2
只有尾韵	9	9
只有头韵	4	4
无尾韵和头韵	85	85

通过上述对诗型公示语英译的调查统计可以发现，中文诗型公示语中使用了类似中国古诗的诗歌形式，三言式、四言式、五言式等各占有不同的使用比例。然而，在这些诗型公示语的英译中，只有一小部分译文保留了排比和押韵，大部分译文舍弃了诗歌形式。中文诗型公示语具有和中国古诗类似的诗歌结构，但是为什么译文会如此不相同呢？下面对不同诗歌形式的诗型公示语的英译进行分析，以期找到这些差异的成因。

---

① Paul Fussell, *Poetic Meter and Poetic Form*, New York: McGraw - Hill Education, 1979, p. 10.

（二）诗型公示语英译的译例分析

根据上述调查分析，四言式和七言式诗型公示语使用比例最高，五言式和六言式诗型公示语也使用较多，因此笔者选取这四种诗型公示语进行分析。

1. 四言式诗型公示语英译

四言诗是古代产生最早的一种诗体，中国第一部诗歌总集《诗经》中的“国风”“小雅”“大雅”等都是以四言诗为基本形式的，如“关关雎鸠，在河之洲”。本次调查发现，四言式是诗型公示语中使用最多的诗歌形式，占38%的比例，例如：

ST1：关爱生命 实践职安

TT1：Care for Life. Care for Safety.

ST2：无烟清爽 人人健康

TT2：Go Smoke – Free and Stay Healthy.

ST3：无烟环境 有你支持

TT3：Thank you for supporting a smoke-free environment.

在四言式诗型公示语的翻译中，译者根据不同的情况，有选择地取舍诗歌形式。根据诺德的“诗歌感染功能”论点，诗型公示语是利用诗歌语言唤起读者的审美感受，增强文本的感染功能的，但其基本属性仍是感染型文本，并以感染读者为目的。ST1是香港职业安全健康局发布的呼吁关注职业安全的公示语。TT1保留了诗歌形式，用两个“care for”开头的句子构成排比结构。在句头重复使用“care”，可以起到强调作用；“life”和“safety”也形成对比，传达出原文中“生命”和“职安”的对应，呼吁公众关注职业安全。ST2和ST3均为香港卫生署发布的呼吁公共场所禁烟的公示语。TT2中用两个“动词＋形容词”的并列结构形成排比，在一定程度上保留了原文的诗歌形式，“Go Smoke – Free”和“Stay Healthy”形成对比，呼吁公众共创无烟环境。TT3则完全舍弃了诗歌形式，翻译成表情型的子句“Thank you for supporting a smoke-free environment”。说话者以事先感谢的形式，呼吁公众支持无烟环境的倡议。虽然译文舍弃了诗歌形式，但是传递了原文中的感染功能，符合公示语翻译的要求。

2. 五言式诗型公示语英译

五言诗大约起源于西汉，在东汉末年趋于成熟，较之四言，可以容纳更多的词汇，从而扩展了诗歌的容量，也能够更灵活细致地抒情和叙事。在唐诗中，五律和五绝的诗歌形式也广泛使用，如“举头望明月，低头思故乡”。五言式诗型公示语在本研究中占有11%的比例，例如：

ST4：半斤有八两 均真最理想

TT4：Say NO to short weight malpractice. Say YES to fair trade.

ST5：熄灯赏明月 抗暖观繁星

TT5：LIGHTS OFF for Climate Change. SHINE ON the Moon and Stars.

ST6：上落电扶梯，紧握扶手带。

TT6：Hold the handrail.

在五言式诗型公示语的翻译中，诗歌形式保留与否取决于感染功能的实现情况。ST4是香港海关发布的呼吁公平交易的公示语。在TT4中，“Say”形成头韵，加强语气，两个“Say... to...”的句式构成排比结构，原文中的诗歌形式得到了保留；同时，大写的“NO”和“YES”形成对比，突出强调公平交易的重要性，呼吁商家勿缺斤短两，以实现感染功能。ST5为香港大埔环保会发布的公示语，提倡关掉电灯，减少能源消耗和温室气体排放。TT5中用两个大写的“动词+副词”词组“LIGHTS OFF”和“SHINE ON”构成排比结构，起到突出对比作用，“OFF”和“ON”的对比，与“Climate Change”和“Moon and Stars”的对比相呼应，感染读者参与这一公益环保活动，熄灯减排，赏明月繁星，为环保尽自己的一份力量，不但在一定程度上保留了诗歌形式，且实现了与原文等效的感染功能。ST6是澳门民政总署发布的呼吁民众搭乘手扶梯时注意安全的公示语，在TT6中，诗歌形式被完全舍弃，仅以简洁明了的直接感染文本“Hold the handrail”传递原文信息。在手扶梯等公共场所，民众来去匆匆，不会停留过久，以这样的祈使句提醒大家注意乘梯安全，实现了原文的感染功能。

3. 六言式诗型公示语英译

六言诗是旧诗的一种体裁，全诗都是一句六个字，但不太流行，在

《诗经》中已有萌芽，其后诗人也偶有写过六言诗，如王维《田园乐》中的“萋萋春草秋绿，落落长松夏寒”。本调查结果显示，六言式诗型公示语占有12%的比例，例如：

ST7：恳请爱护孩童，共建环境卫生。校园墙壁回廊，请勿放狗便溺。

TT7：Love our kids and keep our place hygienic. No dog peeing on school walls and corridors, please.

ST8：做好防盗措施 杜绝爆窃行为

TT8：Lock your doors and windows properly.

ST9：责任共同承担 意见一起分享

TT9：Take your share of responsibility. Continue your share of views.

六言式诗型公示语在结构上和六言古诗十分相似，但作为公示语，翻译中更侧重感染功能的实现而非诗歌形式的保留。ST7是澳门街道上呼吁遵守公共环境卫生的公示语，译文舍弃了原文中的诗歌形式，改以两句具有直接感染功能的句子传递原文信息，呼吁民众配合。ST8为澳门司法警察局发布的注意防盗的公示语，在TT8中，原文的诗歌形式被直接舍弃，公示语则以简洁的直接感染文本“Lock your doors and windows properly”，呼吁民众关好门窗，注意防盗。ST9是香港环境保护署发布的呼吁民众参与废物回收的公示语。在TT9中，两个“... your share of...”的短语结构构成排比，与之搭配的两个动词“take”和“continue”的先后使用隐含更进一步参与的含义；同时，“share”的两次出现更呼应原文中的“共同”和“一起”，起到强调作用，感染民众一同参与废物回收的公益活动。译文在一定程度上保留了诗歌形式，也延续了原文中诗歌形式所带来的节奏感。

4. 七言式诗型公示语英译

七言诗起源于先秦和汉代的民间歌谣，到唐代得到真正发展，成为中国古典诗歌又一种主要形式，其七律和七绝的诗歌形式得到广泛使用，如“漠漠水田飞白鹭，阴阴夏木啭黄鹂”。本研究结果显示，七言式诗型公式语的使用率为第二高，占33%，例如：

ST10：随地吐痰乞人恨，罚款一千有可能。传播肺痨由此起，卫生法例要遵行。

TT10：No spitting. Maximum penalty $1000.

ST11：无烟食肆人人爱 食得开心又自在

TT11：Taste better, taste fresher, taste of smoke-free restaurant.

ST12：减废回收在校园 塑胶回收变资源

TT12：Reduce Your Waste and Recycle Your Plastics

ST10 是香港卫生署发布的禁止随地吐痰的公示语。在 TT10 中，译文以一个祈使句“No spitting”（禁止随地吐痰）和一个陈述句“Maximum penalty $1000”（随地吐痰罚款一千）来传达原文的基本信息。ST11 是香港卫生署和餐饮职业协会发布的呼吁在餐饮场所全面禁烟的公示语。在 TT11 中，3 个“taste”开头的词组形成头韵，也构成排比结构，传递出原文中“食”的概念；“better”和“fresher”形成尾韵，增加韵律感，诗歌形式的保留使译文易读易记。ST12 是香港教育局发布的提倡校园废物回收利用的公示语，译文中“Reduce your...”和“Recycle your...”的对应结构形成排比，同时也构成头韵，突出“减废”和“回收”的概念。诗歌结构的保留使译文富有节奏和韵律，便于校园儿童记忆。

五 结语

本文从功能翻译理论的角度探析港澳地区中文诗型公示语的英译，对诗型公示语中不同诗歌形式的使用及其英译中排比和押韵的诗歌形式的保留情况，进行了定量分析，并对具有中国古典诗歌形式的诗型公示语的英译进行了进一步分析。诗型公示语兼具感染功能和诗歌形式的审美的语言特点，具有“诗歌感染功能”，因此，其翻译也应参照感染型文本的翻译要求，以感染功能的实现为首要考虑因素。在译文中，诗型公示语的诗歌形式通常被舍弃，而核心信息则通过编译的方法传递到译文中，以求实现与原文等效的感染功能。此外，译文中诗歌形式的选择性取舍，也与感染功能的实现情况紧密相关。某些发布在街道或校园、有关环保公益等的诗型公示语，其译文在实现感染功能的基础上，常保留一些原文中的诗歌形式，使译文易于校园儿童或社区群众记忆。而针对某些发布在地铁和公交等公共场所、有关公共卫生安全的诗型公示语，考虑到这些公共场所人流量大、公众停留时间短，此时，简洁明了的直接感染型文本即可传递出公示语中的基本信息，实现等效的感染功能。

（原载何刚强主编《上海翻译》2014 年第 2 期，上海：上海市科技翻译学会。）

综合编

澳门在中国走向世界中的作用

吴志良*

澳门在近现代担当中西文化交流的起始平台角色，华洋居民数个世纪以来在这块弹丸之地共处分治，并未出现太多或者严重的冲突。相信这些事实不仅没有太多人会表示异议，而且会得到越来越多人的认同。这种文化间对话的方式，或曰“澳门模式”的个中成功之处，一直是学术界加以探究的课题之一。

我们在过去也曾经从利益驱动和文化自觉的角度去探究“澳门模式”赖以成功的因素，多少可以得出一些令人信服的答案，尽管这些从行为模式角度入手而得出的解答，只能描绘在澳门发生的文化间对话图景中的一部分，未能触及“澳门模式”背后蕴含的社会意义。另外，如果借用人文地理学的概念去思考上述问题，可能会为澳门如何成功作为近现代中西文化交流的起始平台提供一些线索，也会对中国今后的国际交往过程，乃至对澳门在当前中国的国际交往过程中能扮演何种角色提供一些启发。

我们认为，澳门之所以成为近现代中西文化交流的起始平台，主要是由于澳门提供了中西文化相遇和对话的“公共空间”，同时澳门当时具备的独特政治地位，使其兼备多重的社会身份认同，从而增进了中国与西方世界之间的对话和理解。

这里所指的“公共空间”，借用了人文地理学的概念，按照定义，公共空间并未设有准入的限制。从法律的角度看，凡用作公共集会、辩论和表达

---

* 吴志良，历史学博士，澳门基金会行政委员会主席，全国港澳研究会副会长。

异议的场域，皆可视为公共空间。英国学者丹斯（Nicholas Dines）和卡特尔（Vicky Cattell）认为，公共空间代表社会交往能力和面对面互动的场地。而英国学者卢恩斯伯勒（Hannah Lownsbrough）和荷兰学者本达曼（Joost Beunderman）更明确指出：公共空间有促进文化对话和互动的作用。同时，公共空间意味着公共领域的存在，可以调节社会与国家之间的集体意见和行动。从政治学的角度探讨，美国政治学者艾利斯·玛丽昂·扬（Iris Marion Young）指出，政治作为提出议题和决定制度与社会关系应如何组织的关键性活动，决定性地依赖于所有人都可以进入的空间和论坛的存在。

至于社会身份认同理论，则由英国心理学家泰菲尔（Henri Tajfel）和特纳（John Turner）在1979年首次提出。他们认为，一个人并非只有一种个性，而是具有相应日益拓阔的圈子的成员个性。不同的社会语境，会导致个体分别在个人、家庭或民族层次基础上思考、感受和行动。同样，霍格（Michael Hogg）和沃恩（Graham Vaughan）也认为，个体会有多重的社会身份认同，即个体从对社会群体的成员身份的理解中引申出自我的概念（self-concept）。

换言之，个体所处的环境能决定本身的社会身份认同。社会身份认同理论断定，群体成员的身份创造是以群体为身份认同分类和强化的单位，特别是当个体确立自己的群体身份认同后，会积极地通过比较群体内部和外部的特性来确立群体独特之处，继而确立个体的自尊。这样会使人们对本体的认知被定位在“我们”而不是“我”的层次上。与此同时，与其他群体的不断比较和区隔，会使社会身份认同在个人、地方和国家层次产生变化，而非一成不变。

回顾葡萄牙的航海殖民史，我们知道，葡萄牙早在1514年就获得梵蒂冈教廷颁发的亚洲保教权，即任何从欧洲出发前往东方的传教士必须取道里斯本，乘坐葡萄牙船只，并获得葡萄牙宫廷的批准。传教士除效忠教宗外，还需要宣誓承认葡萄牙的保教权；教宗任命东方主教的人选，尚须得到葡萄牙国王的认可；而葡萄牙有权在传教区兴建教堂，并派遣传教士和主教管理。我们同时也知道，葡人在16世纪中叶在澳门得以立足后，耶稣会传教士就是通过将澳门作为进入中国内地的跳板，不但带去罗马天主教的教义，还带去当时西方的科学技术和文化艺术知识。传教士们又通过澳门，把中国的哲学、语言、文学、历史、地理、工艺美术等向西方介绍和传播。

作为当时中国最重要的对外贸易中心，其他西方国家，尤其是英国和荷兰的商人纷纷通过澳门向中国输入西方商品，他们的行事方式纵使往往不为当时的中国所完全接受，但毕竟为中国与西方在文化上的差异提供了比对以及缓和潜在冲突的空间。值得一提的是，后来罗马教廷因为“中国礼仪之争”而与清廷交恶，康熙皇帝巧妙地利用澳门的特殊地位，将“南京命令”的主事者多罗（Carlos Thomas Maillard de Tournon）押解至澳门听候发落，以澳门作为缓冲，争取回旋空间，澳门发挥了信息传递和人员往来的桥梁作用。

澳门的国际贸易中心地位在 19 世纪中叶以后虽然走向衰落，但这并未使其作为中西文化交流与对话的角色受到影响。这与葡萄牙当初通过传播宗教和背后的文化作为殖民扩张的手段不无关系。即使澳门的通商功能减弱，“文明教化”作为葡萄牙对外扩张思想的核心内容之一，让当时处于其控制下的澳门在无形中具备了文化上而非经济上的对外交往“优势”，而其经贸弱势反而扩大了文化交往的“公共空间”。

从实务上探讨，首先，行政当局长期以来实施比邻近地区更宽松的出入境政策，使外来人员可以在澳门逗留较长时间。其次，澳门的国际重要性衰落使其国际知名度大减，便利了之后的一段历史时期，尤其是地缘政治变得复杂的时期，各国各派人员通过或利用澳门调节彼此的意见、立场和行动，以确定社会之间关系的具体组织和运作。正因为当时的澳门在地缘上的准入门槛比其他邻近地区低，有利于营造宽松的地方氛围，所以西方文化仍能通过澳门进入中国内地，中华文化亦能通过澳门走向世界，真正发挥中西文化交流“公共空间”的作用。

另外，历史上明清政府基于当时国内情势，将在澳门定居的葡人社群所在地视为特殊蕃坊；葡人根据本身的市政传统组织议事会，实行社群内部自治的同时，又长期向明清政府缴纳地租，臣服于明清官员，承认中国对澳门拥有的完整主权。葡人议事会近 300 年来的文件已不止一次指出澳门主权属于中国、葡人治权未及于华人的事实，例如 1621 年的文件便指出：“虽然这城市是属于我们的王，但所述的地方则属于中国皇帝。”① 在 1777 年致议事会的鉴定书中，澳门主教兼总督基马良士更进一步阐明澳门

① 转引自 Luís Filipe Barreto《澳门——历史文化分析的要素》，《行政》1995 年总第 30 期。

葡人在制度上属“混合服从”。即使后来葡萄牙人成功在澳门确立全面的殖民统治，但在1887年签订的《中葡和好通商条约》中，清政府并未将澳门的主权让予葡萄牙，反而重申了中国对澳门拥有完整的主权，葡人只获“永居管理”权。这使当时的澳门在政治上产生了两种截然不同的社会身份认同，概括而言就是“葡管中国领土”：澳门在行政上属于葡萄牙，但主权上是属于中国的。

由此可见，因特殊行政管理、中葡民族交往以至实施自由港政策而产生的社会、文化氛围和人员流动，又使澳门的民间社会产生了多种截然不同的社会身份认同。除了中华文化的母体外，还因为不同族裔人口通过澳门集聚，澳门兼备葡语世界、拉丁语世界乃至西方世界属性。社会成员在与外界的交往中，长期以来也将澳门本土文化中特有的“中华因素”、“葡语因素”、“拉丁因素”以至“西方因素”自觉地与相应的群体所具备的特性连接共通。通过这种“同声相应，同气相求”的对话策略，澳门的桥梁作用在最大程度上得以维持和发挥。

正是澳门具备的这种“公共空间”以及多重的社会身份认同，造就了文化间对话的“澳门模式”的出现。

澳门这些独特的经历和经验，可为当今中国走向世界带来启示；当然，它们也需要因应时空背景的变化而有所调整。例如，过去澳门在政治上具备的双重社会身份认同，已随着澳门回归祖国而自然消失，但在民间社会生成的多重社会身份认同，则因近年澳门实行“一国两制”政策和经历新一波的国际化进程而得以保留和强化，其内容甚至因不同族裔人士来澳门生活、定居而有所丰富，这直接促进了澳门作为文化间对话的“公共空间”的功能。

中国与世界进一步交往和对话，不但是中国发展的需要，更是世界发展的必然趋势。我们知道，中国实行改革开放的30多年间，综合国力大幅增强，人民生活显著改善，当年提出的“四个现代化”目标现已基本实现。今天的中国，除了继续集中充实经济的“硬实力”外，更开始注重发展文化的“软实力”，积极对外宣传中国语言和民族传统文化，增加世界对中国的了解和理解。值得注意的是，中国在2001年加入世界贸易组织后，与世界其他国家或地区的经济贸易往来更形便捷和规范，使不同文化间展开对话的机会扩大。更重要的是，中国进一步走向世界、与国际接轨，标志着它再不可能走回从前闭关自守的道路。

最近10年来，中国与世界的交往呈现大规模和多层次的特征和形态。从出境旅游人次统计，我们可以看到其规模之大：在2001年，出境旅游的中国公民有1213万人次，到2011年已达7025万人次，增长接近5倍。除了旅游和经商等民间层次外，外交层次的交往也随着中国国际影响力上升而越趋频繁和重要，同时，“公共外交”的概念近年开始在中国兴起，政府希望通过非正式的中外交往，达至正式的外交目的。

中国的改革开放实行了30多年的时间，尽管通信技术在这30多年间突飞猛进，外界对中国的印象仍然受历史因素的影响而往往停留在改革开放之前。尤其对于西方发达国家而言，中国作为具有自身特色的社会主义国家，由于政治制度与经济生产管理方式与其不同，再加上这些国家过去与社会主义国家阵营处于对立状态，它们对今日中国的真实面貌仍存有误解。

中国过去10多年在对外开展公共外交、推广中华传统文化上展开积极的努力，在经济发展上所取得的成绩也使中国如今成为世界上第二大经济体；而在2020年左右，中国更有机会成为世界最大的经济体。从这些事实和预期中，我们更有自信地认为，无论外界一些人对中国有多么深的主观偏见，理智上也不可能再否定与中国展开交往的重要性，多少会意识到只有理解中国人的思维和行事方式，才能符合自身的长远利益。

回归祖国后的澳门，受到“一国两制”方针的保障，在促进中国与外界交往对话上发挥了其独特且不可取代的角色。《澳门特别行政区基本法》保障了澳门的民间团体和宗教组织与世界各国、各地区和国际的有关团体、组织保持和发展关系，也保障了特区政府根据中央人民政府的授权单独地同世界各国、各地区和有关国际组织保持和发展关系、签订和履行有关协议。与此同时，中央政府容许澳门特别行政区对世界各国或各地区人员的入境、逗留和离境继续实行出入境管制。这些都为中国与世界将澳门作为彼此沟通和对话的“公共空间”创造了必要的条件和法律保障。

即使存在便利的“公共空间”，澳门仍需要具备多元的社会身份认同，如此才能使它的作用在最大程度上得到发挥。与中国其他城市比较，澳门与葡语系国家和欧洲联盟有更密切的往来和关系。在与葡语系国家的关系上，由于历史上的原因，澳门的“葡语社会身份认同”非常突出。澳门及其高校分别是葡语都市联盟和葡语大学联会的会员，同时是中国和葡语国家经贸合作论坛常设秘书处的所在地。澳门与葡语系国家的往来和合作在回归以来得到进一步的加强，而且合作的领域和内容更切合澳门乃至中国的需要。除了经济贸易外，它们近年还开始注重语言和教育领域的合作。不少现在到葡语国家的孔子学院任教的汉语教师，就是先在澳门学习葡语的。另外，澳门也为不少葡语系国家人士提供认识中国的管道和平台。以澳门基金会为例，它每年均为葡语系国家的学生颁发奖学金，鼓励他们到澳门就读大学。他们通过在澳门生活和与当地的大学生接触，初步建立起与中国的联系和社会网络。他们在学成回国后，也必然会通过他们建立起来的社会网络，促进他们所在的国家与中国的往来。

澳门另一个突出的社会身份认同是“欧洲社会身份认同”。这在相当程度上是从“葡语社会身份认同”的基础上辐射出去的。澳门和欧洲联盟自1992年起开始建立正式的关系，并通过一系列的途径和机制，保持紧密的联系和合作。目前，澳门和欧洲联盟正针对法律和语言翻译领域展开全面的合作。我们应该注意到，澳门的法律正处于深刻改革的历史时期，中国内地也正处于法治建设的重要时期。中国自清末以来受罗马日耳曼法系的深刻影响，而澳门法律受葡萄牙法律的影响更不待言。从本质上判定，无论是中国内地还是澳门的法律体系，都同属于大陆法系，存在着共通点。澳门在法律改革的进程中所出现的法律理论问题，将为中国内地的法治建设提供可贵的参考，也将使内地法治建设少走弯路。

“欧洲社会身份认同”意味着澳门能容纳的欧洲语言不只有葡语，还有其他多种欧洲通用语言。澳门与欧洲联盟在语言翻译领域展开的合作，虽然目前以中葡翻译和传译为主，但似乎有以澳门作为基地将合作的语言领域进一步扩展至其他欧洲语言、合作地域扩展至全中国的趋势，进而为巩固澳门“欧洲社会身份认同”奠定基础。而除了法律和语言翻译的领域外，澳门还可以凭借本身的历史城区成为联合国教科文组织“世界文化遗产”，并凭借与罗马天主教会的悠久关系，在文化遗产保护、文献信息交流、宗教理解等方面促进中国与西方世界的沟通和合作。

回顾澳门接近500年来的城市发展历程，它从一个商业城市过渡成为一个文化城市。虽然近年来澳门经济迅猛发展，碍于地域和市场规模，难以形成大规模的地方经济体系，但澳门本身拥有的深厚的历史文化底蕴，使其有条件发展成精致的世界旅游休闲中心。这种以文化为基础发展本地社会和经济的模式，使澳门在协助中国走向世界时，应以促进中国与西方世界的文化间对话为侧重点。与其他中国城市以开拓与西方经贸关系为重点相比较，以文化为开拓交往的侧重点成为澳门长久以来不可被其他地方取代的一个重要原因。“一国两制”的方针保障了澳门具备多元社会身份认同的特色，继续成为中国与西方相互理解和对话的理想公共空间，在中国走向世界的进程中，澳门定能继续担当重要的角色。

（原载《行政》杂志总第99期，澳门：澳门特别行政区政府行政公职局，2013年3月。）

澳门土生葡人的身份认同

——关于澳门学的问题

〔葡〕卡洛斯·皮特拉 撰　曾金莲 译*

笔者论述的重点在于对“身份认同”这一概念的反思，以及如何将其整合并深入运用到澳门学研究中去。

今天我们所关注的澳门学这一个概念，从它的合理性和适用性层面看，似乎是一个伪命题。依我看来，自从生活在那里的人们将澳门称为“阿妈港”（A - Ma - Gau）或“澳门”（Ou - Mun），这些问题就存在了将近400年。澳门的单一真实性，尤其是文化独特性，几乎可以追溯至它成为葡萄牙人在远东和亚洲的定居点，与此同时，土生葡人（Macanese）已被看作一个族群。

很多时候，当我们论及澳门土生葡人的身份（或澳门身份认同）时，基本上使用以下四个主题以指向不同的含义：其一，被认为是族群的澳门土生葡人；其二，被认为是一个文化场域的澳门土生葡人；其三，被认为是一个历史过程的澳门土生葡人；其四，被认为是一种归属性的澳门土生葡人（见图1）。这四个主题均与第二届澳门国际学术研讨会密切相关，而且它们正处于意义重整的动态过程中，尤其是在澳门回归中国之后。

这里为大家带来的建议是寻找一个模型解释这一切问题，并将它们重构为一个综合的维度。我所要建议的是：将这四种观点变成一组（或两组），以加强独立研究与策略之间的联系，即历史与当代之间的联系、与本土文化及族群之间的联系。

---

* 卡洛斯·皮特拉（Carlos Piteira），葡萄牙里斯本大学政治与社会科学高等学院助理教授、东方学院科学协调员及研究员；曾金莲，广东工业大学政法学院讲师。

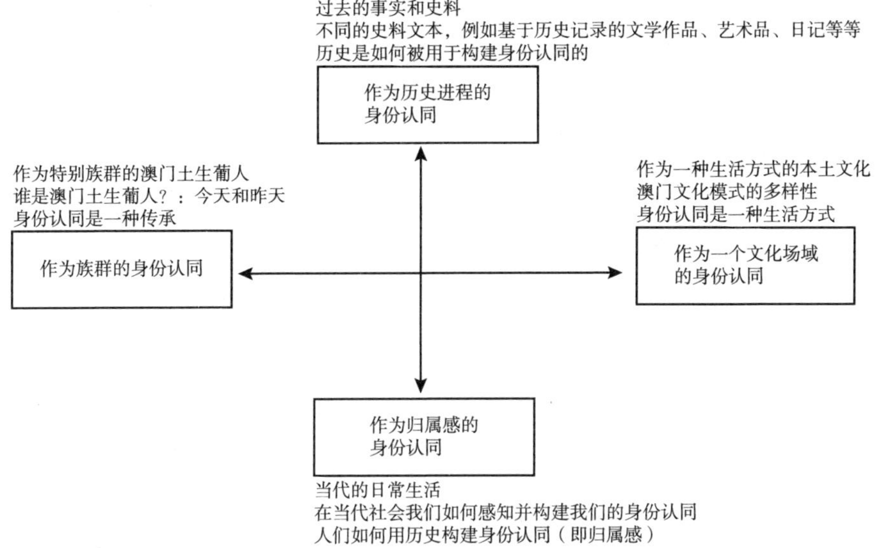

图1　澳门学研究中的身份认同

资料来源：作者整理。

构建身份认同的历史过程主要基于过去的事实和史料，通常我们可以将这些历史材料分为文学的、艺术的，日记、官方文件，等等。

可以说，我们正在思考这样一个问题：历史是如何被用于构建身份认同的？

在现代社会，我们更多地通过象征性和物质性的东西去感知和构建我们的身份认同，因为这些象征性和物质性的事物能给予我们一种归属感。在当代社会里，最重要的是理解人们如何应用历史事实去构建他们现在的身份认同（即归属感）。前述均与身份认同有关，唯一的区别是选择方式：我们选择全面而彻底地了解澳门土生葡人身份认同。

为将思路引导至澳门学研究的整体中去，历史过程和当代归属感二者可以联系起来，这种澳门学研究基于以下两个问题：一是历史如何促进认同的产生；二是人们如何使用历史来确立他们的身份认同。

身份认同的重点之一是基于“澳门土生葡人”也可能是一个产生于葡萄牙人和亚洲人混合的并沟通多种文化的特定族群。许多研究均承认澳门土生葡人这个特别族群的特殊性和特定的身份认同，他们不是中国人，也不是欧洲人，而是混血儿；他们有特别的生活方式，有基于遗产和传统的族群文化和身份认同。我们的相关观点是：澳门身份认同基于有着多样文化模式的本土文化。这是一个非常重要的话题。从这个观点看来，澳门的身份认同是一个框架，在这个框架里，不同的文化相融合并聚合成一种自我身份认同的特殊“生活方式”。

事实上，谁是澳门土生葡人？没有任何一个解释简单的答案。

澳门土生葡人族群的历史，也是澳门历史的一部分。我们绝对不能忘记，当我们研究澳门土生葡人族群的历史时，我们也是在研究澳门的历史及其传统。

然而，今天，当我们谈及澳门土生葡人的身份认同时，我们正在将澳门的独特性看作中国内部的一个文化场域。我们已从谈论族群特征转向谈论文化场域的特征。在这个文化场域里生活的人们正在形成不同的生活方式，这些生活方式的获得，是基于与社区生活感受相似的归属感。之所以能产生澳门土生葡人的身份认同感，是因为我们属于澳门。这个文化场域成为身份认同的原始参考。

我们还可以将另一个角度加入这种研究方法中。这个角度即社会学，尤其是人类学研究中的“客位”（Etic）[①] 和“主位”（Emic）[②] 研究（见图2）。

从这个角度看，考虑到人类学和社会学可以给予关于人们如何获得身份认同的基本信息，它是否基于历史进程或者其他情形，如不同于他人的我们的生活方式（即文化肯定），则是无关紧要的。

“客位”和“主位”研究方法也是一个敏感的话题，因为至1999年之前，几乎所有研究，包括澳门社会乃至全球范围内的研究，都基于“客位”观点。仅仅在1999年之后，我们开始接受“主位”观点，主要是因为本土研究者开始撰写并翻译关于澳门身份认同的研究论著。

事实上，这些将为澳门学研究带来极大的帮助。因为这些研究引入了新的概念，使得我们对澳门社会的了解更丰富、更多样化。澳门社会是一个特

① “客位”论述是指由一名观察者对行为者及其信条所做出的描述，并适用于其他文化描述，也就是说“客位”论述力求能做到“文化中性”。

② “主位”论述是指由行为者对其行为或信条所做的描述，很大程度上受到行为者本人有意识或无意识的影响。也就是说，“主位”论述来自文化人的描述，几乎文化内部的所有东西都可以提供“主位”论述。

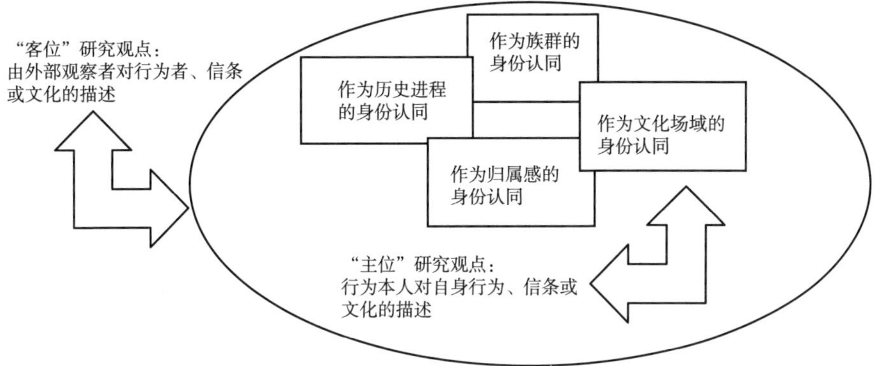

图2　澳门学研究中的"客位"和"主位"人类学研究方法

说明："主位"和"客位"是人类学和其他社会科学所使用的术语，被认为是关注人类文化行为的两种不同的数据资料。尤其在文化人类学中，它们被用于各种田野调查和已有观点。见〔美〕马文·哈里斯（Marvin Harris）著《主位/客位区别的历史和意义》，《人类学年度评论》（*Annual Review of Anthropology*）1976年第5卷，第329～350页。

资料来源，作者整理。

别的社会实验室，我们可以据此研究和学习整体的社会科学。

澳门学的预期结果是，其作为社会科学研究领域中的一门学科，需要加强对若干方面的影响。所有在澳门学这把保护伞下科学地产生的材料，都应该能被科研机构接受，同时也能为受到澳门土生葡人身份认同影响的人们所认同。

因此，目前我们正在从事的这项研究的成果，不仅需要影响到那些已认同自身身份的人，还要影响到澳门社会，影响到中国内地，甚至影响到国际世界中的人们（见图3）。

关于澳门或澳门土生葡人身份认同识别问题的再形成，较好的样本之一是我们在这里透过澳门学概念正在进行的研究。澳门研究所采用的这个新概念成功与否，取决于我们对澳门社会、中国内地和国际领域的影响。澳门学这一概念是否能存在，并且取得成功，取决于人们（包括学术界）能否接受这个概念，并将其整合为澳门土生葡人身份认同的一个元素。

总的来说，澳门学和澳门土生葡人（或澳门）身份认同应该用新的视角加以审视，应该加以更新，以变得更现代化和更适应后现代社会的语境。

可以说，澳门为我们提供了400多年以来东西文明融合的范本，不同的

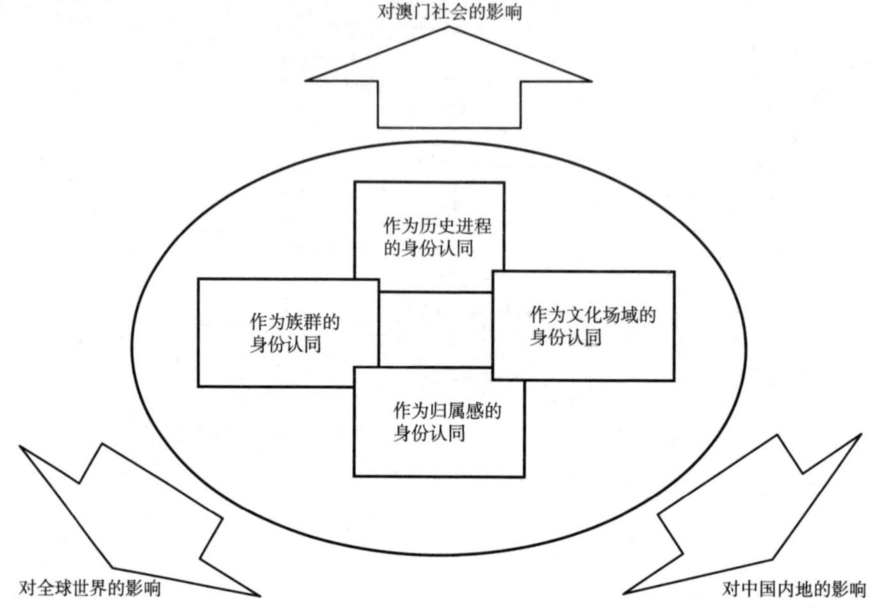

图 3　澳门学研究的效果和影响

资料来源：作者整理。

族群和谐共存于同一空间，甚至在宗教和形而上学信念的层面上，使我们有可能建立并加强一种国际化“生活方式”现代性的当代世界，在这个当代世界中的城市（地方）或人们均拥有多元文化的视角和胸怀。

澳门是一个国际性城市，不同族群、拥有不同宗教信仰和文化背景的人们在这里和睦地相处，因为他们拥有同样的归属感，即他们都是澳门公民。

（原载吴志良、郝雨凡主编《澳门研究》总第 67 期，澳门：澳门基金会，2012 年 12 月。）

国际视野下的澳门学文献遗产的重要性

——澳门教区文献被列入联合国教科文组织世界记忆工程之启示

杨开荆 撰　吴玉娴 译*

一　澳门教区文献列入亚太地区世界记忆工程

联合国呼吁保存各种形式的文献遗产，认为这是一项非常紧急的工作，目的在于完善和保存人类留下的宝贵记忆，使之更好地流传下来。2010 年 3 月 9 日，由澳门文献信息学会提出申请，在澳门基金会、澳门特区政府和社会各界的鼎力支持下，16～19 世纪澳门教区的文献资料被列入联合国教科文组织世界记忆工程。这是继 2005 年澳门历史城区被列入联合国世界文化遗产后的另一项伟大成就，这一成就意味着澳门历史文化的重要性受到了国际认可。

澳门教区丰富的文献遗产包括由天主教教区公署、16～19 世纪中期的神学学生和传教士收集和遗留下来的档案书籍等。澳门是罗马天主教在远东地区的传教中心和东西方交流中心。这批文献资料为宗教研究、社会历史、政治、语言、文化，以及与传教士早期的探险行为密切相关的东西方对外关系研究提供了客观依据和宝贵资料。谱系学者和语言学家能够在其中发现许多关于天主教徒出生、结婚、受洗、死亡的登记资料，这些资料被澳门教区及相关机构作为无价之宝保存起来。

这批文献遗产包括用拉丁文、葡萄牙文、中文及其他欧洲语言如法文、意大利文等记载的官方资料和个人信件、手稿、教材、书籍、刊物、登记材

* 杨开荆，图书馆学博士，澳门基金会首席顾问高级技术员；吴玉娴，澳门大学社会科学学院历史学博士。

料及出生、受洗、结婚和死亡记录。简单说来，这批记录和材料主要包括三部分：①原始的个人信件、报告、教堂日程、指引、计划、建议书及教区领导人开会的会议记录。②教材、手稿、古籍及刊物等传教士或者神学学生等用于语言、数学、地理、科学、天文学、文化和哲学方面的学习材料。③在当地登记或从其他地区收集而来的出生、结婚、受洗和葬礼的文件（见图1～3）。

图1　由教宗格列高利十三世签发的建立澳门教区的敕令

图2　19世纪中晚期圣若瑟学院用玻璃载片制成的教学用品

澳门是天主教在中国乃至远东地区传教的摇篮。自从葡萄牙人16世纪中期在澳门建立第一个居留地以来，西方传教士就将这个海岸作为天主教对

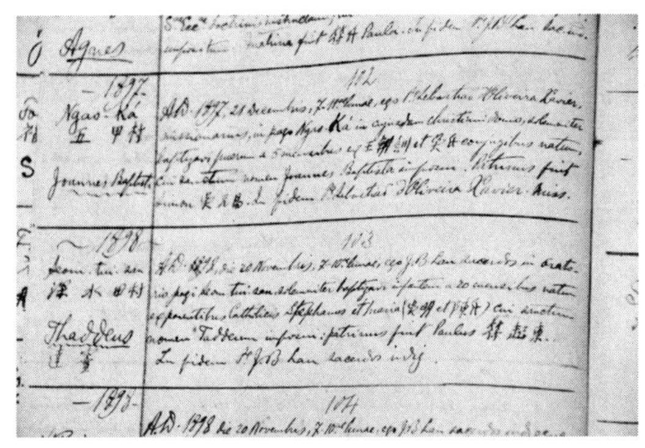

图 3　海南教区个人资料和教区工作的记录

华传教的入口。1576 年 1 月 23 日，澳门从马六甲手中接过传教工作，由教宗格列高利十三世宣布成为独立教区。在澳门教区全盛时期，其管辖范围包括中国、日本、韩国、越南、帝汶、新加坡、马来西亚、菲律宾和泰国等区域。

从 16 世纪末期开始，澳门不仅迅速发展为连接日本和中国商业贸易的中转站，并且通过对教区的建设，扮演着天主教在远东发展中最为关键的角色，成为欧洲和远东之间的交流中心。1594 年圣保禄学院成立，学院致力于培养天主教传教士并试图到日本传教。1728 年圣若瑟修院成立，成为对华传教士的培训基地，澳门也因此成为天主教传教的培训中心，各国的传教士来到东方传教都要先来这里进行学习准备，然后才能担负起前往亚洲传教的责任。

事实上，在圣保禄学院建立之前，一些前辈传教士已经开始为后来传教士提供语言学习训练，罗明坚曾经写成第一部中欧字典。此外，澳门还是东方传教士、使节、商人的集合地点，他们都与当时在政治上表现极为活跃的澳门天主教会关系密切。当中国和日本开始禁教时，澳门成为中国或者日本的那些被驱逐的传教士以及流亡教徒的避难所。

简而言之，澳门教区文献遗产是由 16～19 世纪天主教会、传教士和神学学生搜集和遗留下来的各种记录和文献组成的。这些文献不仅反映了宗教史，而且记录了宗教方面的各种培训和布道工作，以及天主教会与当地政府及团体的社会、文化、慈善、商业方面的各项工作。它为西方扩张时期天主教在远东发展的研究，以及天主教在东西方交流中的角色研究提供了重要材料。可惜的是，这份遗产中的大部分材料未能得到系统整理。

二　联合国教科文组织对澳门文献遗产的评估标准

联合国教科文组织世界记忆工程评审有一系列非常重要的评估标准，包括可靠性，世界性意义，以及一些相对而言的标准，如时间、地点、人物、主题，珍稀性、完整性、可处理性、可保存性和管理计划。后文将从这四个方面展开详细论述。

（1）可靠性。澳门教区的文献遗产包括搜集或保存的来自16～19世纪澳门天主教教区、传教士和神学学生遗留下来的古籍和文献材料。经过多年整理，这批材料由澳门教区和圣若瑟修院完整地保存了下来，其可靠性毋庸置疑。

（2）世界性意义（从一般标准来说）。根据评估标准，文献遗产必须是独一无二及无可替代的，它的消失或者损坏将是人类遗产的一大损失，所带来的巨大影响是跨越时间、区域和文化界限的。因此，文献遗产一定是对历史研究有巨大的影响，无论此影响是积极的还是消极的。澳门教区文献遗产充分说明澳门作为天主教在远东驻点的重要地位和在16世纪以来东西方文化的交汇中所发挥的重要作用。澳门文献遗产内容丰富，涵盖了整个澳门教区、传教士和来自欧洲、亚洲的神学学生的重要事件及重要经历。它提供的是最原始的独一无二的材料，对于了解天主教在远东的发展，以及东西方之间相互的冲突、融合具有重要意义。传教士和来自欧洲、远东的神学学生在政治经济上得到了葡萄牙国王及澳门的支持。他们对宗教以及商业、教育、慈善、医学事业的发展，对语言、中国文化的传播，以及亚洲各地区如日本、韩国、越南和帝汶等各方面文化交流与传播都做出了很大贡献，其中的一些人还成为汉学家、外交家、科学家、文化顾问、法官等。教材、语言训练工具、字典、翻译的书籍、各种语言的杂志都在传教中得到较好利用，被广泛地印制与传播。这些记录材料不仅是追踪和理解天主教史，传教士的身份、影响和他们在远东从事教育活动的关键素材，而且是了解东西方在政治、社会、文化等方面如何相互影响的关键内容。

进一步说来，澳门作为远东天主教传教中心，不同地区的天主教材料都被搜集过来，并且得到很好的保护。这些受洗、婚姻、死亡、葬礼的记录最早可以追溯到15世纪90年代。它们是官方文件中唯一可信的、可以追踪个

人身份的文件。虽然作为保护个人权益的文件或者没有保存或者长时间内丢失了，但其中部分材料已经被复制成微缩胶卷作为公共资源保存起来。地理学家、谱系学家等都能从中发现感兴趣的内容。

这些记录和材料一直为专家学者所搜寻，希望可以应用于宗教、历史、中西关系、社会及文化发展领域的研究。如果不是因为保存它们的物理条件有限，及缺乏详细的摘要及编目，它们应该可以被更好地应用于研究领域。因此，如果这些材料都能被适当地编目、保存和复制，就可以被各位学者和研究者重复利用。

（3）特殊意义。其一，时间意义：反映社会及文化变迁。在远东，澳门教区拥有持续时间最长并且从未间断的教区资料。这批资料跨越 16 ~ 19 世纪，见证了西方列强在东方扩张时期给东方诸多城市，尤其是中国城市所带来的未曾预料到的纷扰。这是展现过去历史的无价之宝，是教会历史的万花筒，展示了传教、策略、冲突，以及教会与东西方贸易中的商业利益、政治野心、军事目的、文化好奇心、慈善捐助、社会融合等互相交织在一起的复杂情况。澳门教会资料集是亚洲现存的同类材料中最古老且最为完整的。其二，地点：文献遗产产生于对事件或现象具有重要影响的地点。这一系列档案由澳门教区和圣若瑟修院完整地保存下来。主教办公室是澳门教堂和司法裁判的管理中心，也是来自欧洲及远东的神父和传教士相互沟通交流的平台。因此，档案收集和地点本身有着非常紧密的关系，没有被篡改的可能。同时，文献遗产为传教士与中国官方、地方集团相互来往保存了重要信息，特别是在中国沿海城市的某些地方，多次禁教使澳门成为最方便的，并且是唯一的传教士进入和离开中国的大门。资料集的重要性还需要对中西方交流史等学术领域感兴趣的学者的进一步挖掘。其三，人物：反映那些在社会和文化背景下与人类行为或者社会、工业、艺术、政治发展等方面相关联的人物，尤其是具有重要影响力的群体及个人。这批档案包括了原始的通信，一些宗教领导人、传教士的文章以及他们与政府官员和各国知名人士相互交流的材料。目前，文献遗产所涉及的人物包括：格列高利十三世、利玛窦、庞迪我、熊三拔、李玛诺、汤若望、南怀仁、邓玉函、艾儒略、金尼阁等等。而这些从不同地区到达澳门教区的、涵盖了几个世纪的关于天主教传教士的个人资料都是非常有价值的。其四，主题：说明关于自然、社会或者人类科学、政治、历史、思想、体育和艺术等历史的发展。澳门教区的历史文献涉及东西方交流的重大主题，为东西方在商业、政治、文化和社会各个方面发挥的重要作用提供了有力的证据。

16 世纪晚期至 19 世纪，修道院的修士和朋友经澳门前往亚洲各地游览，有利于提高他们的学识，交流神学、语言、文化、哲学、数学、地理、天文学和东西方科学等方面的经验。他们中间的一些人在修院暂居或长住，从事学术研究、整编教材和字典以及翻译不同主题的书籍和刊物等工作，他们将文献从拉丁文或者葡文翻译成中文，或者从中文翻译成拉丁文或者葡文。通过他们的不懈努力，西方科学、技术、文化都被介绍到中国和其他亚洲国家。与此同时，中国语言和文化也进入西方国家的视野。

澳门作为远东天主教中心，被称为“天主圣明之城”，各地的天主教士将自己的资料寄到澳门保存。这一系列的资料中，最早的记录来自仁慈堂，该堂是由澳门的神父贾耐卢于 1567 年建立的第一个慈善组织。这些原始的受洗、结婚、葬礼的登记资料都由澳门教区保管，后来被收作澳门特区政府的公共资料，澳门历史档案馆则将其制作成微缩胶卷以供使用。19 世纪中期至晚期，大概有 300 幅玻璃载片由传教士制作并且被作为教学材料。世界上最早一批利用玻璃载片试验、复制、制作图片的科学家也就产生于 19 世纪 50 年代。这批用玻璃载片制作的教学辅助用品说明圣若瑟修院的传教士在艺术、科学及照相术方面已经走在世界的前列。

（4）其他评价标准。珍稀性、完整性、濒危性以及保存管理的计划都是联合国教科文组织评价文献遗产的标准。其一，珍稀性。文献记录和材料是真实可信并且无可替代的。一些珍稀图书的复制本或者再版流传到了欧洲，但是，它们不能够取代，甚至不能够与文献遗产相比拟，因为文献遗产拥有丰富的内容、广阔的资料涵盖面以及相关记录集文章所提供的背景资料，这些足以使文献遗产成为无价之宝。其二，完整性。这批资料的完整性是毋庸置疑的，因为所有的记录和材料都是被不断积累起来，即使在正常的业务活动当中也是被专门妥善保管的。其三，濒危性及如何保存。部分材料和出版物已经为蛀虫和其他微生物所破坏；部分书卷已经由一些白纸包裹保护起来。因此，由专家解决修缮和保存的问题，制定保存的策略、计划并且筹备资金都成为当务之急。目前，因为缺乏对不良气候的控制及保存档案的设备，潮湿、真菌、酸碱度和光度不适以及其他损害都对这批材料的保护造成了极大的威胁。其四，管理计划。文献遗产虽然是由专业人员进行保管维

护的，保存在图书馆的柜子里、架子上和盒子里以及储物间，但缺乏有效的环境控制。因此，只有澳门历史档案馆的微缩胶卷是被允许开放利用的。对于其他资料，需要利用时则必须提出申请，保存者根据申请者的目的和文献保存的物理条件决定是否批准。

三　对澳门学历史档案的进一步挖掘和探索

毫无疑问，澳门拥有丰富的历史资料主要归因于其丰富多样的历史。澳门学具有广泛丰富并且具有全球意义的主题，而文献资料是建立澳门学及进行澳门学研究的基础。这些材料涉及葡萄牙、西班牙、英国、法国、意大利、德国、印度、中国澳门、中国内地、日本等国家和地区，包括中文、葡文、英文、西班牙文和其他语言的资料，涵盖了宗教、竞技、政治、文化、社会、民俗、城市发展、历史等众多主题。但是，它们的量有多大，保存在哪里，是否散布在世界各地，它们记录了什么，它们真实的价值是什么，学术界不敢断言。如果我们不能清楚地解决上述问题，就不可能发展这门新学科——澳门学。因此，有必要探究这些材料存储地点，并对其进行搜集、分类、研究，进而揭示其价值及其对澳门学的重要意义。

澳门本土资源是反映历史的主要资源，是澳门学研究的重要资料，是后世见证今天的重要资源。很多学者已经开始致力于澳门历史文献资料的挖掘及其相关的工作。澳门本土历史资源包括当地的政治、经济、文化和与社会发展相关的内容，比如风俗、自然环境以及丰富多彩的澳门现象。

《澳门记略》是最具有代表性的澳门历史文献，主要讲述澳门的历史、社会、政治和风俗。该书由印光任和张汝霖写于1751年，是第一部系统介绍澳门的中文书籍。除此以外，我们也可以在广东及其辖下的中山、南海等地地方志中找到与澳门相关的材料。

澳门图书馆和历史档案馆也收藏了一定数量的澳门历史文献，澳门中央图书馆有600多种，其中大多数用葡文，一些用英文，其他的用中文写成。这些文献反映了澳门社会发展状况。比如，《澳门记略》被翻译成葡文（见图4），《澳门街道》出版于1906年（见图5），主要考述了澳门街道变迁。此外，该馆还有其他一些与澳门历史人物和事件相关的资料（见图6）。

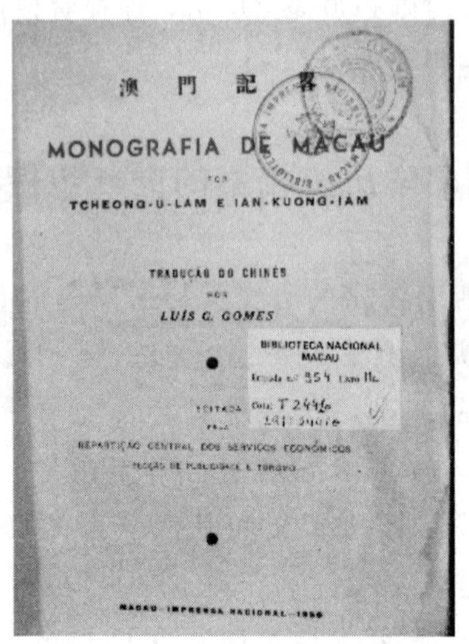
澳 門 記 略

MONOGRAFIA DE MACAU

POR

TCHEONG-U-LAM E IAN-KUONG-IAM

TRADUÇÃO DO CHINÊS

POR

LUÍS G. GOMES

EDITADA

PELA

REPARTIÇÃO CENTRAL DOS SERVIÇOS ECONÓMICOS

SECÇÃO DE PUBLICIDADE E TURISMO

MACAU—IMPRENSA NACIONAL—1950

图4　葡文版本《澳门记略》

注：现存于澳门中央图书馆。

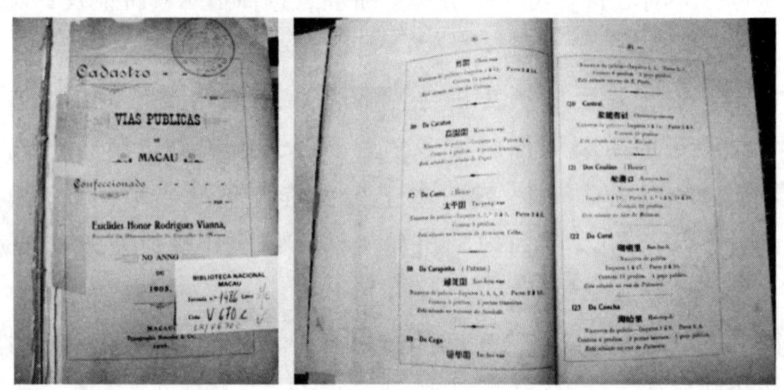
Cadastro

VIAS PUBLICAS

DE

MACAU

Confeccionado

Euclides Honor Rodrigues Vianna,

NO ANNO

DE

1905.

MACAU

图5　1906年出版的《澳门街道》

注：现存于澳门中央图书馆。

除了中央图书馆，还有一定数量的澳门本土历史文献保存于其他图书馆，如澳门图书馆、天主教图书馆以及其他公共图书馆。

根据澳门1989年10月31日第73号法令第89条，澳门公共档案来自

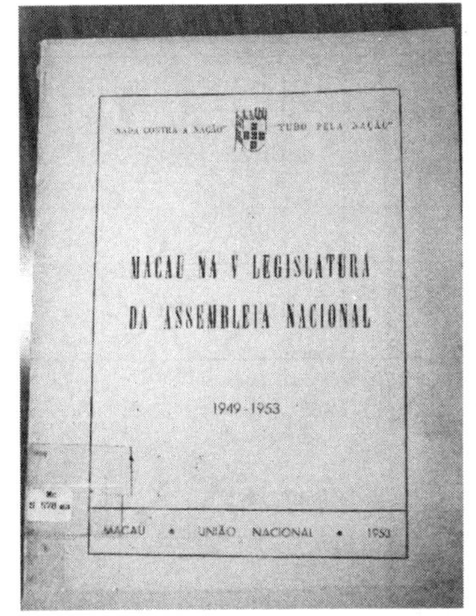

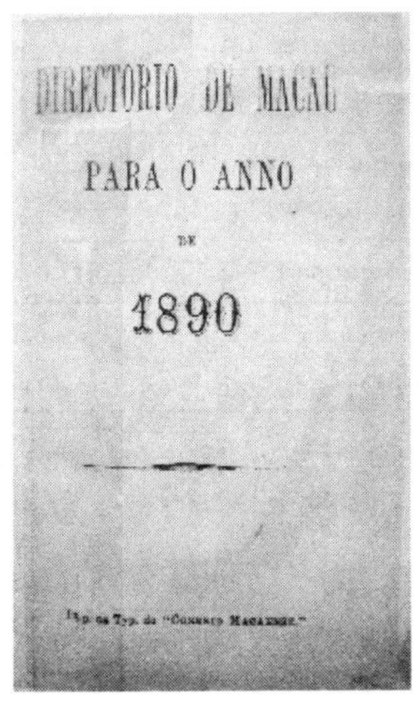

图 6 《1949～1953 年第五届国民会议中的澳门》和《澳门总鉴 1890》

注：现存于澳门中央图书馆。

澳门特区政府部门、公共行政管理机构，包括市政当局的自治机构、公共机构和集体管理机构。明清时期，澳门是一个最为重要并且唯一与西方紧密相连的窗口，因此，几个世纪以来与西方频繁的来往使澳门产生了大量丰富的官方档案。

档案与历史研究之间有非常紧密的联系，档案搜集和整理决定了历史研究的发展。已搜集到的澳门档案，最早的来自 1630 年的议事亭。市政厅拥有大量的档案，包括那些反映社会事务的档案。同时，其他的 16 世纪的档案主要来自天主教机构，有些是从世界其他地区搜集而来的，这说明澳门很早就已经参与世界其他区域的事务。澳门本土及其他地区所藏澳门历史文献分别见表 1、表 2。

表 1 向公众开放的澳门档案

全宗名称	形成年份	卷数
Leal Senado 市政厅(LS)	1630～1975	1462
Administração Civil 民局厅(AC)	1734～1982	29418
Direcção dos Serviços de Finanças 财政厅(DSF)	1843～1954	921
Educação 教育厅(EDU)	1871～1983	4157
Imprensa Oficial 印务局(IO)	1914～1994	1281

续表

全宗名称	形成年份	卷数
Direcção dos Serviços de Solos, Obras Públicas e Transportes 土地工务运输局(DSSOPT)	1914～1984	198
Direcção dos Serviços de Economia　经济厅(DSE)	1969～1971	1043
Associação Promotora da Lei Básica de Macau　澳门基本法协进会(APLBM)	1984～2000	396

资料来源：澳门历史档案馆。

表 2　澳门历史文献微缩胶卷档案

馆藏地	形成年份	数量(卷)
中国		
中国第二历史档案馆	1905～1949	30
香港公共档案馆	1972	1
葡萄牙		
海外历史档案馆	1587～1911	223
阿儒达图书馆	1575～1870	123
东波塔国家档案馆	1693～1886	18
里斯本科学院图书馆	1544～1756	9
里斯本国家图书馆	1557～1892	6
莱里亚国家图书馆及档案馆	1915～1949	4
庞利马仁慈堂档案馆	1640	1
梵蒂冈		
梵蒂冈秘密档案馆	1804	2
意大利		
耶稣会罗马档案馆	1585	1
西班牙		
马德里国家历史档案馆	1544～1752	6
法国		
巴黎国家图书馆	16～18 世纪	27
荷兰		
荷兰国家档案馆	1729～1816	17
美国		
犹他家谱学会	1569～1982	439
巴西		
里约热内卢国家图书馆	1596～1756	4
印度		
果阿历史档案馆	1664、1786～1840	2

续表

馆藏地	形成年份	数量(卷)
	泰国	
国家档案馆	1854~1942	4
	汶莱	
汶莱博物馆	1705	1

资料来源：澳门历史档案馆。

上述材料中，仍有大量反映澳门历史发展的史料值得挖掘。因此，除澳门特区政府档案以外，我们也可以研究葡文出版物、旧报纸、地图、佛教出版物等。所有这些都是研究澳门学的重要资源。比如佛教文献，通过对澳门寺庙的考察，笔者发现功德林寺有丰富的文献收藏。这座寺庙建于1931年，由南华寺的僧侣观本法师（张寿波）建设，后由南洋兄弟烟草公司捐献并且管理。寺庙有两个图书馆，收藏超过5000本历史书籍，其中大多数都是佛教经典书籍。这些典籍出版于19世纪至20世纪。有趣的是，我们发现了“贝叶经”（见图7)，这是一种将内容记录在棕榈叶上的特殊记载形式，对于研究寺庙是如何及何时搜集与澳门历史相关的背景资料，无疑是非常有价值的。

图7　贝叶经

注：现存于功德林寺。

四　澳门文献研究

对于澳门学，学者们有一个共识，即如果不能对澳门历史档案进行很好的分类，就很难进行深入的研究。因此，建立“澳门学文献研究”是非常有价值的，并且这是澳门学最基础的课题。这一课题是澳门社会发展和学术研究的起点，利用文献科学的理论和资讯科学作为学术基础，并将其与澳门历史、文化、竞技和澳门学的研究成果相结合，通过逻辑分析、实证和比较分析，可以较好地研究这一课题。这一课题需要通过新的调查、研究和特殊采访等手段获得最新的资料，以让研究更为精确。

从技术层面来说，可从不同角度来分析澳门特殊的文献资源。这些与过去几百年澳门发展模式相关的档案资源中的重要内容，反映了澳门社会发展特点，这是文献资源对澳门特殊历史的重要意义。

从实际操作层面来说，澳门文献研究应该估量澳门在社会发展进程中的独一无二的价值，讨论澳门在中西文化交流中所扮演的历史性角色，以及澳门在与其他国家或者地区关系上发挥的作用。这些问题可通过从特殊角度对典型的文献资源的细节分析来逐步揭示。进一步说，澳门文献研究将仍然与图书馆管理的主要问题相关，可为提高澳门文献整理水平提供建议，为完善网路资源和资讯管理提供实践经验。

澳门文献研究可以从调查、展示、保存、管理和利用等方面展开：①研究不同历史阶段这些出版物的产生与传播过程，探索这些文献与社会背景的变化模式；②评估有价值的资源和珍稀书籍；③整理和出版书目；④将这些用欧洲语言写成的古籍和出版物翻译成英文或者中文；⑤学习文献和社会发展的规律性理论；⑥研究文献遗产的形式及材料；⑦研究澳门文献遗产进入世界记忆工程的可行性；⑧通过建立网路合作获得更多相关文献资源；⑨探索文化产业；⑩进一步探索文献遗产整理；⑪保存、分类、描述、建立索引、保护并且通过复制来提供更为周详的修复工作；⑫数位化历史资源，建设完善的资料库，提供一站式入口以便资料得到更加广泛的分享和利用；⑬建立澳门记忆工程。

通过建立一个巨大的资料库，建设一个城市的记忆，这就要求对这些珍稀资源进行更长时间的存储，使其在系统的、科学的发展过程中为更多人所利用。

总之，澳门文献学的研究目的，就是以澳门历史文献中那些与中国及其他国家密切相关的资料作为研究材料，发现和揭示文献资源在特殊历史背景下在东西方文化交流中的作用，使澳门文献资源更加系统化、科学化、多功能化，为推动社会发展提供重要资料。

（原载吴志良、郝雨凡主编《澳门研究》总第67期，澳门：澳门基金会，2012年12月）

澳门特区用地分类体系研究思路及主要内容

赵 民　程 遥　朱若霖　张 捷　刘敏诗*

用地分类标准是进行城市规划、土地管理等工作的基础性技术规范，其规范性与合理性关乎城市规划的顺利编制、管理工作的有效进行。由于历史原因，澳门没有制定过统一完整的用地分类标准。在实务中，针对不同的规划建设项目，澳门规划制定与规划管理采用的用地分类也不尽相同。从现实和未来发展看，这种局面必须改变。

本文基于澳门土地用途分类研究的相关成果，首先介绍澳门用地分类研究的背景和面临的挑战，然后介绍澳门用地分类研究的主要思路，最后归纳研究的主要内容和创新点。

一　澳门用地分类体系研究的背景与挑战

（一）研究的背景

澳门多年来已经形成了自己的一套城市规划和开发管理模式，但无论是整体的规划体系还是专项的用地分类等体系，一直都很不完善。在1999年回归之前，澳门的城市变化缓慢，建设规模较小，多限于小幅用地的拓展或

* 赵民，同济大学建筑与城市规划学院教授；程遥，博士，同济大学建筑与城市规划学院城市规划系助理教授；朱若霖，博士，上海市浦东新区规划和土地管理局教授级高级城市规划师；张捷，博士，上海同济城市规划设计研究院教师、规划设计中心副主任；刘敏诗，城市规划师。

更新；因此，规划体系的缺失和用地分类的不规范似乎并不构成严重问题。但事实上问题一直存在，且矛盾在不断积累。自回归以来，随着博彩业的开放、旅游业的发展，澳门的经济实现了前所未有的持续快速增长，澳门的城市建设也迎来了新的机遇。

例如 2005～2007 年，澳门建成楼宇的总建筑面积是 2000～2004 年的 2.7 倍，新动工楼宇的总建筑面积是 2000～2004 年的 7.1 倍。虽然受到全球经济宏观环境的影响，2008 年以来澳门新动工建筑面积明显减少，但建成面积仍远高于 2005 年之前（见图 1）。

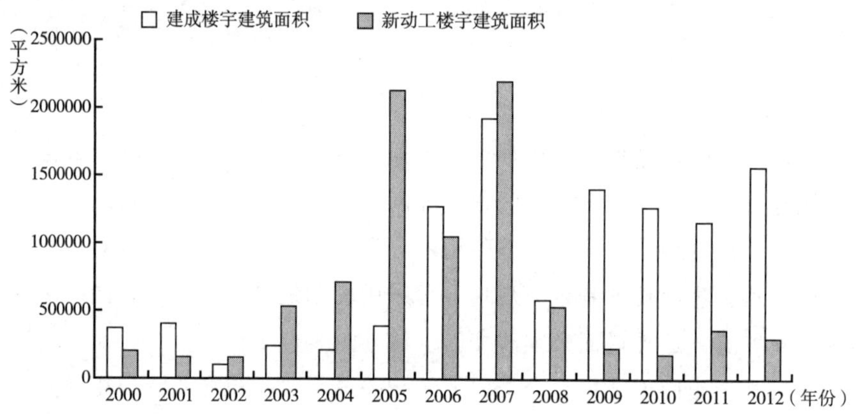

图 1　2000～2007 年澳门建成及新动工楼宇建筑面积变化

资料来源：根据《澳门统计年鉴》整理。

城市的快速发展给城市规划提出了新的要求，尤其是特区政府在 2006 年提出设立“澳氹新城区”计划以来，澳门城市规划编制和管理需要处理区域或次区域整体开发的诸多问题，这在之前的工作中是很少见的。同时，澳门是一个土地资源极端稀缺的城市，可拓展的空间十分有限，[①] 这要求用地的规划管理必须十分综合和精细。总之，在经济、社会和政治发展的新情势下，城市规划的法制化、规范化势在必行。

① 澳门城市规划内部研究小组：《对构建现代化与科学化的城市规划体系的探索（咨询文本）》，澳门特别行政区政府土地工务运输局，2008，第 21 页；谭光民：《澳门的土地资源与经济发展》，《热带地理》1999 年第 4 期。

（二）面临的主要挑战

预判到今后的需求，澳门特区土地工务运输局于2010年委托澳门城市规划学会和同济大学研究团队合作开展澳门土地用途分类研究。澳门长期以来独特的社会经济条件、土地利用和城市发展特征、规划与土地管理体制等，决定了研究面临诸多挑战。

（1）土地分类体系建构须与城市规划体系梳理、法制建设并驱

用地分类体系是城市规划体系的组成部分之一，其体系结构、分类形式、应用规则等都要衔接特区的行政体制及整体的城市规划体系。如之前所述，在研究进行期间，澳门的《城市规划法》（第12/2013号法律）仍在酝酿之中，未来的规划体系尚不明确；即便是在《城市规划法》已经正式出台的当下，澳门的城市规划体系在诸多方面仍有待完善。[①] 因此，用地分类体系的设计必须与规划体系梳理、法制建设并驱，甚至有所超前。这是研究所面临的现实挑战之一。

由此，在研究过程中，课题组不能单就用地分类论用地分类，更重要的是要力求对其所对应的规划体系、运作模式、开发控制等有全面认知和把握。

（2）土地分类体系应顺应较高自由裁量权下的规划管理模式

在澳门的现实城市规划管理运作中，行政部门享有高度的自由裁量权。[②] 这是澳门规划行政体制的重要特征之一，有其积极作用，顺应了特定时期澳门的快速发展需求。另外，用地分类体系作为一种基础性的技术规范，是规划部门及相关各方的基本“游戏规则”，需要有高度的确定性。对于这一基础性的规范，若无统一而清晰的概念界定，应用中的自由解释余地过大，将有可能造成整个土地规划管理的混乱。

随着澳门特区城市规划体系的建构和完善，澳门的规划管理必将不断规范化。但可以预见，在相当长的一段时间内，拥有较大的自由裁量许可权仍

---

① 澳门城市规划内部研究小组：《对构建现代化与科学化的城市规划体系的探索（咨询文本）》，澳门特别行政区政府土地工务运输局，2008，第42～44页。

② 澳门城市规划内部研究小组：《对构建现代化与科学化的城市规划体系的探索（咨询文本）》，澳门特别行政区政府土地工务运输局，2008，第44页；童乔慧、盛建荣：《澳门城市规划发展历程研究》，《武汉大学学报》（工学版）2005年第6期。

将是澳门城市规划工作的重要特征。鉴于此，澳门不宜采用内地传统的城市用地分类思路，而应基于整体的法制环境，适应不断充实完善的规划法规和运作体系，以及匹配规划行政中的较高自由裁量权模式，进而建构符合澳门特色的用地分类体系。

（3）土地分类体系应衔接旧区管理与新区开发并行的格局

如前文所述，在回归之前，澳门城市规划一直是以对旧区建成环境的管理为主，这也是在没有完整的规划体系条件下，澳门城市发展仍能相对平顺的原因。但近年来快速的经济发展导致了澳门城市发展路径的嬗变。一方面，高建成比例的旧区仍延续原来的以日常规划管理为主、开发控制为辅的模式；另一方面，大范围新市区及填海区开发计划也纷纷提上日程。与旧区相比，新区内早期的城市规划行政行为必将是以规划编制以及开发引导、控制为主要工作。

旧区的日常规划管理与新区的规划建设工作并行，是澳门现阶段城市规划所要面对的基本态势。相应的，用地分类体系必须同时满足两者的要求。很大程度上，适应前者的用地分类将主要侧重地籍登记、建筑及土地用途管理、建成区环境改善等相对微观的领域。而适应后者则意味着既要建构体现政策导向的概括性分类体系，以把握新区的整体空间结构和功能布局；同时还要提供全面、详细的用地规划和管理工具，以指导具体的开发建设活动。因此，如何在一个用地分类体系中，同时适应两种差异较大的城市发展与规划管理需求，将是澳门用地分类研究必须破解的又一难题。

（4）土地分类体系应适应高密度、高相容的土地利用现状

高密度、高相容开发是澳门土地利用的特点之一。[①] 为此，澳门用地分类体系首先应重点解决的就是如何适应高密度的土地利用现状，其中包括如何界定和管理相容性用地问题。考虑这一实际，澳门现行分类中的建筑用途管理仍有沿用的必要性；由此，如何处理建筑用途与土地用途的关系，如何提供对土地、建筑相容开发的管理或约束工具，同样也是本项研究所要探究的难点问题之一。

（5）研究工作既是技术理性过程，也是社会互动过程

澳门经济的腾飞不仅带来城市物质空间的改变，同样也促成了社会领域

① 黄世兴：《澳门地籍管理与土地利用》，华南师范大学硕士学位论文，2003。

的变化。博彩业的开放及经济的快速发展，改变了澳门的人口结构（见图2）和职业构成，催生了某些新的社会群体，并使之迅速规模化。这对澳门原有的社会结构产生了巨大的冲击。更开放的社会、更多元的利益格局同时也意味着更多样化的价值观与新的社会治理诉求。

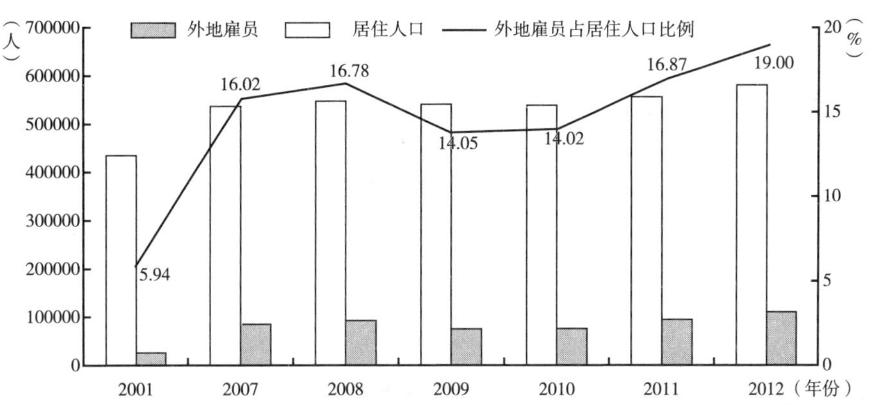

图2　澳门历年居住人口与外地雇员人口变化

资料来源：根据《澳门统计年鉴》整理。

据相关研究文献，虽然澳门尚缺乏制度化的公众参与机制，但随着城市经济发展，社会利益群体的发展及其要求的多元化，公众的参与意识逐渐提升，公众参与在城市规划体系中的重要性日益突显。①

另外，由于长期以来缺乏适当的机制推进公众规划教育与宣传，公众对城市规划尤其是具有一定专业性特征的用地分类标准相对陌生。② 澳门城市规划体系以及包括用地分类在内的技术标准的最终形成和产生效力，必须以一系列相关法律法规的制定为基础，而完成这一过程则有赖于广泛的公众参与及共识。

因此，研究的最终成果是否具有实际价值，是否能够顺利地融入澳门整

① 郑泽爽：《区域规划公众参与的实践与探索——从粤港澳三地的公众参与案例谈起》，《转型与重构——2011中国城市规划年会论文集》，中国城市规划年会，2011；陈金华、黄家仪：《基于公众感知与参与视角的澳门文化遗产保护研究》，《乐山师范学院学报》2010年第4期；澳门可持续发展策略研究中心：《澳门居民综合生活素质调查（2009）》，2009。

② 冷铁勋：《澳门公共政策咨询中公众参与的困境及对策分析》，《“一国两制”研究》2011年第7期。

个规划体系，不但是一个技术理性过程，更是一个包含公众宣传、意见征求、部门协调、方案修改等一系列循序渐进措施的社会互动过程。①

二　研究的基本思路

在对研究背景有了较充分的认知、对成果需求及需要应对的难点问题有了较深入的辨识以后，课题组提出了以下方案设计思路。

①以符合澳门实际条件为考虑准则，以借鉴和创新为方案设计的基本路径。世界上有很多种规划体系和用地分类体系，有很多成熟经验可资借鉴。研究需要借鉴外部的经验，包括中国内地及香港等地区的经验，但绝不能照搬，因为澳门的城市规划问题既不同于中国内地，也有别于其他国家和地区。

②从用地分类体系的结构设计切入，以满足澳门特区宏观战略引导和中微观开发控制的不同规划需求，着重区分不同层级用地分类的性质、形式和控制内容，并处理好不同层级用地分类之间的关系。

③充分考虑土地相容管理的需要。在用地分类设计、体系结构建构和相配套的技术指引等多个方面预设用地分类的相容管理接口，以适应澳门高兼容的土地利用特点。

④适应高建成比例的城市规划管理。在澳门半岛，城区建设已经高度成熟，相应的用地分类必须适应这一特征。一方面，在这一背景下，澳门传统的建筑用途管理有其合理性和优越性，拟予以适当保留；另一方面，用地分类形式须多元化，以匹配内涵不断丰富、功能渐进优化、设施持续更新的发展趋势。

⑤适应旧区与新区的规划差异。考虑到新区面临较多的不确定性，规划应留有较多的弹性和选择机会。② 新旧区的规划差异应主要体现在偏于弹性和结构性的新区引导与较为刚性和微观的建成区控制。要想在一个分类体系中协调好两者关系，用地分类体系的结构创新是唯一出路。

⑥适应规划管理中的自由裁量传统及未来趋势。一方面，必须考虑到澳

① 该项内容在本文中没有展开。本项研究在推进过程中实际经历了若干次澳门特区政府相关部门的内部会议和面向公众的工作坊的讨论，研究成果基于互动讨论的意见而被多次修改。

② 澳门城市规划内部研究小组：《对构建现代化与科学化的城市规划体系的探索（咨询文本）》，澳门特别行政区政府土地工务运输局，2008。

门规划管理的特点，在分类中保留部分裁量（灵活性）元素；另一方面，要考虑到未来这些元素逐渐被取代和废止的可能性，以及某些裁量元素的失效是否会对用地分类体系的整体结构产生大的影响。此外，还要处理好灵活的行政指令分类与相对固定的一般分类间的关系。

三 澳门用地分类体系方案的主要内容

整个研究分为两个部分，第一部分主要是对澳门城市规划和用地分类的背景性研究、国内外经验借鉴和初步的分类体系方案构想；第二部分是在第一部分的基础之上，综合各方意见提出优化之后的分类体系方案（见图3）。之后，课题组还选取了澳门特区内具有代表性的三个地块进行应用验证。下文将分述课题组所提交的澳门用地分类体系方案内容，并介绍其中的创新点。

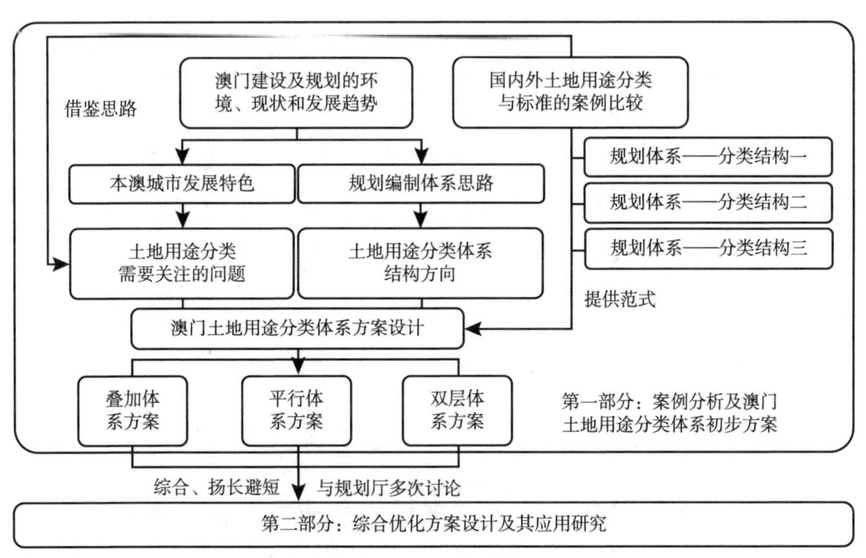

图3 澳门特区土地用途分类研究内容框架

资料来源：作者自绘。

（一）用地分类体系的架构

与当时拟议中的澳门《城市规划法》中的“总体规划”“详细规划”

双层次法定规划相适应，课题组所提出的澳门用地分类的体系为“总体规划分类”和“详细规划分类” + “特别区分类”的“2+1”结构。其中，前两项分别对应两个层面的法定规划，并重点解决各层面规划所面对的不同问题；而“特别区分类”则是在分类体系上的创新设置之一，可以相对灵活地叠加在总体规划或详细规划分类之上，即“特别区规划”可作为总体规划/详细规划的构成部分，与其共同编制，并具有同等约束效力（见图4）。

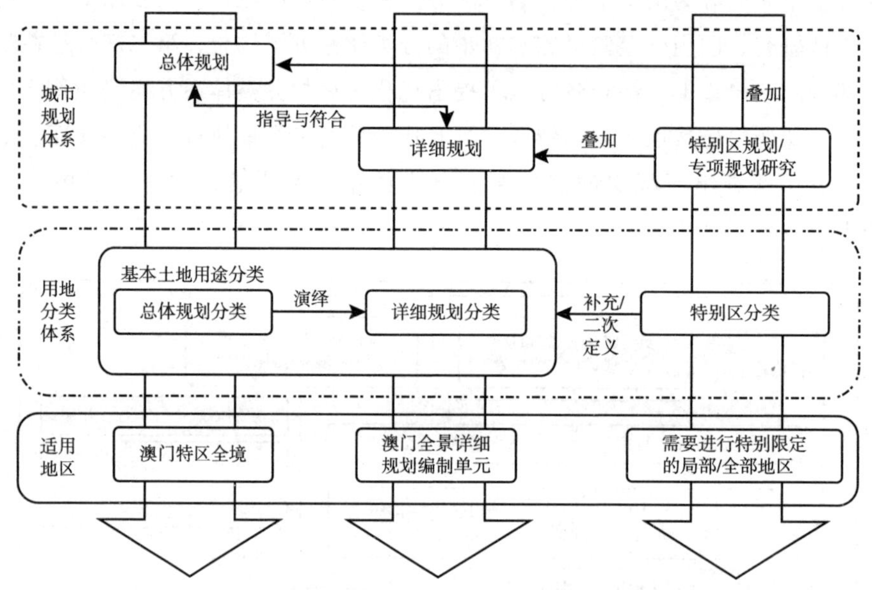

图4　澳门城市规划体系与用地分类体系的关系

资料来源：作者自绘。

（二）“总体规划分类”与“详细规划分类”的关系

虽然在所提出的用地分类体系中，总体规划和详细规划分别在形式上采取了类似内地国标的大类和中（小）类的“功能性分类”，但与内地国标的分类存在本质区别。

如果采用内地那种树形分类体系，则下一层次分类的逻辑必须与上一层次分类相一致。举例来说，在大类“居住用地”之下的中类、小类都必须是“居住用地”的进一步细分，即构成“母—子项”的闭合逻辑

关系。

在严格的法制条件下，“总体规划约束并优于详细规划”，“详细规划的规定的有效条件，为该规划的规定须与总体规划的规定相容”。[①] 基于这一考虑，为了最大限度减少总体规划与详细规划的重复和矛盾，课题组深入研究后提出，在澳门的用地分类体系中建立非闭合的总规分类与详规分类关系。即：①总体规划分类仅作为“策略性功能区”，而非单纯功能区，其所谓的住宅、商业、工业等地类名称仅代表主导功能的发展方向，是一个政策引导概念。②不同于总体规划，详细规划分类中对土地功能的划分应该具有明确的法定羁束性，包括规定性功能和相容性功能。

这一分类体系的结构创新对于澳门城市规划和土地管理尤为重要。一方面，澳门本岛土地使用混合度很高，在总规层面的空间尺度上，实际很难严格划分单纯的功能区；另一方面，澳门特区的城市规划法制环境及公众参与程度均要求法定规划中的用地分类标示很严谨。在用地分类体系的设计上，如果在应用于总规的“主分类”和应用于详规的“次分类”之间建立起严格的“承接”关系，则难免会导致详细规划陷入困境——或是僵化低效，或是频频突破总体规划，并极有可能会造成公众对规划的误解。

（三）关于特别区分类

为了适应澳门特区复杂的城市用地管理，课题组提出了引入“特别区分类”的设想，以作为叠加层对需要进一步定义的用地进行补充说明，或加以二次定义。

相较于其他两类分类，特别区分类是相对灵活和开放的分类。一方面，在规划编制中，不同于作为“必选项”的总体规划分类/详细规划分类，特别区分类为“可选项”，特区政府相关部门可根据需要选择性地使用，或是不使用；另一方面，在分类类型及内容上，特区政府相关部门可针对特定地段需求、特定空间政策，对特别区分类进行必要增减、修改或全新创设。此外，在表达方式上，特别区同样具有灵活性，既可以采用独立的规划图，也可以叠加图层的形式标识于总体规划/详细规划构成的底图之上。澳门的城

① 《城市规划法》（第12/2013号法律）第5条第2款、第39条第1款。

市职能和空间结构很特别，采用特别区分类以增加规划编制和管理的有效“工具”，可起到以下四个方面的作用。

一是有利于清晰界定立体式开发。由于土地资源的稀缺，澳门的立体开发较为普遍。采用特别区分类将便于二次/多次定义地块内的地上、地下空间功能和设施布置，提供立体开发的土地用途表达方式（见图5）。

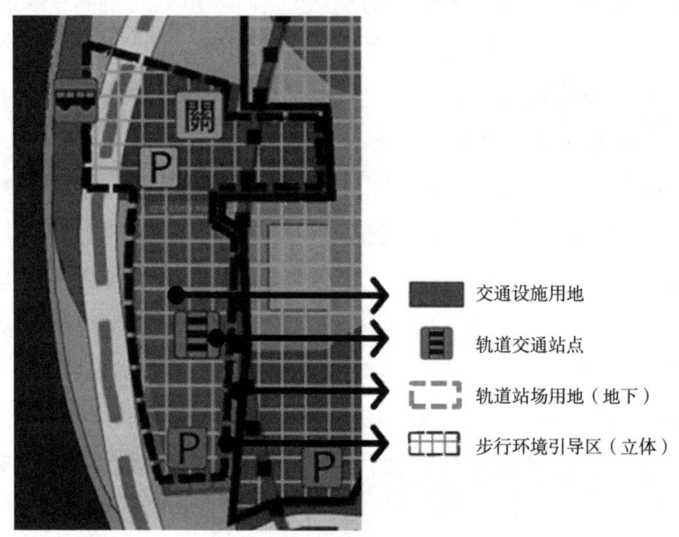

图5　特别区在界定立体开发空间的示意

资料来源：作者自绘。

二是有利于对世界遗产区和历史风貌的保护。2005年，第29届联合国教科文组织世界遗产委员会会议通过将“澳门历史城区”纳入《世界文化遗产名录》的决议。根据澳门《文化遗产保护法》（第11/2013号法律）关于澳门历史城区及其缓冲区的划定，其面积约占澳门半岛总面积的18%。[①] 因此，历史城区的风貌保护及其相应规定（如限高、视线通廊等）对澳门半岛城市建设的影响很大，是澳门城市规划需要重点应对的问题。

历史风貌的保护对于澳门整体城市发展至关重要，但目前除了《文化遗产保护法》、第83/2008号行政长官批示（订定东望洋灯塔周边区域

① 该数值为笔者根据地图估算，仅做参考。

兴建的楼宇所容许的最高高度）和第 90/89/M 号训令等法规和内部规范性文件以外，澳门特区尚没有出台完整的历史保护规划。因此，特别区分类的出现可以方便特区规划部门适时在总体规划和详细规划等法定规划中或法定规划基础上，引入历史保护规划的内容。相比于单独制定历史保护的专项规划，它不仅能够更为快捷地弥补澳门保护规划的缺失，也可凭借法定规划的羁束性，赋予保护规划内容以法律效力。

三是便于旧区管理，利于鼓励、引导城市建成区域的再开发。例如可设定“重整促进区”分类，实际上这是一种特别区划所涉及分类的总称。顾名思义，该区划针对的是城市建成区的再开发。在分类内容上，由于再开发之后的土地使用性质与其他建成区并无大的差异，因此只需要在详细规划分类的基础上适当添加几项特别分类即可（例如开发改造时序、建筑保留/改造/拆除等）。

创设“重整促进区”的意义在于：一方面，在重整区划编制或批准之前，重整促进区可以只用来标识一个范围，在此范围内的某些建设或再开发活动以及一些功能变更将受到限制；另一方面，重整促进区可以相对便捷地更新详细规划，通过制度设计鼓励和加快旧区改造的进程。例如可根据需要随时针对局部零星地块编制重整促进区划，而一旦经批准，原对应区域的详细规划便自动失效。

四是方便行政指令内容的引入。正如前文所述，行政指令将在未来相当长的一段时间内，继续保持为澳门城市规划的重要组成部分。考虑到这些行政指令、规定等在空间上的片段化（往往针对局部地区）以及时间上的不连贯性（生效和失效的时间不一致），特别区分类的设置有利于在规划中及时和灵活引入（或撤销）各种相关指令内容。

此外，特别区分类还可针对用地相容（这一点在下文将具体论述）、自然保护、公共环境引导、开发强度、旅游区（针对澳门产业特色和旅游开发区本身用地高度复合的特点设置）、公共房屋等内容而设置。

（四）关于用地相容管理

课题组深刻认识到用地兼容管理是澳门土地用途分类研究中不可或缺、不容回避的关键问题之一，因此在研究中提出了以下四种思路，可组合应用、建构兼容管理的基本框架。

①“混合功能用地”分类：在研究中，课题组建议借鉴新加坡总体规划分类中的“白地”分类，[①] 在澳门总体规划和详细规划分类中设置“混合功能用地”。简单地说，该地类相当于将一些基本功能用地加以“打包”或“集合”。相应的，其对应地块内的用途力求灵活，容许在纵向楼宇或横向空间中同时施行多种不具排斥性的土地用途开发，包括居住用地、商业及办公用地、公共设施用地和准工业用地开发等，以使规划管理符合及顺应澳门土地利用的实际情况。

当然，为了避免混合用地中具体建筑功能的冲突，各项功能的布局及比例必须在规划中有附加说明（主要针对详细规划），必要时，可另行编制下位规划，以做进一步限定。

②功能创设：研究建议在详细规划分类中设置具有主导发展功能，同时又带有混合功能成分的用地（如“旅游服务业—混合功能用地”“文创产业—混合功能用地”等）。此外，也可按需将其他不同详细分类相结合，创设新的复合功能分类（如“Ⅱ类居住—商业及办公用地”）。

③特别区分类叠加：在总体规划中，也可以考虑通过叠加如“混合开发区”等特别分类，起到引导混合开发的作用。需要指出的是，为了避免逻辑矛盾（如“居住用地”上叠加“混合开发区”），更有必要预设总体规划分类的“策略性功能”属性。

④审批管理中的用地兼容：在规划编制和审批过程中，也可引入一定的兼容管理机制。此处，鉴于澳门现行分类中的建筑用途管理有其优势，研究建议，可以将建筑用途元素作为定义用地分类的辅助和补充工具，运用于兼容管理。具体来说，在规划审批、土地管理、开发专案管理中，可以有一个关于各项（详细规划）地类所能够或不能够发展的建筑用途的列表作为内部指引，以辅助判断各种建筑用途是否与其所在用地的功能相兼容，并以此为核准规划许可或建设专案许可的工作标准。其意义在于以内部控制的方式约束用地相容控制的自由裁量权。另外，还可通过公众参与等方式，以外部控制来约束用地兼容控制的自由裁量权。

---

① 王潇文：《“白地”、“棕地”及其它：土地使用兼容性制度研究》，《建筑与环境》2009 年第 5 期；澳门特别行政区政府统计暨普查局：《澳门统计年鉴（2000～2012）》，2001～2013。

四　结语

课题组所完成的澳门土地用途分类研究是一项技术咨询研究成果，所提出的用地分类体系等技术方案主要是供特区政府有关部门参考。随着研究的不断推进、互动交流的逐步深化，相关各方取得了很多共识。研究期间，正值澳门特区启动土地和遗产保护、城市规划等领域的立法工作。

澳门特别行政区《城市规划法》已于2013年8月获立法会通过，由行政长官签署和命令公布，并于2014年3月1日正式生效。《城市规划法》中关于用地分类的规定包括："在城市规划中，土地分类主要划分为都市性地区和不可都市化地区"；"在城市规划中，土地用途是指根据土地的主要使用目的，并借不同的土地使用类别或次类别而制定"，"订定不同土地使用类别的主要使用目的时，尤须考虑土地使用的相容性和适当性，以及注意土地使用的性质在特定地区的优先性"；"土地用途的订定，尤其透过以下土地使用类别而作出：①居住区；②商业区；③工业区；④旅游娱乐区；⑤公用设施区；⑥生态保护区；⑦绿地或公共开放空间区；⑧公共基础设施区"，"经考虑上条的规定，将土地使用类别细分为符合城市发展策略的次类别，并由补充性行政法规订定"，"订定土地使用的次级类别，在于透过将某类别的土地用途细分为两个或以上次种类，以详细订定土地的使用，且该订定尤须考虑所进行的经济活动的性质、城市发展的特定社会经济需求、土地的特定使用、规划参数及固有特性"。[①] 从学理上解读这些条文，可以认为澳门透过城市规划立法确立了相对开放的两层级用地分类体系：适用于总体规划的概括性土地使用类别在条文中直接做了列举，而适用于详细规划（详细订定土地的使用）的次类别则规定由补充性行政法规订定。该法律还规定了次类别订定要考虑的诸多因素，似不排除引入二次或多次定义。

正如研究初期的预计，用地分类研究绝不是单纯的地类研究及体系设计，而是思考如何妥善处理好用地分类与整个规划体系，以及与用地分类相关联的一整套管理规范、技术指引、运行机制的研究。只有充分理解各层次

① 《城市规划法》（第12/2013号法律）第29条第1款、第31条第1、3款及第32条第1、2、3款。

分类所需要解决的重点问题，并使之与各层面规划相匹配，才能建构起适应规划体系、面向规划实践的用地分类体系。因此，在澳门的土地分类研究中，课题组采用了“规划需求判断→城市规划体系判读→用地分类体系建构→用地分类形式选择→相关定义、标准、规则制定”的工作思路，并使之贯彻始终。

与之相对应，课题组始终认为，澳门的高相容、高密度、新旧并存的土地利用现状以及相对松散、尚未完善且具有较高自由裁量权的规划管理模式决定了澳门用地分类既不能像欧美发达国家那么复杂，也不能沿袭内地的“树形”分类体系。通过借鉴多个国家和地区的经验，并经多方案比较，本研究建议澳门用地分类采用较为灵活的非闭合两层级体系，并审慎地处理好总体规划分类和详细规划分类的“演绎”关系，尤其要深刻理解总体规划作为“策略性功能区”的内涵。

虽然“特别区分类”的引入看似平添了用地分类体系的操作复杂性，但这是应对和解决澳门规划管理难题的必要途径：一方面，“特别区分类”能够在澳门的法定总规、详规双层框架下使土地用途分类具有应有的灵活性，以顺应澳门规划管理工作的特殊性；另一方面，“特别区分类”的引入可极大地拓展规划中对于土地属性的定义内容，从而为兼容控制、新旧区并行管理、立体开发等涉及复杂用地属性的规划行为提供有效的技术工具。

此外，研究对于兼容管理也提出了若干思路。当然，在实际操作中，兼容管理是一个复合的机制，即多重管理手段的综合运用。以“混合功能用地”分类为例，它在保证了地类的灵活性和复合性的同时，仍需要在规划的编制和管理中分别建立完善的配套规则，以规范处理该地类的具体构成、管控手段等内容。这不但要求制度和规则的健全，更有赖于工作人员的高素质和丰富经验，因而还需要在未来的实践中逐步探索和完善。

最后需要说明的是，本研究不仅分析了国内及香港地区的城市用地分类标准，还汲取了英国、日本、新加坡等国家的相关经验，例如如何处理不同层面的用地分类关系、如何设置特别区分类、如何处理用地相容管理问题等，从国际经验中均可获得诸多启示。

（原载吴良镛主编《城市规划》第38卷，增刊1，北京：中国城市规划学会，2014年。）

附录1　澳门总体规划分类汇总（课题组方案）

总体规划分类	说明
居住区	以发展住宅社区为主
商业区	以各类商业销售、服务业和办公为主的用地
公共设施区	作为公共行政或服务机关办公、文化、宗教、教育、社会福利、康体、医疗、市政等公共设施的用地
工业区	从事制造、生产和加工产品，以及配套研发、设计、检测、培训等的用地
公共开放空间	主要为广场、公园、绿地等公共开放和休憩空间
生态保育区	保持城市生态环境平衡及安全，保护和缓冲生态空间的用地
基础设施区	各类城市基础设施、设备及附属设施的用地
道路及交通设施区	主要作为道路建设、交通设施及其附属设施用地
特殊功能区	特殊性质的用地，如军事设施、边防设施、海堤等用地
混合功能区	以多功能混合开发为导向的用地
待定功能区	未来发展功能尚不明确的策略性预留土地

附录2　澳门详细规划用地分类汇总（课题组方案）

详细规划分类	说明
Ⅰ类居住用地	设施齐全、环境良好、混合度低，以低层住宅为主的用地
Ⅱ类居住用地	设施较齐全、环境良好，以多、中、高层住宅为主的用地，以及商业、办公等其他在住宅二层及二层以下的用地
Ⅲ类居住用地	市政公用设施比较齐全、环境一般，住宅与商业、办公等场所有混合交叉的用地
准居住用地	设施欠缺、环境较差，以需要加以改造的简陋住宅为主的用地
商业及办公用地	经营商业批发及零售、餐饮业、服务业，及作为办公设施及附属设施的用地
旅游服务业用地	作为旅游服务设施、酒店业、会展业等的用地
博彩及娱乐产业用地	作为发展博彩产业及其附属设施的用地

续表

详细规划分类	说明
文化设施用地	各类文化设施及其附属设施的用地
政府办公用地	公共行政机关办公及其附属设施的用地
宗教设施用地	举行宗教活动的场所及其附属设施的用地
教育设施用地	各类教育设施及其附属设施的用地
社会设施用地	提供各类社会福利设施及其附属设施的用地
康体设施用地	各类体育、康乐设施及其附属设施的用地
医疗设施用地	各类医疗、保健、卫生、防疫、康复和急救设施的用地
市政设施用地	各类型市政设施及其附属设施的用地
准工业用地	对居住和公共环境不会造成污染或明显干扰的工业用地
工业专用地	对居住和公共环境可能造成一定干扰和污染的工业用地
广场用地	以旅游、休闲、纪念、集会、防灾等各种功能为主的公共活动空间
公园及公共绿地	对公众开放、具休憩功能的绿化地带和各类社区、公园及其附属设施（如公共洗手间、休闲活动设施等）
生态保育用地	具有生态保育功能、自然科学研究价值的用地
防护绿地	起到隔离生活用地与交通设施、工业和仓库、具有大气或杂讯污染等对生活造成干扰设施的防护绿地
农业用地	农渔之用地
水体	河流、湖泊、水库、坑塘、沟渠、滩涂、公园绿地及单位内的水域
公用设备用地	城市基础设施、设备等的用地
道路用地	各种层级道路的用地
交通设施用地	各种交通设施及其附属服务设施的用地
特殊用地	特殊性质的用地
混合功能用地	在功能相容前提下允许混合开发的用地
旅游服务业—混合功能用地	以旅游服务为主要发展导向的混合开发用地
文创产业—混合功能用地	以文创产业为主要发展导向的混合开发用地
其他混合功能用地*	
策略性发展用地	未来发展功能尚不明确的策略性预留土地

*根据相关部门要求自行创设混合功能用地，至于命名，如以公共设施为主，则命名为“公共设施—混合功能用地”。

附录 3 详细规划用地分类的建筑相容控制举例（课题组方案）

建筑用途 \ 详细规划分类		Ⅰ类居住用地	Ⅱ类居住用地	Ⅲ类居住用地	准居住用地	政府办公用地	文化设施用地	宗教设施用地	教育设施用地	医疗设施用地	康体设施用地	社会设施用地	商业及办公用地	旅游服务业用地	博彩及娱乐产业用地	准工业用地	工业专用地	策略性发展用地	混合功能用地	文创产业一混合功能用地	旅游服务业一混合功能用地	备注
办公	建筑面积在 ×× m^2 以下的办公用地			①		②			②	②		②						③				①位于 2 楼或 1 楼 ②商务办公用地的总面积不超过总用地面积的 20% ③临时性质
	建筑面积在 ×× ~ ×× m^2 的办公用地					②																①商务办公用地的总面积不超过总用地面积的 ××% ②商务办公用地须为物流园区配套功能，且总面积不超过总用地面积的 ××%
	建筑面积在 ×× m^2 以上的办公用地					②																
工厂及仓库	不具有危险性或环境污染的工厂、仓库				①	①							②		②			③				① ×× m^2 以下，单独建筑 ② ×× m^2 以下，单独建筑 ③ 临时性设施 ④ 需要特别论证安全性
	具有较少危险性或环境污染的工厂、仓库												②		②			③	④	④		

注：灰色格子表示对应详细规划分类可发展该种建筑功能，而白色格子则表示不可发展该种建筑功能。

澳门地理资料的整合进程

——以街道门牌资料为例

李永恒*

一 背景

澳门自2003年引入外资以来，在过去十年间由原来一个寂寂无名的小渔村，转眼间变为国际知名的旅游城市，其间经济、社会和民生等各方面均经历了巨大的改变。如统计局的统计资料显示，澳门的入境旅客人次由2001年的1028万人次已跃升至2011年的2800万人次，增幅为172.4%；本地生产总值由2001年的5233200万澳门元提升至2011年的29209000万澳门元，增幅为458.1%。①

在经济急速发展之时，澳门特区政府也同时面对区域合作及社会发展的压力。此类计划或文件有2011年由广东省人民政府和澳门特别行政区政府联合签署的《粤澳合作框架协定》，与珠海市政府合作的横琴开发计划，澳门大学横琴校区兴建计划，2009年由国务院批复的澳门新城填海区计划，2009年公布的与香港特区政府及珠海市政府合作的港珠澳大桥兴建计划，等等。从区域地理的角度而言，频繁的区域合作显示了随着澳门社会和经济的快速发展，澳门与珠三角地区的融合正在加速。

在开展各项跨境合作的同时，澳门社会本身也面临着巨大的转变。由于居民收入增加，对生活质量的要求逐步提升，澳门在短时间内涌现大量的基

---

* 李永恒，澳门特别行政区政府地图绘制暨地籍局高级技术员。

① 澳门特别行政区政府统计暨普查局：《统计年鉴2011》，2012，第213~241、415~417页。

础建设需求。如与运输体系相关的建设城际轻轨系统、开辟公交专道、兴建公共停车场等；与社区规划相关的旧区重整计划、青洲都市化整治计划、北区美化工程、万九及后万九公屋兴建计划等。

无论是区域合作还是急促涌现的基建需求，都表明澳门特区政府正面临各项大小不一的空间决策，在进行决策的背后，实在需要强大的科学化的空间分析作为辅助。澳门特区政府也开始意识到这方面的需求，察觉到地理资料整合的必要性，在过去几年陆续展开了空间资讯整合的工作。如与各管辖机关合作整合道路工程资讯，建立统一的道路工程展示及审批系统；与各公共事业专营公司商讨统一地下管线资料格式，建设澳门城市地下管线地理资讯系统；等等。然而，由于缺乏统一的地理资料标准及相关的交换机制，整合地理资讯的工作寸步难行，更遑论以地理资讯或空间分析作为决策的辅助工具。

二　澳门地理资料的现况

澳门是一个拥有约60万常住人口的城市，面积仅有30平方千米，受经济体及面积不大的制约，许多产业都无法形成有效的规模，而地理资讯资料的建置也受到同样的限制。近年有研究指出约80%的地理资讯与政府的决策体系相关，但由于缺乏对地理资讯技术的认识，许多政府部门将大量具空间属性的资料以文字方式进行储存，或在工程、规划等政策执行上，未考虑到地理资讯系统的应用，在资料建置时多以工程图为主。实际上，澳门地理资料的现况受制于三个主要的层面，包括：未有资料标准、未有资料互换机制及未有法律法规的支撑。

（1）未有资料标准：各政府部门在建置地理资料时，在缺乏地理资料标准的前提下，出于自身业务的考虑，将相关的空间资讯建置为符合需求的资料格式。这些资料格式会因不同的部门而异，如拥有地理空间科学背景的部门会以ESRI的SHP或类似的空间资料库为主；拥有工程背景的部门会以Microstation的DGN或AutoCAD的DWG等绘图格式为主；一般政府部门以谷歌的KML、微软的XLS和资料库等为主。这是地理资料储存的格式问题。另外，不同的部门或会因应使用习惯，对同一地物以各自的唯一识别码（ID）进行建置，以致缺乏比较标准，无法做到整合。异质的地理资料让各政府部门无法直接应用由其他部门建置的地理资料，须投放大量的人力资源进行资料转换的工作，否则无法进行有效的加值应用。

（2）未有资料互换机制：由于缺乏地理资料的交换平台，也未有相应的资料发布机制，各政府部门没有途径了解政府内部现有何种地理资料，容易导致资料重复建置的情况发生，同时也造成了资讯孤岛的出现。另外，即使取得了所需的地理资料，但因地理资料会按情况不断进行更新，为了保持地理资料的现势性及可靠性，其他部门只有透过与资料提供部门不断进行私下沟通，才能取得资料的更新状况，大大降低工作的效率。

（3）未有法律法规支撑：有别于邻近地区，因地理资讯科技在澳门的应用仍处于起步阶段，因许多业务及操作上的考虑未有相应的法律法规支撑，政府部门在进行相关处理时只能按个别情况做出判断，未能有一套完善的作业流程及工作指引，这让地理资讯科技在澳门的发展受到诸多限制。

在缺乏完善配套的前提下，澳门地理资料的建置及空间资讯技术的应用均未能满足澳门特别行政区政府城市发展政策及规划需求。因此，为有效解决地理资料整合的问题，地图绘制暨地籍局从基础的街道门牌资料开始，于2010年展开了建置澳门街道门牌查询系统的计划。作为第一个澳门特区政府内跨部门的地理资料整合计划，它整合了不同部门的街道门牌资料，并就资料标准、资料交换方法及各部门的沟通互动等提出了建议。

三　澳门街道门牌查询系统的建构过程

澳门现有收集门牌资料的政府部门四个，各部门因业务所需，故从不同的途径搜集门牌资料，以致四套门牌资料皆有相同及相异之处。由于门牌资料来源分散，又经由多个部门收集，加上有不同的资料格式及标准，资料更新时存在不少问题。有见及此，地籍局提出建置澳门街道门牌查询系统之计划，借由协作式地理资讯系统的应用，联合各个从事门牌资料的收集、管理、更新及维护工作的部门，将原来各自执行或反复进行数次的资料更新工作，透过可合作、可沟通的平台进行资源分享、程序简化，以提升门牌资料的品质及作业效率。

在系统建置的初期，了解到各部门的门牌资料因应各自业务上的需求，

没有统一的标准及格式，难以进行整合，然而，为有效整合各部门的门牌资料，并发挥协作式地理资讯系统的效用，必须建立统一的资料格式，以利日后资料更新、资料交换、资料管理等工作的执行；故此，研究人员将各局的资料转换为通用的地理资料——向量图（Shapefile），以点资料的形式，构建建筑物及街道的唯一识别号，并参考已有的国际标准及其他国家的经验，加入更新时间、更新历程、入口门牌等记录，建立适用于澳门门牌资料的诠释资料库，以利后续的加值应用。

澳门街道门牌查询系统共分为三个部分：查询列、查询结果显示区块及网络地图（见图1）。使用者可同时输入街道名称、建筑物名称或门牌号码来进行查询，系统将根据输入条件采取模糊比对，并于查询列的下方以树状结构显示查找到相关的信息。当点选其中一条街道或建筑物后，系统会显示相关的街道门牌比较表或建筑物门牌比较表（见图2）。顾名思义，街道门牌比较表是以街道为单位，列出街道现有的门牌号码，而建筑物门牌比较表则列出了建筑物相邻街道及建筑物所属的门牌号码。各个表格均记录了各部门的门牌号码、门牌所属建筑物名称等资讯，并以图示的方式显示建筑物入口门牌及停车场入口门牌，让使用者了解各部门门牌资料的现况，便于掌握各部门门牌资料的差异。与此同时，地图上还会显示出建筑物和门牌的位置，以及建筑物的四至地址，让使用者掌握有关街道及建筑物精确的地理位置（见图3）。当门牌资料需要进行更新或有误时，使用者能透过地图下方的“传送意见”将其反映给有关部门，所传送的意见包含街道名称及建筑物名称等信息，有关部门在收到反映意见后，便能更新相应的门牌资料，达至门牌资料的统一。

澳门街道门牌查询系统的建置过程得到了各个部门的积极配合，相关部门也获得了许多值得参考的经验，包括以目的导向、建立由下而上的推动模式、建立资料互换及沟通机制的趋型、透过计划建置的方式逐步统一地理资料标准及规范等。以下将对这些经验详加论述。

（1）以目的导向、自下而上推动地理资料整合。基于缺乏法律法规的支持，如何令各政府部门合作是一个重大的课题。因此，澳门街道门牌查询系统以业务上的应用为出发点，在整合地理资料的同时，也建立了资料互相检测的机制，让相关部门可借由系统对门牌资料进行检测，逐步统一各门牌资料库的内容，提升了街道门牌资料的质量。由于有助于自身业务的执行，

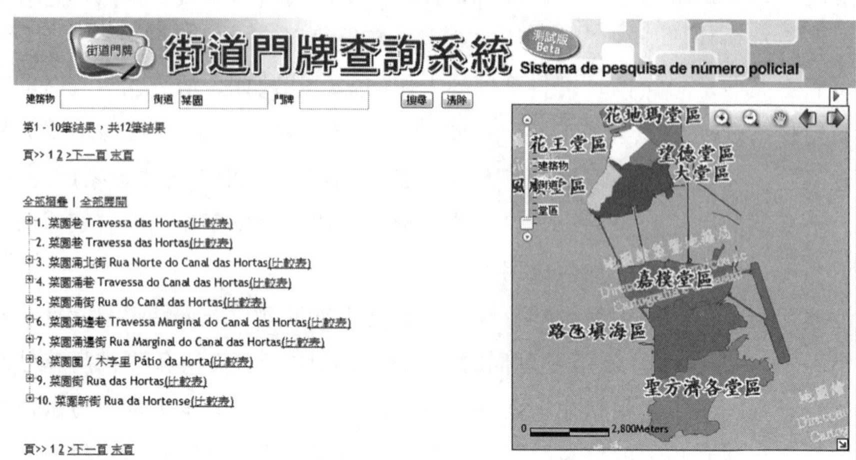

图 1　系统介面

图片来源：澳门特别行政区政府地图绘制暨地籍局街道门牌查询系统。

門牌比較表

街道名稱：士多鳥拜斯大馬路

	地籍局		民政總署		郵政局		統計局	
門牌	有門牌資料	所屬建築物	有門牌資料	所屬建築物	有門牌資料	所屬建築物	有門牌資料	所屬建築物
23B	✔	豪安大廈	✔	豪安大廈	✔	豪安大廈	✔	豪安大廈
24	✔	富華閣	✔	富華閣	✖		✔	富華閣
25	✔	百喜大廈	✔	百喜大廈	✔	百喜大廈	✔	百喜大廈
25A	✔	百喜大廈	✔	百喜大廈	✔	百喜大廈	✔	百喜大廈
25B	✔	百喜大廈	✔	百喜大廈	✔	百喜大廈	✔	百喜大廈
26	✔	富華閣	✔	富華閣	✔	富華閣	✔	富華閣
26A	✔	富華閣	✔	富華閣	✖		✔	富華閣
27	✔	龍威樓	✔	龍威樓	✔	龍威樓	✔	龍威樓
27A	✔	龍威樓	✔	龍威樓	✔	龍威樓	✔	龍威樓
27B	✔	龍威樓	✔	龍威樓	✔	龍威樓	✔	龍威樓

建築物入口門牌　停車場入口門牌
備註：所有建築物資料皆由地籍局提供
總數：170

图 2　街道门牌比较表

图片来源：澳门特别行政区政府地图绘制暨地籍局街道门牌查询系统。

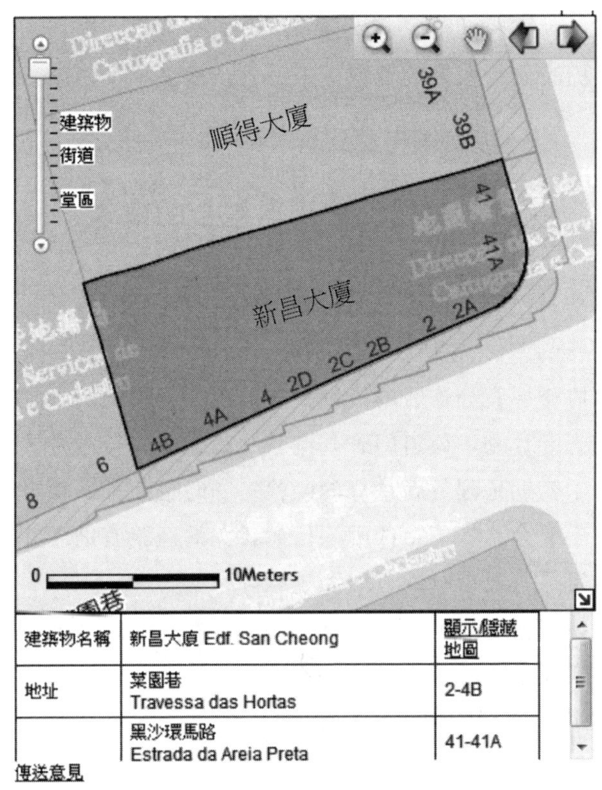

图 3　建筑物及门牌位置

图片来源：澳门特别行政区政府地图绘制暨地籍局街道门牌查询系统。

各资料收集部门都愿意配合此次系统建构计划。

（2）建立资料互换机制的趋型。为了持续让系统的资料维持更新状态，有关部门就资料的交换建立了沟通合作方案，一旦有门牌资料变动，便遵循已建立的沟通模式，将事件通报与其他部门，保障各部门资料的即时性。另外，若发现门牌查询系统上的资料有误，也能透过系统的留言功能提出建议，系统将自动提取相应的地址及门牌资料，以助找出问题所在，在达到提升全澳门牌资料质量之余，亦省去每一个部门派员外勤检核的工序，减少有关方面的资源浪费，有效提升行政效率。

（3）统一地理资料标准及规范。为了让街道门牌资料可被广泛应用，系统内的地理资料参考了国际及国内已订定的资料标准，并按各部门在业务上的实际需求，就资料的格式、坐标系统、属性资料、诠释资料等内容，订定了适用于澳门特别行政区的资料标准，逐步建立了全澳统一的街道门牌资料库。

四　澳门地理资料整合的建议

随着澳门街道门牌查询系统的启动，特区政府内部有关部门能够借此了解各局门牌资料的差异，并在 G2G（Government to Government）的合作基础上，透过互相协作、充分沟通的机制互补彼此在资料上的不足。作为澳门地理资料整合的先导计划，街道门牌查询系统以先试先行的方式，使特区政府部门成功累积了初期地理资料整合的经验，同时也使其发现自身对地理资讯科技及地理资料整合认知不足的困境，而相关的经验有助于其日后在资料整合的操作上确定适宜及可行的方向和进程。

综合建置澳门街道门牌查询系统所得的经验，澳门地理资料的整合工作可朝以下的方向进行。

1. 制定适用于澳门的地理资料标准

地理资料的标准及规范是整合工作的重中之重，必须先制定地理资料的标准，并就现存地理资料储存格式多样化、异质化的情况提出解决方法，逐步引导有关部门，特别是对地理资讯技术认识不深的部门，将有关的地理资料格式转换为符合地理资料系统应用的格式，以有效推动资料整合的计划。因此，在制定地理资料标准时，必须与有关的部门进行沟通及讨论，在配合现有业务及已有系统的前提下，共同制定各个行业的地理资料标准，以满足日后资料查询、交换、发布、应用等需求。

在制定标准的依据上，我们可参考中国内地及台湾的做法，① 以 ISO 及 OGC 已订定的规范作为参考，再就澳门的实际情况进行订定。同时，地理资料标准的建置工作应以基本地形图为先，以借由街道门牌查询系统而得之澳门街道门牌资料库作为地理资料标准的基石。有了上述地理资料标准的基

① 姜作勤、姚艳敏、刘若梅：《国土资源信息标准参考模型》，《地理信息世界》2003 年第 5 期；龚健雅、高文秀：《地理信息共用与交互操作技术及标准》，《地理信息世界》2006 年第 3 期；庄尧竣、张忠吉：《国内外地理资讯系统资料仓储发展现况与趋势》，《国土资讯系统通讯》2007 年总第 62 期。

础后，在制定及建置其他主题资料标准时便有参考的依据，有利于地理资料标准的建置。

2. 以目的为导向整合地理资料

由于缺乏法律法规的支援，澳门地理资料的整合工作无法以层级架构的形式进行，而必须依赖各部门之间的合作关系，以沟通及协作的方式一步一步地进行。根据过去的经验，为提升各政府部门对地理资料整合的参与意愿，推动资料整合的工作必须与各部门的业务进行连接。因此，在地理资料的整合上，可参考香港建置地理空间信息枢纽（Geospatial Information Hub，GIH）的做法，① 在推动地理资讯整合及共用的同时，以各部门的业务作为切入点，透过地理信息科技的辅助，发挥空间分析功能的长处，协助各部门处理日常业务。

事实上，澳门特区政府正在推动的道路工程展示及审批系统、城市地下管线地理资讯系统等，都是出于业务上的需求，整合分散于各部门的资料，并于同一地图系统中套叠展示，以使特区政府做出政策上的决定或得到业务上的配合。由于有助于日常业务的开展，有关部门的配合都非常积极，地理资料的收集及整合的工作也能顺利进行。

3. 建设地理资讯共用平台

除了制定地理资料的标准和以目的为导向外，地理资料的整合尚需建立一个可行的沟通及协调机制，让各政府部门能透过一个有效的沟通方式，进行业务上的交流。所以，为了促进地理资料的整合，以便资料能在各部门之间互相流通及应用，实有必要提供一个资料查询、交换的平台，即地理资讯共用平台。

通过参考台湾在过去 20 年发展地理空间资讯基础设施（Spatial Data Infrastructure，SDI）的经验，② 地理资讯共用平台能发挥资料整合的优势，透过诠释资料及资料目录的建置，清晰地呈现政府内部现有的地理资料

---

① Tsoi Cheong-Wai，*HKSAR Geospatial Information Hub（GIH） – A Common Geospatial Information Platform and Spatial Data Portal*，Strategic Integration of Surveying Services FIG Working Week，2007；林珲、彭奕彰：《GIS 近年在香港特区政府及工商业的应用概况》，《国土资讯系统通讯》2009 年总第 69 期。

② 朱子豪、周士政、王咏倩：《TGOS 平台的发展与推动策略》，《国土资讯系统通讯》2012 年总第 81 期。

内容，并可透过平台提供的功能，达成资料查找、资料浏览、资料互换的目的，有效解决资料重复建置、资讯孤岛的问题。此外，在地理资讯共用平台中采用面向服务架构（Service Oriented Architecture，SOA）的系统建置原则，以网路服务（Web Service）的技术实现异质地理资料应用于不同的系统平台，让各政府部门可借此向市民提供多元化的地理资讯服务（见图4）。

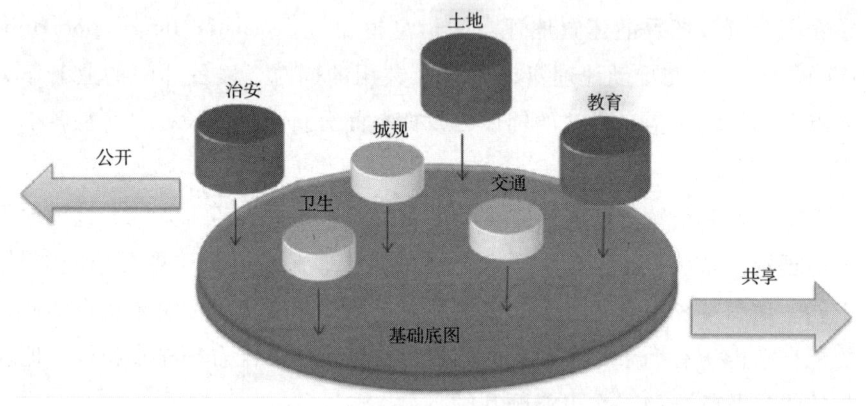

图4　地理资讯共用平台构想

资料来源：作者整理。

五　结语

地理资讯在政府的决策中扮演了重要的角色，充足的地理资讯可让政府做出符合特区实情的决策，为了充分体现特区政府科学决策的施政方针，地理资讯的整合是势在必行的。虽然，澳门在整合地理资讯及建置地理资讯共用平台方面起步相对邻近地区较晚，且受制于未有相应的法律法规、行政命令等的辅助，只能以目的导向、由下而上的策略进行推广；但借由澳门街道门牌查询系统的建置经验，能为地理资讯的整合方向提供参考，并在吸收国际及邻近地区丰富的经验基础上，有助于缩短整合时间及提高品质，对SDI的建置有正面的帮助。

地理资讯的整合取决于各部门的参与意愿，虽然特区政府近年已有地理

资料整合的成功案例，但以现阶段而言，地理资料的整合工作仍以工程部门为主，在非工程部门如经济、统计、卫生、教育等部门中却未能进行有效的推广，这是澳门特区政府下一阶段需要面对的课题。

（原载《第八届京港澳测绘技术交流会——“测绘新科技及智慧城市建设”论文集》，香港：香港测量师学会、香港工程测量师学会、香港理工大学土地测量及地理资讯学系，2013 年 5 月。）

澳门公共图书馆中的公共领域

谢静珍 *

在人们的印象中，公共图书馆不过是普通的借书和还书的地方，其实公共图书馆的功能远不止此。公共图书馆因其所彰显的知识自由、理性主义、平民化等独特的精神，而成为现代民主社会的基础建设之一。澳门共有三个公共图书馆系统，以及80多家规模不等的官办或民营的公共图书馆和阅读室，①享有世界上图书馆最多的地方之美誉。② 这些图书馆和阅览室分布于澳门半岛、氹仔和路环，见证澳门历史，服务澳门居民，体现澳门的人文精神，是澳门社会重要的基础设施。近年来，学者已经从图书馆的历史、资源、分类等方面对澳门的公共图书馆进行了研究。③本文将从社会政治学的角度，运用法兰克福学派的主要代表人物尤尔根·哈贝马斯的公共领域理论，探讨公共图书馆在提升本地公共领域精神方面的贡献。

---

* 谢静珍，澳门大学伍宜孙图书馆主任。

① 郭子健、王国强：《2010澳门图书馆统计与分析》，王国强主编《两岸三地机构知识库发展》，澳门图书馆暨资讯管理协会，2012，第109～110页。

② 何丽珈：《澳门——世界上图书馆最多的地方》，《图书馆杂志》2006年第7期。

③ 杨开荆、赵新力：《澳门图书馆的系统研究》，广东人民出版社，2007；伍家骏：《澳门公共图书馆信息资源共享现状及评价》，《图书与情报》2008年第6期；何丽珈、曾爱群、罗瑞文：《杜氏图书分类法与澳门八角亭图书馆》，《图书馆论坛》2005年第6期；杨开荆：《澳门图书馆的馆藏规划与资源共享》，《大学图书馆学报》2000年第5期；倪波、吴国材：《澳门的公共图书馆》，《图书馆论坛》1996年第1期；等等。

一 哈贝马斯的公共领域理论

尤尔根·哈贝马斯是法兰克福学派的杰出代表人物，也是西方20世纪最具影响力的哲学家之一。他在1962年发表的教授资格论文《公共领域的结构转型》中提出公共领域（public sphere）理论，探索人权和民主是如何从君权神授的政治体制中产生的。根据哈贝马斯的分析，公共领域的诞生与市场经济的发展密切相关：当18世纪欧洲资本主义贸易的发展以及随之而来的巨大社会变化，使封建君主无法再以个人的能力和权威进行绝对统治时，公共领域便产生了。公共领域意指不受政府干预的自由的政治讨论空间，包括咖啡馆、市场和文学沙龙等公共场所，以及集会和结社等政治手段，也包括报纸和杂志等出版物。新兴的资产阶级利用这些平台，自由自主地讨论社会政治生活的重大问题和重大政策，交流思想和观念。[①] 公共领域针对的是当时的王权统治，它是资产阶级为争取社会权利所使用的一种非暴力手段。

公共领域承袭古希腊的公共讨论范式，汲取18世纪启蒙运动、法国大革命和美国独立革命的思想精华，具有鲜明的人文主义特征，是资本主义早期社会中占主导地位的理念。当资产阶级成为统治者后，公共领域更多的是一种制度，“目的是通过公共讨论，一方面对政治权力加以监督，另一方面加强政治权力的合法性”。[②] 如果公共领域在早期是与王权相抗衡的资产阶级争取政治话语权的非暴力行为，那么随着资本主义民主的发展，它逐渐成为社会底层获得政治权利的手段。原先被排除在政治生活之外的妇女、移民、同性恋者、美国黑人等社会弱势群体和边缘人物借助不同形式的理性对话和辩论，逐步争取到政治权利并成为民主社会中平等的一员。公共领域体现的是一种理性批评和理性对话精神，它通过市民对社会政治生活的积极参与，推动资本主义社会的民主向前进，使社会变得更加合理。

作为哈贝马斯最著名的思想之一，公共领域理论自产生后一直激发西方学术界对20世纪自由主义的民主、文明社会、公共生活和社会变迁等问题

① 陈勋武：《哈贝马斯评传》，中山大学出版社，2008，第64页。

② 陈勋武：《哈贝马斯评传》，中山大学出版社，2008，第64页。

的讨论，其中不乏批评和质疑。有学者指出18世纪公共领域中占主导地位的是富有的资产阶级白人男性，社会弱势群体并没有参与其中。① 也有学者认为公共领域在西方历史上只在少数国家存在过，所以带有强烈的乌托邦色彩。更有学者认为公共领域很不完善，因为19世纪末20世纪初妇女逐渐争取到政治权利时，却是哈贝马斯认为公共领域在资本主义社会开始衰退的时候。② 但无论如何，哈贝马斯的公共领域理论因激发人们对真正民主产生的条件进行思考，而受到西方社会的重视。

二　公共图书馆中的公共领域

相对于大学图书馆、企业图书馆等其他类型的图书馆，公共图书馆具有鲜明的独特性，它以平等利用为基础，不分种族、性别、年龄、宗教信仰、语言、社会地位或政治倾向，向社会各阶层提供免费的信息服务。21世纪的公共图书馆精神或价值可以归纳为以下八点：保管的职责、知识自由（intellectual freedom）、理性主义、推动阅读和培养求知能力、保证和提供无限制的使用和获取信息的自由、保护隐私、彰显民主、社区的安全港湾。③ 其中，知识自由是公共图书馆最重要的价值和理念。知识自由是图书馆服务的核心，也是民主发展的基础，它保证每一个公民既具有保留和发表意见的权利，也有查询和接收信息的权利。④ 一个充分吸收知识的社会，更能够使民主与理性相结合，从而超越民主的原始形态。知识自由也是最基本的人权之一，因为“获得各种形式的知识、创造性思想和智力活动以及公开地发表言论是人类的一项基本权利”。⑤ 公共图书馆是最没有门槛的社会机构，

---

① Douglas Kellner, Habermas, “The Public Sphere, and Democracy: A Critical Intervention,” http://knowledgepubli c. pbworks. com/f/Habermas_ Public_ Sphere_ Democracy. pdf, May 23, 2014.

② Mary Ryan, “Gender and Public Access: Women's Politics in Nineteenth Century America,” in C. J. Calhoun, ed., *Habermas and the Public Sphere*, Cambridge, Mass.: MIT Press, 1992, pp. 259－288.

③ Michael Gorman, *Our Enduring Values: Librarianship in the 21st Century*, Chicago: American Library Association, 2000, pp. 26－27.

④ IFLA, “Theme Report 2004,” p. 95, http://www. ifla. org/files/assets/faife/publications/theme－report－2004. pdf, 2004.

⑤ IFLA, “IFLA Statement on Libraries and Intellectual Freedom,” http://www. ifla. org/publications/ifla－statement－on－libraries－and－intellectual－freedom, May 23, 2014.

对所有的公民一视同仁，向他们平等地提供求知的机会，立场鲜明地提倡和奉行知识自由，是当代社会无可否认的公共善体（public good）。公共图书馆之父安德鲁·卡内基曾说，“自由公共图书馆是地球上独一无二的民主的摇篮。在这个文字的共和国，地位、官职和财富都显得无足轻重”。[①] 所以，公共图书馆是最值得政府投资的社会机构。

在《公共领域的结构转型》中，哈贝马斯认为公共图书馆的产生在时间上与公共领域是同步的。18 世纪中期，资产阶级的审美趣味在剧院、博物馆和音乐会中占主导地位，而当时鼓吹资产阶级道德观念的各种报刊和文学作品更是风靡欧洲，最具有代表性的莫过于英国作家塞缪尔·理查森（Samuel Richardson）平淡无奇的资产阶级道德说教小说《帕梅拉》[②] 成为轰动一时的畅销书。哈贝马斯在书中指出，“《帕梅拉》出版后两年，第一家公共图书馆成立，接着读书俱乐部、阅读小组和会员制图书馆如雨后春笋般地出现”。[③] 第一家公共图书馆是否如哈贝马斯所说，是在小说《帕梅拉》出版后两年成立，有待商榷；但是，图书馆的专业化管理和专业图书馆管理员确实是在《帕梅拉》出版不久的 1750 年以后开始出现的。也就是说，从 1750 年到 19 世纪下半期，当资本主义发展基本完成之时，欧洲的图书馆也大致完成了自身的专业化管理建设。[④] 因此，图书馆的知识自由、理性主义和求知的权利等核心理念直接承袭资产阶级的思想精华。

公共图书馆中的公共领域表现在以下几个方面：第一，图书馆通过保存文献和信息，提供不受限制的信息使用和获取，来建设和推动理性对话。第二，图书馆以中立客观的态度，通过丰富其馆藏，提供包含古今各种知识和思想的文献和信息，来推动社会融入、维护理性批评和理性辩论的原则。第三，图书馆的悠久历史证明其具有通过利用收藏和整理好的古今资源来考察

---

① Andrew Carnegie, *The Boundaries of Freedom of Expression and Order in American Democracy*, Kent: Kent State University Press, 2001, p. 186.

② 小说的女主人公帕梅拉是贫苦人家的少女，在一个富人家里做女仆。年轻的男主人爱慕她的美貌，就用各种办法引诱她。帕梅拉牢记所受的道德教育，珍视自己的贞洁，不为所动，并一次又一次机智地识破男主人的不良意图。小说结尾，男主人被帕梅拉的品德感动，帕梅拉自己也坠入爱河，两人结为正式夫妻。

③ Jürgen Habermas, *The Structural Transformation of the Public Sphere*, Cambridge: The MIT Press, 1991, pp. 49 - 51.

④ History of Libraries, http://en.wikipedia.org/wiki/History_of_libraries, May 23, 2014.

任何假设、法律、著作和政策等的命题和基础是否正确和合理的权威，从而发扬公共领域中的民主精神，延续作为公共领域核心精神的理性辩论。第四，通过政策和具体的工作，图书馆力求服务那些没有受到甚至不希望受到图书馆服务的人士，促使信息服务和读者教育真正的大众化、平民化。①

综上四点，公共图书馆因其中立客观的立场，向全体社会成员提供包含各种观点和思想的文献和信息，而成为思想交锋的场所。也就是说，就某一特定事件或概念，公众可以通过检阅图书馆的馆藏去了解历史上各方的意见——无论是正面的还是反面的——从而形成自己的观点。也正是通过对正反方意见的了解，公众能够培养理性思辨精神，成为不受愚昧控制的公民。所以，公共图书馆是培养理性辩论精神和延续 18 世纪公共领域的最佳场所之一。

认识公共图书馆的价值，对于图书馆的工作人员和普通大众来说，同样重要。如今有些图书馆专业教育偏重于教授图书馆事业的知识和具体技能，忽视对行业精神和价值的宣传，这是不正确的。对图书馆价值的宣传和对具体技能的培训同样重要。如果说资源和技术是公共图书馆发展的硬件，对图书馆价值的维护和推崇则是图书馆健康持续发展的软件和核心。图书馆管理员不仅需要掌握熟练的技能，更需要深刻地理解和认同公共图书馆事业的价值和使命。只有这样，他们才能在工作中真正有效地体现所从事的事业的价值。公共图书馆的发展也非常需要公众的支持。公众对图书馆价值和意义的了解是其获取社区支持的关键的第一步，只有当公众成为图书馆的忠实使用者和支持者，才会并从中受益，才会对它的运作和发展献计献策。也只有在这样情况下，政府才会看到公共图书馆存在的理由，为其健康长期的发展提供充足的经费。

三　推进本地公共领域精神发展的澳门公共图书馆

从 1895 年澳门中央图书馆正式成立到现在，澳门的公共图书馆已经有一百多年的历史，跨越三个世纪。图书馆成立的初衷是提高澳门本地的大众

---

① John Buschman, "On Libraries and Practice," *Library Philosophy and Practice*, Vol. 7, No. 2, Spring 2005, pp. 1－8.

阅读风气。据记载，当时因澳门的阅读风气远远落后于香港、上海、天津等姊妹城市，有识之士指出，图书馆正是澳门社区提供文化教育和帮助市民提高文化水平所需的公众设施。[①] 在一百多年的时间中，澳门图书馆一直以教育本地大众为己任。例如，作为澳门最具有代表性公共图书馆，中央图书馆透过推动阅读的方式，来履行“教育社会大众、传播知识、传承和弘扬文化、倡导健康与休闲阅读”等职责。[②]

从澳门中央图书馆成立的初衷到其现在的使命来看，澳门的公共图书馆从来不仅仅是一个借书的地方。它的服务内涵丰富，包括教育社会大众、传播知识、传承和弘扬文化等。这些内涵与普遍的公共图书馆精神联系在一起，将为推动本地公共领域精神建设做出贡献。

首先，丰富多样的馆藏有助于培养公民的理性辩论精神。从 16 世纪中期到 19 世纪，澳门一直是远东的一个中西文化交流中心。中西结合的文化创造了多元的文献资源，澳门公共图书馆的最明显的特色是同时拥有丰富的中文和葡萄牙文文献馆藏。它的中文文献包括“世界各地华人及内地出版的中文文献，台湾也不定期向澳门公共图书馆赠送各类文献，形成澳门公共图书馆多国文献的藏书特色”。[③] 外文文献中，葡萄牙语文献馆藏最丰富，除此之外，还藏有可观的英语、法语、德语及拉丁语等书籍、报刊和其他文献。这些资源记录了澳门处于葡萄牙殖民统治下的历史发展进程和回归祖国后的成长，对它们的学习和研究将让澳门市民对澳门的历史和文化有客观和理性的理解，有利于培养他们的理性思辨精神。

值得一提的是位于澳门市中心的八角亭公共图书馆。八角亭建筑由当时澳门的本地建筑师陈焜培先生设计，建成于 1927 年。1947 年，当时的澳门中华总商会副理事长何贤先生购入八角亭并将其捐赠给中华总商会作为阅览室。据记载，它也是民国时期内地、香港和澳门鲜有的几家商会图书馆。[④] 1948 年，八角亭图书馆正式开放，成为本地第一家中文图书馆，它也是澳

---

① 澳门文化司署：《澳门中央图书馆》，澳门文化司，1992，第 13 页。

② 澳门中央图书馆：《图书馆简介》，澳门特别行政区政府文化局澳门公共图书馆网站，http：//www. library. gov. mo/cn/general/library. aspx，2012 年 7 月。

③ 李武：《澳门图书馆事业发展历史及现状》，《图书馆建设》2001 年 S1 期。

④ 冯佳：《民国时期商会图书馆》，《图书情报工作》2010 年第 9 期。

门20世纪80年代中文藏书量最大的图书馆，当时收有3.4万册中文书籍。①八角亭图书馆从开放的那一天运行至今，是文化与信息相结合的典范。现在，该馆内藏有2万多册的图书，向居民提供90多种以中文为主的报刊，另外还藏有20世纪50～70年代的《华侨报》《澳门日报》《文汇报》《大公报》《光明日报》等报纸的合订本。这个小小的八角亭是一个名副其实的信息中心，它的存在使澳门居民及时知晓澳门及邻近地区发生的各种事件和出现的各种问题，及各方就某一特定事件的看法，有助于培养居民入世和参与的精神，使他们成为有知识的公民（informed citizen）。

其次，澳门的公共图书馆因为提供免费的网络服务和各式的电子报刊资源，推进了澳门的公共领域精神发展。在现代社会，网络是获取大量信息的媒介，也是各种对话和公共讨论发生的场所。有学者在对网络作为澳门的另类公共领域研究中指出，“网络被看作是由无数个充满矛盾、分歧、冲突与争论的论述空间所构成的场域，也是处于支配状态下的民众群体争夺话语权、形成反抗霸权力量的另类空间”。② 一方面，网络帮助民众及时迅速地了解世界各地发生的大事以及各方对事件的看法；另一方面，民众利用网络社交工具发表意见，交流看法，形成公共讨论。在澳门，网络的普及率很高。根据澳门统计暨普查局提供的数据，2013年澳门共有152900户住户使用互联网，比例为82%。③ 但是，澳门的网络服务也存在收费高、网速不稳定等问题。澳门的公共图书馆不仅为近20%因不同原因还没有购买网络服务的居民提供免费服务，也为每一个前往图书馆的读者提供方便、即时的网络，不管他们是否购买了网络服务。比如，在2013年公众对澳门中央图书馆的免费网络服务使用了71928次。结合上述的网络中的公共领域精神，澳门公共图书馆因其免费的网络服务推进了本地公共领域精神。

另外，公共图书馆提供的各类免费电子资源，尤其是电子报纸和期刊，有助于培养本地的公共领域精神。电子资源是实体馆藏的强大补充，其中一个功能是让读者使用和获取他们在实体馆藏中无法获取的信息。以澳门中央图书馆为例，澳门的公共图书馆向社区提供中葡关系450年数据库、慧科电

---

① 王国强：《澳门图书馆馆藏资源发展的历史与概况》，《图书情报工作》2003年第11期。

② 刘世鼎、劳丽珠：《网络作为澳门的另类公共领域》，《新闻学研究》2010年第1期。

③ 澳门特别行政区政府统计暨普查局：《2013年住户使用资讯科技调查》，2014年5月2日。

子新闻数据库、龙源期刊网、华艺电子图书、EBSCO 电子期刊等富有特色的电子资源。这些电子资源，尤其是慧科电子新闻数据库、华艺电子图书和 EBSCO 电子报刊，是了解各种观点的很好的公共领域。“全民网上阅读平台”更是一个集电子书籍、报纸杂志、专门资料库等资源为一体的使用起来非常方便的互联网门户。读者通过对这些资源的使用，学习和了解各种观点和看法，培养理性思辨的精神。

再次，澳门公共图书馆通过举办各种讲座推进本地的公共领域精神建设。举办各种主题鲜明的讲座是公共图书馆为澳门居民提供的一项重要服务。讲座本身就是一种对话，是演讲者与听众之间的心得交流。一个反应热烈、讲者和听者有很多互动的讲座是理性对话的场所。笔者曾目睹，在 2014 年 4 月 13 日澳门中央图书馆举办的“书空间·文化空间”讲座中，演讲者和听众之间的积极互动最后使讲座变成了一场对阅读、图书馆和社区文化的认真思考和理性讨论。所以，图书馆举办的各种讲座有助于培养居民的批评精神，从中产生的理性对话有助于推进本地的公共领域精神建设。澳门的公共图书馆为此也要举办更多的讲座。

最后，澳门公共图书馆的包容精神与公共领域精神息息相通。公共领域中的对话和理性精神体现的是对他人意见的聆听和尊重，以求最终达成一个适合大多数人的解决方案，因此具有很强的包容（tolerance）和包含（inclusion）精神。澳门的公共图书馆服务的对象是每一个市民，甚至是在澳门短暂驻足的游客，体现的正是这种包容和包含精神。而澳门作为一个拥有多元文化的城市，它的总体精神就是宽容和包含，所以公共图书馆是彰显澳门精神的代表性机构。另外，自博彩业开放以来，澳门以各类娱乐休闲场所闻名，赌场、饭店和高级购物中心等场所熙熙攘攘，反映的是澳门繁荣的经济和兴旺的旅游业，但是给人留下的印象却是一个纸醉金迷的澳门，而不是有四五百年历史和文化底蕴的澳门。公共图书馆因其公共图书馆精神和公共领域精神而成为体现澳门人文精神的场所和机构，所以大力扶植和宣传公共图书馆有助于提升澳门的人文形象。

四　结语

哈贝马斯的公共领域理论虽然带有理想主义色彩，但是体现了哲学的批判精神和社会改造功能。公共领域精神推动民主建设，鼓励公民参与理性辩论和公共争论，激励他们为社会进步发挥积极的作用。公共图书馆是当今世界彰显公共领域精神的为数不多的场所和机构。知识自由、无限制的获取信息、理性辩论、公民教育等公共图书馆精神与公共领域精神一脉相连，是推动社会进步和使社会变得更加合理的动力。澳门 80 多家公共图书馆和阅览室是澳门巨大的社会财富。加深公众对图书馆价值和理念以及图书馆发展与社区精神之间的关系的认同和理解，使公共图书馆的概念在澳门有新的内涵，对建设优质、长期健康发展的图书馆服务和培养公民精神至关重要。

（原载《行政》杂志总第 104 期，澳门：澳门特别行政区政府行政公职局，2014 年 6 月）

图书在版编目(CIP)数据

澳门人文社会科学研究文选.2012－2014：全3卷／《澳门人文社会科学研究文选.2012－2014》编委会编.－－北京：社会科学文献出版社，2017.3

（澳门研究丛书）

ISBN 978－7－5097－9878－2

Ⅰ.①澳… Ⅱ.①澳… Ⅲ.①人文科学－文集 ②社会科学－文集 Ⅳ.①C53

中国版本图书馆CIP数据核字（2016）第254795号

·澳门研究丛书·

澳门人文社会科学研究文选（2012～2014）（全三卷）

编　　者／《澳门人文社会科学研究文选（2012～2014）》编委会

出 版 人／谢寿光

项目统筹／沈　艺　高明秀

责任编辑／王晓卿　王小艳　肖世伟　陆　彬

出　　版／社会科学文献出版社·当代世界出版分社（010）59367004

地址：北京市北三环中路甲29号院华龙大厦　邮编：100029

网址：www.ssap.com.cn

发　　行／市场营销中心（010）59367081　59367018

印　　装／北京季蜂印刷有限公司

规　　格／开 本：787mm×1092mm　1/16

印 张：80.75　字 数：1330千字

版　　次／2017年3月第1版　2017年3月第1次印刷

书　　号／ISBN 978－7－5097－9878－2

定　　价／298.00元（全三卷）